PLOETZ Epochen der modernen Geschichte

PLOETZ

Epochen der modernen Geschichte

Schwerpunktthemen, Entwicklungen, Zusammenhänge

Herausgegeben von
Gerold Niemetz und **Uwe Uffelmann**
Mit Karten, Schaubildern
und Tabellen im Text

Geleitwort von Reinhart Koselleck

Verlag Ploetz Freiburg · Würzburg

Redaktionelle Unterstützung: Frank Ebbinghaus, Freiburg i. Br.
Redaktion der Zeittafeln: Dr. Joachim Pöhls, Hofgeismar

Gesamtherstellung: Franz X. Stückle, 7637 Ettenheim, 1986
ISBN 3-87640-162-3

INHALT

Professor Dr. Reinhart Koselleck, Bielefeld:
Geleitwort — 7

Einführung und Überblick — 13

Die Grundlegung der modernen Welt (15. – 18. Jahrhundert) — 19

Professor Dr. Armin Reese, Heidelberg:
Neues Weltbild und europäische Expansion — 21
Prof. Dr. Armin Reese, Heidelberg:
Bürger – Bauern – Adel: Wandlungen im städtischen und ländlichen Raum — 31

Professor Dr. Ernst Opgenoorth, Bonn:
Aufstieg und Ausbau des modernen Staates — 41

Das Zeitalter der europäischen Vorherrschaft und ihr Niedergang (1750 – 1945) — 51

Professor Dr. Dieter Langewiesche, Tübingen:
Das Zeitalter der Revolutionen (1750 – 1850) — 51

Privatdozent Dr. Christof Dipper, Trier:
Nationalstaat und Klassengesellschaft (19. Jahrhundert) — 73

Professor Dr. Gottfried Niedhart, Mannheim:
Imperialismus, Krise, Zusammenbruch (1880 – 1945) — 93

Die Welt der Gegenwart (seit 1945) — 145

Professor Dr. Uwe Uffelmann, Heidelberg:
Die Teilung Europas und Deutschlands — 147

Professor Dr. Christoph Kleßmann, Bielefeld:
Das deutsche Problem – Zwei Staaten in Deutschland 162

Professor Dr. Hans-Heinrich Nolte, Hannover, mit Professor Dr. Rudolf Wolfgang Müller, Hannover (Japan) *und Dr. Christiane Nolte, Hannover* (Spanien):
Moderne Industriegesellschaften. Europa – USA – Sowjetunion – Japan 180

Professor Gerold Niemetz, Karlsruhe:
Dritte Welt zwischen Hunger und Hoffnung. China – die aufstrebende Weltmacht 217

Verzeichnis der Übersichten 232

Literaturübersicht 235

Namen- und Sachregister (bearbeitet von *Frank Ebbinghaus, Freiburg i. Br., Susanne Pilgrim, Marburg,* und *Gabriele Weiß, Freiburg i. Br.)* 245

GELEITWORT

Jede geschichtliche Darstellung gründet auf einer theoretischen Vorentscheidung. Es ist möglich, daß man Ereignisse erzählt und ihrer inneren Dynamik nachspürt, die sich allzuoft über die Köpfe der Beteiligten hinweg entfesselt. Oder der Blick wird auf Strukturen gelenkt, also auf wiederholbare Bedingungen, unter denen sich Ereignisse überhaupt abspielen können: auf politische Organisationsformen, auf rechtliche Ordnungen, auf wirtschaftliche Produktionsweisen samt ihren gesellschaftlichen Institutionen, auf eingespielte Verhaltensnormen, die in Sitte, Religion oder auch in Ideologien gründen, auf gesellschaftliche Schichtungen und ihre Verschiebungen und was immer an Strukturen thematisiert werden mag. – Oder es lassen sich beide Aspekte kombinieren: daß Ereignisse und Strukturen in ihrer gegenseitigen Abhängigkeit untersucht werden. Dann sind Prozesse das geschichtliche Thema, in denen sich die schneller verlaufenden Ereignisse mit ihren Veränderungsfolgen und die nur langsamer oder langfristig sich ändernden Strukturen gegenseitig bedingen und beeinflussen, so daß ein mehr oder minder tiefgreifender Wandel hervorgerufen wird. Mit der theoretischen Vorentscheidung, was in der Geschichte untersucht werden soll, werden also Perspektiven festgelegt, die unseren Blick leiten und historische Erkenntnisse zu finden helfen.

Der folgende Band bedient sich aller drei Möglichkeiten. Das Gewicht liegt freilich eindeutig auf langfristigen Entwicklungen und übergreifenden Zusammenhängen, also mehr auf Prozessen und auf Strukturen als auf einzelnen Ereignissen. Auch diese tauchen auf, sobald ihnen nämlich eine repräsentative oder eine exemplarische Bedeutung für epochale Veränderungsschübe zugemessen werden darf, die strukturelle Veränderungen anzeigen oder zur Folge haben.

Auch was als Moderne gelten soll, hängt von geschichtswissenschaftlichen Vorentscheidungen und Sichtweisen ab, – nicht nur von den jeweiligen Selbstdeutungen früherer Zeitgenossen. Seit längerem wird die Schwelle zu unserer Neuzeit gerne in das 18. Jahrhundert verlegt, in das Zeitalter der Aufklärung als Vorbote der Französischen und der Industriellen Revolution, in deren unmittelbarem Bannkreis wir heute noch leben. Schon die Zeitgenossen der Aufklärung deuteten ihre eigene Zeit gern als Beginn einer neuen Ära, spätestens seit der Französischen Revolution.

Die weltbewegenden Ereignisse an der Schwelle vom 15. zum 16. Jahrhundert, die Landnahme Amerikas, die Kirchenspaltung in Europa und die wissenschaftlichen Entdeckungen scheinen dann eher eine eigene Periode zu eröffnen, die der heute so genannten frühen Neuzeit. – Die Zeitgenossen von Kolumbus oder Luther begriffen ihre eigene Zeit freilich keineswegs als eine zukunftsoffene Neuzeit, sondern lebten noch in der Erwartung des Jüngsten Gerichtes, also im „letzten“ Zeitalter. Die heute üblichen Periodenbegriffe des Mittelalters, der Renaissance, der Reformation und eben der „Neuzeit“ setzten sich nur langsam und sukzessive im Laufe der folgenden Jahrhunderte durch.

Aber auch über die Epochenschwelle von rund 1500 läßt sich der Blick schnell nach rückwärts ausweiten. Sozialhistorisch gesehen ist nicht zu bestreiten, daß die Entstehung des modernen Staates oder die Beteiligung der Stände an Verwaltung und Politik auf noch längerfristige Zusammenhänge verweisen, die weit in das sogenannte Mittelalter zurückreichen.

Wenn im folgenden die Epochen der modernen Welt mit dem 15. Jahrhundert einsetzen, um dann in unsere eigene Zeit hinzuführen, so liegt dieser Sicht eine klare Fragestellung zugrunde: Wie war es möglich, daß gerade Europa und keine andere Region zum führenden Erdteil wurde, der erst eine gemeinsame Weltgeschichte initiiert hat? Wie war es möglich, daß nur europäische Staaten, die sich konkurrierend einander überholten, ihre Macht und ihren Einfluß auf den ganzen Globus ausdehnen konnten, wobei die Expansion der Macht ihren Höhepunkt im 18. und 19. Jahrhundert erreicht hatte? Schließlich, wie war es möglich, daß die europäische Dominanz, gemessen am Aufstieg der neuen Weltmächte in Ost und West, seit den beiden Weltkriegen immer schneller nachließ, so daß dieser Befund aus unserer Perspektive als Niedergang bezeichnet werden muß?

In drei großen Schritten werden sechs Jahrhunderte durchmessen. In ihnen sind die Weichen gestellt worden, die unsere gegenwärtige Welt der auf dem Globus konkurrierenden industriellen Wirtschaftssysteme herbeigeführt haben. Zu dieser heutigen Situation gehört auch die Teilung Deutschlands, welche repräsentativ für die politische Machtlage einsteht, die sich aus den weltweit zusammentreffenden Systemen in Ost und West ergeben hat. Schließlich wird der Blick auf die Entwicklungsländer gelenkt, die – vorläufig noch – in kurzer Zeit all das auf- und einholen wollen, was von den industrialisierten Erdteilen geboten wird. So endet der Band mit offenen Herausforderungen, deren Lösungen noch ausstehen.

Fragt man nach den Grundlagen unserer modernen, also zunächst der europäischen, Welt, so interessieren weniger einzelne Ereignisse, so spannend und folgenreich sie auch gewesen sein mögen. Man denke an die immer wieder geschilderte Landung des Kolumbus in Amerika oder an den symbolischen Thesenanschlag Luthers oder an jene Publikation des Kopernikus, welche die Umdrehung der Erde um die Sonne nachwies. Vielmehr richtet sich der Blick auf solche Strukturen, ohne die der europäische Fortschritt nicht ausgelöst werden konnte. Damit stellt sich zugleich die Frage, was über diesen Fortschritt verlorengegangen ist, und was, in sich ändernder Form, weiterwirkt, und schließlich stellt sich die Frage, was nun wirklich als neu, als modern, als zuvor noch nie dagewesen bezeichnet werden muß. Dazu einige Hinweise.

Als langfristige Voraussetzungen spezifisch europäischer Prägung müssen Kirche und Staat genannt werden. Ohne die zölibatäre Hierarchie und ihre kirchenrechtliche Ordnung ist die moderne Bürokratie, weder in den entstehenden Staaten noch in der Wirtschaft, denkbar. Ohne eine schriftliche Verwaltung und ohne die Rationalisierung des gesellschaftlichen Lebens ist die Entstehung des Kapitalismus ebensowenig denkbar wie ohne den um sich greifenden Einfluß der rationalen und empirischen Wissenschaften. Deren Entdekkungen führen in immer kürzeren Abständen zu ihrer technischen Anwendung, die wiederum den gesamten Alltag sukzessiv verwandeln und neu strukturieren.

Mit Kirche, Staat und Wissenschaft sind die drei Institutionen genannt, die nur in Europa ihre spezifisch rationale Ausprägung erhalten haben, die von dauerhafter Wirkung geblieben sind. Aber die Wirkung ist abschichtig zu gewichten. Die Kirche ist – eine langfristige Folge der Kirchenspaltung durch die Reformation – zu einem Teilsystem geworden und nicht mehr alleinige und letzte Sinngebungsinstanz für jedermann. Der Staat – auf dem Weg vom dynastischen über den Nationalstaat zum industrialisierten Sozialstaat – hat sich in der Neuzeit als wirksamer und durchsetzungsfähiger erwiesen. Aber auch hier zeigen sich – trotz allem Nachholbedarf in den ehemaligen Kolonialländern unseres Globus – Auflösungserscheinungen. Souveränität und Staatlichkeit fallen heute nicht mehr – wie vom 17. bis zum 19. Jahrhundert – zusammen.

Es gibt heute überstaatliche, ganze Kontinente übergreifende Organisationen der Wirtschaft und der Weltmächte, die die Rolle der souveränen Staaten stark relativiert haben. Das aber ist ohne den steuernden Anteil des dritten Faktors der Moderne, ohne Wissenschaft und Technik, nicht denkbar.

Die militärische Pattsituation führt auf der einen Seite zu einer gegenseitigen Überbietung der Macht, um die herum sich zahlreiche Staaten ankristallisieren. Auf der andern Seite treibt diese, technologisch bedingte, Machtsteigerung in den Großräumen zu erneuten Konflikten, die bisher am Rande zur Dritten Welt und in der Dritten Welt selber in Form von Bürgerkriegen ausgetragen werden. Was Europa mit den konfessionellen Bürgerkriegen im 16. und 17. Jahrhundert durchgestanden hatte, das flammt weltweit unter gesteigerten technisch-ökonomischen Prämissen und im Zeichen ideologischer, aber auch religiöser Heilslehren wieder auf: der Kampf um gegenseitige Ausschließlichkeit, der in todesbringender Intoleranz ausgetragen wird.

Der langfristige Wandel der Militärverfassung, ausgelöst durch die wissenschaftlich aufbereiteten technischen Vernichtungsmittel, verweist auf den gleichen geschichtlichen Vorgang. Aus dem lehensrechtlichen Aufgebot wird über das Söldnerheer der Fürsten ein territorialstaatliches Berufsheer und schließlich ein nationalstaatliches Volksheer. Heute verändert sich im Umkreis der atomaren Rüstung die Struktur der militärischen Konfrontation aufs neue. Die wissenschaftlich geplanten und elektronisch gesteuerten Entscheidungsmöglichkeiten konzentrieren sich in der Hand weniger Militärtechniker; zugleich aber wandern, weil sie sich – vorläufig – gegenseitig blockieren, die Entscheidungen auch in vor- und außerstaatliche Kampfgruppen ab, die als Partisanen oder Terroristen, je nach ihrer strategischen Lage, in den Spannungsfeldern auf diesem Globus neue gesellschaftliche Ordnungen durchsetzen wollen. So verbinden sie archaische, langwährende Möglichkeiten der menschlichen Natur mit modernsten Kampfmitteln und Techniken, die ohne die Vorgaben der Wissenschaften nicht denkbar sind.

Ob über- und unterstaatliche Bündnisformen und Föderationen in wechselnder Zuordnung die Zukunft bestimmen werden, oder ob ein Weltstaat möglich sei, der als Föderation ohne Feind zu definieren wäre: das ist eine der Herausforderungen unserer Zeit, die ohne die strukturellen Vorgaben von Kirche, Staat und Wissenschaft in Europa nicht entstanden wären.

Einige Strukturelemente haben sich freilich in den sechs zurückliegenden Jahrhunderten – bisher unwiderruflich – gewandelt. Die Dominanz der christlichen Kirchen ist relativiert worden. Womit noch nichts darüber ausgemacht ist, welchen Anteil die nichtchristlichen Weltreligionen in Zukunft spielen werden. Jedenfalls sind die Sinndeutungsinstanzen (zusammen mit dem Grundbesitz der Kirchen) an weltliche, politische oder wissenschaftliche Interpreten übergegangen. Ferner hat die Rationalisierung und Verwissenschaftlichung zu jener Industrialisierung geführt, die alle Lebensverhältnisse verändert hat. Der Anteil der agrarisch produktiven Landbevölkerung ist seitdem stetig zurückgedrängt worden, in den hochindustrialisierten Staaten bis an die 5%-Grenze, ein Anteil, der vor 500 Jahren noch bei 90 oder 80% gelegen hat. Die Urbanisierung wird zugleich begleitet von einer enormen Verdichtung des Verkehrs und des Kommunikationsnetzes. Die einander folgenden industriellen Revolutionen – von Eisen und Stahl über die Chemie zur Elektronik – haben zu einer Beschleunigung im Alltag und Vernetzung der Information geführt, zu einer Ausweitung und Verflechtung der Produktion, so daß unser Globus zu einem geschlossenen Raumschiff geworden ist, von dem aus schon in die Sterne gegriffen wird – auch eine langfristige Folge der kopernikanischen Wende.

Parallel zu dem technisch-industriellen Prozeß, dessen Ende nicht trotz, sondern gerade wegen der ökologischen Engpässe noch nicht abzusehen ist, muß die Bevölkerungsvermehrung verzeichnet werden. Auch sie begann, soweit die statistischen Daten Auskunft geben, im Europa des 18. Jahrhunderts, sie hat inzwischen die Menschheit der Dritten Welt erreicht und führt überall dort in lebensbedrohende Krisen, wo Industrie, Technik und Wissenschaft das generative Verhalten noch nicht verändert haben.

Ohne rationale Kirche keine Säkularisation, ohne Staat keine rationalisierte Gesellschaftsordnung, ohne Wissenschaft keine Technik und keine globale

Expansion und keine Industrie: Damit sind schlagwortartig drei Prämissen zusammengefaßt, die den europäischen Aufstieg langfristig, mit zunehmender Wirkung von der Kirche über den Staat zur Wissenschaft, bedingt haben. Nur auf diesem Hintergrund ist das einzigartige Wirtschaftssystem des Kapitalismus entstanden sowie dessen sozialistische Replik in den auf- und nachholbedürftigen Ländern unserer Welt.

Ebenso lassen sich drei Grenzen definieren, jenseits derer die weitere Neuzeit anders werden wird. Das atomare Patt mit der Möglichkeit der globalen Zernichtung unseres bisherigen Lebens, die absolut sichere Grenze einer bisher exponentiell ansteigenden Bevölkerungsvermehrung, sowie die Ausschöpfung der nicht mehr reproduzierbaren Schätze und Güter dieser Erde: Diese drei Grenzsituationen kennzeichnen derzeitig unsere Lage, und zwar der Moderne, die ohne ihre europäischen Voraussetzungen so nicht entstanden wäre, wie sie entstanden ist.

Deshalb kommt heute die Rede auf von der postindustriellen Gesellschaft, vom Ende der Neuzeit oder von der Postmoderne. Nimmt man diese Diagnosen beim Wort, so verändern sie einen zeitlich offenen Zukunftsbegriff, nämlich den der Moderne, der immer sich erneuernden Neuzeit, in einen Periodenbegriff mit abgeschlossener Vergangenheit. Dann wäre die Moderne kein zukunftsoffener Zeitbegriff mehr, sondern eine Bezeichnung für vergangene und abgeschlossene Zustandsveränderungen. Ob die Grenzen, die sich heute abzeichnen, ihrerseits einen neuen und tiefgreifenden Strukturwandel hervorrufen, ob eine Wiederaufnahme älterer oder gar archaischer Lebensformen erzwungen wird, oder ob Politik, Wissenschaft und Technik neue Anpassungsleistungen erbringen werden, die ein lebenswertes Überleben ermöglichen: das ist eine Frage, die vielleicht schon von der heute lebenden Generation beantwortet werden muß. Aber die Geschichte kennt trotz ihrer Beschleunigung auch längere Fristen und langsame Bewegungen. Deshalb ist die Redeweise von der „Posthistoire", daß alle bisherige Geschichte verabschiedet werden müsse, sicher falsch. Die Grundlegung der Moderne enthält vielleicht auch Lösungen in sich beschlossen, die wir noch nicht kennen oder auf die wir zurückkommen müssen. Der relative Niedergang Europas birgt in sich vielleicht Chancen, die ohne seine Erbschaft in Religion, politischer Rationalität und Wissenschaft nicht wahrgenommen werden können.

Reinhart Koselleck

EINFÜHRUNG UND ÜBERBLICK

Der neue Ploetz-Band ‚Epochen der modernen Geschichte' möchte ein breiteres, interessiertes Publikum ansprechen. Gemeint ist eine Leserschaft, die keine ständige Beziehung zu historischen Sachverhalten und Fragestellungen hat und doch der Geschichte gegenüber aufgeschlossen ist, indem sie *Antworten auf ungelöste Probleme der Gegenwart* nicht nur in eben dieser Gegenwart sucht.

Die von der Geschichte erwünschten Anworten könnte dieser Leserkreis jedoch dann nicht verstehen, wenn ihm das Buch nur eine Fülle mehr oder weniger gereihter Daten von historischen Begebenheiten bieten würde. Allein eine Darstellung, welche die Einzelereignisse dem größeren *Zusammenhang der Strukturen und Prozesse* unterordnet, vermag die Aufgabe zu erfüllen, dem historisch Fragenden Einsichten in die Bedingungen zu ermöglichen, die seine Gegenwart entstehen ließen.

Damit ist das Anliegen umrissen, das die Herausgeber dieser Zusammenschau der neuzeitlichen Geschichte leitet: Sie konzentrieren die Darstellung bewußt auf den *europäischen Geschichtsraum* und die Welt, soweit sie maßgeblich von Europa mitgeformt wurde. Diejenigen Entwicklungen und Ereigniszusammenhänge innerhalb der neuen Geschichte werden herausgearbeitet, von denen eine grundsätzliche *Umgestaltung des politischen Kräftefeldes,* eine *Neuorientierung des wirtschaftlichen Verhaltens* und ein weithin wirkender *sozialer Wandel* ausging und ausgeht, wobei vielfach eines das andere ergänzt, verursacht oder bewirkt.

Der Leser wird eingeladen, mit den für die einzelnen Epochenabschnitte in besonderer Weise qualifizierten Historikern einen Gang von *zehn Wegstrekken* durch die *neuzeitliche Geschichte von ca. 1500 bis in die Gegenwart hinein* zu unternehmen und sich den verschiedenen Perspektiven anzuschließen, welche der oft verschlungene, eigentlich schwer begehbare Pfad eröffnet. Diesen Pfad zu ebnen und leichter begehbar zu machen, ist eines der zentralen Ziele dieses Buches. Die komplizierten Sachverhalte sollen so in ihre Einzelvorgänge zerlegt und in allgemein verständlicher Sprache dargestellt werden, daß sie ohne große Anstrengungen nachvollzogen und für den eigenen geistigen Gebrauch verfügbar gemacht werden können.

Um die angestrebte Lesbarkeit zu erreichen, versuchen die Autoren immer wieder, von einzelnen *Fallbeispielen* auszugehen oder sie an geeigneter Stelle in ihre Darstellungen einzublenden. Anschaulichkeit und Einprägsamkeit dieser Beispiele sollen die Einsicht in Strukturen und Prozesse, in die sie eingebettet sind, erleichtern. Auf Anmerkungsapparate wird bewußt verzichtet, da sie den Leser abschrecken könnten und den Abstand zwischen ihm und den Autoren im Hinblick auf die Fülle des Gewußten unnötig vergrößern würden. Will er jedoch, vom hier Gebotenen angeregt, weiterlesen, so steht ihm am Schluß des Bandes eine Liste leicht zugänglicher *Fachliteratur* zur Verfügung und benennt zu jedem Epochenabschnitt eine Auswahl.

Die zehn Wegstrecken, zu denen der Leser eingeladen wird, umfassen insgesamt *drei Großabschnitte:*
Die Grundlegung der modernen Welt
Das Zeitalter der europäischen Vorherrschaft und ihr Niedergang
Die Welt der Gegenwart

Die Grundlegung der modernen Welt (15. – 18. Jahrhundert)

Im ersten Abschnitt kennzeichnet Armin Reese das **,Neue Weltbild und die europäische Expansion'** in weiten Teilen der Erde. Dabei wird deutlich, daß nicht die Entdeckungsreisen am Anfang dieses Prozesses stehen, sondern eine *neue wissenschaftliche Denkweise.* Am Beispiel Heinrichs des Seefahrers werden *Beweggründe der Handelnden* und *Erscheinungsformen der Vorgänge* dargestellt, die schließlich zur Europäisierung der Erde führten. Auf die Frage nach den wichtigsten *geistigen und materiellen Folgen* für Europa und Übersee geht Reese aufgrund unterschiedlicher Einschätzungen durch die Forschung vorsichtig ein.

Den zweiten Abschnitt **,Bürger – Bauern – Adel'** schrieb ebenfalls Armin Reese. Ausgehend von der heute kaum vorstellbaren Uneinheitlichkeit der Lebensverhältnisse an der Schwelle zur Neuzeit selbst in den am weitesten entwickelten Gebieten Europas, zeichnet der Verfasser das Bild des *gesellschaftlichen Wandels* bis ins 18. Jahrhundert, den ein politischer wie wirtschaftlicher *Funktionsverlust der Städte* mit bestimmte. Sie gingen in *fürstlichen Territorien* auf, während das Land durch Herausbildung eines protoindustriellen *Gewerbes* größere Bedeutung erhielt. In diesem Prozeß kam es jedoch zu unterschiedlichen Entwicklungen im west- und ostelbischen Raum, von denen auch der *Adel* betroffen war; er büßte seine überkommene Stellung ein und mußte sich im *Fürstendienst* den neuen Gegebenheiten anpassen. Die Alternative im politischen Bereich zwischen bürokratischem Zentralismus und regionaler Autonomie wurde durch den Strukturwandel zugunsten der Entwicklung des *modernen Staates* aufgelöst.

Aufstieg und Ausbau des modernen Staates stellt Ernst Opgenoorth im dritten Abschnitt dar. Der Autor zeigt, daß dieser Vorgang nicht einheitlich verlief, sondern sich im „Gegensatz zwischen der Entstehung rechtlich unbeschränkter *monarchischer Herrschaft* im Absolutismus und der Ausgestaltung von Mitspracherechten der Führungsschichten zum *ständisch-frühparlamen-*

tarischen Verfassungsstaat" vollzog. An den Beispielen der Hinrichtung des englischen Königs Karl I. 1649 sowie der Maßregelung des Pariser Parlaments durch den jungen Ludwig XIV. 1655 markiert der Autor die unterschiedlichen Entwicklungsstränge, die diesen Gegensatz erhellen. *Politische Theorie, machtpolitisches Kalkül* in zwischenstaatlichen Beziehungen, *stehendes Heer* sowie *Wirtschaft* und *Kirchen* vereinigten sich zu einem *Beziehungsgeflecht,* in dem sich die Ausformung des modernen Staates vollzog. Opgenoorth weist die Entwicklungsfaktoren einzeln nach und gelangt zu einer vorsichtigen Bewertung, in der er erkennt, daß die schon damals gestellten Fragen nach Rechtsstaat, Freiheit, Gemeinwohl und Fürsorge für die Benachteiligten auch heute noch nicht bündig beantwortet sind.

Das Zeitalter der europäischen Vorherrschaft und ihr Niedergang (1750 – 1945)

Im Abschnitt **‚Das Zeitalter der Revolutionen'** beschäftigt sich Dieter Langewiesche mit den Wandlungsprozessen der europäischen Gesellschaft, die in der zweiten Hälfte des 18. Jahrhunderts einsetzten. Sein Fallbeispiel ‚Familie' veranschaulicht den Wandel der Leitbilder. Im Bürgertum setzte sich im 19. Jahrhundert die ‚moderne Familie' als vorherrschender Typus durch. Die *‚Revolution der Ehe- und Familienbeziehungen'* veränderte vor allem die Stellung von Mann und Frau zueinander und in der Gesellschaft. Die *politischen Umwälzungen,* an deren Anfang der amerikanische Unabhängigkeitskrieg stand, erfaßten den größten Teil Kontinentaleuropas und erschütterten die politisch-gesellschaftlichen Verhältnisse grundlegend. Die Revolutionswelle von 1848 verlief in den einzelnen Staaten sehr unterschiedlich, drei Problembereiche galten aber für die meisten: Liberalisierung und Demokratisierung der *politischen Ordnung,* Wandel der *Sozialverfassung* und – mit Ausnahme von Frankreich – Schaffung von *Nationalstaaten.* Trotz des äußeren Scheiterns der Revolutionen blieb als wichtigste innen- und nationalpolitische Perspektive der Zukunft, die Staaten zumindest partiell reif für Reformen zu machen.

Autor des zweiten Abschnitts **‚Nationalstaat und Klassengesellschaft (19. Jahrhundert)'** ist Christof Dipper. Er zeigt, wie sich im Zeitalter der Revolutionen die *nationalen und sozialen Bewegungen* entfalteten, und stellt als Fallbeispiele die vier wichtigsten Länder des mittleren und westlichen Europa vor: In *Deutschland* hatten sich vor dem Ersten Weltkrieg drei große Gruppen herausgebildet, die miteinander konkurrierten. In *Italien* mit seinen viel schärferen gesellschaftlichen Gegensätzen entstand die soziale Bewegung gleichsam naturwüchsig; dennoch vermochte die Sozialistische Partei dort niemals die Rolle der deutschen Sozialdemokratie zu spielen; allerdings löste ihr Aufstieg bei der Anhängerschaft der bürgerlichen Parteien solche Ängste aus, daß schließlich vielen eine Allianz mit dem Faschismus als Ausweg erschien. In *Frankreich* als einem einheitlich regierten Land konnte die Revolution von 1789 kaum eine nationale Revolution sein, und um aus Untertanen Bürger zu machen, fehlten eine Reihe von Voraussetzungen. Dagegen gab es für *Großbritannien* nur in Irland eine Nationalbewegung im eigentlichen Sinne; die Meilensteine der englischen Verfassungsentwicklung im 19. Jahrhundert wurden vom Industriebürgertum gesetzt. Für alle vier Länder gilt: Die Geschichte der nationalen und sozialen Bewegungen war am Ende des 19. Jahrhunderts noch kein abgeschlossener Vorgang, der *gesellschaftliche Interessenausgleich* blieb eine der wichtigsten Aufgaben für die Gegenwart.

Für den Zeitraum **1880 bis 1945 ‚Imperialismus, Krise, Zusammenbruch'** bietet Gottfried Niedhart eine Zusammenschau der verschiedenen Prozesse im internationalen System wie in den nationalen Ordnungsgefügen, indem er diese Epoche unter drei Aspekten betrachtet: *Unfähigkeit* der europäischen Staaten *zur Konfliktregulierung, Machtverfall* und schließlich *Strukturwandel* mit dem Ergebnis der *Spaltung Europas.* Er teilt den gesamten Zeitraum in drei Phasen (1880 – 1914/16, 1917 – 1929, 1929 – 1945), wobei die Fallbeispiele der Missionen von Lord Haldane 1912 und Lord Halifax 1937 in Berlin (deutsch-britischer Antagonismus) als innere Klammer wirken. Dem liberalen Modell der Friedenssicherung mit der radikal neuen *Verknüpfung von innenpolitisch-gesellschaftlichen und außenpolitischen Faktoren* (US-Präsident Wilson) stellte sich das sozialistische Modell der Friedenssicherung entgegen, das in nicht minder radikaler neuer Verbindung von Innen- und Außenpolitik den Frieden durch Revolution (Lenin) erreichen will. Niedharts Beitrag ist dadurch gekennzeichnet, daß nicht nur die großen Tendenzen, sondern auch die davon abweichenden Einzelbefunde benannt werden, um zu klären, ob z. B. die Unfähigkeit der Mächte zur Konfliktregulierung „notwendigerweise und ausweglos selbstzerstörerisch war oder ob es Alternativen und Ansätze zu einer Friedensordnung gab". Am Ende der Prozeßanalyse steht die Erkenntnis, daß Europa nach 1945 nur noch Objekt der Weltpolitik sein konnte.

Die Welt der Gegenwart (seit 1945)

Im Abschnitt **‚Die Teilung Europas und Deutschlands'** (1945 – 1955) geht Uwe Uffelmann von der Münchner Ministerpräsidentenkonferenz im Juni 1947 aus, die er als Zeichen dafür wertet, daß schon zwei Jahre nach dem Ende des Zweiten Weltkriegs die Deutschen aus West und Ost nicht mehr in der Lage waren, an einem Tisch zu sitzen. Der Autor verfolgt die *Bedingungen dieses Unvermögens* bis zu den Interessen der Siegermächte in einem veränderten *internationalen System* und dem daraus erklärbaren *Sicherheitsdilemma* zurück. Die Folgen des 1947 nicht am Fall Deutschland ‚ausgebrochenen' Kalten Krieges bestanden besonders in der Teilung Deutschlands und darüber hinaus in der definitiven Teilung Europas durch die Vollendung der beiden *Militärblöcke,* in die sich auch der jeweilige deutsche Teilstaat einbezogen sah. Uffelmann lehnt in seiner Bewertung einseitige Schuldzuweisungen ab, indem er auf das Sicherheitsdilemma abhebt, dem beide Seiten unterlagen.

In zwei Zugriffen behandelt hierauf Christoph Kleßmann **‚Das deutsche Problem – Zwei Staaten in Deutschland'.** Nach einer Einleitung, in der er die doppelte Dimension der *deutschen Frage* benennt, kennzeichnet der Verfasser im 1. Teil die Etappen und Inhalte der *Deutschlandpolitik* seit 1955 und differenziert das bisherige, holzschnittartige Bild von Adenauers Ostpolitik, ohne deren Grundmuster zu verschleiern. Berliner Mauerbau und Kuba-Krise als ‚Einschnitt und Wendepunkt in der Geschichte des Kalten Krieges' bedingten einen Wandel auch der deutsch-deutschen Konfrontation, der trotz unüberbrückbar erscheinender Hindernisse auf beiden Seiten schließlich über den Grundlagenvertrag zu einem „geregelten Nebeneinander" führte, das geeignet ist, „entwicklungsfähige Zukunftsperspektiven zu eröffnen und auch Konfliktsituationen auszuhalten". Im 2. Teil seiner Darstellung geht es Kleßmann um Abgrenzung und Einheit als konstitutionelle Faktoren der *Geschichte beider deutscher Staaten* und damit um unterschiedliche Antworten auf die deutsche Katastrophe von 1945. Der Verfasser zeigt die Faktoren auf, die nicht nur im Osten, sondern auch im Westen zu tiefgreifenden sozialen, ökonomischen und politischen Veränderungen führten und *integrativ für beide Systeme* wirkten. Dabei kommt die westdeutsche Fehleinschätzung des 17. Juni 1953 ebenso zur Sprache wie der im Osten viel größere Stellenwert des nationalen Elements. *Gemeinsamkeiten,* die angesichts der gegenwärtigen Weltlage deutlicher hervortreten, betreffen den Begriff der Verantwortungsgemeinschaft und die Erkenntnis, daß von deutschem Boden nie wieder Krieg ausgehen darf und daß eine gemeinsame deutsche Geschichte nicht wegzuleugnen ist.

Der dritte Abschnitt wird von Hans Heinrich Nolte verantwortet: **‚Moderne Industriegesellschaften.** Mit Beiträgen von Christiane Nolte (Spanien) und Rudolf Wolfgang Müller (Japan)'. In der notwendigerweise breit angelegten Darstellung werden den kapitalistischen Gesellschaften *USA, Europäische Gemeinschaft, Großbritannien* (gesondert), *Spanien* und *Japan* die des monopolistischen Sozialismus am Beispiel von *Sowjetunion* und *ČSSR* gegenübergestellt, wobei die Linien bis zur Gegenwart gezogen werden. Der tiefgreifende Einschnitt mit dem Übergang zur computergesteuerten Produktion fällt zusammen mit einer umfassenden Krise der Weltwirtschaft: In den achtziger Jahren führten die Veränderungen der *‚Dritten Industriellen Revolution'* nicht zum Anstieg des durchschnittlichen Lebensstandards, sondern zu einer Verschärfung der sozialen Polarisierung. Das gegenwärtige *internationale System* wird durch die Konkurrenz zwischen den Weltmächten sowie verschiedenen Groß- und Mittelmächten bestimmt. Nolte zeigt sich skeptisch in der Frage, ob sich viele der als dringend erkannten Probleme der Weltgesellschaft im Rahmen des gegenwärtigen Systems lösen lassen.

Im abschließenden Abschnitt über **China und die Dritte Welt** erörtert Gerold Niemetz die entscheidenden *Probleme der Entwicklungsländer.* Nach Erläuterungen zur globalen Entwicklung wählt der Autor China als Fallbeispiel – eine besonders schwierige Entscheidung, da kein Land als repräsentativ für die Dritte Welt angesehen wird: zu verschieden sind die Merkmale und die eingeschlagenen Wege der Entwicklungsländer. Die Entscheidung für *China* läßt sich jedoch schon deshalb vertreten, weil das Prinzip der *eigenständigen Entwicklung* durch (möglichst weitgehende) wirtschaftliche und politische Abkoppelung von Ost und West einen gangbaren *Weg für Länder der Dritten Welt* darstellt. Die Volksrepublik China ist aber auch aus einer Reihe von anderen Gründen – nicht zuletzt im Hinblick auf ihr wachsendes machtpolitisches Gewicht und die ideologische Herausforderung an die UdSSR – ein Beispiel, dessen nähere Betrachtung sich lohnt.

Die Schwierigkeit, konzentrierte Zusammenschau historischer Tatbestände und gute Lesbarkeit gleichermaßen zu erreichen, liegt auf der Hand. Inwieweit der Anspruch eingelöst werden konnte, möge der Leser entscheiden. Sicher wird er manches Vertraute und auch viele Einzelheiten vermissen. Die Details findet er im Großen Ploetz. Die Idee unseres Buches besteht im Aufzeigen von Strukturen und Prozessen in der modernen Geschichte, um dem Leser bei der Suche nach historischen Antworten auf die Probleme der Gegenwart behilflich zu sein, da es jedem von uns um die Erklärung der Gegenwart und um sinnvolles Handeln in die Zukunft hinein gehen muß.

Der Wunsch der Herausgeber, den Beiträgen ein gemeinsames Gliederungsschema zu geben, das als wichtigstes Merkmal zur Veranschaulichung komplexer Tatbestände das Fallbeispiel aufweisen sollte, war prinzipiell, aber nicht gleichförmig realisierbar. Je nach Sachverhalt mußten die Autoren dieses Prinzip unterschiedlich definieren, einsetzen und gewichten. Der Dank der Herausgeber gilt den Kollegen für die gute Kooperation, dem Verlag für die zügige Abwicklung der Drucklegung und insbesondere dem Lektor Falk Redecker für sein großes Engagement und seine fachlich allzeit überzeugende Beratung.

Heidelberg und Karlsruhe im Frühjahr 1986

Uwe Uffelmann　　　　Gerold Niemetz

DIE GRUNDLEGUNG DER MODERNEN WELT (15. – 18. JAHRHUNDERT)

Zeittafel

1415	Eroberung von Ceuta/Sebta: Ausgangspunkt der Entdeckungsreisen
1433	Umsegelung von Kap Bojador
1441	Erste portugiesische Sklavenjagd
1445	Entdeckung der Tropen: Widerlegung des Ptolemäus
1474	Patentrecht von Venedig
1487/88	Umschiffung des Kaps der Guten Hoffnung
1492	Entdeckung Amerikas durch Kolumbus
1494	Vertrag von Tordesillas: Die Erde wird in eine spanische und eine portugiesische Hälfte geteilt
1497 – 1499	Vasco da Gama segelt nach Indien
1513	Macchiavellis „Principe“ (Fürst): Theorie zweckrationaler Machtpolitik
1517	Beginn der Reformation
1519 – 1522	Erste Weltumsegelung
	Spanische Eroberung des Aztekenreiches in Mexiko durch Hernán Cortés
1522 – 1525	Ritterkrieg und Bauernkrieg im Reich
1525	Säkularisation des Deutschordensstaates zum weltlichen Herzogtum [Preußen
1541	Reformation in Genf
1555	Augsburger Religions- und Landfriede: Augsburger Konfession reichsrechtlich anerkannt
1562 – 1598	Hugenottenkriege in Frankreich
1568 – 1648	Freiheitskampf der Niederlande
1576	Bodins „Six livres de la république“ (6 Bücher vom Staat): Monarchische Souveränität
1581	„Placcaet van verlaetinge“: Die Nordprovinzen der Niederlande kündigen Philipp II. von Spanien offiziell den Gehorsam auf
1588	Niederlage der spanischen Armada im Kampf gegen die englische Flotte
1598	Edikt von Nantes: Duldung der Hugenotten
1600	Britische Ostindienkompanie
1602	Niederländisch-ostindische Kompanie als Zusammenschluß von Einzelgesellschaften
1618 – 1648	Dreißigjähriger Krieg
um 1620	Beginn der „Krise des 17. Jahrhunderts“
1625	Grotius „De iure belli ac pacis“ (Kriegs- und Friedensrecht)
1643 – 1715	Herrschaft Ludwigs XIV. von Frankreich
1648 – 1653	Fronde: Teile des französischen Hochadels und hohe Gerichtshöfe erheben sich vergebens gegen den Absolutismus
1648	Westfälischer Friede: Erster Höhepunkt der Kongreßdiplomatie
1649	Karl I. von England als Tyrann verurteilt und enthauptet
1651	Hobbes „Leviathan“: absolutistische Staatsidee
	„Navigation Act“ Englands: merkantilistische Handelsförderung
1659	Der Pyrenäenfrieden besiegelt das Ende der spanischen Vormachtstellung in Europa

1665	Lex regia (Königsgesetz): Absolutistische „Verfassung“ des Königreichs Dänemark
1685	Aufhebung des Edikts von Nantes
1688/89	„Glorreiche Revolution“, Wilhelm III. von Oranien besteigt den englischen Thron
1690	Lockes „Two treatises on Government“ (Zwei Abhandlungen über Regierung): Volkssouveränität
um 1690	Beginn der „Agrarrevolution“ in England
1713	Friede von Utrecht: Ende des (1701 begonnenen) Spanischen Erbfolgekriegs, Prinzip des Gleichgewichts
1722/23	Errichtung des brandenburgisch-preußischen Generaldirektoriums als einer rein monarchischen Zentralbehörde für die gesamte innere Verwaltung
1742	Dupleix beginnt in Indien die Umstellung vom Stützpunktsystem zur Flächenbeherrschung
1756 – 1763	Siebenjähriger Krieg: England verdrängt Frankreich aus Indien und Nordamerika

Neues Weltbild und europäische Expansion

Die neue Wissenschaftlichkeit

Im Zusammenhang mit der Erweiterung des Weltbildes drängen sich *die großen Entdeckungsreisen als Ursache* auf, **doch zu Unrecht.** Schon viel früher im 15. Jahrhundert zeichneten sich neue Wege zur Welterkenntnis ab. Führende Köpfe strebten über das bloße Studium von Autoritäten hinaus: sie experimentierten, verbanden Theorie mit Praxis, bezogen die Gegenwart ein. Medizinprofessoren demonstrierten am Seziertisch, was sie früher nur anhand klassischer Texte erklärt hatten; sie fragten auch nach dem Zusammenhang von Krieg, Hunger und Seuchen. Galilei schaute durchs Fernrohr, nicht nur in Bücher. Ein Künstler wie Leonardo da Vinci entwickelte die Fahrradkette. Der Staat unterstützte diese Tendenz, z.B. durch Schutz von Erfindern (Patentrecht von Venedig 1474).

Die Umschiffung Afrikas und die Entdeckung Amerikas sind frühe wichtige Ergebnisse der *neuen Denkweise,* brachten ungeheure Mengen neuen Wissens und popularisierten es, warfen neue Probleme auf und verfeinerten den wissenschaftlichen Zugriff auf die Realität, ohne ihn noch grundsätzlich zu ändern. *Die neue Wissenschaftlichkeit war eigentlicher Ausgangspunkt für die Erweiterung des Weltbildes* sowie wichtige Voraussetzung und bedeutender Bestandteil der *„Europäisierung der Erde“.*

Der Handel als Träger der „Europäisierung“

Europäisierung der Erde setzte nicht unbedingt europäische Herrschaft voraus. Es genügte meist *Anbindung an das europäische Handelssystem,* das nach und nach zu einem Welthandelssystem wurde. Im schwarzen Westafrika z.B. waren bloße Handelsstützpunkte, die im Einvernehmen mit örtlichen Gewalten errichtet und betrieben wurden, von einschneidender Wirkung. Die Küstenbevölkerung paßte sich den Handelsbedürfnissen an und übernahm Elemente der europäischen Rationalität. Die neuen wirtschaftlichen und militärischen Möglichkeiten (Gewehre!) verhalfen ihr zu Macht und Einfluß gegenüber dem Landesinneren. So kamen Teile europäischen Denkens auch in

Gebiete, die nie ein Weißer betrat. Langsam wurde *Europa faktisch die geistige Führungsmacht,* die einzige von wirklicher Weltgeltung. Zwar gab es Kulturinseln wie Japan, China und amerikanische, asiatische und afrikanische Gebiete, die sich lange und erfolgreich gegen das Einsickern europäischer Elemente wehrten; ihre speziellen Denk- und Lebensweisen blieben aber für die übrige Welt weitgehend ohne Einfluß, trotz aller Beachtung in Europa (Kult des „edlen Wilden", Chinaschwärmerei usw.).

Heute herrschen *europäische Denkstrukturen* in überwältigendem Umfang *fast überall auf der Welt,* wenn sie auch oft Umwege (z. B. über die USA oder China) gegangen sind. Die Ausformung ist je nach Region verschieden, das Grundmuster weitgehend universell.

Das Modell der Entdeckungsfahrten

Der komplexe Vorgang soll unter *vier Gesichtspunkten* betrachtet werden: Wie hat sich das neue Weltbild in Entdeckung, Eroberung und Europäisierung bemerkbar gemacht? Welche anderen Gründe habe zur Expansion beigetragen? Was suchten die Entdecker und Eroberer? Wo lagen die wichtigsten Konsequenzen bis ins 18. Jahrhundert?

Die drei ersten Fragen lassen sich an **Heinrich dem Seefahrer** beantworten. Er wollte zwar vornehmlich Probleme Portugals lösen, doch wie und mit welchen Folgen er das tat, ist beispielhaft für die gesamte Thematik.

Sein *Schlüsselerlebnis* war die *Eroberung Ceutas/Sebtas 1415,* der damals bedeutendsten Stadt Marokkos, Hauptstapelplatz und Zollstelle für den arabischen Handel mit Europa, an Macht und Pracht Venedig vergleichbar. Der Überfall brachte reiche Beute und war ideologisch populär, weil er *als Fortsetzung der Reconquista deklariert* wurde. Die Aussicht, eine Fessel des Handels abzuschütteln, hatte ihn auch bei der Kaufmannschaft Lissabons und ihren ausländischen Partnern kreditwürdig gemacht. Darüber hinaus gab es eine langfristige Perspektive: *Vernichtung der Ungläubigen* (ein alter Kreuzzugsgedanke) *und Errichtung eines portugiesischen Weltreiches.* Nach Erstürmung der Stadt soll der siegreiche König gesagt haben: „Was den Römern Karthago gewesen ist, wird Ceuta den Portugiesen sein." Das war zwar übertrieben, doch begann von hier aus die Eroberung der Welt.

Der einundzwanzigjährige Prinz Heinrich, der bei dem Überfall seine einzige Seereise unternahm und zum Ritter geschlagen wurde, nahm die Idee auf. Als Großmeister des portugiesischen Christusordens hatte er die Ruhe und Unabhängigkeit, um *vom Kreuzzugsgedanken her* ein Programm zur Bekämpfung des Islam, zur Ausbreitung des Christentums und zur Ausdehnung der portugiesischen Herrschaft zu entwickeln. Auf den Klippen von Sagres, am äußersten Südwestzipfel Portugals und schon fast im Meer, schuf er ein **wissenschaftliches Zentrum zur Vorbereitung und Auswertung von Entdek-**

kungsreisen, in dem die oben skizzierten neuen Ansätze praktiziert wurden und die Kreuzzugstradition nach und nach in eine Entdeckungstradition verwandelt wurde, die den Tod des Prinzen überdauerte.

Sorgfältig wie nie zuvor wurden die Reisen vorbereitet. Heinrich der Seefahrer ließ neue und ältere Reiseberichte, u.a. den Marco Polos, systematisch auswerten und zog internationale Kapazitäten der Kartographie heran, um mehr über die Goldländer zu erfahren und über den sagenhaften Priesterkönig Johannes, der irgendwo im Rücken des islamischen Machtbereiches regieren sollte. Typisch für die Arbeitsweise war die unmittelbare Verbindung von philologischer Arbeit, nautischer Theorie und praktischen Verbesserungen an Schiffen und Ausrüstung, Prüfung wissenschaftlicher Erkenntnisse im Hinblick auf praktischen Nutzen und schließlich ihre Umsetzung in technische und politische Maßnahmen. So wurden die großen Erfolge möglich, *die Kreuzzugsidee lieferte nur Anstöße und ideologische Absicherung.*

Der Kreuzzug war nie, auch wenn man den Begriff sehr umfassend versteht, Haupt- oder gar einziges Motiv der Entdeckungsfahrten. Der politische Hintergrund, auf dem Heinrich und seine Nacheiferer wirkten, enthielt ein beachtliches Potential an Gründen, die zum großen Teil auf andere europäische Staaten übertragbar sind. Seit dem Mittelalter gabe es den *Sperriegel,* den die *Araber* zwischen Europa und die Schätze Afrikas und Asiens gelegt hatten. Die *Expansion des Osmanenreiches* verschärfte die Schwierigkeiten. Luxusartikel aus „Indien" (d.h. auch von den Molukken und aus Ostafrika) wurden teurer. Das galt vor allem für Gewürze, die die eintönige Nahrung für die langen Wintermonate haltbar und schmackhaft machen sollten und auch in der Medizin benutzt wurden (z.B. Nelken zur Schmerzlinderung). Das galt auch für Seide, Gewebe, Farbstoffe, Perlen, Edelsteine usw. Gleichzeitig wuchs die Nachfrage. Im Zusammenhang mit der Krise des Spätmittelalters und der darin eingeschlossenen Neuanfänge, den sich anbahnenden Funktionsverlusten des Adels bei Aufstiegstendenzen eines Teils des Bürgertums usw. war es nötiger denn je, seinen Stand zu präsentieren, und dafür spielten **Luxusartikel** eine essentielle Rolle, die Verfügung darüber war zugleich *gesellschaftliche Selbstbehauptung und Dokumentation des Führungsanspruchs.*

Tauschwaren standen für diesen Handel nur sehr beschränkt zur Verfügung, ein erheblicher Teil mußte mit Silber, Kupfer und daraus gefertigten Gegenständen bezahlt werden. Hier liegt einer der Gründe für die enorme Ausweitung des Bergbaus und die Verdichtung der staatlichen Ansprüche. Für Portugal stellte sich das Problem besonders scharf, denn Silber und Kupfer gab es hier nicht, Landwirtschaft und Gewerbe der iberischen Halbinsel produzierten wenig exportfähige Waren, der Luxusbedarf mußte also über Zwischenhandel erwirtschaftet werden, ein wichtiges Motiv für die Suche nach direktem Zugang zu Gewürzen, Gold, Elfenbein und Sklaven. Aus vergleichbaren Situationen heraus waren schon französische Normannen, Venezianer und Genuesen an die westafrikanische Küste gesegelt. Daß Portugal im 15. und

16. Jahrhundert einen erheblichen Vorsprung bekam, lag gewiß auch an der besonders scharfen Konkurrenz zu Kastilien, vor allem aber am Einsatz Heinrichs des Seefahrers, der die Nähe zu Genuesen, Juden und Arabern konsequent nutzte.

Entdeckungsreisen waren in vieler Hinsicht *geistige Phänomene, ohne die neue Weltsicht nicht denkbar,* aber sie kosteten viel Geld. Die Krone selbst konnte wenig finanzieren; oft versah sie wie auch andere europäische Staaten Privatunternehmer nur mit Privilegien und politischer Rückendeckung. Der Christusorden konnte Mittel für das *Forschungszentrum in Sagres* und Finanzhilfen aufbringen, aber nicht ganze Entdeckungsunternehmen bezahlen. Privates Kapital mußte von Anfang an herangezogen werden; tatsächlich beteiligten sich neben Portugiesen, Spaniern und Neuchristen auch Genuesen, Venezianer, Florentiner, Cremonesen, zeitweilig (aber kaum in den Anfängen) auch Oberdeutsche mit erheblichen Summen. Damit war entschieden, daß die Ausweitung des europäischen Handels oder Ausbeutung neuentdeckter Länder eigentlicher Sinn und Zweck, wegen der beschränkten Mittel der Initiatoren auch immer das vordringliche Problem aus europäischer Sicht war. Faktisch stand deshalb *die Mission* meist *nur in einer Reihe mit anderen Mitteln zur Herrschaftssicherung,* also mit militärischen oder siedlungstechnischen Verteidigungsmaßnahmen oder Verträgen. Für die Begründung von Eroberungen war sie noch im Imperialismus offenbar unentbehrlich, in der Praxis spielte sie trotz mancher ernsthafter Bemühungen (z. B. der spanischen Regierung) nie die entscheidende Rolle. Das hatte für viele Kolonialgebiete katastrophale Folgen.

Auch die Richtung der Entdeckungsfahrten lag fest: *man mußte den arabischen Raum umgehen,* um Afrika herum wie die Portugiesen oder um die Erde herum, wie Kolumbus wollte. Es gehört zur Ironie der Geschichte, daß *sich die Entdecker dabei weitgehend arabischer Kenntnisse und Denkweisen bedienten.* Was das bedeutet, zeigt ein Blick auf alte Weltkarten. Das Weltbild des christlichen Mittelalters war heilsgeschichtlich orientiert, im Zentrum der Welt und damit auch der Karte lag Jerusalem, so z. B. auf der Londoner Psalterkarte aus dem 13. Jahrhundert. Eine rund hundert Jahre ältere **arabische Karte des Idrisi** legt die arabische Halbinsel in die Kartenmitte; der Indische Ozean, das Mittelmeer und das Schwarze Meer sind mit Sorgfalt dargestellt; nicht der See Genezareth, sondern das Kaspische Meer ist eingetragen, kurz: *die Karte ist auf Welthandelswege (im Sinne der Zeit) ausgerichtet.* Mit der Kenntnis, ja Übernahme solcher geographischen Ansätze unter Heinrich dem Seefahrer war der einzuschlagende Weg vorgezeichnet: **um Afrika herum.** Dabei hoffte man auch den Priesterkönig Johannes zu finden und mit seiner Hilfe die Ungläubigen zu vernichten.

Die Umschiffung Afrikas stieß aber auf eine Reihe von Problemen. Das erste und wichtigste war, daß die *Araber* den Kontinent vom übrigen Europa zumindest zu Lande und im Mittelmeer absperrten. Sie waren die ersten *Ausbeu-*

ter Afrikas, holten Gold, Gewürze, Elfenbein und Sklaven von südlich der Sahara auf dem Karawanenweg. Sie monopolisierten den gesamten Afrikahandel und auch die darauf bezogenen Kenntnisse, an die übrigen Europäer gaben sie nur *Gerüchte* weiter, *die die Konkurrenz abschrecken sollten.* Das gilt gleichermaßen für den Kontinent selbst wie für den Seeweg nach Indien. Der bekannte arabische Geograph El Idrisi verfaßte im 12. Jahrhundert einen Bericht, in dem sowohl die tatsächlichen Schiffahrtshindernisse wie häufige Stürme und besonders hohe Wogen als auch die weniger realistische Bedrohung durch Meeresungeheuer und undurchdringliche Dunkelheit eine erhebliche Rolle spielten. Die Märchen aus 1001 Nacht informieren umfassend darüber.

Bei den ohnehin traditionell abergläubischen Seeleuten wirkten solche Geschichten sehr nachhaltig, war ihnen doch sogar die Kompaßnadel, die aus China nach Europa gebracht wurde und schon im 13. Jahrhundert literarisch erwähnt wird, ausgesprochen unheimlich. Außerdem hielt sich im gesamten Mittelalter hartnäckig das Gerücht, der Indische Ozean sei ein Binnenmeer (was man auch lange Zeit vom Atlantik annahm), eine Umsegelung Afrikas also unmöglich.

Natürlich gab es trotz allem gewisse Informationen, die über Venezianer und Genuesen nach Europa kamen, vor allem aber über die Juden Mallorcas, Spaniens und Marokkos, die in der Regel Beziehungen zu beiden Lagern hatten. *Hier lagen Ansatzpunkte für die Vorbereitung der portugiesischen Entdeckungen,* die angesichts des geringen Informationsstandes und des Gewichtes von Schreckensgeschichten unentbehrlich waren und letztendlich zum Erfolg führten: Schon *1418* fanden zwei Ritter aus der Umgebung Heinrichs des Seefahrers **Madeira.** Damit trat ein neues Problem auf: die *menschenleere Insel brauchte Arbeitskräfte,* ebenso wie die neuen Zuckerrohrplantagen in Portugal und auf den Azoren, die seit 1439 aufgesiedelt wurden. *Sklaven,* bisher vorwiegend über arabische Händler als teure und seltene Prestigeobjekte erworben, bekamen einen wichtigen Stellenwert in der Arbeitsverfassung, mußten in größeren Mengen und billig beschafft werden. Das ging nur, wenn Portugiesen unter *Umgehung des arabischen Zwischenhandels* direkt in die Herkunftsgebiete fuhren, also *an der Westküste Afrikas* entlang. Dafür gab es eine Chance, denn *der arabische Sperriegel umfaßte nur das Festland.*

Zwischen Portugal und den Gebieten der schwarzafrikanischen Bevölkerung aber lag als wichtiges Hindernis das **Kap Bojador.** Dies Kap ist wegen seiner Riffe und Untiefen selbst bei klarem Wetter gefährlich, aber klares Wetter gibt es dort kaum, weil eine kalte Strömung hochkommt und zusammen mit den Sandwinden vom Festland sehr häufig extrem schlechte Sichtverhältnisse schafft. An dieser Stelle konnte man leicht an den Beginn des gefürchteten Dunkelmeeres glauben! Als *1433* nach einem mißglückten Versuch Gil Eannes im Auftrag des Prinzen Heinrich das *Kap umfahren* konnte, war nicht nur ein segeltechnisches, sondern auch ein wichtiges *psychologisches Hindernis überwunden.* Von nun an ging es geradezu unaufhaltsam weiter: im nächsten Jahr

Die Umsegelung Afrikas

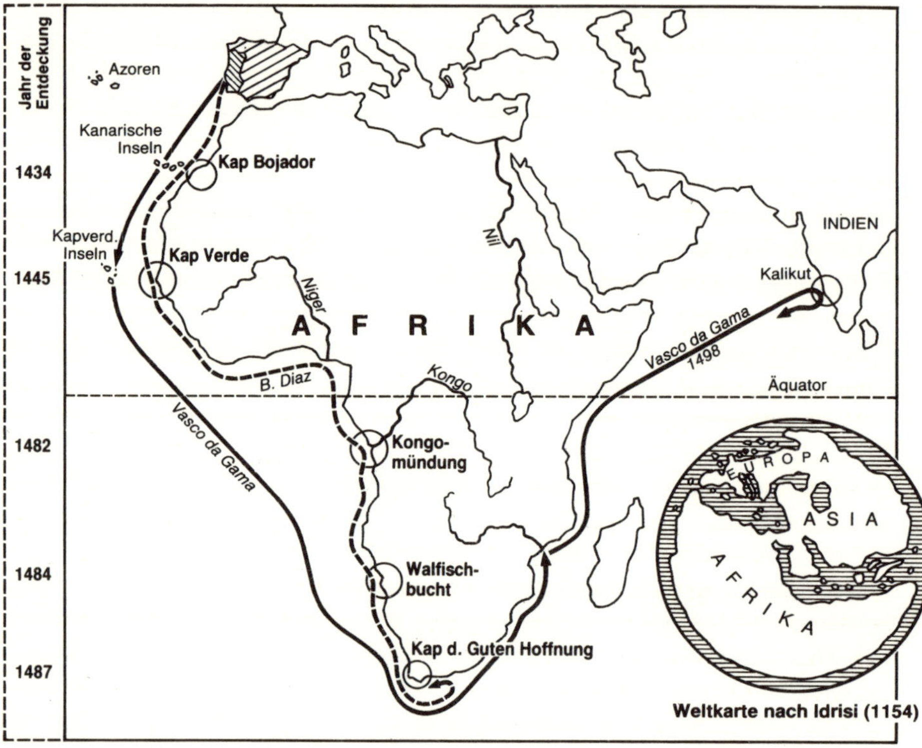

stieß dasselbe Schiff mit einer erweiterten Besatzung noch 200 Meilen weiter südwärts vor und fand unverkennbare Anzeichen, daß die Wüstenzone zu Ende ging und man sich bewohnten Gebieten näherte. 1436 kam man schon fast bis zum Kap Blanco und wurde unterwegs in ein Gefecht mit Eingeborenen verwickelt. Wenn auch wegen innenpolitischer Wirren die Fahrten für kurze Zeit unterbrochen wurden, konnte doch *1441 am Rio de Oro* in der heutigen spanischen Sahara der *Sklavenfang eröffnet werden.*

Dem Prinzen mußte die Finanzierung seiner Unternehmungen am Herzen liegen, er unterstützte deshalb Fahrten aller Art. Der Sklavenfang kam auch seinen Entdeckungswünschen entgegen, denn er lohnte zunächst nur, solange das Überraschungsmoment des portugiesischen Auftauchens wirkte. Die *Fahrten mußten also immer weiter nach Süden ausgedehnt werden,* um den gewünschten Ertrag zu entwickeln. Bei den ausfahrenden Kapitänen überwog der finanzielle Aspekt alle anderen. In ihren Berichten ist kaum von Entdekkungen im wissenschaftlichen Sinn die Rede, dafür umso mehr und umso genauer von Ort und Zahl der Überfälle und den dabei geraubten Sklaven. Selbstverständlich war der Prinz genau darüber informiert, denn ein Viertel jedes Fahrtertrages gehörte ihm. Damit finanzierte er weitere Unternehmungen, und kaum ein Kapitän würde dazu neigen, das Viertel zu schmälern, da er ja weitere Fahrten mit weiteren Gewinnen erwartete.

1445 wurde das **Kap Verde,** das Grüne Kap, *umschifft,* d.h. *die Portugiesen entdeckten die Tropen.* Das sagenhafte Guinea, das Land, aus dem dieAraber Gold und Sklaven holten, lag direkt offen. Damit war die Autorität des Ptolemäus, des klassischen Geographen, gestürzt. Er hatte die Welt in drei Teile geteilt, in den bewohnten mittleren, den zu kalten arktischen und den glutheißen südlichen. Nun hatten Portugiesen im Süden eine üppige Vegetation und eine zahlreiche Bevölkerung gefunden; damit war auch alles, was *Ptolemäus* sonst vorgetragen hatte, *zweifelhafter* geworden. Gleichzeitig erhielt ein Gerücht neues Gewicht und neue Glaubwürdigkeit, das besagte, ein indischer (und das kann auch heißen: ostafrikanischer) Seefahrer sei um 1420 vom Indischen Ozean in den Atlantik gekommen.

Erst nach dem Tod Heinrichs des Seefahrers 1460 trug sein methodisches Vorgehen volle Früchte, das Tempo der Entdeckungen beschleunigte sich, der portugiesische König nahm den Titel eines „Herrn von Guinea und der neuentdeckten Länder" an, *noch vor Ende des Jahrhunderts war Indien erreicht.* Spanien und später die neuen Kolonialmächte übernahmen das *Modell der wissenschaftlichen Vorbereitung von Entdeckungsreisen.*

Ausweitung und Variationen

Sehr scharfe Konkurrenz, besondere Wirtschaftsprobleme, Nähe zur arabischen Welt, Tradition der Reconquista, das alles hat Portugal und Spanien zu frühen Kolonialerfolgen getrieben, aber die **Expansion wurde bald allgemeineuropäisch.** Die hinter den Entdeckungen stehenden Verhältnisse fanden sich ja mehr oder minder in allen europäischen Staaten: neue Denkansätze, erhöhter Bedarf an Luxusgütern bei steigenden Preisen, damit verbundene Möglichkeiten zu Kapitalakkumulation und zur Einnahmesteigerung der Zentralgewalt, verschärfte Konkurrenz der Staaten, Krisen in Wirtschaft und Gesellschaft (Inflation, Reformation, Bauernkriege). Insofern ist *spätere Kolonialpolitik mit den iberischen Anfängen vergleichbar.*

Bloße Nachahmung war natürlich ausgeschlossen, Besonderheiten der erobernden und eroberten Gebiete verlangten Varianten. Schon die iberischen Mächte entwickelten unterschiedliche Ansätze. Portugal drang im Indischen Ozean in funktionierende Handelssysteme ein, von denen es als überlegene Seemacht mit Hilfe weniger Stützpunkte profitieren konnte. Spanien fand in Amerika keine Extraktionssysteme vor, flächendeckende Eroberung lag deshalb nahe.

Im Laufe der Zeit *wandelten sich die Ansprüche an Kolonien.* Ging es Anfangs fast nur um Beschaffung vorhandener Güter, wurde bald Produktion oder Gewinnung nach den Interessen des Mutterlandes gesteuert, das Interesse verlagerte sich auf *neue Güter wie Zucker und Rohstoffe,* der Absatz europäischer Waren in Übersee wurde wichtiger. Das lag vor allem an der wachsenden gewerblichen Orientierung der *neuen Kolonialmächte: der Generalstaaten, Englands und Frankreichs.* Sie versuchten, mit Hilfe der Überseegebiete ihre gewerbliche und agrarische Potenz zu steigern und so die finanzielle Basis des Staatswesens zu verbreitern und langfristig zu sichern *(„Merkantilismus“).* Besonders gut gelang das in Holland und England, teilweise auch in Frankreich, das deshalb bis 1659 Spanien aus seiner europäischen Führungsrolle verdrängen konnte, später (1701 – 1763) aber den Ansprüchen Ludwigs XIV. und dem holländisch-englischen Kapital nicht mehr gewachsen war.

Bewertungsaspekte und -defizite

Eine **Bewertung** der skizzierten Vorgänge ist sehr **schwierig** und entsprechend **umstritten.** Einmal fließen in jedes Urteil stärker als bei vielen anderen Fragen politische und anthropologische Grundvorstellungen ein, über die kein Konsens zu erzielen ist. Zum anderen sind längst nicht alle Probleme, ja nicht einmal die zentralen Begriffe hinreichend geklärt. Schließlich sind die Phänomene selbst in Absichten und Folgen so vielschichtig und in sich widersprüchlich, daß je nach Akzentuierung gegensätzliche Beurteilungen sich geradezu aufdrängen.

Schon der *Begriff „Entdeckungen“* macht einiges von dem Dilemma deutlich. Selbst in der wissenschaftlichen Literatur wird er häufig auf alles angewendet, was den Europäern unbekannt war; so wird unversehens Europa zum Maß aller Dinge. Das ist nicht einmal ganz abwegig, denn der Kontakt zu Europa, die Anbindung an ein weltweites Verkehrs- und Kommunikationssystem brachte so gut wie immer einen tiefen Einschnitt der politischen, wirtschaftlichen und sozialen Entwicklung mit sich. Die Folgen konnten von materieller und geistiger Erweiterung der Kultur bis zur Ausrottung der heimischen Bevölkerung reichen.

Der **geistige Fortschritt** war besonders in Europa **außerordentlich.** Die Herausforderung, daß außerhalb des bisherigen Gesichtskreises nichtchristliche Hochkulturen und Lebensformen existierten, die echte Alternativen sein konnten, schuf Ansätze zu einem europäischen Bewußtsein und provozierte eine *neue Diskussion um das Völkerrecht,* später sogar *um den Ursprung der Menschheit.* Der handgreifliche Nachweis, daß klassische Autoritäten an entscheidenden Punkten geirrt hatten, befreite das Denken von mancher Fessel und beflügelte die wissenschaftliche Kritik, räumte allgemein *dem individuellen Verstand einen gewichtigeren Platz ein.* Damit verbunden waren aber auch *emotionale Verluste.* Neue Legitimationsmuster wurden benötigt und entwikkelt, die z.B. zu größerer Rechtssicherheit und effektiverer Verwaltung, andererseits auch zur Verfestigung der Herrschaft weniger über die große Mehrheit und der Befriedigung europäischer Bedürfnisse auf Kosten von Kolonialvölkern beitrugen.

Die wirtschaftlichen Aspekte sind weder für Europa noch für die Überseegebiete hinreichend geklärt. Einigkeit besteht weitgehend darüber, daß die *heimische Bevölkerung der Kolonien die Hauptlast zu tragen* hatte, ihre Bedürfnisse gegenüber denen des Mutterlandes brutal zurückgeschoben wurden. Besonders Schwarzafrikaner und Indianer brachten unermeßliche Opfer; aber auch z.B. in Südostasien, wo im Interesse der Kolonialherren oft überlebte Herrschaftsstrukturen erhalten wurden, gab es erhebliche Schäden, auch hier wurden zahlreiche Menschen ihrer Lebensgrundlage beraubt oder in fremde Umgebung (z.B. nach Südafrika) gebracht. Unklar ist jedoch, welche Bedeutung die Einführung neuer Pflanzen, Tiere und Produktionstechniken im einzelnen gehabt hat.

Nicht hinreichend geklärt sind auch die **Folgen für Europa** in der Frühen Neuzeit. Sicher ist z.B., daß die Entdeckung Amerikas die europäische Inflation verstärkte. Sicher ist auch, daß trotz enormer Gewinne Einzelner und

Amerikanisches Edelmetall und Inflation in Europa

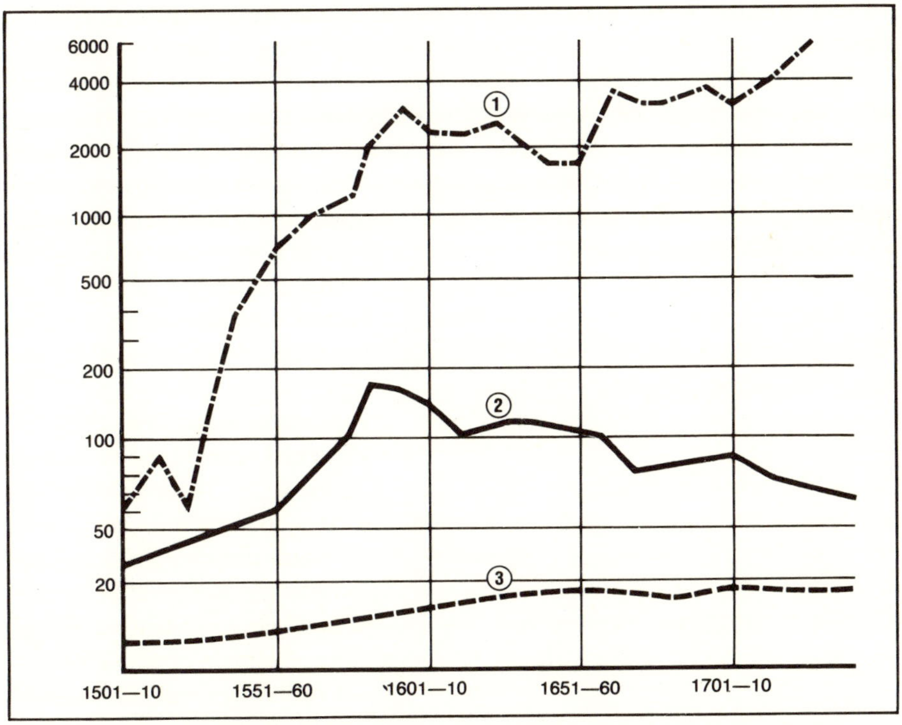

① Edelmetallexport Amerikas nach Europa in Zehnjahreswerten t Silber (nach Kriedte).
② Weizenpreise in Frankreich in g Silber per dz, Zehnjahresdurchschnitte (nach Abel).
③ Bevölkerungsentwicklung Frankreichs in Mio (nach Chaunu).

trotz bedeutender Opfer der Kolonien bis weit ins 18. Jahrhundert hinein die Gesamtaufwendungen für die Überseepolitik in keinem sehr günstigen Verhältnis zu den Gesamterträgen standen; selbst nach 1750 war der *Wert von Kolonien nicht unumstritten*. Andererseits gab es ganze Orte, die so gut wie ausschließlich für den Überseehandel produzierten oder – wie die Schokoladenstadt Bayonne – von der Verarbeitung eines Kolonialerzeugnisses lebten. Ohne Zweifel erhielt die Nachfrage nach gewerblichen Produkten und damit auch die nach landwirtschaftlichen Erzeugnissen mannigfache Anstöße, *wichtige technische und personelle Voraussetzungen für die industrielle Revolution kamen letztlich aus dem Kolonialgeschäft*. Das wurde aber auch erkauft durch Erstarrung der Gesellschaft in Osteuropa, durch Verschleppung ungezählter Menschen, durch wirtschaftliche Einseitigkeit und damit Abhängigkeit weiter Gebiete in Europa und Übersee.

Voraussetzung für diese Veränderungen war vor allem das **neue Weltverkehrsnetz.** Es war leistungsfähiger als jedes frühere, ob Römer- und Inkastraßen oder Küstenschiffahrt. Der damit ermöglichte *umfassende Zugriff auf den Globus* zu vertretbaren Kosten vereinheitlichte vielleicht das Denken, differenzierte aber die wirtschaftlichen und sozialen Verhältnisse zugunsten Europas. Vor allem wurde *neben dem Welthandel auch der Weltkrieg möglich:* Holland führte seinen Kolonialkrieg als Teil seines Befreiungskrieges gegen Spanien.

Selbst die Europäisierung ist ambivalent. Immer weitere Kreise wurden unmittelbar von Welthandel und Weltgeschehen betroffen, sei es als Produzenten, Konsumenten, Dienstleistende oder Opfer von Kolonialkrieg und Wirtschaftswandel. *Neben der Europäisierung der Erde gab es eine Öffnung Europas nach Übersee.* Beides erweiterte das Weltbild, schuf aber auch neue Gefahren und Abhängigkeiten.

Armin Reese

Bürger – Bauern – Adel: Wandlungen im städtischen und ländlichen Raum

Zwei Konstanten

Bei allen Wandlungen, von denen hier die Rede ist, sind für das gesamte Kapitel **zwei Konstanten** festzuhalten: (1) *80 – 90%* der Bevölkerung Europas lebten unmittelbar von der *Landwirtschaft.* (2) Die *Lebensverhältnisse* waren so *uneinheitlich,* wie es heute kaum noch vorstellbar ist. *In der Nähe großer Städte oder Klöster* hatte längst eine *starke Modernisierung* eingesetzt. Seit 1296 erbrachten die Bauern von Hansfelde ihre Abgaben an das Lübecker Domkapitel in Bargeld, waren also (trotz „Selbstversorgung") auf dem Markt anbietende Unternehmer. Im Einzugsbereich des Oberzentrums Köln wurde die Kulturlandschaft durch Intensivierung der Agrarproduktion völlig verändert, sowohl durch Besömmerung der Brache als auch durch Ausweitung des Gartenbaus und Einführung von Sonderkulturen bis hin zur Entwicklung monokultureller Strukturen. *Andere,* sogar benachbarte *Regionen blieben zum Teil davon gänzlich unberührt,* Primitivformen der Bodenbearbeitung hielten sich z. B. in der Eifel bis ins 19. Jahrhundert. In solchen Räumen ging die Landwirtschaft mit ihren geringen Überschüssen kaum an den Markt; sie nahm zwar (meist indirekt über Abgaben) am Marktgeschehen teil, hatte aber keinen Einfluß und so gut wie keine Möglichkeit, ihre Produktion den Forderungen und Chancen des Marktes anzupassen.

Bevölkerung und Agrarpreise

Angesichts des geringen Mechanisierungsgrades der Wirtschaft – sogar der Energiebedarf wurde noch im 18. Jahrhundert vorwiegend durch menschliche und tierische Muskelkraft befriedigt – war die **Bevölkerungszahl** *ein entscheidender Faktor der Gesamtentwicklung.* Sie wuchs seit dem Ende des 15. Jahrhunderts *bis etwa 1620 sehr stark,* in manchen Ländern um 50% (insgesamt von etwa 80 bis 90 Millionen auf 100 bis 110 Millionen). Ab 1620 gab es erhebliche Rückschläge, besonders in Mitteleuropa (Dreißigjähriger Krieg!), Italien und Spanien, in anderen Gebieten stagnierte die Entwicklung; um 1700 schätzt

Bevölkerungsentwicklung 1600 – 1800

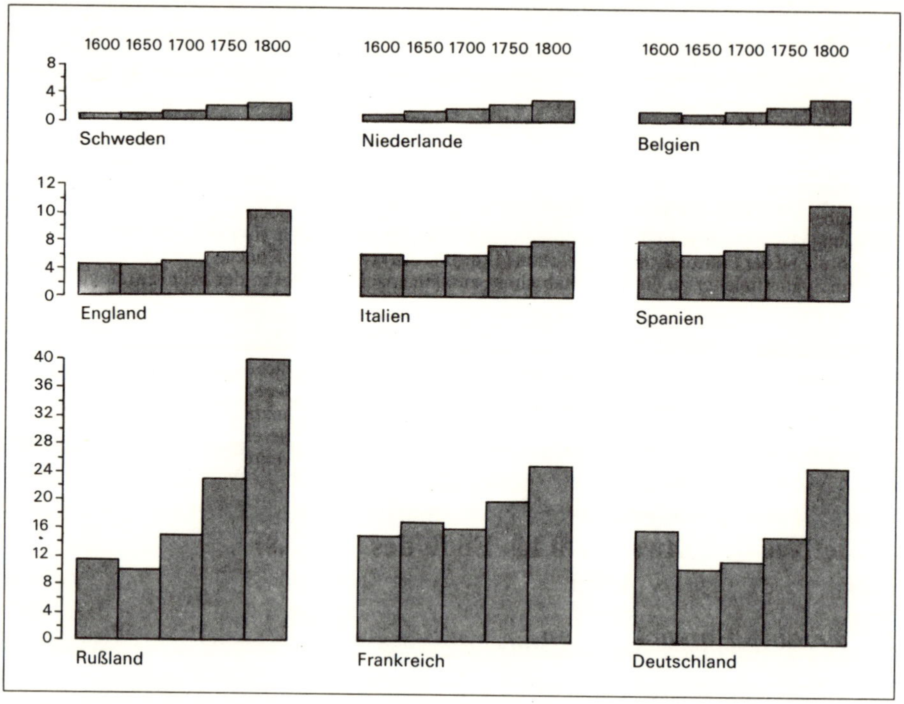

man die Gesamtzahl auf 110 bis 120 Millionen. Im 18. Jahrhundert nahm die Bevölkerung dann zunächst langsam zu, die Pest verschwand nach letztem Aufflackern in Mitteleuropa (1709 – 1714) und der Provence (1720/21). *Ab etwa 1750 beschleunigte sich das Wachstum deutlich,* die Rate verdoppelte sich innerhalb von 50 Jahren (1750: 120 – 140 Millionen, 1800: 180—190 Millionen).

Der Geburtenüberschuß fiel vorwiegend auf dem Lande an, wo aber schon um 1500 kaum zusätzliche bäuerliche Existenzmöglichkeiten geschaffen werden konnten. Forstordnungen aus dieser Zeit, die Rodung des Waldes verbieten, weisen auf Landmangel hin. Deshalb wurde seit dem 16. Jahrhundert eine *zunehmende Verstädterung* in Europa charakteristisch; Zuwanderer vom Lande und aus Kleinstädten ließen sich so eindeutig in größeren Städten nieder, daß diese unverhältnismäßig wuchsen.

Parallel zur Bevölkerung entwickelten sich die Agrarpreise: sie stiegen bis zum Dreißigjährigen Krieg, stagnierten dann und begannen erst am Anfang des 18. Jahrhunderts wieder zu steigen. Da die Erträge der Landwirtschaft auch weitgehend die Absatzmöglichkeiten von Handel und Gewerbe bestimmten, können sie als **Indikator für die gesamtwirtschaftliche Situation** gelten. Hier liegt neben der Bevölkerungsentwicklung ein zweites wichtiges Merkmal der „Krise des 17. Jahrhunderts", die den säkularen Aufschwung beendete (vgl. S. 39f.). Allerdings gab es innerhalb der globalen Entwicklungen *extreme örtliche Schwankungen,* eine jährliche Differenz des Ernteertrages um 50% mit überproportionalen Preisausschlägen war keineswegs selten, gelegentlich fiel die Ernte fast ganz aus, und es war kaum möglich, über den Handel einen Ausgleich zu finden: dazu war der überregionale Austausch zu wenig entwickelt, und die Abhängigkeit von der Ernte war für die Mehrzahl so groß, daß kaum Mittel für Ausgleichskäufe zur Verfügung standen.

Die neue Stadt

Die großen *Veränderungen* der Stadt werden im *Baubefund* sichtbar. Um 1500 erhalten die großen Bauwerke, die Reichtum und Macht des städtischen Gemeinwesens ausdrücken (Kirche und Rathaus), meist ihre letzte Gestalt, etwa das Freiburger Münster. Die im 16. und 17. Jahrhundert einsetzenden baulichen Veränderungen haben andere Grundlagen; wenn sie der Repräsentation dienten wie die Tuilerien, waren sie nicht von der Stadt veranlaßt, sondern von Päpsten, Monarchen, Adligen und Neureichen. Auch die neue Befestigungstechnik, unerläßlich wegen der Entwicklung der Artillerie, konnte in der Regel nicht mehr von der Stadt finanziert werden. Praktisch und theoretisch (Dürer) wurde sie *Ausdruck des fürstlichen Machtanspruchs* und seiner gesamtstrategischen Konzeption. Das bedeutete auch, daß die Verbindung *zwischen Stadt und Festung aufhörte, selbstverständlich zu sein;* schon im frühen 16. Jahrhundert wurden z.B. die Harzer Bergstädte gar nicht mehr befestigt, für Freudenstadt wurde zwar eine Befestigung geplant, aber nicht mehr ausgeführt.

Eine gewichtige Änderung im Erscheinungsbild der Stadt brachte das *enorme Bevölkerungswachstum* besonders in den *Residenzen.* Nur ein Teil der neuen Bewohner konnte in alten Wohnvierteln untergebracht werden, obwohl das durchaus geschah. Im Zentrum von London wurden im 17. Jahrhundert viele große Häuser, die früher Adligen gehört hatten, in winzige Einzelwohnungen zerteilt und auch in Mietshäuser verwandelt. Gleichzeitig entstanden nördlich und westlich des alten Kerns neue bebaute Bezirke. Als Madrid um die Mitte des 16. Jahrhunderts ständiger Sitz der Regierung wurde, entstanden schnell zahlreiche billige Neubauten, die verbaute Fläche der Stadt vervierfachte sich von 1500 bis 1700, die Bevölkerungszahl wuchs von 10000 auf 150000.

Es ist nicht bekannt, wie die Bautätigkeit sich auf die Wirtschaft ausgewirkt hat; je nach Auslastungsgrad kann es sich um wichtige Anregungen oder – zumindest bei den Prachtbauten – um krasse Fehlinvestitionen gehandelt haben. Sicher ist aber, daß *von der Verstädterung eine starke Nachfrage nach landwirtschaftlichen Produkten ausging,* positive Rückwirkungen auf die gewerbliche Produktion und auch den Handel mit Luxusgütern konnten kaum ausbleiben. Man nimmt sogar an, daß dieser Nachfragestoß den *Schiffsbau,* in jener Zeit gewissermaßen die *„Schwerindustrie"*, stärker anregte als der Verkehr mit den Kolonien. Hier lag einer der Gründe für die Förderung von Städten durch die staatliche Wirtschaftspolitik.

Wenn auch Städte wichtige Wirtschaftszentren blieben, *politisch verloren sie an Boden.* Die Ausweitung der Geldwirtschaft entzog ihnen allmählich das „Bargeldmonopol", steigende Agrarpreise und sinkende Reallöhne schwächten ihr Potential ebenso wie vermehrte Kriegslasten und rückständige Verwaltung. Die „Krise des 17. Jahrhunderts" belastete durchweg die Städte mehr als die Landesherren, deren Einkünfte räumlich und sachlich breiter gestreut waren. Reichsstädte mußten sich kaiserliche Kommissionen gefallen lassen, um ihre Finanzen zu sanieren. *Die Stadt beherrschte nicht mehr ihr Umland, sondern eine intensivierte landesherrliche Verwaltung band sie darin ein.* Selbst gutorganisierte Wirtschaftsgiganten wie Marseille verloren an politischem Gewicht.

Wachsende staatliche Ansprüche und Möglichkeiten drückten sich nicht nur in neuen Städteordnungen aus. Der *deutlichste Indikator* ist der Anteil der *staatlichen Steuer am Gesamtaufkommen.* In Frankreich beanspruchte z. B. der Staat 1515 nur 6,5% des Bruttoagrarprodukts, 1675 waren es 19% bei erheblicher Steigerung des Grundwertes. Einem so finanzierten Staat gegenüber mußte die einzelne Stadt den Kürzeren ziehen, zumal sie mit der starken Zuwanderung zusätzliche Probleme bewältigen mußte.

Die Zuwanderer waren ja oft genug wenig qualifiziert und noch weniger vermögend, viele konnten nicht einmal das Bürgerrecht erwerben. In Sachsen wuchs 1550 bis 1750 die Zahl der Bürger um 72%, die der Stadtbewohner um mehr als 754%. Dabei ließ die Wirtschaftskraft breiter Schichten deutlich nach, die Reallöhne sanken teilweise auf unter 50% des Wertes von 1500. Ein Augsburger Zimmergeselle konnte bei einem Arbeitsjahr von 180 Tagen um 1500 gut eine vierköpfige Familie ernähren, um 1600 hatte er selbst bei einem Arbeitsjahr von 270 Tagen schon Schwierigkeiten. Das konnte nicht ohne Folgen für die Finanzkraft der Stadt bleiben. Daraus erwuchsen dann wieder innere Schwierigkeiten, weil man dem Rat natürlich auch die Finanzprobleme zurechnete, an denen er unschuldig war: es kam zu Verfassungskonflikten zwischen den Regierenden und anderen wirtschaftlich potenten Kreisen, die ein besseres Regiment wünschten.

So war die *frühneuzeitliche Stadt dem Zugriff des Territorialherrn* – auch wenn er nicht Stadtherr war – *zunehmend ausgesetzt.* In einer langen Übergangszeit wuchs sie in den **institutionellen Flächenstaat** hinein.

Das bewirkte auch, daß sie, entsprechend den Gegebenheiten des Umfeldes und dem Willen des Fürsten, recht unterschiedliche Funktionen übernehmen mußte. *Das einheitliche mittelalterliche Leitbild* (Überwiegen der ökonomischen Funktion) *löste sich auf,* scharf umrissene *Sondertypen* wie Haupt- und

Staatssteuern in Frankreich 1515 – 1683 (Werte nach Morineau)

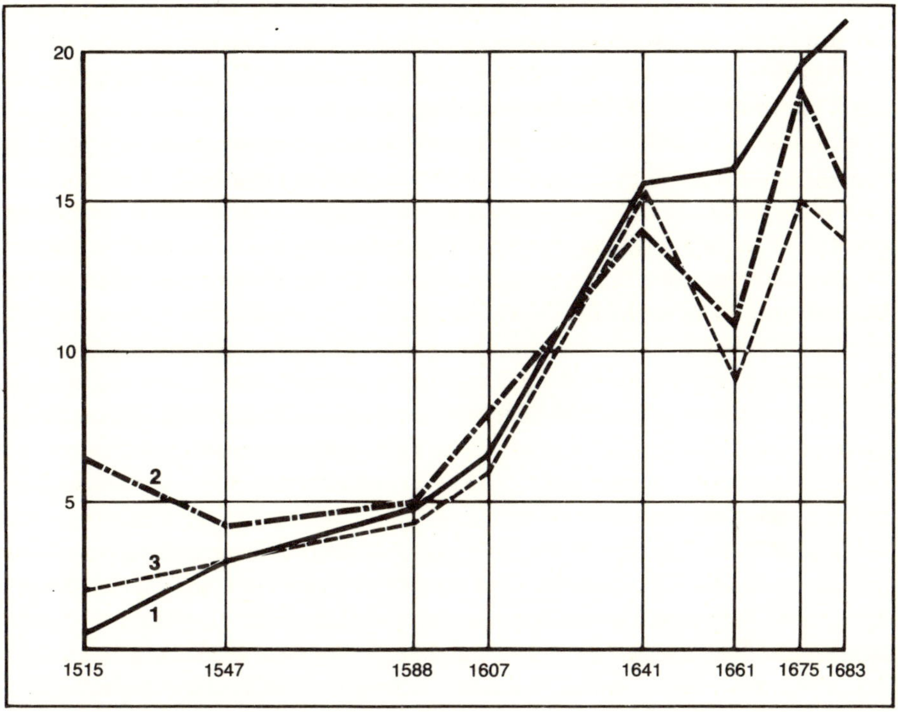

1 Steuern insgesamt in 5 Mio livres tournois
2 Steuern in % des Brutto-Agrarprodukts
3 Steuern in % der Jahresarbeitszeit (225 Tage) eines Pariser Bauarbeiters bei vierköpfiger Familie

Residenzstadt, Festungsstadt, Bergstadt, Exulantenstadt, regionales Verwaltungszentrum oder Überseehandelsplatz bildeten sich heraus. *Typenvielfalt und weitgehender Verlust der Autonomie* wurden Charakteristika der frühneuzeitlichen Stadt, und damit *verlor* sie insgesamt *auch* an *wirtschaftlichem Gewicht.*

Wandel im ländlichen Raum

Demgegenüber **gewann das Land an wirtschaftlicher Bedeutung.** Preise für Getreide und tierische Produkte stiegen stärker als die für gewerbliche Erzeugnisse. In Stadtnähe oder sonst verkehrsgünstiger Lage boten sich ertragreiche *Sonderkulturen* an, aber auch sonst schufen die Preis- und Lohnverhältnisse gute Aussichten für den Landbau, zumal *agrartechnische Verbesserungen* die Erträge steigern konnten.

Selbst für die Gewerbe gewann das Land zunehmend an Gewicht, als Rohstofflieferant, Absatzmarkt und als gewerbliche Produktionsstätte. In Gent wurden im 18. Jh. zwar immer mehr Stücke Leinen auf den Markt gebracht – das Angebot verdoppelte sich fast – aber die Zahl der Webstühle sank gleichzeitig um fast 50%. Die Differenz kam aus dem Umland. Schon immer waren Textilien auch auf dem Lande hergestellt worden, schon lange vor 1500 im Verlagswesen auch für den überörtlichen Markt. In der Frühen Neuzeit fragten Städte und Kolonien verstärkt gerade einfachere *Textilien* nach, und damit wuchs die *außerstädtische Produktion* in eine neue Dimension. Schon im 17. Jahrhundert entstanden *Zonen verdichteten ländlichen Gewerbes,* deren Bevölkerung nicht mehr überwiegend von der Landwirtschaft lebte und sich vom bäuerlichen Lebensrhythmus abkoppelte: die Geburten verteilten sich auf das ganze Jahr, weil die Rücksicht auf die Erntezeit entfiel, und sie wurden zahlreicher. Letzteres war möglich, weil die Familiengründung nicht mehr auf ererbtes Land angewiesen war, sondern als Konstruktion einer Arbeitseinheit viel früher erfolgte. Gebiete dieser **„Proto-Industrialisierung"** wurden so *Zentren des Bevölkerungswachstums.*

Sie belieferten den weiträumigen Export und konnten deshalb *Erntekrisen leichter verkraften* als traditionelle Gewerbe für den örtlichen Markt, die bei einer Mißernte doppelt getroffen wurden: von den hohen Getreidepreisen und mangelnder Nachfrage für ihre Erzeugnisse. Im Fernhandel konnte man meist damit rechnen, daß Absatzkrise und Nahrungsmittelteuerung nicht zusammenfielen.

Freiwillig war die Umstellung von der Landwirtschaft auf derartige gewerbliche *Familienproduktion* aber nicht, sie *erwuchs aus Landmangel und Agrarkrisen.* Das verweist darauf, daß wachsendes wirtschaftliches Gewicht der ländlichen Regionen *nicht mit Wohlstand der Landbevölkerung gleichzusetzen ist.* Weder gewerbliche noch unterbäuerliche Schichten konnten im Normalfall üppig leben, und die Bauern hatten zwar unterschiedliche, aber meist nicht übermäßig gute Bedingungen, waren stets von Krisen und Brüchen der Entwicklung bedroht.

Am *schlechtesten* war die *nichtadlige Landbevölkerung östlich der Elbe* gestellt, im Bereich der **„Gutsherrschaft"**. Hier war der Herr seit Beginn des 16. Jahrhunderts erfolgreich bestrebt, die Grenzen seiner Eigenwirtschaft zu erweitern und Frondienste der Bauern ausgiebig zu nutzen. Das galt trotz regionaler Verschiedenheit im Detail und der wichtigen Änderungen beim russischen Adel für das gesamte Europa östlich der Elbe einschl. des Balkan. Die „Bauern" glichen sich der *niedrigsten Rechtsstellung* an, wurden (wieder) Leibeigene. Ausweichmöglichkeiten gab es praktisch nicht.

Westlich der Elbe setzte sich die **„Grundherrschaft"** durch. Durchweg wurden die Eigenwirtschaften der Herren kleiner, die Frondienste geringer oder in Geld- und Sachleistungen umgewandelt. *Die Bauern konnten relativ ungestört wirtschaften.* Das führte, da Fähigkeit und Glück nie gleichmäßig verteilt sind, zu starker Differenzierung der ländlichen Bevölkerung. Wiederholte Versuche von Grundherren, ihr eigenbewirtschaftetes Land auszudehnen und so ihre Gewinne zu vergrößern (z.B. triage), setzten sich nicht durch, zumal der Staat gelegentlich eingriff, um die Gefahr von Bauernrevolten zu mindern.

Im 18. Jahrhundert gab es eine so *deutliche Produktionssteigerung,* daß man von einer **Agrarrevolution** gesprochen hat. In England wurde sie schon um 1690 augenfällig, in Frankreich um die Mitte, in der Schweiz, in Deutschland und Dänemark gegen Ende des 18. Jahrhunderts und in Österreich, Teilen Italiens, Schweden, Rußland und Spanien erst im 19. Jahrhundert.

Landwirtschaftliche Techniken zur Steigerung des Hektarertrages waren schon im 16. Jahrhundert in den dicht besiedelten Ebenen von Flandern und Brabant entwickelt worden; der Hektarertrag war dort der höchste der Welt, allerdings nicht die Produktivität pro Arbeitskraft. *Zentraler Punkt* war die *Verringerung des Brachlandanteils* zugunsten permanenter Fruchtwechselperioden. Das war nur möglich durch Einführung oder zumindest verstärkten Anbau *neuer Fruchtarten;* eine besondere Rolle fiel dabei den *Futterpflanzen* (Rübe, Klee, später Kartoffel) zu, mit deren Hilfe der Viehbestand und damit auch der Düngeranfall vermehrt wurde. Sorgfältige Auswahl von Saatgut und Zuchtvieh brachte erste Erfolge.

Die eigentliche *Agrarrevolution* bestand nun darin, daß die in dicht besiedelten Gebieten entwickelten *Techniken auf weniger bevölkerte Gegenden übertragen* und den dortigen Verhältnissen angepaßt wurden. Die engen Kontakte zwischen den Niederlanden und England (protestantische Emigranten) erleichterten diesen Übertragungsprozeß. In England wurde auch die Produktivität pro Arbeitskraft gesteigert. Pferde als Zugvieh, die etwa 50% mehr Leistung bringen als Ochsen, wurden vermehrt eingesetzt, ebenso verbesserte Geräte: neue Pflüge mit immer mehr Eisenteilen, Sensen, Sämaschinen und zweckmäßiger Hufbeschlag.

Die *neue Landwirtschaft* verbesserte die Ernährungsbasis erheblich und *steigerte* zugleich die *Nachfrage bei Konsumgütern* und sonstigen gewerblichen Waren. Die Anstöße für die frühe Industrie sollten nicht unterschätzt werden, in England machte allein der Hufbeschlag 1760 rund 15% des gesamten Eisenverbrauchs aus. Die *Agrarrevolution* war aus diesen Gründen *unerläßliche Voraussetzung der industriellen Revolution* und ging ihr auch im übrigen Europa um etwa 30–50 Jahre voraus. Sogar ein Teil der frühen Unternehmer und ihres Kapitals kam aus dem landwirtschaftlichen Bereich.

Veränderung des Adels

Die klassische *Feudalverfassung hatte sich um 1500 längst aufgelöst.* Statt Fronarbeit (Arbeitsrente) war in weiten Teilen Europas die Produkten- und Geldrente üblich geworden, die der bäuerlichen wie der adligen Seite ein freieres Wirtschaften gestattete. Im späten Mittelalter hatte sich das gegen die Grundherren ausgewirkt, weil die Preise für landwirtschaftliche Produkte und der Geldwert drastisch gefallen waren. Versuche, einen Ausgleich zu finden, schienen gelegentlich auf den ersten Blick erfolgreich (Bauernkrieg), tatsächlich gelang es aber dem *Adel* bis ins 16. Jahrhundert in aller Regel nicht, dem *Rückgang seiner Einkünfte* wirksam entgegenzutreten. Im Gegenteil, sinkende Nettoeinkünfte trafen sich mit steigenden Ansprüchen, vor allem im Vergleich zum aufsteigenden Bürgertum.

Politische Möglichkeiten zur Kompensation gab es (außer in Polen und Ungarn) kaum, denn die ursprünglich *umfassende Führungsposition des Adels war weitgehend degeneriert.* Schon im Spätmittelalter hatte die zunehmende Geldwirtschaft den Söldner zum Konkurrenten des Lehnsaufgebotes gemacht und die Verwaltung vereinfacht; Städte als Verwaltungsmittelpunkte und Wandlungen des Rechts brachten studierte Bürgerliche als Helfer des Landesherrn in wichtige Positionen; der tendenziell aus eigenem Recht lebende Adlige war nicht mehr notwendiges Glied der Herrschaft, sondern *gelegentlich schon Störfaktor* (Sickingen 1522/23).

Selbst militärisch geriet er in eine Sackgasse. Die ritterliche Rüstung hatte sich so sehr der fortschreitenden Waffentechnik angepaßt, daß ihr Träger immer unbeweglicher geworden war: ein geschickter Fußkämpfer konnte ihn mit einem Haken zu Fall bringen und damit hilflos machen. Die im 14. Jahrhundert aufkommenden Feuerwaffen durchschlugen auch den Panzer, so daß der *Ritter als „Waffe" nicht mehr unersetzlich* war. Auch seine Burg büßte an Wert ein. Städte mit artilleriesicheren Bastionen und landesherrliche Festungen übernahmen die strategische Sicherung, „Gewalthaufen zu Fuß" bedrängten und ersetzten im Angriff mehr und mehr den Ritter.

Der *Adel* hatte zuviel Funktionspotential verloren, um Hilfe vom aufsteigenden Landesherren erwarten zu können. Bei Bewältigung seiner finanziellen Probleme war er also weitgehend auf sich angewiesen, und diese Aufgabe löste er auf doppelte Weise: durch eigene wirtschaftliche Aktivitäten und durch *Wandlung seiner politischen und militärischen Funktion:* er wurde Unternehmer, Beamter und Offizier. Beides war undenkbar ohne die personelle Veränderung. Der Übertritt besonders vermögender grundbesitzender Bürger in den Adel, mit dem ohnehin oft verwandtschaftliche Beziehungen bestanden, wurde im 16. Jahrhundert so häufig, daß man von einem **„neuen Adel"** spricht, der auch personell nicht einfach die Fortsetzung des mittelalterlichen Rittertums war: in England die gentry, in Spanien die Hidalgos und Caballeros, in Polen die mittlere szlachta, in Rußland die dvoryanie. Diese Schicht war zusammen mit der alten Aristokratie stark an den ökonomischen Aktivitäten im 16. Jahrhundert beteiligt, wenn auch letztlich der Fürst doch am meisten vom konjunkturellen Aufschwung profitierte.

Der *„neue Adel"* konnte auch *politisches Gewicht* zurückgewinnen, *indem er in die landesherrlichen Institutionen* – Hof, Verwaltung, Armee – *eintrat,* oft nach akademischen Studien (Ritterakademien seit 1589, verstärkt seit 1653). Einer der Wege in den Adelsstand führte ja über käufliche Ämter! Der Fürstendienst bot nicht nur Ehre und Einkünfte, sondern auch neue Einflußmöglichkeiten auf die Politik außerhalb der alten Ständevertretung.

Natürlich vollzog sich der *Wandel nicht konfliktfrei und keineswegs einheitlich,* zeigte aber gemeinsame wirtschaftliche Tendenzen: Versuche zur „Refeudalisierung", zur Einschaltung in marktorientierte Produktionszweige und den Handel. Die Faktoren Natur, Organisation und Preis der Arbeitskraft sowie Nachfrage und Zugänglichkeit der Märkte brachten in diesem Zusammenhang die ost-westliche Arbeitsteilung hervor. In England stimulierte gute klimatische und Absatzlage bei relativ hohen Löhnen die wenig personalintensive Schafzucht. Polen konnte mit der nicht von den Städten verteuerten Arbeitskraft Getreide produzieren und über den billigen Wasserweg in den Nachfragegebieten, besonders den gewerblich weit entwickelten Niederlanden günstig absetzen. Ungarn exportierte Ochsen, tschechische und mährische Adlige trieben in großem Umfang Teichwirtschaft. *So hatte* je nach Natur und Markt *jedes ostelbische Gebiet seine besonderen Produkte,* aber fast alle waren *nur mit billiger Arbeitskraft konkurrenzfähig.* Sie waren deshalb auf Perpetuierung bzw. Erneuerung der Leibeigenschaft angewiesen, während im westelbischen Europa mit seinen stärkeren gewerblichen Elementen die Arbeit teurer war und deshalb mehr nach Ertragssteigerung pro Beschäftigten gesucht werden mußte, z. B. durch Sonderkulturen wie Obst und Rohstoffe, die in den Städten und im Export Märkte fanden. Das war Basis für die **ost-westliche Arbeitsteilung** und die **unterschiedliche Entwicklung der sozialen Verhältnisse.**

Die allgemeine Krise

Die Veränderungen im wirtschaftlichen, sozialen und politischen Gefüge in Stadt und Land kulminierten in *Krisen* und innen- wie außenpolitischen Kämpfen um Religion, Verfassung und europäische Vorherrschaft, deren bekannteste Erscheinung in Deutschland der *Dreißigjährige Krieg* ist. Das unaustauschbare Medium, in dem sich die Konflikte formulierten, war schon im Freiheitskampf der Niederlande die Religion. Auf die Rolle wirtschaftlicher Überlegungen verweisen z. B. die Vorstöße der Holländer in Südostasien und der Kampf um die Ostsee (Wallenstein als Admiral). Die Ostsee als Transportweg von Schiffsbaumaterialien und Getreide war immer wichtiger geworden, die Zahl der Sund-Durchfahrten war von 1500 bis 1600 um 750% gestiegen, und das bei immer tragfähigeren Schiffen!

Nicht zufällig verschärften und erweiterten sich die Auseinandersetzungen, als um die Jahrhundertwende deutliche Anzeichen für ein Ende des langen Wirtschaftsaufschwunges sichtbar wurden: *agrarische Absatzkrisen in England und Deutschland, spürbarer Rückgang der Gewerbeproduktion in Italien und Spanien, Kreditmangel* in fast allen europäischen Staaten (Kipper und Wipper). Das Gewicht dieser Krisen ist nicht genau zu bestimmen, da Vorbereitung und Durchführung des großen Krieges einerseits die Nachfrage verstärkte, andererseits vieles zerstörte. Sie haben aber offensichtlich die Lage zahlreicher Bauern, Kleinbürger und Lohnarbeiter so verschärft, daß die Kriege von *Aufständen* begleitet wurden, z.B. dem Frankfurter (1614), denen oberösterreichischer (1595/97, 1626, 1632) und bayrischer (1633/34) Bauern und den Unruhen in Neapel und Sizilien (1647/48). Man hat sogar schon gefragt, ob nicht traditionelle Führungseliten versucht haben, gesellschaftliche Spannungen nach außen abzuleiten. Zwar finden sich bei zeitgenössischen Theoretikern der Politik solche Gedanken, doch ist nicht sehr wahrscheinlich, daß sie gegenüber der europäischen Machtverteilung und dem Streit um die beste Verfassung eine entscheidende Rolle gespielt haben.

Der Verfassungskonflikt – meist innerfeudaler Führungskampf, in Holland Unabhängigkeitskrieg gegen Spanien – ging um den *Absolutismus.* Er ist schwer überschaubar, nicht nur wegen der Uneinheitlichkeit der Lebensverhältnisse, sondern auch, weil jeder Fürst den Adel erhalten wollte und deshalb die feudalen Aneignungsverhältnisse weitgehend konservierte oder wiederherstellte. Deshalb spielte der *„Klassenkampf" keine Rolle* im Krieg. Auch der Systemkonflikt konnte nicht durchgehendes Prinzip werden, dazu war die Verfassung der Generalstaaten noch zu wenig übertragbar. Der Krieg nahm vielmehr immer stärker den Charakter reiner Kämpfe um Handelswege, Zolleinnahmen und Land und Leute an, in denen jeder sich so viel wie möglich aneignen wollte, um sich eine günstige Positon für weitere Expansion zu schaffen.

Die *großen Fürsten* gingen relativ (nicht unbedingt absolut) *gestärkt* daraus hervor. Nur sie verfügten über hinreichend breit gestreute Einkünfte aus Zöllen, Kolonien, Gewerbe, Landwirtschaft und Ämterverkauf, um den allgemeinen Abschwung und regionale Katastrophen leidlich zu überstehen. Kleinere Landesherren waren wenigstens als Bündnispartner und Subsidienempfänger interessant. Der Adel konnte sich eine privilegierte Stellung im Staat sichern. Fast überall verdrängte er bürgerliche Konkurrenz aus der Repräsentanz der Staatsmacht; die Friedensverhandlungen von Münster und Osnabrück waren auf längere Sicht die letzte große politische Szene, bei der bürgerliche doctores trotz Konkurrenz studierter nobiles und betonter Präsenz des Prunkadels eine maßgebliche Rolle spielten.

Auf diesem Hintergrund wurde die *große politische Alternative* der Zeit entwickelt: **Absolutismus oder ständisch-parlamentarischer Rechtsstaat.** Die *Alternative zwischen bürokratischem Zentralismus und regionaler Autonomie gab es nicht mehr.*

Armin Reese

Aufstieg und Ausbau des modernen Staates

Fragestellung

Der Staat, den wir kennen, der **Anstaltsstaat** mit arbeitsteiliger Verwaltung, der wenigstens dem Anspruch nach seinen Bürgern dient, – dieser Staat *beruht auf Grundlagen, die in der frühen Neuzeit entstanden*. Einzelnes ist noch älter, aber der Anteil des 16. – 18. Jahrhunderts ist so wichtig, daß er geradezu als Argument für die übliche Epochengrenze Mittelalter – Neuzeit gelten kann.

Dabei sind *Aufstieg und Ausbau des modernen Staates kein einheitlicher Vorgang,* sondern unterliegen dem Gegensatz zwischen der Entstehung rechtlich unbeschränkter monarchischer Herrschaft im Absolutismus und der Ausgestaltung von Mitspracherechten der Führungsschichten zum ständisch-frühparlamentarischen Verfassungsstaat, der im Extremfall schon Republik sein kann.

Spannungsreich wie der Vorgang ist sein Bild in der Wissenschaft. Ältere absolutismusfreundliche Forschung hat stärker an Boden verloren als die ständisch-parlamentarisch orientierte angelsächsische Richtung. Beiden ist die Auseinandersetzung mit grundsätzlicher Kritik aus marxistischer Sicht gut bekommen. Einigkeit zeichnet sich ab, daß Unterschiede zwischen Programm und Wirklichkeit, Kompromisse und Mischformen absolutistischer und ständischer Richtung stärkeres Interesse verdienen.

Fallbeispiele

Ein König auf dem Schafott

Am 30. Januar *1649* wurde in London **König Karl I. Stuart** *enthauptet*. Vorausgegangen war ein Prozeß wegen tyrannischer Herrschaft und Entfesselung eines Bürgerkriegs. Diese äußerste Konsequenz aus der Überzeugung, daß das Recht auch über dem König stehe, war *für das damalige Europa einmalig.*

Der Konflikt war schon unter Karl Vater Jakob I. aus dessen absolutistischem Anspruch entstanden, dem sich das Parlament widersetzte. Verfas-

Die Gliederung des englischen Staates 1649 und 1653

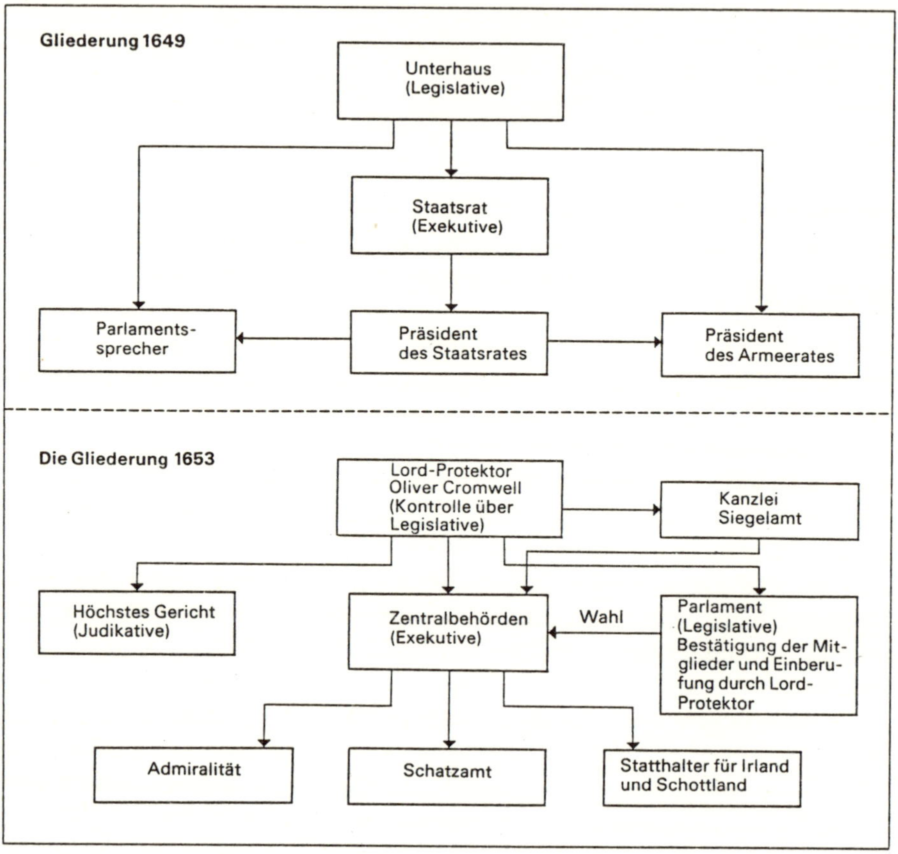

sungskonflikt, religiöse und soziale Spannungen und Probleme der gemeinsamen Königsherrschaft über England und Schottland führten unter Karl in den *Bürgerkrieg*. Das Parlament siegte um den Preis einer Radikalisierung und politischen Aufwertung der Armee und ihres Führers **Oliver Cromwell,** der vor dem Prozeß gegen den König das Parlament von der gemäßigten Mehrheit „säuberte" und in der Folgezeit als eine Art *„Ersatzmonarch"* regierte; zuletzt ohne Parlament. Nach seinem Tode rief man die Stuarts zurück; unter Karl II., vor allem aber nach der **„Glorreichen Revolution"**, die 1688/89 Wilhelm III. von Oranien auf den Thron brachte, entwickelte sich langsam ein *gedeihliches Miteinander von Krone und Parlament.*

Ein Gericht wird gemaßregelt

Im März *1655* erschien der sechzehnjährige **Ludwig XIV.** von Frankreich im „parlement" von Paris, einem der oberen Gerichte des Landes. Er befahl den Richtern, eine Reihe von Dekreten vor allem zur Steuererhebung ohne Diskussion oder Widerspruch zu registrieren und damit rechtskräftig zu machen.

Daß er damit Erfolg hatte, paßt zum Stil einer Zeit, in der man einem Monarchen ungern frontal widersprach, vor allem aber zur politischen Lage: *Der letzte Versuch des Widerstandes gegen die unumschränkte Monarchie,* **die „fronde" von 1648–1653,** *war gescheitert.* Zu den Trägern hatten neben Teilen des hohen Adels anfangs auch die „parlements" gehört. Juristen von der Art ihrer Richter hatten seit Generationen führend zur Stärkung der Krongewalt beigetragen, in dieser aber immer den Garanten einer Rechtsordnung erblickt, die das Eigentum der Bürger schützte, und deshalb das Registrieren von Gesetzen als Kontrollaufgabe verstanden.

Formal setzte der Monarch sich darüber hinweg. Tatsächlich sind gerade im absolutistischen Frankreich die Privilegien der Führungsschicht nicht nennenswert angetastet worden. So waren etwa die Richter der „parlements" faktisch unabsetzbar, weil sie ihre Ämter vom Staat gekauft hatten.

Auswertung

In den Beispielen werden Extrempositionen des Spektrums damaliger politischer Ordnung deutlich. Andererseits sind ihnen die Distanz zwischen Gewünschtem und Erreichbarem und ein gewisser Kompromißcharakter der Ergebnisse gemeinsam. Dahinter stehen Sachzwänge einer Zeit wirtschaftlichen, sozialen und kulturellen Wandels, für den die Politik den Rahmen schaffen mußte. *Die Grundtendenz dieses Wandels* soll hier thesenhaft als **Säkularisierung** und **Rationalisierung** bezeichnet werden: Religiöse Ordnungsvorstellungen verloren an Gewicht zugunsten *innerweltlichen Zweckdenkens.* Die realen Vorgänge waren dabei zugleich Voraussetzungen und Ergebnisse des Bewußtseinswandels.

Die Ausformung des modernen Staates – Bereiche und ihre Probleme

Souveränität und Libertät – Probleme der politischen Theorie

Gottesgnadentum und *Widerstandsrecht,* die zentralen Begriffe der Rechtfertigung fürstlicher und ständischer Rechtsauffassung, stammten bereits aus dem Mittelalter, wurden jedoch umgeformt.

Konflikte zwischen dem Herrscherrecht von Gottes Gnaden und dem gleichfalls religiös begründeten Anspruch der Kirche auf Oberhoheit oder Kontrolle führten schon im Spätmittelalter dazu, daß Juristen der westeuropäischen Monarchen den **Begriff des Souveräns** entwickelten, des Fürsten, der niemandem außer Gott Rechenschaft schuldet. Der französische Staatsdenker Jean *Bodin (* 1530, † 1596)* übertrug den Begriff ins Innerstaatliche: Für ihn war Souveränität die wesentlich einheitliche, unumschränkte und an geschriebene Gesetze nicht gebundene Staatsgewalt. Der Zeitgenosse der französischen Religions-Bürgerkriege artikulierte damit das Bedürfnis seiner Zeitgenossen nach *innerem Frieden und Ordnung, die Geschäftsgrundlage des französischen Absolutismus.* Dabei sollte der Souverän nicht willkürlich herrschen, sondern göttliches und natürliches Recht, besonders die wohlerworbenen Freiheiten und Besitzrechte der Untertanen achten, auch wenn niemand dies kontrollierte.

Hinter diesen nicht ganz einfach vereinbaren Aussagen steht die *Rezeption des römischen Rechts,* das seit dem späten Mittelalter das regional stark aufgesplitterte germanische Gewohnheitsrecht überformte. Dabei entstand ein *neues Rechtsbewußtsein:* Sakrales, tendenziell ewiges Recht, wie es einer in hohem Grade statischen Gesellschaft entsprach, wurde abgelöst durch zweckrational gestaltbare staatliche Satzung, mit der sich zunehmende gesellschaftliche Mobilität bewältigen ließ. Die obrigkeitliche Orientierung solchen Rechts, das den ungebundenen, souveränen Gesetzgeber logisch voraussetzte, kam vor allem dem Absolutismus zugute; dennoch hat gerade der Souveränitätsbegriff auch in der Rechtfertigung ständischer Ansprüche eine wichtige Rolle gespielt.

Wichtiger noch ist die *Wiederbelebung des antiken Naturrechtsgedankens,* der Begründung allen Rechts auf wenige allgemeine Sätze, die aus der Natur des Menschen als vernunftbegabtes Gemeinschaftswesen unmittelbar einsichtig hervorgingen. Aus seiner bei den Scholastikern noch bestehenden religiösen Einbindung wurde dieser Gedanke zunehmend gelöst. Politisch wichtigstes Ergebnis war die *Lehre vom Staatsvertrag,* die Zweck und Grenzen des Staates aus einem fiktiven ursprünglichen Vertrag der Staatsbürger ableitete und die Herrschenden folglich auf die Wahrung von Recht und Gemeinwohl verpflichtete. Die Unantastbarkeit *grundlegender Persönlichkeitsrechte,* beginnend mit der Religionsfreiheit, ergab sich daraus ebenso einleuchtend wie die Vorstellung, diese Rechte, aber auch Grundregeln politischer Verfahrensweisen seien in besonderer Weise rechtsgültig und schutzwürdig; – der Kern des modernen Verfassungsgedankens. Kontrollmöglichkeiten, äußerstenfalls das Widerstandsrecht gegenüber dem Herrscher bis zur Absetzung oder gar Hinrichtung waren Konsequenzen, die bis ins 18. Jahrhundert hinein als ebenso extrem galten wie die *Lehre von der Volkssouveränität.* Noch stärker im Hintergrund stand der Gleichheitsgedanke. Eine *Synthese aller dieser Ideen,* die sich ohne strenge Systematik seit dem 16. Jahrhundert entwickelt hatten, lieferte *1690* der Engländer **John Locke.**

Die Staatsvertragslehre, vorrangig ein Instrument ständisch-frühparlamentarischer Politik, hat jedoch im Werk des Engländers **Thomas Hobbes (* 1588, † 1679)** auch eine *klassische Rechtfertigung des Absolutismus* hervorgebracht. Für Hobbes ist der Staatsvertrag notwendig unkündbar, die Staatsgewalt unkontrollierbar, weil nur so der Urzustand des Kampfes aller gegen alle überwunden werden kann. Zukunftweisend hieran ist die rein innerweltlich-utilitaristische Begründung staatlicher Allgewalt.

Ratio status – zwischenstaatliche Beziehungen als machtpolitisches Kalkül

Das zunehmende *Verblassen religiöser Ordnungsvorstellungen* läßt sich an den Beziehungen zwischen Mächten besonders klar zeigen. Sie waren bei allem Egoismus tatsächlicher Politik im Mittelalter doch von der Idee einer christlichen Rechtsordnung mitbestimmt. Der Gedanke des gerechten Krieges, Hoffnungen auf Schiedsgerichte oder Rechtsverfahren, auf kirchliche Würdenträger oder auch den Kaiser als Friedensstifter schlossen zwar Gewalt als Mittel der Politik nicht aus, beeinflußten aber doch die Spielregeln des Umgangs.

Daß diese Spielregeln zunehmend schlechter funktionierten, wurde am frühesten im Umkreis der wirtschaftlich und kulturell besonders weit *fortgeschrittenen italienischen Stadtstaaten* erkennbar. So war es der Florentiner **Niccolò Macchiavelli (* 1469, † 1527)**, der mit dem Anspruch, Politik zu beschreiben, wie sie wirklich sei, die überkommenen Vorstellungen als illusionär brandmarkte und *ein Bild skrupelloser Machtpolitik zeichnete,* die Verträge nur solange achtete, wie sie dem Erhalt oder der Ausbreitung der eigenen Macht dienten. Er fand literarisch viel Widerspruch; tatsächlich setzten sich seine Gedanken weithin durch: **„ratio status** – Staatsräson" – ein Begriff, den Macchiavelli selbst noch nicht kennt – wurde das *Zauberwort für rational kalkulierte Machtpolitik.*

Die rationale Komponente war stark genug, den regellosen Kampf aller gegen alle zur Ausnahme, den Krieg zur „ultima ratio", zum letzten Mittel innerhalb eines leidlich stabilen Systems von Interessen, Bündnissen und Verträgen zu machen. *Der rationale Umgang mit Macht,* das Abwägen eigener und fremder Interessen und Möglichkeiten in Theorie und Praxis wurde in einem bisher unbekannten Maße zum Beruf. Nach dem Vorbild Venedigs *entstanden* die in den Grundzügen *heute noch üblichen Formen internationaler Diplomatie.* Sie waren von Anfang an auf glanzvolle Selbstdarstellung ausgerichtet und damit ein erheblicher Kostenfaktor.

Höhepunkte solcher Diplomatie waren die großen *Friedenskongresse des 17. und 18. Jahrhunderts,* gewissermaßen *Märkte für den Interessenausgleich* zwischen souveränen Mächten, die untereinander nicht mehr mittels übergeordneter Schiedsrichter, sondern allenfalls durch grundsätzlich gleichgestellte

Vermittler in Berührung traten. Grundgedanke des Interessenkalküls wurde im Laufe des 17. Jahrhunderts das *Gleichgewicht der Mächte.* Die Maßstäbe der Bestimmung von Interessen verschoben sich im 17. und 18. Jahrhundert vom Erbrecht der Dynastien zur „Konvenienz", den geographischen und anderen Zweckmäßigkeitserwägungen der Staaten, die neben ihren Herrschern ein Eigengewicht annahmen, – *teils schon als Frühformen späterer Nationalstaaten.*

Für den begrifflichen Rahmen war außer Macchiavelli das neuentstehende, naturrechtlich begründete Völkerrecht wichtig. Es bestimmte das Verhältnis souveräner Staaten als Rechtsordnung. Als „Klassiker" kann der Niederländer **Hugo Grotius** (* 1583, † 1645) gelten. Sein „Recht des Krieges und des Friedens" modifizierte den traditionellen Begriff des gerechten Krieges so, daß die Behandlung von Neutralen, Gefangenen, Zivilbevölkerung in anwendbare Rechtssätze gefaßt werden konnte.

Miles perpetuus – der Machtstaat und seine Organe

Wichtigstes Instrument der neuen Machtpolitik und Hauptursache der beträchtlich steigenden Staatsausgaben war das **Militär.** Es bestand normalerweise aus Söldnern, die schon seit dem späten Mittelalter infolge zunehmenden Geldumlaufs und technischer Neuerungen wie der Schußwaffen das überkommene Lehnsaufgebot ablösten. Versuche mehrerer Staaten mit Milizen aus ausgehobenen Bauern zu Beginn des 17. Jahrhunderts hatten nur in Schweden Erfolg; anderswo waren solche Truppen den Berufssöldnern im Kampf nicht gewachsen.

Machtpolitik als Daueraufgabe erforderte schon im 17. Jahrhundert statt Werbungen von Fall zu Fall den **„ewigen Soldaten"** (miles perpetuus) **der stehenden Heere.** Sie gelten zu Recht als kennzeichnend für den Absolutismus wegen ihrer innenpolitischen Bedeutung: Sie waren in die überkommene Ordnung nicht eingebunden, *nur dem Fürsten vertraglich verpflichtet;* äußerstenfalls konnte man sie gegen widerspenstige Untertanen einsetzen. Der Zwang der militärischen Selbstbehauptung ließ dennoch auch die Niederlande – sehr früh sogar – ein stehendes Heer aufbauen; sie taten gut daran, Werbung und Besoldung der Truppen konsequent ständischen Deputierten anzuvertrauen. England kam ohne stehendes Heer aus, zahlte aber bedeutende Summen für die Flotte und als Hilfsgelder für Verbündete.

Die Führer der neuen Heere waren zunächst gleichzeitig militärische Unternehmer, die auf eigenes Risiko, bisweilen sogar mit eigenem Geld Truppen warben und sich aus Steuern und Beute schadlos hielten. Die Größeren hatten ihresgleichen als Subunternehmer. Für den Adel bestanden hier zeitgemäße Berufsaussichten, die doch dem hergebrachten Selbstverständnis als Krieger entsprachen.

Heere dieses Zuschnitts waren bis weit ins 17. Jahrhundert hinein eine Landplage. Wollte man sie dauernd behalten, mußte man eine für Militär und Zivil erträgliche Ordnung entwickeln. Die dazu erforderliche *Disziplinierung der Truppen* war meist das Werk eigener Verwaltungen. In zäher Kleinarbeit gewannen sie steigenden Einfluß auf Rekrutierung und Besoldung, Ausbildung und Militärjustiz, Einstellung und Beförderung von Offizieren, die zunehmend aus dem eigenen Lande genommen wurden. *Der freie Kriegsunternehmer wurde zum Offizier als laufbahngebundenem Staatsfunktionär.*

Es spielte mit, daß im 18. Jahrhundert zur Rekrutierung der wachsenden Heere die freie Werbung nicht mehr ausreichte und faktisch durch *Aushebungen aus der Landbevölkerung* ersetzt werden mußte. Die Disziplinierung der Betroffenen für die überkommene Ordnung, aber auch das Entstehen eines dynastisch gefärbten Patriotismus wurden erleichtert.

Die Erfordernisse dauernder Rüstung griffen tief in andere Lebensbereiche. Die regelmäßigen Steuern entwerteten das ständische Bewilligungsrecht, wo nicht die Stände sich Einfluß auf Kontrolle der Einnahmen und Ausgaben sicherten. *Moderne Systeme der Besteuerung* wie das Bündel indirekter Steuern namens Akzise *entstanden für den Geldbedarf des Militärs.* Die erwähnten Heeresverwaltungen wurden vielfach Träger weiter Bereiche der inneren Politik bis zur Wirtschaftsförderung. Der enorme Geldbedarf vor allem der Kriege konnte oft nur über Kredit aufgebracht werden. Die meist bürgerlichen Geldgeber wurden durch Verpachtung von Bergbaurechten, Zöllen, Steuern entschädigt. Häufig war dies das Sprungbrett zum Aufstieg in den Adel.

Utilitas publica – Staat, Wirtschaft und Gesellschaft

Wirtschaftsförderung für ganze Territorien ist eine Entdeckung des neuzeitlichen Staates; das Mittelalter kannte Ähnliches nur bei einzelnen Städten. Von den italienischen Stadtstaaten ging dann auch der Merkantilismus aus, jenes Bündel von Maßnahmen, mit dem zum Zweck höherer Steuererträge Handel und Gewerbe belebt werden sollten.

Merkantilismus in England und den Niederlanden beschränkte sich auf Handelsförderung, etwa durch Privilegierung der großen Überseehandelsgesellschaften oder Ausschaltung fremden Zwischenhandels, wie England sie *1651* durch die **„Navigation Act"** erreichte; Hauptziel war die positive Handelsbilanz. Beim *Merkantilismus der absolutistischen Staaten* kam die *Förderung des Gewerbes hinzu.* Sie galt vor allem Produkten, deren Import die Handelsbilanz belastete, und erfolgte direkt durch Darlehen oder Zuschüsse, indirekt durch Monopole und Steuervorteile sowie den Abbau rechtlicher Handelshemmnisse wie Zunftzwang oder Binnenzölle, die jedoch nirgends völlig verschwanden; schließlich durch Kanal- und Straßenbau sowie Städtegründungen. Der überall hochgeschätzten **„Peuplierung"**, der Hebung der Bevölkerungszahl, dienten Anreize zur Einwanderung und der Abbau von Heiratsbeschränkungen. Hier trug der Staat zum Abbau jahrhundertealter Regelmechanismen der Bevölkerungszahl bei.

Ein Urteil über den Merkantilismus muß Programm und Wirklichkeit unterscheiden. Viele „Projecte" mißlangen; enges Autarkiedenken ging oft auf Kosten der Rentabilität. Schädliche Nebenwirkungen traten vielfach erst erheblich später ein.

Das Verhältnis von frühneuzeitlichem Staat und Gesellschaft ist zwar kaum irgendwo das Ergebnis bewußter Gestaltung, hängt aber faktisch von den politischen Strukturen ab. Der oft beobachtete Zusammenhang zwischen relativ stark bürgerlich bestimmter Gesellschaft und ständisch-libertärer Verfassung ist für England und die Niederlande offensichtlich; für Schweden und Polen weniger deutlich. Für das Verhältnis von Adel und Bürgertum der „Seemächte" sind Verschmelzungserscheinungen typisch, die allerdings nicht nur in der Aristokratisierung der Lebensform reicher Bürgerfamilien bestanden, sondern in England auch in der Teilnahme des Adels an bürgerlichen Erwerbsformen.

Für die unumschränkte Monarchie ist demgegenüber die marxistische Einschätzung als „feudalabsolutistisch" sicher soweit richtig, *daß dieser Staat nur um den Preis des eigenen Untergangs die Grundlagen der überkommenen, adlig bestimmten Ordnung hätte antasten können.* Bemühungen in dieser Richtung gingen nirgends über Ansätze hinaus und sind von der älteren deutschen Forschung überschätzt worden. Zu fragen bleibt, ob und in welchem Grade der absolutistische Staat zum Überleben im Konkurrenzkampf der Mächte darauf angewiesen war, ihm wesensfremde bürgerliche Strukturelemente gewollt oder ungewollt sich anzuverwandeln.

Merkantilistische Wirtschaftsförderung ist ein gutes Beispiel: Sie galt durchweg modernen, *kapitalistischen Betriebsformen,* bekämpfte weithin ältere Strukturen wie das Zunftwesen und betrieb damit faktisch gesellschaftliche Innovation. Die *Rolle bürgerlicher Fachleute im Staatsapparat* selbst ist ebenfalls lehrreich: Ihre Sachkenntnis, aber auch ihre Verfügbarkeit gegen widerspenstigen Adel machten sie unentbehrlich. Der Rückgang ihres Einflusses während der „Refeudalisierung" des 17. Jahrhunderts hängt damit zusammen, daß Teile des Adels inzwischen akademische Ausbildungen durchliefen und damit leistungsorientierte, ihrem herkömmlichen Selbstverständnis fremde Verhaltensmuster übernahmen; ein Teilvorgang jener auf Leistung und Zweckrationalität gerichteten „Sozialdisziplinierung", der sich damals alle Schichten unterzogen.

Übergangsformen zwischen Bürgertum und Adel im Absolutismus bestanden vornehmlich in der *Übernahme adliger Lebensformen durch bürgerliche Aufsteiger,* im günstigen Fall bis zur Nobilitierung. Kennzeichnend ist die **französische „noblesse de robe"**, jener *ursprünglich bürgerliche Amtsadel,* der seine Stellen neben fachlicher Qualifikation seinem Reichtum und dem Brauch des Ämterverkaufs verdankte. Da der Großteil des alten Schwertadels bei diesem Brauch finanziell nicht mithalten konnte, *monopolisierte die „noblesse de robe" faktisch den Staatsdienst.* Sie kopierte den adligen Lebensstil und strebte Erblichkeit ihrer Stellungen an.

Neu entdeckt wurde schließlich *Armenfürsorge als öffentliche Aufgabe.* Sie hatte im Mittelalter als Form verdienstlichen Handelns in den kirchlichen Bereich gehört. Obwohl schon die Reformation diesem Verständnis den Boden entzog, wurde der Staat erst aktiv, als der Merkantilismus Notleidende als mögliche Arbeitskräfte verstand und Fürsorge mit ihrer Integration ins Erwerbsleben verband.

„Kirchenfrieden" – Der Staat und die Kirchen

Säkularisation erfolgte am deutlichsten im Bereich des uralten Themas weltliche und geistliche Gewalt. Schon das Spätmittelalter nahm die religiös begründete Macht der Kirche in dieser Welt als Mißstand wahr; die Reformation entzog ihr den Boden, soweit sie sich ausbreitete.

Ein Neuaufbau vom einzelnen Gläubigen und von der Gemeinde her fand nur dort statt, wo Verfolgung die Notwendigkeit reiner Selbstorganisation schuf. Calvinisten und Sekten bildeten Gemeinden mit gewählten Organen, die überörtlich in ebenfalls gewählten Synoden zusammenarbeiteten; Organe innerkirchlicher Demokratie, die für die Politik Vorbild werden konnten.

Häufiger war das Arrangement mit der weltlichen Macht, wo diese den neuen Glauben schützte, ob es sich nun – wie bei Zwingli – um die obligarchische Stadtrepublik Zürich handelte oder – wie bei Luther – um den *patriarchalischen Fürstenstaat.* Dieser organisierte *in vielen Ländern die neue Kirche hierarchisch unter einer weltlichen Verwaltung.* Oft waren die Stände aktiv beteiligt; Grundlagen der religiösen Ordnung wurden durch Landtagsbeschluß Bestandteile der ständischen „Verfassung". Auf der katholischen Seite, wo oft nur der Staat das Überleben der alten Kirche sicherte, entstanden ähnliche Verhältnisse. Die Aufgabe der Kirche, Gottesfurcht und Gehorsam gegenüber den Obrigkeiten zu predigen, wurde oft deutlich ausgesprochen.

Der so entstehende *christliche Obrigkeitsstaat* war zunächst konfessionell homogen; verständlich angesichts der anhaltenden Bedeutung kirchlichen Lebens in einer Gesellschaft, die zum Beispiel noch kein weltliches Eherecht kannte. Dennoch entstanden schon bald Schwierigkeiten: Handelsbeziehungen, dann das machtpolitische Kalkül überschritten die Bekenntnisgrenzen. Die Probleme wurden am deutlichsten, wo die Unterdrückung konfessioneller Minderheiten auf Dauer mißlang, wie im Frankreich des 16. Jahrhunderts gegenüber den *Hugenotten.* Gerade hier, wo der religiöse Bürgerkrieg Dauerzustand zu werden drohte, entstand aber in der politischen Gruppe um Bodin der Grundgedanke für die Lösung, die dann etwa ein Jahrhundert später **Samuel von Pufendorf (* 1632, † 1694)** systematisch formulierte: *Der starke*

Staat nicht mehr als Partei im Streit der Bekenntnisse, sondern *als Ordnungsmacht, die für den „Kirchenfrieden", das Nebeneinander der Glaubensüberzeugungen sorgen konnte.*

Pioniere konfessioneller Toleranz waren zunächst die Niederlande, dann das revolutionäre England. Aber auch absolutistische Mächte trieben vergleichbare Politik, so Brandenburg-Preußen, wo eingangs des 17. Jahrhunderts die Dynastie durch Bekenntniswechsel zur konfessionellen Minderheit gegenüber der privilegierten Landeskirche des eigenen Stammlandes geworden war. Hinzu kamen als Motive für Toleranz die verschiedene Konfessionsverteilung der zusammengeerbten Lande und das Bestreben, anderswo religiös Verfolgte als Zuwanderer zu gewinnen.

Andererseits blieb im Absolutismus der Gedanke lebendig, Untertanen mit religiösen Mitteln zu disziplinieren; so widerrief 1685 in Frankreich Ludwig XIV. die Schutzrechte der Reformierten, um mit Gewalt die konfessionelle Einheit herzustellen. Die Erwartung, so die Monarchie zu festigen, war wahrscheinlich Fehlspekulation, beruhte doch die Stärke der Krone gerade auf ihrer Schiedsrichterrolle gegenüber streitenden Gruppen.

Schluß und Ausblick: Machtstaat – Rechtsstaat – Wohlfahrtsstaat – Das Moderne sind die Probleme

Es ist leicht, von den Grundrechten bis zur Mehrwertsteuer Dinge unserer heutigen Welt zu nennen, deren Ansätze in der frühen Neuzeit liegen, und die Zuordnung zu Absolutismus oder frühem Verfassungsstaat erübrigt sich weithin. Wichtiger an dieser Gegenüberstellung scheint mir, *daß die offenen Fragen von damals auch heute noch nicht bündig beantwortet sind.* Wir haben keine absoluten Fürsten mehr, aber wieviel Macht der Rechtsstaat braucht, um sich nach innen und außen seiner Feinde zu erwehren, oder wo der Schutz der Freiheit in deren Gefährung umschlägt, das beunruhigt uns. Wo darf oder muß Freiheit einzelner beschnitten werden, weil das Gemeinwohl es fordert? Wo stößt das Recht des einen mit der Mindestausstattung des anderen zusammen? Wo wird Fürsorge für den Benachteiligten zur Bevormundung? *Solche Fragen haben mit den Problemen und Konflikten der frühneuzeitlichen Staaten mehr zu tun, als auf den ersten Blick scheint.*

Ernst Opgenoorth

DAS ZEITALTER DER EUROPÄISCHEN VORHERRSCHAFT UND IHR NIEDERGANG (1750 – 1945)

Das Zeitalter der Revolutionen (1750 – 1850)

Zeittafel

1760/80	Anfänge der englischen industriellen Revolution
1763	Friede von Paris: Verlust der französischen Besitzungen in Nordamerika an England und Spanien
1774	Erster Kontinentalkongreß
1775 – 1783	Amerikanischer Unabhängigkeitskrieg
1775	Zweiter Kontinentalkongreß
1776	Amerikanische Unabhängigkeitserklärung (4. Juli)
1780 – 1783	Unruhen in England, Irland und Schweizer Kantonen
1780 – 1790	Reformära in der Habsburger Monarchie unter Joseph II.
1783, 3. Sept.	Anerkennung der Souveränität der Vereinigten Staaten von Amerika
1786/87	Aufstände in den Vereinigten Niederlanden, den österreichischen Niederlanden und im Fürstbistum Lüttich
1787	Amerikanischer Verfassungskonvent
1787/88	Vorrevolution in Frankreich
1789	George Washington erster Präsident der Vereinigten Staaten
1789 – 1792	Erste Phase der Französischen Revolution
1791 – 1794	Ausarbeitung des Allgemeinen Landrechts für die preußischen Staaten
1792/93	Mainzer Republik
1792 – 1794	Zweite Phase der Französischen Revolution
1794/95	Jakobinerprozesse in der Habsburger Monarchie
1795 – 1799	Direktorialregierung in Frankreich
1799 – 1804	Konsularregierung Napoléon Bonapartes in Frankreich
1801, 9. Febr.	Friede von Lunéville zwischen Frankreich, Österreich und dem Reich
1803	Reichsdeputationshauptschluß (25. Febr.)
	Wiederausbruch des Krieges zwischen Frankreich und England
1804 –	Napoleon I.,
1814/15	Kaiser der Franzosen
1806	Errichtung von napoleonischen Vasallenstaaten
	Vierter (preußisch-russischer) Koalitionskrieg gegen Frankreich
14. Okt.	Niederlage Preußens bei Jena und Auerstedt
1807 – 1814	Reformen in Preußen und in den Rheinbundstaaten
1812 – 1814	Krieg zwischen den Vereinigten Staaten von Amerika und England
1813/14	Deutsche Freiheitskriege
1814/15	Wiener Kongreß
1815	Deutscher Bund gegründet
1816	Beginn der Verfassungsstiftungen in deutschen Staaten
	Unabhängigkeit der spanischen Kolonien (bis 1825 abgeschlossen)
1819	Reaktionsbeschlüsse in England (Six Acts) und im Deutschen Bund (Karlsbader Beschlüsse)
1820	Revolutionen in Spanien, Portugal und Neapel

1821	Beginn des griechischen Unabhängigkeitskampfes
	Revolution in Piemont
1825	Dekabristenaufstand in Rußland
1830	Anerkennung des griechischen Staates durch Großmächte (Febr.)
4. Juli	Neue Verfassungen in Schweizer Kantonen
27. – 29. Juli	Juli-Revolution in Frankreich
Aug.	Unruhen in England und in deutschen Staaten
	Anerkennung der belgischen Unabhängigkeit durch Großmächte (Jan.)
1831, ab Jan.	Verfassungsstiftungen in deutschen Staaten
Jan. – März	Revolutionen in Italien und Polen
1832	Wahlrechtsreform in England
1833/34	Deutscher Zollverein
1839	1. Höhepunkt der Chartistenbewegung
1839 – 1841	Orientalische Krise
1842	Soziale Unruhen und Streiks in England (Juni)
Sept.	Kölner Dombaufest
1843	Griechische Nationalversammlung
1846	Aufstände in Galizien und Krakau (ab Febr.)
	Mißernten und Hungersnot in Europa
1847	Hungerunruhen in deutschen Staaten (Febr. – Juli)
3. Nov.	Beginn des Schweizer Sonderbundskrieges
1848 – 1849	Revolutionen in Europa
1848	Zweite Republik in Frankreich (24. Febr.)
18. Mai	Zusammentritt der Frankfurter Nationalversammlung
22. Mai	Preußische Nationalversammlung tritt in Berlin zusammen
1849	Verkündung der Reichsverfassung (28. März)
5. Dez.	Oktroyierung einer preußischen Verfassung durch den König

Fragestellung

In der zweiten Hälfte des 18. Jahrhunderts setzten in vielen Bereichen der europäischen Gesellschaft **Wandlungsprozesse** von zuvor nicht gekanntem Ausmaß ein. Die Jahrzehnte um die Wende vom 18. zum 19. Jahrhundert lassen sich deshalb als *eine Schwellenzeit* verstehen, in der die *alte Welt* zu Ende ging und die Grundlagen der *Moderne* geschaffen wurden. Die Bezeichnung *Revolution* für die wirtschaftlichen, sozialen und politischen Veränderungen, aus denen die moderne Welt hervorging, sollte aber nicht mißverstanden werden: Vieles hatte sich seit langem angekündigt, vieles zog sich über einen langen Zeitraum hin und erreichte die Staaten, aber auch die verschiedenen Bevölkerungsgruppen innerhalb einzelner Staaten in unterschiedlicher Intensität und zu unterschiedlichen Zeiten. Seit der **politisch-wirtschaftlichen Doppelrevolution** im ausgehenden 18. Jahrhundert beschleunigten sich jedoch die z.T. schon zuvor angebahnten Wandlungsprozesse derart, daß man von einer *„unwiderruflichen Unterbrechnung im Geschichtsablauf“* (C. M. Cipolla) gesprochen und die weltgeschichtliche Bedeutung dieser Zäsur mit der Entstehung der Hochkulturen verglichen hat.

Welche Veränderungen waren das, die nun so tief in das Leben der Menschen eingriffen, die wirtschaftliche Ordnung und das soziale Zusammenleben bis in die Familien hinein grundlegend wandelten, die aus dem Mittelalter überkommenen politischen Institutionen mit ihren vielfältigen ständischen Privilegien in einem krisenhaften Prozeß beseitigten?

Industrielle Revolution und gesellschaftlicher Wandel

Was heißt „Industrielle Revolution?“

Der Anfang des 19. Jahrhunderts aufgekommene *Begriff Industrielle Revolution* ist inhaltlich nicht eindeutig festgelegt. Der Sprachgebrauch reicht von der Begrenzung des Begriffs auf die erste Industrialisierungsphase Englands bis zur Kennzeichnung des weltweiten, bis heute andauernden Industrialisierungsprozesses. Er wird jedoch auch im weiteren Sinn als Chiffre für den gesamten gesellschaftlichen Wandel verwendet, der die Industrialisierung begleitet. Manche schließlich lehnen den Begriff völlig ab, da er einem langgezogenen, gar noch unabgeschlossenen Entwicklungsprozeß nicht angemessen sei.

Wir verstehen unter Industrieller Revolution hier die **historische Phase** des *„Durchbruchs von einer Agrar- und Handwerkswirtschaft zu einer Ökonomie, die von der Industrie und der maschinellen Fabrikation beherrscht wird“* (D. S. Landes). Dieser Prozeß begann in der zweiten Hälfte des 18. Jahrhunderts in England und erfaßte im 19. Jahrhundert dann in ungleichmäßiger Entwicklung den größten Teil des europäischen Kontinents und Nordamerika. Ermöglicht wurde er durch die *Anwendung neuer Techniken,* die es gestatteten, menschliche Arbeitskraft durch Maschinen zu ersetzen und neue Energiequellen zu nutzen. Im Zentrum der neuen Produktionsform steht die *Fabrik,* in der im Unterschied zur Manufaktur und zum Handwerk „eine größere Anzahl von Menschen in arbeitsteiliger Organisation mit Hilfe von Antriebs- und Arbeitsmaschinen oder chemischen Prozessen in regelmäßigem Ablauf Güter produzierten“ (W. Fischer).

So bescheiden das Tempo der Veränderungen zunächst auch noch war – es entstand nun erstmals ein **wirtschaftliches Wachstum,** das sich trotz aller krisenhaften Einbrüche dauerhaft verstetigte und kumulativ beschleunigte sowie auf immer weitere gesellschaftliche Bereiche ausstrahlte: *„Der Wandel erzeugte den Wandel“* (D. S. Landes), die Gesellschaft wurde beweglicher. Dazu trugen eine Reihe miteinander verzahnter Faktoren bei.

Zu den wichtigsten gehören die ständig erweiterten Möglichkeiten und Formen der **Kommunikation.** Der in den 1830er Jahren einsetzende Bau von *Eisenbahnen,* die schon die Zeitgenossen – hoffnungsfroh oder pessimistisch – als Zeichen einer neuen Zeit begriffen, trieb nicht nur den *Ausbau der Eisenindustrie* voran. Ohne die Eisenbahnen wären *die wirtschaftliche Expansion* mit der ständigen Ausweitung der Absatzmärkte und die Entstehung der großen *Industriestädte und Industrielandschaften* – etwa das seit der Mitte des 19. Jahrhunderts durch die Schwerindustrie geschaffene Ruhrgebiet – nicht möglich gewesen. Zu den erweiterten Kommunikationsmöglichkeiten zählen aber auch die neuen *Post- und Telegraphendienste;* ebenso die Verbesserungen im gesamten *Bildungswesen,* die dazu beitrugen, daß die naturwissenschaftliche Forschung im 19. Jahrhundert für die technologische und wirtschaftliche Entwicklung immer größere Bedeutung erhielt und außerdem mit der Senkung der hohen Analphabetenraten ein literarischer Massenmarkt entstehen konnte, der – in welcher vergröberten Form auch immer – das *Fortschrittswissen* popularisierte.

Die neuen industriellen Produktionsformen veränderten die **Bauform der Gesellschaft** grundlegend. Die Landwirtschaft verlor nun schrittweise ihre alten wirtschaftlichen und gesellschaftlichen Leitfunktionen. In der ersten Hälfte des 19. Jahrhunderts gingen letztmals auf dem europäischen Kontinent die großen Wirtschaftskrisen vom Agrarbereich aus, der fortan nicht mehr den Nahrungsspielraum und damit die ökonomische Entwicklungsgrenze für die Bevölkerungsexpansion bestimmte.

Mit dem Aufstieg der Industrie zum volkswirtschaftlichen Leitsektor verlor die ständisch-feudale Gesellschaftsordnung, der in Europa im Zeitalter der Revolutionen zwischen 1789 und 1848 die politisch-rechtlichen Voraussetzungen entzogen wurden, auch ihre ökonomischen Grundlagen. An die Stelle der alten Stände Adel, Klerus, Bürger und Bauern mit ihren vielfältigen herrschaftlichen und genossenschaftlichen Abstufungen der Rechte und Pflichten traten die Klassen und Schichten der *entstehenden kapitalistischen Gesellschaft.* Das läßt auch der sprachliche Wandel erkennen. Begriffe wie Proletariat oder Klasse erhielten erst seit Beginn des 19. Jahrhunderts ihre uns heute vertraute Bedeutung. Zuvor bezeichnete z. B. das englische Wort class (Klasse) Teilgruppen beliebiger Art, etwa von Pflanzen, während es dann zum modernen, **auf die Gesellschaft bezogenen Klassenbegriff** umgeformt wurde.

Mit dem vorindustriellen, an ständischen Normen orientierten Stadtbürgertum hatte das neue *Industriebürgertum* nur noch den Namen gemeinsam. Es war zwar „nicht Urheber, sondern Produkt der industriellen Revolution" (J.-F. Bergier), doch mit seinem auf Expansion und Gewinn gerichteten Leistungswillen prägte es den Prozeß der Industrialisierung in hohem Maße. Vor allem aber wurde in diesem Prozeß die freie, d. h. nicht mehr ständisch-feudalen Bindungen unterliegende *Lohnarbeit* zur Erwerbsform der Massen. Die Industrialisierung trieb so den **Prozeß der Klassenbildung** voran, ohne daß jedoch je eine vollausgebildete Klassengesellschaft bestehend aus homogenen Klassen mit einheitlichen Lebensbedingungen und einheitlichem Gruppenbewußtsein entstanden wäre. Ausmaß, aber auch Grenzen dieser Entwicklung verdeutlicht ein Blick auf das breite Spektrum von rivalisierenden Interessenorganisationen, die entlang der neuen Klassenlinien, doch auch diese übergreifend und innerhalb der Klassen entstanden. Mit der bereits im 19. Jahrhundert einsetzenden, bis heute anhaltenden *Ausweitung des Dienstleistungssektors* wuchs zudem in den Angestellten eine ständig expandierende Sozialschicht heran, die zwar wie die Arbeiter ökonomisch unselbständig ist, sich von diesen aber in ihrem Selbstbewußtsein, ihrem Sozialverhalten und ihren *Organisationen* von vornherein entschieden abgrenzte.

Soziale Probleme während der Frühindustrialisierung

Die Industrielle Revolution leitete ein **wirtschaftliches Wachstum** ein, das Industriegesellschaften entstehen ließ, deren Wohlstand dauerhaft zunahm und in denen der Lebensstandard aller Bevölkerungsschichten eine zuvor nie gekannte Höhe erreichte. Diese *Entwicklung* konnte jedoch zu Beginn der Industriellen Revolution niemand voraussehen, war doch die Startphase der Industrialisierung bis zur Mitte des 19. Jahrhunderts durch eine ungeheure **Massenarmut** gekennzeichnet. Viele Menschen machten sogar die junge Industrie für das soziale Elend verantwortlich. *„Pauperismus"*, so hieß es 1846 im „Brockhaus", „ist ein neuerfundener Ausdruck für eine höchstbedeutsame und unheilvolle Erscheinung ... Der Pauperismus ist da vorhanden, wo eine zahlreiche Volksklasse sich durch die angestrengteste Arbeit höchstens das notdürftigste Auskommen verdienen kann, auch dessen nicht sicher ist, in der Regel schon von der Geburt an und auf Lebenszeit solcher Lage geopfert ist, keine Aussichten der Änderung hat, darüber immer tiefer in Stumpfsinn und Rohheit versinkt, den Seuchen, der Branntweinpest und viehischen Lastern aller Art, den Armen-, Arbeits- und Zuchthäusern fortwährend eine immer steigende Zahl von Rekruten liefert und dabei immer noch sich in reißender Schnelligkeit ergänzt und vermehrt."

Diese *Massenarmut* war keine neuartige, gar durch die neuen Industrien erzeugte Erscheinung, sondern – zumindest in den von der Industrialisierung erfaßten Gesellschaften – Höhe- und zugleich *Endpunkt* eines jahrhundertelangen *Prozesses,* in dem die „Spannung zwischen Bevölkerung und Nahrungsspielraum" (W. Abel) wuchs. Neu war aber das *katastrophale Ausmaß* der Armut, und neu war, wie die Gesellschaft es wahrnahm und darauf reagierte.

Das Anschwellen der Armutsexistenzen entstand aus der **Bevölkerungsexplosion,** die in Europa um die Mitte des 18. Jahrhunderts einsetzte. Bis zur Jahrhundertwende wuchs die Bevölkerung um ca. 34% auf etwa 187 Mill., dann stiegen die Zuwachsraten noch weiter an, so daß 1850 ca. 266 Mill. und Ende des 19. Jahrhunderts etwa 401 Mill. Menschen in Europa lebten.

Diese rasch wachsende Bevölkerung Europas hätte ohne die **Agrarrevolution,** die der industriellen vorausging und diese wohl erst ermöglichte, nicht ernährt werden können. Unter „Agrarrevolution" versteht man *ein Bündel von*

Veränderungen, die die Landwirtschaft leistungsfähiger machten. Zu diesen Reformen, vorangetrieben und z. T. erst ermöglicht durch die in den europäischen Staaten unterschiedlich rasch und radikal erfolgte Beseitigung kollektiver Besitzrechte am Boden und herrschaftlicher Bindungen der Bauern, gehört vor allem *der Ausbau der landwirtschaftlich genutzten Fläche,* aber auch die *Einführung neuer Fruchtarten.* So wurde die Kartoffel für die Ernährung der „kleinen Leute" schlechthin unverzichtbar. Der Einsatz von Maschinen nahm in der Landwirtschaft hingegen erst im Laufe des 19. Jahrhunderts zu, besonders früh in England. So sehr die Agrarproduktion auch wuchs – eine ausreichende *Ernährung* für alle konnte nicht sichergestellt werden. Dieser Erfahrung entsprach die düstere Prognose von *Thomas Robert Malthus,* der 1798 in seiner bald in ganz Europa vielgelesenen Schrift „Essay on the Principles of Population" verkündete, der Bevölkerungszuwachs werde stets die Nahrungsmittelproduktion übertreffen.

Die Menschen versuchten auf vielfältige Weise dieser *„malthusianischen* Falle" zu entfliehen. Einen Ausweg bot die **Auswanderung.** In Irland, das unter den großen Ernteausfällen in den 1840er Jahren stärker als alle anderen europäischen Staaten litt, wanderten zwischen 1845 und 1851 etwa 1,5 Mill. Personen aus, während ca. 800000 in diesem Zeitraum an den Folgen der *katastrophalen Hungersnot* starben. Rund 1,5 Mill. Menschen verließen von der Jahrhundertwende bis 1840 Europa, und in den folgenden 40 Jahren wuchs die Zahl der Auswanderer weiter auf ca. 13 Mill. an. Das entlastete die von der *Bevölkerungsexplosion* überforderte europäische Wirtschaft, und es schuf zugleich eine Voraussetzung für die *„Europäisierung* der Welt".

Eine andere Form der – allerdings stets gefährdeten – Sicherung des Überlebens war die gesteigerte *Verbindung* von *landwirtschaftlicher* und *heimindustrieller Arbeit,* die die gesamte Familie einbezog, ohne jedoch trotz der intensivierten Selbstausbeutung aller Familienmitglieder einen Ausweg aus der sozialen Misere zu bieten. **Einen dauerhaften Ausweg** schuf erst die *beschleunigte Industrialisierung,* die in England bereits in der ersten Hälfte, auf dem Kontinent seit etwa der Mitte des 19. Jahrhunderts für genügend neue Arbeitsplätze sorgte, um die agrarische *„Überschußbevölkerung"* aufnehmen zu können.

Demographische Revolution

Dieser Erfolg der industriellen Revolution war verbunden mit einem *langfristigen Wandel der Bevölkerungsentwicklung,* den man *„demographische Revolution" (A. Landry)* genannt hat. Die im 18. Jahrhundert einsetzende **Bevölkerungsexplosion,** erzeugt durch eine Scherenbewegung aus weitgehend unveränderten Geburtenraten bei gleichzeitig fallender Sterblichkeit, wurde in Europa gegen Ende des 19. Jahrhunderts gestoppt, als auch die *Geburtenraten sanken* und sich damit die Bevölkerungsentwicklung auf einem niedrigeren

Bevölkerungsentwicklung in England und Wales

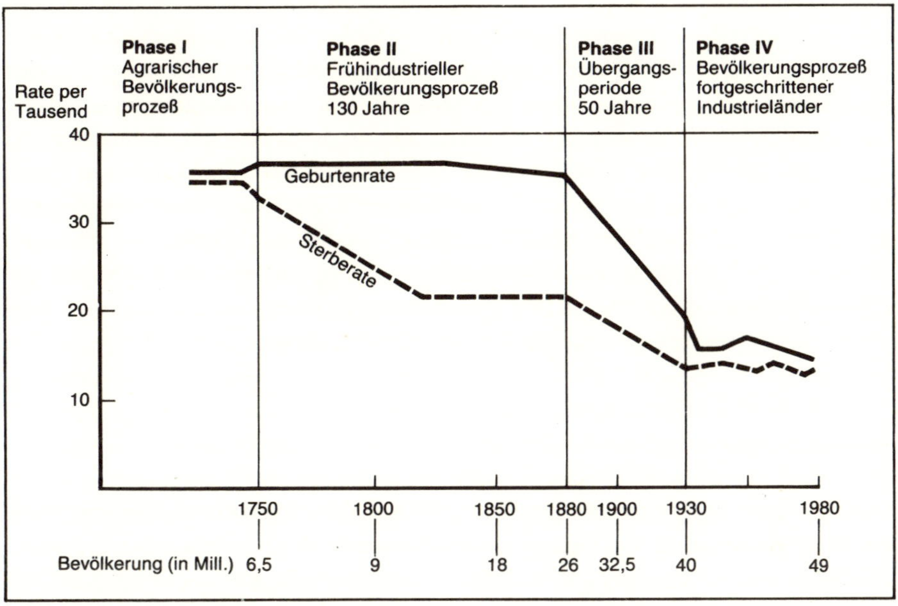

Nach Population, Bulletin, Bd. 18, Nr. 1 1962

Veränderungen der Geburten- und Sterberaten im Bevölkerungsprozeß (Phasenablauf)

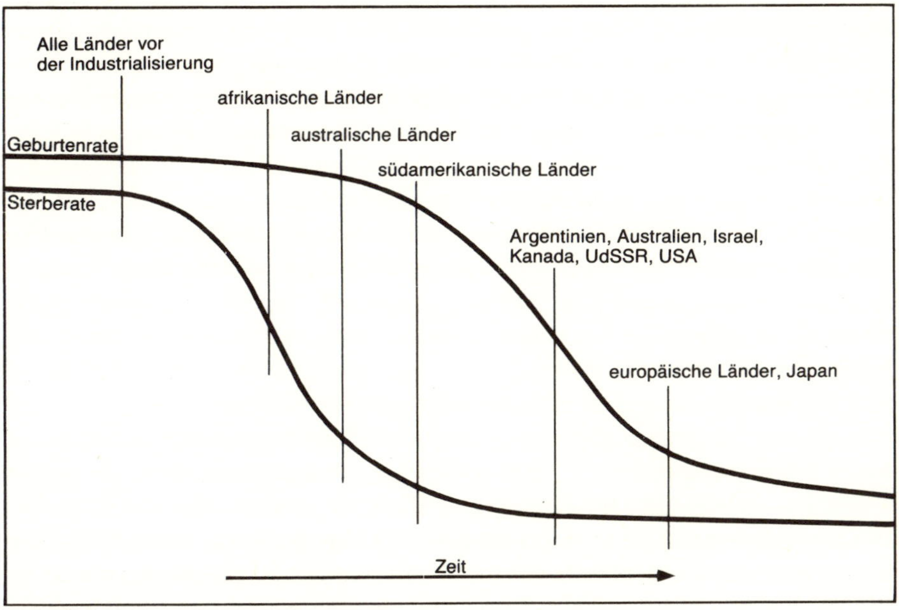

Nach Statistisches Bundesamt 8643

Niveau zu stabilisieren begann (s. Graphik). *Erweiterter Nahrungsspielraum* wurde nun nicht mehr in Bevölkerungszuwachs, sondern in Erhöhung des Lebensstandards umgesetzt, zu dessen Voraussetzungen die Senkung der Familiengrößen zählt. *Verbesserungen in der Ernährung,* der Hygiene, der medizinischen Betreuung und in den Möglichkeiten der Familienplanung verlängerten die Lebenserwartung aller Bevölkerungsschichten und verringerten damit die „gesellschaftlich-berufliche *Ungleichheit vor Krankheit und Tod"* (A. E. Imhof), die im 19. Jahrhundert ihren Gipfel- und zugleich Wendepunkt erreichte. Dieser im 18. Jahrhundert einsetzende *Prozeß langfristigen Wandels* schuf den Menschen der Industriegesellschaften *neue Freiräume der Lebensgestaltung,* die bis zu den veränderten Formen der Beziehungen zwischen den Generationen und den Geschlechtern reicht.

Wandel gesellschaftlicher Leitbilder

Damit ist ein *tiefgreifender gesellschaftlicher Normenwandel angesprochen,* der den Menschen im Übergang zur **modernen Welt** abverlangt wurde, ihnen eine hohe Anpassungsleistung aufbürdete und vielfach auch auf massiven Widerstand stieß. Das läßt sich in vielen Bereichen verfolgen. So führte die Industrialisierung zwar nicht zum Untergang des Handwerks, wie viele im 19. Jahrhundert befürchtet hatten, doch es zerbrach *das gesellschaftliche Leitbild* des alten Handwerks, das den beruflichen Weg vom Lehrling über den Gesellen zum selbständigen Meister vorsah und diese Berufsabschnitte mit der sozialen Geltung des einzelnen bis hin zur Ausübung von Bürgerrechten und zur Erlaubnis der Eheschließung verknüpfte. Das alte Handwerk verfügte über einen durch Recht und Brauch *geregelten Verhaltenskodex,* der das Leben umfassend bestimmte. Dazu gehörten Kleidungsgewohnheiten und Geselligkeitsrituale ebenso wie Vorstellungen über *angemessene Betriebsgrößen,* „gerechte" Löhne und sozialverträgliche Konkurrenz.

Das Geflecht von **Verhaltensnormen,** das nicht nur das alte Handwerk, sondern die *vorindustrielle Gesellschaft* insgesamt prägte, wurde in einem mühsamen *Lernprozeß* umgeformt. Dieser Lernprozeß umfaßte ein weites Spektrum. So durchzog die west- und mitteleuropäischen Staaten in der ersten Hälfte des 19. Jahrhunderts eine *Kette von Lebensmittelunruhen,* mit denen sich die Betroffenen gegen die neue Marktökonomie wehrten, indem sie die Abgabe von Nahrungsmitteln zu „gerechten Preisen" erzwangen und Händler als Wucherer „bestraften". Angestammte Rechte glaubten auch die vielen Menschen zu verteidigen, die die gesetzliche Beseitigung der traditionellen Waldnutzungsrechte etwa in Preußen (1821) und in Frankreich (1827) nicht hinnahmen und den *Holzdiebstahl* zum häufigsten Alltagsdelikt bis zur Mitte des 19. Jahrhunderts machten. Diese Verhaltensformen mögen im Rückblick als überholt erscheinen. Sie erwuchsen jedoch aus den Erfahrungen der Menschen und waren dem *kulturellen Geflecht* angemessen, in das die Protestierenden eingebunden waren und aus dem sie ihre Verhaltensnormen bezogen.

Der Lernprozeß umschloß aber auch neue, **zukunftsweisende Formen der Interessenwahrung,** die gleichwohl *traditionale Leitbilder* in sich aufnahmen. Am frühesten entstanden sie in England und Frankreich: Selbsthilfeorganisationen, Genossenschaften, Gewerkschaften, die englische Chartistenbewegung und der vielfach religiös begründete Frühsozialismus, der *die Anfänge der kontinentalen Arbeiterbewegung* prägte. Die *europäischen Revolutionen von 1848* schließlich markieren den Höhepunkt des kollektiven Kampfes zur Verteidigung überkommener Lebensgewohnheiten und gesellschaftlicher Normen. Diese letzte *„Schlacht gegen die Industrialisierung“* (P. N. Stearns) ebnete aber zugleich einer Entwicklung den Weg, die nicht mehr gegen die entstehende Industrialisierung gerichtet war, sondern innerhalb dieser nach *neuen Modellen der Zukunftsgestaltung* und nach *veränderten Formen der Konfliktregulierung* suchte.

Der gesellschaftliche Wandel seit dem ausgehenden 18. Jahrhundert brach auch die historisch gewachsenen **Familienverhältnisse** und **Familienleitbilder** auf. Im vormodernen Europa lassen sich grob *zwei familiäre Grundtypen* unterscheiden. *Die Großfamilie Ost- und Südosteuropas* war geprägt durch die Hausgemeinschaft, in der mehrere verheiratete Paare bzw. Verwandte in männlicher Linie zusammenlebten. Die Eheschließung war in diesem Familientypus nicht an die Hausherrenstellung gebunden, was ein niedriges Heiratsalter ermöglichte. Im *Typus der west-, mittel- und nordeuropäischen Familie,* die weltweit gesehen wohl einen Sonderfall bildete, herrschte hingegen die *Zwei-Generationenfamilie* vor. Die Eheschließung erfolgte in der Regel erst nach Übernahme der Position des Hausherren – sei es im Elternhaus, wenn die Eltern starben oder sich aufs Altenteil zurückzogen, sei es durch Gründung eines neuen Haushalts. Als Folge ergab sich ein hohes Heiratsalter. Im Unterschied zur Familie des ost- bzw. südosteuropäischen Typs umfaßte der Haushalt neben Geschwistern auch nichtverwandte Personen wie Gesinde oder Gesellen. Beide Gruppen, Verwandte und Fremde, hatten unverheiratet zu bleiben, bis sie einen eigenen, wirtschaftlich selbständigen Hausstand gründen konnten.

Diese *beiden Grundmuster,* die zahlreiche Sonderformen und Übergangszonen kannten, begannen sich im 18. Jahrhundert von Westeuropa aus *umzuwandeln* und einander anzunähern. Das läßt sich u.a an der **Geschichte des Wortes Familie** erkennen, das in Mitteleuropa erst seit dem 18. Jahrhundert seine heutige Bedeutung erhielt. Zuvor meinte „Familie“ nicht nur die Blutsverwandten und Verschwägerten, sondern alle in einem Haushalt lebenden Personen, auch die nichtverwandten Arbeitskräfte. Das *„Haus“* war in der alteuropäischen Ökonomie für die meisten Menschen in Stadt und Land eine *umfassende Lebens- und Produktionsgemeinschaft.* Diese Sozialform des *„ganzen Hauses“* (O. Brunner) löste sich mehr und mehr auf, als sich für Beamte und Angestellte, für Arbeiter in Manufakturen und in frühen Fabriken Wohnung und Arbeitsstätte und damit auch Privat- und Berufsbereich trennten.

Ein anderes Zeichen dieses gesellschaftlichen Wandels ist die seit dem 18. Jahrhundert in West- und Mitteleuropa stark *ansteigende Zahl unehelicher Geburten,* die erst in der zweiten Hälfte des 19. Jahrhunderts wieder sank. Man hat diesen Anstieg als Symptom einer *„sexuellen Revolution"* (E. Shorter) bezeichnet: Begleiterscheinung eines zeittypischen Drangs nach individueller Selbstverwirklichung und Emanzipation, Folge veränderter Verhaltensnormen und gewandelter Mentalität. Der zentrale Grund für die sog. „sexuelle Revolution" war aber wohl eher die **Auflösung der alteuropäischen Familienwirtschaft,** aus der das Gesinde, die Gesellen und Arbeiter ausschieden. Die Glieder dieser an Umfang mächtig *anschwellenden Sozialgruppen,* aus deren Reihen sich die Bevölkerungsexplosion in erster Linie speiste, waren wirtschaftlich vielfach nicht in der Lage, eigene Familien zu unterhalten. Sie unterwarfen sich aber keinem *Zölibat der Armut,* als für die weitaus meisten die Hoffnung auf eine ökonomisch selbständige Existenz als Bauer oder Meister und damit die traditionelle Voraussetzung für das Recht auf Heirat und Familiengründung hinfällig wurde. Die *verringerten Chancen,* eine wirtschaftlich tragfähige, von der Gesellschaft als vollwertig anerkannte Nahrungsstelle für eine Familie zu erwerben, nicht etwa eine „Revolution" sexuellen Verhaltens, waren also die *Hauptursachen* für den dramatischen Anstieg der Rate unehelicher Geburten.

Dieser *Anstieg* war nicht, wie man oft gemeint hat, eine Folge der Industrialisierung, sondern ging ihr voraus. Er verlief zeitlich *parallel mit der Agrarrevolution* und dem Verfall der überkommenen Zunftordnung. Erst der *Industrialisierungsprozeß,* der neue Arbeitsplätze schuf und den Lebensstandard dauerhaft erhöhte, erweiterte für die unterbürgerlichen und unterbäuerlichen Schichten die *Möglichkeiten zur Familiengründung,* so daß die hohe Rate unehelicher Geburten wieder sank.

Der *Wandel der traditionellen Familienverfassung,* die Auflösung der Sozialform des „ganzen Hauses", ausgelöst vor allem durch die Abgabe von Produktionsfunktionen, die die Familie bis dahin besessen hatte, veränderte das Familienleben, das Verhältnis der Geschlechter und der Generationen zueinander zutiefst. In der **modernen Familie,** die sich im 19. Jahrhundert als *vorherrschender Typus* abzeichnete und zumindest im Bürgertum durchsetzte, entstand eine *neue Familienkultur.* Die *Partnerwahl* wurde individualisiert, persönliche Zuneigung entschied, allerdings innerhalb der Trennlinien, die die sozialen Schichten und deren Heirats- und Lebenskreise abgrenzten. Die Beziehungen der Eltern zu ihren Kindern wurden enger und emotionaler, die Erziehung der Kinder wurde anspruchsvoller und deren Lebenswelt stärker und länger von der Welt der Erwachsenen getrennt – bis hin zu den Kinderzimmern, die nun in den Sozialschichten, die es sich leisten konnten, eingerichtet wurden. Die langsame Durchsetzung eines *geregelten Schulunterrichts* im

19. Jahrhundert trug ebenfalls erheblich dazu bei, daß Kindheit und Jugend zu Lebensphasen mit eigenen Rechten und Pflichten wurden, die eine Fülle von Ratgeberschriften beschrieben.

Vor allem aber wandelte sich in der *„Revolution der Ehe- und Familienbeziehungen"* (Th. Nipperdey) die gesellschaftliche **Beziehung von Mann und Frau.** Die *Trennung von Beruf und Haus,* der Rückzug der Familie ins Private, wie er sich in der Zeit des Biedermeier in Deutschland und des Viktorianismus in England vollzog, *entlastete die Frau,* schuf ihr neue Freiräume für eine verfeinerte Bildung und Lebensführung, die vom Bürgertum aus als Vorbild auch auf andere Sozialkreise ausstrahlte. Doch zugleich *trennten* sich schärfer als je zuvor die *Lebenskreise der Geschlechter.* Dem Mann wurde die Berufswelt außerhalb des Hauses, der Frau das Leben im Hause für die Familie zugeordnet. *„Heim"* und *„Welt"* traten auseinander, und diese Kluft wurde seit dem ausgehenden 18. Jahrhundert in einer Flut von Literatur zu einer grundsätzlichen Polarität der *„Geschlechtscharaktere"* (K. Hausen) überhöht. Das *neue Gesellschaftsbild* der Familien- und Geschlechterrollen schuf dem Patriarchalismus des 19. Jahrhunderts eine scheinbar in der *„Natur"* der Geschlechter begründete Rechtfertigung. Zur gleichen Zeit aber wurden Möglichkeiten für die **Durchbrechung dieses neuen bürgerlichen Familienbildes** geschaffen, da mit der veränderten Position der Frau eine Individualisierung der Lebenserwartungen und Lebensentwürfe sowie erweiterte Ansprüche auf Selbstverwirklichung und Bildung verbunden waren.

Im 19. Jahrhundert verhärteten sich also die von der Gesellschaft verordneten und von den Menschen verinnerlichten, vermeintlich naturgegebenen Geschlechterrollen. Im gleichen Jahrhundert setzte aber auch *eine Gegenbewegung* ein, die sich damit nicht abfand – ein noch unabgeschlossener Prozeß, der die gesellschaftlichen Weltbilder, die sich seit dem 18. Jahrhundert herausbildeten und verhärteten, erneut umformt. Die *Frauenbewegung,* von ihren Anfängen im 19. Jahrhundert an in unterschiedliche politische, soziale und weltanschauliche Richtungen gespalten, ist ein Teil dieses säkularen Prozesses.

Politische Revolution

Grundzüge des Revolutionszeitalters 1775 – 1848

Der *amerikanische Unabhängigkeitskrieg* (1775 – 1783) steht am Anfang einer Kette von politischen Umwälzungen, die bis zur letzten großen europäischen Revolutionswelle von 1848 reichen, den größten Teil Kontinentaleuropas erfaßten und dessen politisch-gesellschaftliche Ordnung grundlegend veränderten. Sie leiteten darüber hinaus **das Ende des älteren Kolonialsystems** ein, das seit dem 15./16. Jahrhundert entstanden war. Am schwersten wurde *Spanien* betroffen, das bis 1825 seine Kolonien in Hispanoamerika verlor, wo aus dem riesigen spanischen Herrschaftsgebiet selbständige Staaten hervorgingen. Als großer *Gewinner* behauptete sich *England* im Ringen um die Vorherrschaft in der außereuropäischen Welt. Es sank – anders als Spanien – durch den Verlust des größten Teils seiner nordamerikanischen Kolonien, die sich mit dem Frieden von 1814 endgültig ihre Unabhängigkeit sicherten, nicht in die Position einer Macht minderen Ranges zurück. England konnte vielmehr als *überlegene Wirtschaftsmacht* auf eine Politik der ökonomischen Durchdringung setzen und sich so eine *hegemoniale Stellung* erwerben, die es erst im letzten Drittel des 19. Jahrhunderts einzubüßen begann.

Auf dem europäischen Kontinent stand zweifellos die **Französische Revolution** (1789 – 1799) im Zentrum der Erschütterungen, die die politische Ordnung Alteuropas aufbrachen. Es darf jedoch nicht übersehen werden, daß der großen Französischen Revolution eine *Reihe von Volkserhebungen* in Irland und England, in Holland, den österreichischen Niederlanden und in Schweizer Kantonen vorausgingen, wie auch nach der Stabilisierung der europäischen Staatenordnung auf dem Wiener Kongreß (1814/15) die *Revolutionswelle* in Kontinentaleuropa nicht verebbte. Diese Welle setzte *1820 in Spanien* ein – das ermöglichte den lateinamerikanischen Unabhängigkeitsbewegungen den raschen Erfolg wie zuvor die Auswirkungen der Französischen Revolution auf die internationale Politik die Durchsetzungskraft der nordamerikanischen Unabhängigkeitsbewegung gesteigert hatten –, noch *1820* wurden *Portugal und Italien, 1821 Griechenland* erfaßt.

Während diese Revolutionen das Werk des Wiener Kongresses von der europäischen Peripherie her bedrohten, erschütterte die folgende Revolutionswelle von *1830 bis 1834 den Kern des Kontinents.* In *Frankreich* endete mit der *Julirevolution von 1830* die Ära der Restauration. Die Julimonarchie (1830 bis 1848) war nicht mehr der Idee des Gottesgnadentums, der traditionellen Legitimation monarchischer Herrschaft verpflichtet. Die *Barrieren* gegen eine Beteiligung des *„Volkes“* an den politischen Institutionen blieben allerdings hoch. Noch 1846 war in den letzten Parlamentswahlen vor der Revolution von 1848 nur etwa 2,8% der männlichen Bevölkerung Frankreichs wahlberechtigt, so daß selbst große Teile des Bürgertums nicht zum Kreis der vollberechtigten Staatsbürger zählten.

Die französische Julirevolution hatte tiefe Auswirkungen auf eine Reihe europäischer Staaten. In ihrem Windschatten gelang unter Zustimmung der europäischen Großmächte *1822/30 die Gründung des griechischen* und *1830/31 des belgischen Nationalstaats,* während die *polnische Revolution von 1830/31* von russischen Truppen niedergeschlagen wurde. Die **von Frankreich ausgehende Revolutionswelle** ergriff neben *Belgien* und *Polen,* dessen staatliche Existenz 1831 bis auf die kleine Republik Krakau ausgelöscht wurde, auch die *Schweiz, Mittelitalien* und die *deutsche Staatenwelt.* Darüber hinaus lassen sich auch die *englische Wahlrechtsreform von 1832,* die die politischen Mitwirkungsmöglichkeiten des Bürgertums ausdehnte und weitere Reformen erleichterte, sowie die Demokratisierung in den Vereinigten Staaten von Nordamerika unter *Präsident Jackson* dem bedeutenden *Reformschub* um 1830 zuordnen. *Alexis de Tocqueville* hat mit seinem berühmten Werk *„De la Démocratie en Amerique"* (1835 – 1840) ein großes europäisches Publikum mit der *„Jacksonian Democracy"* bekannt gemacht und damit die nordamerikanische Entwicklung in die europäischen Zukunftsperspektiven eingebracht.

Im *Deutschen Bund* gerieten vor allem die nord- und mitteldeutschen Staaten, die zuvor Reformen vermieden hatten, unter den **Druck der Volksbewegung.** In *Braunschweig* und im *Königreich Sachsen* mußten die Landesherren zugunsten reformwilliger Nachfolger zurücktreten, in *Hannover* und *Kurhessen* wechselten die Minister. Auch in *Süddeutschland* wurde die Öffentlichkeit politisiert. Das *Hambacher Fest von 1832* und der *„Preß- und Vaterlandsverein"*, der *1832/33* als oppositionelles Zentrum wirkte, zeugen davon.

So unterschiedlich die europäischen Revolutionsbewegungen von 1830 im einzelnen auch verliefen – ein Merkmal verband sie: Sie wurden durch die *Proteste nicht-bürgerlicher Sozialschichten,* die vor allem sozialpolitische Forderungen stellten, vorangetrieben, während das *liberale Bürgertum* seine vornehmlich verfassungspolitischen Ziele, gestützt auf die breite Protestwelle, durchsetzen konnte.

In der Kette von politischen Revolutionen zwischen den 1770er Jahren und der Mitte des 19. Jahrhunderts, gekoppelt mit den gesellschaftlichen Umbrüchen im Zeichen von *„Agrarrevolution"* und *„Industrieller Revolution"*, von Bevölkerungsexplosion und des Wandels selbst des vermeintlich Unverrückbaren, der Familie – in dieser Umbruchsära entstand ein **Epochenbewußtsein,** das geprägt war von der ungeheuren Beschleunigung des gesamten sozialen und politischen Lebens. „Die Zeit ist auf der Flucht, die Klügeren wissen es lange. Ungeheure Dinge sind geschehen, große Verwandlungen hat die Welt still und laut, im leisen Schritt der Tage und in den Orkanen und Vulkanen der Revolution erlitten; Ungeheures wird geschehen, Größeres wird verwandelt werden". Damit umschrieb *Ernst Moritz Arndt 1807* in seinem vielbeachteten Werk *„Geist der Zeit"* die Grundstimmung seiner Epoche.

Die Alltagserfahrung vom *beschleunigten Wandel* alles Bestehenden setzte auch die *Verfassungsordnungen* neuen Ansprüchen aus. **„Fortschritt"** wurde zum Perspektivbegriff, vor dem sich die Gegenwart und ihre politische Ordnung zu rechtfertigen hatten. Sprachlich äußerte sich das in den vielen neuen „ismus"-Begriffen, wie *„Republikanismus"* und *„Liberalismus"*, *„Sozialismus"* oder *„Kommunismus"* – Begriffe, die Zeitdiagnosen stellten und zugleich Zukunftsbilder entwarfen, mit denen die wachsende Kluft zwischen Erfahrung und Erwartung überbrückt und Handlungsanleitungen geboten wurden, die sich im Bunde mit dem „Fortschritt" wußten.

Diese *Aufbruchsstimmung* durchdrang vor allem die west- und mitteleuropäischen Gesellschaften. Sie beeinflußte aber als importierte, durch Reisen und Literatur vermittelte *Krisenerfahrung* auch die adligen und bürgerlichen Bildungsschichten Ost- und Südosteuropas.

Es wäre jedoch verfehlt, der Gesellschaft schlechthin das Prinzip *„Fortschritt“* und *„Revolution“* und den Staaten das Prinzip *„Restauration“* zuzuordnen. Das *Zeitalter der politisch-gesellschaftlichen Revolution* war vielmehr dadurch gekennzeichnet, daß die Machteliten der europäischen Staaten die Herausforderung annahmen, die insbesondere von der Französischen Revolution und dem kriegerischen Export der revolutionären Ideen in der Ära der Napoleonischen Herrschaft ausging. Sie antworteten mit einer **Reformpolitik,** die z.T. einer *„Revolution von oben“* nahekam.

Das geschah in den einzelnen europäischen Staaten allerdings unterschiedlich intensiv. Das *west-östliche Modernisierungsgefälle,* das die wirtschaftliche und gesellschaftliche Entwicklung in Europa kennzeichnete, läßt sich auch hinsichtlich der staatlichen Reformbereitschaft feststellen. Die Eckpfeiler in diesem Gefälle bildeten das *industriell fortgeschrittene England,* dessen Verfassungsform sich bereits als *parlamentarische Monarchie* charakterisieren läßt, und auf der anderen Seite der *autokratisch regierte Agrarstaat Rußland,* der noch kaum gesellschaftlichem Reformdruck ausgesetzt war.

Nach 1815 begann sich das Verhältnis von Staat und politischer Reform allerdings zu ändern. Die europäischen Staaten schwenkten zwar keineswegs auf eine generelle *Restaurationspolitik* um. Das gilt vor allem nicht für die *staatliche Neuordnung von 1815,* die die *territoriale Flurbereinigung,* die Napoleon mit dem „Recht“ des revolutionären Eroberers erzwungen hatte, weitgehend anerkannte. Doch nach 1815 versuchten die kontinentaleuropäischen Machteliten in verstärktem Maße, Barrieren gegen ein Übergreifen des gesellschaftlichen Wandels auf die Verfassungsordnung zu errichten. Vorreiter in dieser Tendenz zur **konservativen Erstarrung** der politischen Herrschaft waren Rußland und Österreich, das als Vielvölkerstaat durch die in der ersten Hälfte des 19. Jahrhunderts entstandene brisante Verbindung von Reform- und Nationalbewegung existentiell gefährdet war.

Mit ihrer Politik der *Blockierung politischer Reformen* waren die staatlichen Institutionen Kontinentaleuropas nach 1815 – trotz aller revolutionären Erschütterungen in den 1820er und 1830er Jahren – durchaus erfolgreich. Erst die *Revolutionswelle von 1848* durchbrach die erstarrte Verfassungsordnung, die sich gegen das Reformverlangen der selbstbewußter gewordenen, an Umfang und sozial stark erweiterten gesellschaftlichen Emanzipationsbewegungen nicht länger abschirmen ließ. Nur Rußland blieb davon noch unberührt.

Die Amerikanische Revolution

Wie die Französische Revolution von 1789 ist auch die Amerikanische zu einem *Mythos* geworden, den jede Generation neu interpretiert, um die Deutung der eigenen Gegenwart mit den Vergangenheitsbildern in Einklang zu bringen. Die Amerikanische Revolution eröffnete zwar den *Zyklus der „atlantischen Revolutionen“* (R. R. Palmer), doch trotz mancher Gemeinsamkeiten mit den kontinentaleuropäischen Revolutionen *unterschied* sie sich von diesen doch erheblich hinsichtlich Voraussetzungen, Verlauf und Ergebnissen.

Zwar gab es auch in den amerikanischen Kolonien eine vielfältig *abgestufte Sozialordnung* von den Unterschichten bis zur „Pflanzeraristokratie“ des Südens, doch anders als in Europa existierte keine „soziale Frage“, die mit der europäischen Massenarmut (Pauperismus) vergleichbar wäre. Vor allem aber hatte sich in den amerikanischen Kolonien das Leitbild einer grundsätzlich *offenen Mittelklassen-Gesellschaft* durchgesetzt, das sich scharf abhob von der feudal-ständischen Gesellschaftsordnung und den daran ausgerichteten Weltbildern in Europa. Das führte dazu, daß *Sozialproteste* in der Amerikanischen Revolution keine ähnlich hochrangige Bedeutung erlangten wie in den europäischen Revolutionsbewegungen, zumal das Verhältnis der weißen Bevölkerung zu Indianern und schwarzen Sklaven in den Zielvorstellungen der amerikanischen Revolutionäre noch keine Rolle spielte. Ein weiterer bedeutsamer Unterschied zu den vorrevolutionären Verhältnissen in Europa kommt hinzu: In den amerikanischen Kolonien bestanden weitreichende politische *Mitwirkungsmöglichkeiten* in den *Gemeinden,* so daß Verlauf und Ziele der Amerikanischen Revolution in viel stärkerem Maße auf *Erfahrung* aufbauten und weniger von politisch-sozialen Ideologien, die der Praxis vorgriffen, bestimmt waren. Das hat zweifellos dazu beigetragen, daß die kolonialen Eliten für die revolutionäre Zusammenarbeit mit den „Mittelklassen“ aufgeschlossener waren als in Europa und ihre Position in der Revolution auch besser behaupten konnten.

Ausgelöst wurde die Amerikanische Revolution durch *wirtschaftliche und fiskalische Maßnahmen,* welche die englischen Kolonialherren seit den 1760er Jahren zur Stärkung ihrer ökonomischen Lage verhängten. Das wurde in den Kolonien als *Angriff auf die Rechtsordnung* verstanden und löste eine Protestwelle aus, die in dem Ruf „No taxation without representation“ eine massenwirksame Parole von hoher Integrationskraft fand. Mit dem Ersten Kontinentalkongreß, der am 5. September 1774 in Philadelphia zusammentrat, entstand in den amerikanischen Kolonien eine nationale Dachorganisation, welche die Abkehr von der englischen Verfassung und die *Berufung auf Volkssouveränität* und Naturrecht legitimierte. Das gilt auch für den *Zweiten Kontinentalkongreß,* der am 10. 5. 1775 sich erneut in Philadelphia zusammenfand, den Verteidigungszustand für alle Kolonien ausrief und den Kongreß für die Unabhängigkeit vorbereitete, der schließlich am 4. Juli 1776 die berühmte, von Thomas Jefferson entworfene *Unabhängigkeitserklärung* verabschiedete: „Folgende Wahrheiten halten wir für selbstverständlich: daß alle Menschen gleich geschaffen sind; daß sie von ihrem Schöpfer mit gewissen unveräußerlichen Rechten ausgestattet sind; daß dazu Leben, Freiheit und das Streben nach Glück gehören; daß zur Sicherung dieser Rechte Regierungen unter den Menschen eingesetzt werden, die ihre rechtmäßige Macht aus der Zustimmung der Regierten herleiten; daß, wann immer irgendeine Regierungsform sich als diesen Zielen abträglich erweist, es Recht des Volkes ist, sie zu ändern oder abzuschaffen."

Der Erfolg des *amerikanischen Unabhängigkeitskrieges war* nicht von vornherein abzusehen. Das Unvermögen der englischen Generalität, sich auf die Kriegsbedingungen einzustellen, die stärker den späteren Guerillakriegen als den traditionellen europäischen Kriegen ähnelten, trug zu dem oft gefährdeten Sieg der Amerikaner ebenso bei wie deren erfolgreiche Diplomatie in Europa, mit der sie vor allem die Unterstützung Frankreichs gewannen. Im Verlauf des Krieges verschärften sich zwar die inneramerikanischen Sozialkonflikte, doch es gelang den Eliten, die *Höherrangigkeit der Verfassung* vor der normalen Gesetzgebung durchzusetzen, so daß die Bundesverfassung von 1787 ein System von *„checks and balances"* zwischen Einzelstaaten und Bundesgewalt, zwischen Gesetzgebung und Verfassungsordnung schaffen konnte, das die Handlungsspielräume für sozialen Wandel durch Gesetze begrenzte. Dies und die starke Stellung der Eliten trugen dazu bei, daß im Unterschied zur Französischen in der Amerikanischen Revolution *keine sozialrevolutionäre Radikalisierung* eintrat.

Die **weltpolitische Bedeutung** der Amerikanischen Revolution wirkt bis heute. Denn der englisch-amerikanische Vertrag von 1783 und die Bundesverfassung von 1787 schufen die *Voraussetzungen für den Aufstieg der Vereinigten Staaten von Amerika;* wie wurden bald zum Magneten für einen *Einwandererstrom,* der die Entstehung einer *dynamischen Gesellschaft* ermöglichte, deren politische und soziale Ordnung rasch als weltweites Vorbild zu wirken begann. Verfassungsrechtliche Absicherung der Menschenrechte und Entkolonialisierung, Gewaltenteilung und Föderalismus, politische Gleichheit und Durchsetzung des Individualismus als zentrales gesellschaftliches Leitbild gehören zu den wirkungsmächtigsten *Ergebnissen* der Amerikanischen Revolution.

Französische Revolution und Napoleonische Ära

Die Umformung der alteuropäischen Ordnung hatte zwar bereits vor 1789 ein bedeutendes Ausmaß erreicht, doch erst die **Französische Revolution** und die nachfolgende Napoleonische Ära setzten in und außerhalb Frankreichs Energien frei, die binnen 2 1/2 Jahrzehnten „den entscheidenden Durchbruch des Bürgertums gegenüber der ein Jahrtausend alten Feudalstruktur und ... ein halbes Jahrtausend alten ständischen Ordnung“ (E. Weis) erzwangen. Wie *Verlauf und Ergebnisse der Revolution im einzelnen* zu bewerten sind, blieb jedoch bis heute trotz intensivster Forschung und einer schier endlosen Flut von Veröffentlichungen umstritten.

Wichtig ist es, die von unterschiedlichen Zielen und Handlungsformen geprägten *Phasen der Revolution* zu unterscheiden, bestimmte doch ihr Ablauf das gesamte Revolutionsdenken im 19. Jahrhundert. Welchen Weg eine einmal ausgelöste Revolution nehmen würde, das meinten die Menschen aus der *„Modellrevolution“* in Frankreich lernen zu können: *Liberale, parlamentarisch* beschlossene *Reformen* unter Wahrung der monarchischen Staatsform als Auftakt, dem eine gewaltsame Phase der *sozialrevolutionären Republik* und schließlich die *Diktatur eines einzelnen* folgen würde.

Zu den herausragenden Ergebnissen der von 1789 bis 1792 reichenden *ersten Phase*, der sog. **„Révolution de la Liberté“** oder **„Révolution bourgeoise“**, zählen die Erklärung der Menschen- und Bürgerrechte, die bis heute zum unverlierbaren Bestand einer liberalen Verfassung gehören, und die Abschaffung der überkommenen feudal-ständischen Privilegien. Damit beseitigte die Nationalversammlung Grundlagen des Ancien Régime. Charakteristisch für die sich abzeichnende bürgerliche Rechtsordnung war die *Unterscheidung* zwischen den auf der Person und auf dem Grundbesitz lastenden *Rechten* und *Pflichten*. Die *persönlichen Bindungen* wurden ersatzlos abgeschafft, die dem Grundbesitz anhaftenden Rechte dagegen wertete man als Eigentumsansprüche, die nur gegen Entschädigung für ablösbar erklärt wurden. Das *Eigentum* galt als heilig – ein Grundsatz, dem auch die Agrarreformen außerhalb Frankreichs verpflichtet waren.

Diese **„bürgerliche Revolution“** der Nationalversammlung, zu der auch die Begrenzung der Rechte des Monarchen, die *Repräsentativverfassung von 1791*, die vorausgegangenen Verwaltungs- und Justizreformen und die Säkularisierung der Kirchengüter gehören, wurde bereits in der ersten Phase begleitet von einer Revolution der Bauern und einer städtischen Revolution der „kleinen Leute“. Diese *„drei Revolutionen“* (F. Furet, D. Richet) verfolgten unterschiedliche, z.T. gegensätzliche Ziele. Die Revolutionäre aus den klein- und unterbürgerlichen Schichten der Städte und die Bauern erstrebten konkrete Verbesserungen ihrer *Lebensverhältnisse*. Um dies zu erreichen, orientierten sie sich an erfahrungsgesättigten Leitbildern, die sie der Vergangenheit entnahmen, nicht an einer zukünftigen, allenfalls in Umrissen bereits erkennbaren bürgerlich-kapitalistischen Gesellschaftsordnung. In der *Situation von 1789* trieben die Volksaufstände jedoch den *revolutionären Prozeß* voran und unterstützten damit trotz der andersartigen Zielrichtung die Politik des *„Dritten Standes“*, der *am 17. Juni 1789 die Generalstände* in einem revolutionären Akt zur *Repräsentativversammlung* erklärt und so erstmals auf dem europäischen Kontinent die Idee der modernen Nationalrepräsentation verwirklicht hatte.

In der *zweiten Phase der Revolution,* der sog. **„Révolution de l'Egalité"** oder **„Révolution démocratique"**, zerbrach diese *„fiktive Einmütigkeit"* (M. Vovelle) zwischen den verschiedenen Revolutionsströmen. Diese zweite Phase, die mit dem *Sturz der Monarchie am 10. August 1792* begann und mit dem *Sturz der Jakobinerdiktatur am 27. Juli 1794* endete, umfaßt die Konventsherrschaft der Girondisten und die Diktatur des Wohlfahrtsausschusses unter Robespierre. Wie die Jakobinerdiktatur zu bewerten ist, *„Höhepunkt"* oder *„Entgleisung"* der Revolution, gehört zu den umstrittensten und ideologisch brisantesten Problemen der Revolutionsforschung.

Das Ideal der Sansculotten, deren *Aufstand 1793* die Jakobinerdiktatur etablierte, war eine Gesellschaft der Kleineigentümer. Nicht Freisetzung einer den Marktregeln folgenden ungezügelten Wirtschaftsgesellschaft forderten sie, sondern *Sicherung des Existenzrechts* vor dem Eigentumsrecht, Recht auf Arbeit und auf Unterstützung, Preisregulierung, Festlegung von Obergrenzen für Privatbesitz. Diese Forderungen, in denen sich zukunftsweisende und rückwärtsgewandte Vorstellungen in unentwirrbarer Mischung verbanden, machte sich das Herrschaftsorgan der Jakobiner, der *Wohlfahrtsausschuß,* zwar nicht zu eigen, aber sie begünstigten eine *Politik des staatlichen Dirigismus,* der *1793* unter den Bedingungen des aufflammenden Bürgerkriegs und der militärischen Niederlagen radikalisiert wurde.

Der Aufbau eines *Massenheeres* auf der Grundlage der allgemeinen *Wehrpflicht* für ledige Männer zwischen 18 und 25 Jahren *(Levée en masse)* – dies wurde zum Vorbild für die *Modernisierung der Wehrverfassung,* die europäische Staaten im 19. Jahrhundert durchführten – schuf Probleme bislang unbekannter Größe, auf die die Jakobiner mit staatlicher Wirtschaftslenkung und vor allem mit einer Politik des Terrors antworteten, dem 35000 bis 40000 Menschen zum Opfer fielen.

Mit dem *Zusammenbruch* der radikalisierten und in feindliche Lager gespaltenen *Jakobinerherrschaft* begann die *dritte Phase der Revolution.* Sie war gekennzeichnet durch die **Wiederherstellung des Rechtsstaates** unter der *Direktoriatsverfassung (1795)* und vor allem durch die steigende innenpolitische Bedeutung der **siegreichen Armee**, die schließlich zur einzigen Kraft wurde, die die innere Lage stabilisieren und die Nation einen konnte. Mit dem *Staatsstreich am 18. Brumaire (9. November 1799)* setzte sich dann der erfolgreichste Heerführer durch: *Napoléon Bonaparte,* der zunächst als *Konsul,* seit *1804 als Kaiser* die französische Politik bestimmte.

Napoleons politische Herrschaft begann auf Grund seiner militärischen Erfolge, und sie endete 1814/15 auf Grund seiner militärischen Niederlagen. Doch Napoleon war *kein bloßer Militärdiktator.* Er bewahrte während seiner Herrschaft *zentrale Ergebnisse der Revolution:* Abschaffung der feudalen und ständischen Privilegien, Durchsetzung der bürgerlich-liberalen Eigentumsordnung, Entkirchlichung des Staates. Zugleich versöhnte er zumindest große Teile der Gegner der Revolution mit der neuen Ordnung: die *katholische Kir-*

che, die durch das *Konkordat von 1801* einige Rechte garantiert erhielt, und den *Adel,* der aus der Emigration zurückkehren und seine Güter zurückkaufen konnte, sofern er den Eid auf die Verfassung leistete. Unter Napoleons Herrschaft entstand *ein neuer,* nicht mehr auf Herkunft und Geburt, sondern auf Verdienst gegründeter Adel, in dem Teile der alten Aristokratie mit der neuen bürgerlichen Elite zusammenwuchsen. Er ließ aber auch den *Code Napoléon* schaffen, ein bürgerliches Gesetzbuch, das mit der Freiheit der Person und des Eigentums wirkungsmächtige Errungenschaften der Revolution von 1789 dauerhaft absicherte und diese Ergebnisse als antifeudales „gesellschaftspolitisches Revolutionierungsprogramm mit bürgerlich-egalitärer Ausrichtung" (E. Fehrenbach) in den europäischen Eroberungskriegen exportierte. Dieses *große Reformwerk* wurde außerhalb Frankreichs in den eroberten und abhängigen Gebieten zwar nur unvollständig verwirklicht, doch leitete es einen *politisch-gesellschaftlichen Wandel ein,* der über die Napoleonische Ära hinaus als Programm weiterlebte, das z.T. erst durch die europäischen Revolutionen von 1848 eingelöst werden konnte.

Die europäischen Revolutionen von 1848

Die **Revolutionswelle von 1848** ergriff mit *Frankreich,* den *deutschen und italienischen Staaten* sowie dem gesamten *habsburgischen Vielvölkerstaat* und den angrenzenden, zum Osmanischen Reich gehörenden Fürstentümern *Moldau* und *Walachei* den größten Teil des europäischen Kontinents. Darüber

Regierungsformen in Europa 1815 – 1830

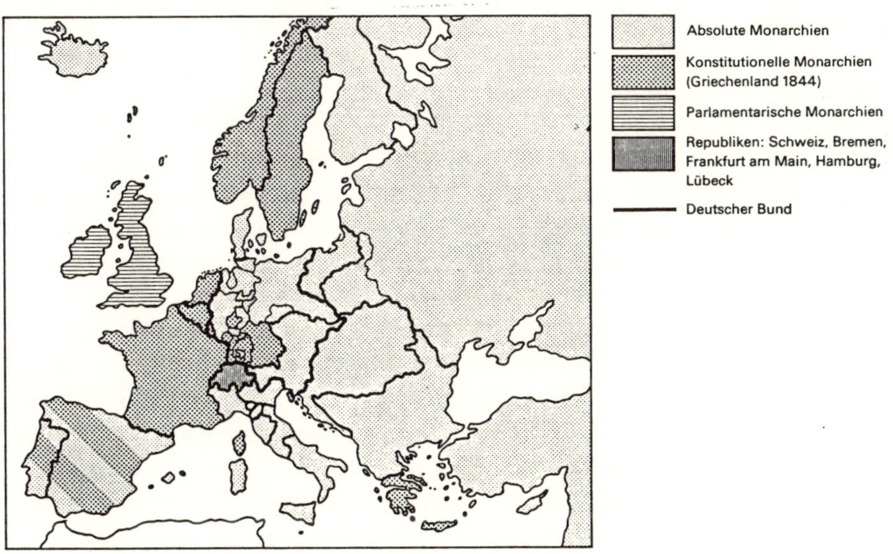

hinaus kam es in *Irland, Spanien, Griechenland und England* zu Aufstandsversuchen, die aber scheiterten, während in *Belgien,* den *Niederlanden,* der *Schweiz* und in den *skandinavischen Staaten* Reformen gelangen, ohne in Revolutionen umzuschlagen.

Die Revolution verlief in den *einzelnen Staaten sehr unterschiedlich,* je nach politischer und gesellschaftlicher Ausgangslage. *Drei Problembereiche* standen aber in den meisten Staaten im Vordergrund: *Liberalisierung* und *Demokratisierung* der politischen Ordnung, *Wandel der Sozialverfassung* und – abgesehen von Frankreich – *Schaffung von Nationalstaaten.*

Die Revolution nahm zwar mit Frankreich von einem bereits gefestigten Nationalstaat mit international und von der eigenen Bevölkerung anerkannten Grenzen ihren Ausgang. Doch überall sonst gehörte der **Kampf um den Nationalstaat** zum Programmkern der Revolutionsbewegungen. Die Probleme, die dabei zu überwinden waren, unterschieden sich jedoch beträchtlich. In *Deutschland* und in *Italien* galt es, bestehende *Staaten zum Nationalstaat* zusammenzufügen. Für Italien bedeutete das, die Lombardei und Venetien aus dem österreichischen Herrschaftsbereich lösen zu müssen, während die deutsche Nationalbewegung vor der Schwierigkeit stand, daß die eigenen nationalstaatlichen Ziele mit denen anderer Nationalbewegungen rivalisierten und auch das Interesse der Großmächte am Erhalt des europäischen Gleichgewichts zu verletzten drohten. Im *habsburgischen Vielvölkerstaat* schließlich häuften sich *alle diese Probleme,* denn das österreichische Territorium ragte in alle nationalen Konfliktzonen hinein. Die übernationale Existenz des Habsburgerreiches ließ sich mit den Zielen der drei großen europäischen Nationen, die 1848 nach staatlicher Einheit drängten, nicht vereinbaren: der *deutschen,* der *italienischen* und der *ungarischen.* Nur die *staatenlosen slawischen Nationen* hofften, unter dem Dach eines reformierten habsburgischen Gesamtstaates ihre *nationale Autonomie* erringen und gegen die Hegemonieansprüche der Deutschen und der Ungarn absichern zu können.

Keine der *Revolutionsbewegungen* konnte diese Problemfülle lösen. Die nationalen Rivalitäten trugen vielmehr dazu bei, die Durchsetzungskraft der Revolutionen zu schwächen, als sich die Hoffnungen auf einen europäischen *„Völkerfrühling"* zerschlugen. Die Diplomatie der Völker, so zeigte sich, war in Machtfragen nicht unduldsamer als die Diplomatie der alten Mächte.

Auch hinsichtlich der Versuche, die **innenpolitische Ordnung** neu zu gestalten, läßt sich eine beträchtliche *Spannweite der Probleme* feststellen. Nur in *Frankreich* trieb die revolutionäre Bewegung von vornherein über eine Reform der Monarchie hinweg *zur Republik,* die am 24. Februar 1848 geschaffen wurde. In allen *anderen europäischen Staaten* machte die Revolution *vor den Thronen halt.* Auch in Frankreich steuerte die neue republikanische Verfassung aber einen Kompromiß an zwischen dem im Parlament verkörperten Prinzip der Volkssouveränität und einem starken Präsidenten als eine Art Ersatz-Monarch.

Nur *Italien* blieb 1848/49 *ohne Nationalparlament.* Hier wirkte der Krieg mit Österreich, das nach einer kurzen Schwächeperiode seinen oberitalienischen Besitz mit Erfolg verteidigte, als nationalrevolutionäre Klammer. Überall *sonst* entwickelten sich hingegen die *gewählten Nationalversammlungen* zu den wichtigsten Zentren, in denen um die politische und gesellschaftliche Ordnung der Zukunft gerungen wurde. An diesem Ringen beteiligten sich auch die politischen Vereine, die vornehmlich in den Städten in großer Zahl entstanden und die Willensbildung in der Bevölkerung organisierten. Aus dem Zusammenwirken von außerparlamentarischen Vereinen und Parlamentsfraktionen gingen *1848* erstmals in großem Umfang **Frühformen politischer Parteien** hervor, so wie sich auch rasch die Spielregeln des parlamentarischen Regierungssystems einschliffen: Die Regierungen waren vom Vertrauen der Mehrheit der Abgeordneten abhängig, die sich in Fraktionen zusammenschlossen.

In den *Parlamenten* besaßen die *liberalen Abgeordneten,* die überwiegend aus dem Bürgertum stammten, die Mehrheit. Nur in *Ungarn* überwog der *liberale Adel.* Den europäischen Liberalen war zwar im *Frühjahr 1848* die *Führungsrolle* zugefallen, als die alten staatlichen Machtträger unter überraschend geringem Widerstand zurückwichen. Doch die Liberalen wollten als *„Revolutionäre wider Willen"* (Theodor Schieder) keinen radikalen Bruch mit der Vergangenheit. Sie nutzten die Revolution vielmehr, um ihre *Reformziele* voranzutreiben: Verwirklichung des liberalen Rechtsstaates, Beseitigung noch verbliebener ständisch-feudaler Bindungen und verfassungsrechtliche Absicherung einer Staatsbürgergesellschaft, die im Parlament ohne ständische Abstufungen repräsentiert war und im Monarchen bzw. im Präsidenten (Frankreich) ein starkes Gegengewicht erhielt.

Überall in Europa **spaltete** sich das **bürgerliche Reformlager** bereits im ersten Revolutionsjahr, als sich *Demokraten* und *Liberale* schroff voneinander abgrenzten. Auch die *Demokraten* wollten keinen sozial-revolutionären Umsturz der Gesellschaftsordnung, aber sie zeigten sich bereit, sofort eine *politisch-egalitäre Staatsbürgergesellschaft* zu schaffen – ohne die Sicherheitsventile, die die *Liberalen* mit einem *abgestuften Wahlrecht* und der starken Staatsspitze gegen die befürchteten sozialrevolutionären Begehrlichkeiten der Unterschichten einbauen wollten. Die *Demokraten* hofften dagegen, daß die *volle politische Gleichberechtigung* aller Bürger den Weg ebnen würde für schrittweise parlamentarisch legitimierte Sozialreformen, die bei den städtischen unterbürgerlichen Schichten und bei der bäuerlichen Bevölkerung im Mittelpunkt der Forderungen standen.

Wenn es trotz dieses massiven Drängens auf Reformen in Stadt und Land, im Bürgertum, unter Arbeitern, Gesellen und kleinen Meistern, in bäuerlichen und unterbäuerlichen Kreisen und selbst in Teilen des Adels *nicht* zu einer *großen Allianz der Reformer* kam, so hatte das viele Gründe. Zu den wichtigsten zählt die Verschränkung zukunftsgerichteter und rückwärtsblickender Forderungen, die in allen politischen und sozialen Lagern, wenn auch in unter-

Regierungsformen in Europa um 1851

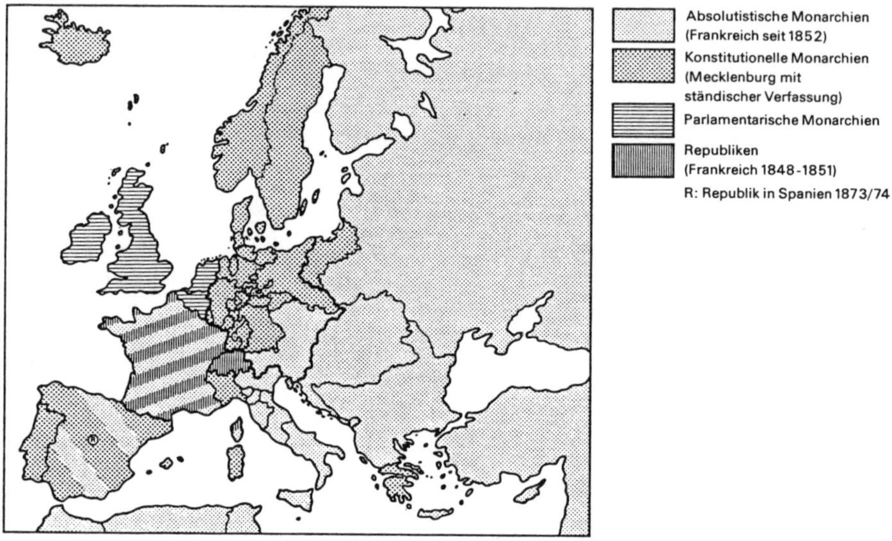

schiedlichem Maße, bestand. Die *Revolutionen von 1848* waren in dieser Sicht nicht allein ein Kampf für die „Moderne“, sondern *auch* ein *Abwehrkampf,* um die sich abzeichnende Gesellschaft der Zukunft, deren Begleiterscheinungen viele bereits als bedrohlich erfahren hatten, mit Mitteln zu begrenzen, die man z. T. der Vergangenheit entnahm. Zu den *vorrangigen Gründen für das Scheitern* zählen aber auch der *Zeitdruck,* unter dem die Revolutionäre gegen die noch im ersten Revolutionsjahr wiedererstarkenden alten Gewalten handeln mußten, *und* die *nationalen Rivalitäten,* die eine europäische Allianz der Revolutionsbewegungen unmöglich machten.

Die *Revolutionen scheiterten,* aber sie hatten **Folgen.** Die 1848 weitgehend abgeschlossenen *Agrarreformen* überdauerten, *die Spaltung von Arbeiterbewegung und Bürgertum* vertiefte sich, vorrevolutionäre Zustände ließen sich nirgendwo wiederherstellen, vor allem aber erhöhte sich die zumindest *partielle Reformbereitschaft* der Staaten. Darin lag die wichtigste Perspektive der Zukunft: innenpolitisch und auch nationalpolitisch.

Dieter Langewiesche

Nationalstaat und Klassengesellschaft (19. Jahrhundert)

Zeittafel

1811	Jahn gründet in Berlin die Turnbewegung
1815	Ur-Burschenschaft in Jena
1817	Wartburgfest
1825	Gründung des Stuttgarter Liederkranzes
1829	Katholikenemanzipation in England
1831	Geheimbund „Giovine Italia“ gegründet (G. Mazzini)
1832	Gründung des deutschen „Preß- und Vaterlandsvereins“ (Jan.)
Mai	Hambacher Fest
Juni	Erste Wahlrechtsreform in Großbritannien
1834	„Giovine Europa“ von Mazzini gegründet
1836	„Working Men's Association“ in London
1838	People's Charter in England verfaßt (Mai)
Sept.	Gründung der britischen „Anti-Corn Law League“
1842	Wiederzulassung der Turnvereine in Preußen
1846	Aufhebung der britischen „Corn Laws“
1848 – 1849	Revolutionen in Europa
1853 – 1856	Krimkrieg (Großbritannien, Frankreich, Türkei, Piemont gegen Rußland)
1857	Gründung der „Società Nazionale“ Italiens
1858	Beginn der „Neuen Ära“ in Preußen
1859	Italienischer Einigungskrieg (Piemont und Frankreich gegen Österreich)
Sept.	Gründung des Deutschen Nationalvereins
Nov.	Schillerfeiern in Deutschland
1861	Gründung des Deutschen Schützenbundes
Juni	Gründung der Deutschen Fortschrittspartei
März	Viktor Emanuel II. „König von Italien“
1862	Gründung des Deutschen Sängerbundes
Sept.	Ernennung Otto von Bismarcks zum preußischen Ministerpräsidenten
Okt.	Gründung des Deutschen Reformvereins
1863	Gründung des ADAV (Allgemeiner Deutscher Arbeiterverein) (Mai)
Juni	Gründung des VDAV (Vereinstag deutscher Arbeitervereine)
1864	Preußisch-österreichischer Krieg gegen Dänemark
1866	Deutscher Krieg mit Sieg Preußens über Österreich
Sept.	Bismarcks Indemnitätsvorlage angenommen
Nov.	Konstituierung der Nationalliberalen Partei
1866/67	Gründung des Norddeutschen Bundes
1867	Zweite Wahlrechtsreform in Großbritannien
1868	Gründung der Deutschen Turnerschaft
Juni	Trades Union Congress (TUC) als gewerkschaftlicher Zentralverband in Großbritannien gegründet

1869	Gründung der Sozialdemokratischen Arbeiterpartei (SDAP) in Dtld.
1870	Besetzung Roms durch italienische Truppen
1871	Aufstand der Pariser Kommune
1875	ADAV und SDAP vereinigen sich zur Sozialistischen Arbeiterpartei
1878	Sozialistengesetz in Deutschland (bis 1890)
1884	Dritte Wahlrechtsreform in Großbritannien
1890	Zusammenschluß der deutschen sozialdemokratischen Gewerkschaften in der Generalkommission
1891/94	Gründung des Alldeutschen Verbandes
1892	Gründung des Partito Socialista Italiano
1893	Im Deutschen Reich Bund der Landwirte gegründet
1899	Gründung des britischen Labour Representation Committee
1905	Jaurès einigt die französischen Sozialisten in der SFIO (Section Française de l'Internationale Ouvrière)

Einführung

Die politischen und wirtschaftlichen Umwälzungen des 19. Jahrhunderts brachten *zwei grundsätzlich neue Phänomene* hervor: den **modernen Nationalstaat** und die **Klassengesellschaft.** Ein immer größerer Teil der Bevölkerung war nämlich nicht mehr ständisch qualifiziert, sondern hing in seinen Lebenschancen weitgehend von Konjunkturen, technischem Wandel und Marktlagen ab. Gleichzeitig entwickelten viele Bürger jetzt auch eine eigenständige Identität und meldeten dabei politische Mitspracherechte an. Beide Vorgänge besaßen sowohl eine *politische* wie eine *gesellschaftliche Dimension,* die allerdings ungleich gut erforscht sind. Eine Gesamtdarstellung der nationalen und sozialen Bewegungen ist darum bis heute nicht geschrieben worden.

Fragestellung

Was wir dagegen kennen, ist die Geschichte der *nationalen* und *sozialen Gedanken.* Man hat sie lange Zeit mit jener verwechselt.

Dieses Kapitel möchte einen ersten *Begriff* von der *Rolle* jener *Organisationen* geben, die den Menschen im vergangenen Jahrhundert geholfen haben, ihre Bedürfnisse zu erkennen, zu formulieren und durchzusetzen. Sie wirkten auch als Bindeglied zwischen der Gesellschaft und den intellektuellen Eliten. Wer nach ihnen fragt, fragt also nach den *Trägern* und ihren *Werkzeugen,* mit denen die Gesellschaft ihre *Emanzipation* von den traditionellen Ordnungsinstanzen und Regelungsmechanismen durchgesetzt hat: Clubs, Vereine, Verbände, Innungen, Genossenschaften und Parteien, aber auch, namentlich in früher Zeit, informelle Gesinnungsgemeinschaften wie Diskussionszirkel oder Lesegemeinden eines Buches oder einer Zeitung. Der Raum ist zu knapp, um auch ihr *Instrumentarium* vorzustellen, mit dem sie das Massenpublikum erschlossen: politische Gedichte und Lieder, Symbole, Denkmäler und manches andere, was das Erscheinungsbild des 19. Jahrhunderts so nachhaltig geprägt hat. Dies alles war übrigens *kein Monopol nationaler und sozialer Bewegungen;* vieles haben sie den Kirchen abgeschaut, die über eine jahrhundertelange Erfahrung der Massenmobilisierung verfügten.

Ein Modell oder viele?

Es mag auf den ersten Blick scheinen, als hätten nationale und soziale Bewegungen nichts miteinander zu tun, denn ihre jeweiligen Stoßrichtungen und Träger seien zu verschieden gewesen. Bei genauerem Zusehen zeigt sich indessen, daß es *niemals* ein *beziehungsloses Nebeneinander* der beiden gegeben hat, sondern entweder ein *Mit- oder ein Gegeneinander.*

Dieses Mit- und Gegeneinander der beiden Bewegungen hat in Europa allerdings sehr verschiedene Formen angenommen. In *Deutschland* entstand die **Nationalbewegung** *„vorzeitig“,* als Reaktion auf die Siege Frankreichs. Trotzdem diskutierte sie *später die soziale Frage,* während die **soziale Bewegung** die Kontakte zur bürgerlich-nationalen Bewegung immer nur für gewisse Zeit unterbrochen hat. Ähnliches wird man in vielen Ländern Europas vergeblich suchen. In *Frankreich* wehrte das Bürgertum mehrfach und sogar mitten im Kampf um die Neugestaltung der politischen Ordnung die Forderungen der „classes labourieuses“ ab, wobei jedesmal Blut geflossen ist. In *Italien* haben die Emanzipationsversuche des Proletariats sogar jedesmal regelrechte Bürgerkriege heraufbeschworen. In *England* schließlich kam es zu einer gespaltenen Entwicklung: gewerkschaftliche Rechte wurden den „working classes“ schon früh zugestanden, eine eigenständige politische Bewegung scheiterte jedoch am Widerstand des Parlaments.

Diese holzschnittartige Skizze zeigt zweierlei: *Erstens* hing das Verhältnis der nationalen zur sozialen Bewegung wesentlich von den *jeweiligen Gegebenheiten* eines Landes ab. Es kam offenbar nicht nur darauf an, ob die nationale Einheit bereits vollzogen war oder nicht. Denn, und dies ist das *zweite,* vielleicht überraschendere Ergebnis: die nationale Frage war *nicht schon* mit der Herstellung *der Einheit* gelöst – jedenfalls dann nicht, wenn man hierunter die Integration des Staatsvolks im politischen, sozialen, wirtschaftlichen und mentalen Sinne versteht, die überall stattzufinden hatte.

Nicht als Modelle, sondern *als Fallbeispiele* seien darum die *vier wichtigsten Länder* des mittleren und westlichen Europas vorgestellt.

Deutschland

Die Geschichte des **organisierten Nationalismus** beginnt *1811 in Berlin,* wo Jahn auf der Hasenheide eine **Turnerbewegung** ins Leben rief. Jahn ging es nicht nur um körperliche, sondern auch um politische Erziehung. Die anfangs günstigen Zeitumstände brachten es mit sich, daß die Turnerschaft rasch anwuchs; als sie 1819 verboten wurde, zählte sie ungefähr 12000 Mitglieder in 150 Turngemeinden. Ein präzises nationalpolitisches Programm ist nicht überliefert. Nur so viel war klar: Wichtiger als die Herstellung und Sicherung der Freiheit im Innern waren die *Anstalten zur Abwehr äußerer Feinde;* den Hohenzollern war die Führung im „neuen Reich" zugesprochen. An gesellschaftliche Reformen war nicht ausdrücklich gedacht, doch sollte der Dienst an der Nation als Pflicht aller Bürger wohl eine neue Ordnung heraufführen.

In mannigfachen Kontakten mit den Turnern stand die **Burschenschaft,** doch hat sie im Unterschied zu jenen eigentlich nie, da erst im *Sommer 1815* entstanden, eine gouvernementale Frühphase durchlaufen. Ihre Parolen – *„Ehre, Freiheit, Vaterland"* – und Symbole – die *schwarz-rot-goldene* Trikolore war ihre Schöpfung – wurden rasch bekannt. Ein Problem war die Abgrenzung gegenüber radikalen Tendenzen. So kam es, daß beim legendären *Wartburgfest* am 18. und 19. Oktober 1817, an dem etwa 500 Burschen teilnahmen, einerseits die von erfahrenen Professoren formulierten „Grundsätze und Beschlüsse" angenommen wurden, andererseits aber eine aufsehenerregende Bücherverbrennung die Behörden alarmierte. In dem verabschiedeten Manifest dominierten Aussagen zur freiheitlichen Ausgestaltung des künftigen deutschen Nationalstaates, die eine klare *Kritik am Deutschen Bund* enthielten. Dies war einer radikalen Minderheit zu wenig. Die vornehmlich in Jena, Gießen und Heidelberg studierenden Mitglieder der „Unbedingten", eines Geheimzirkels, forderten eine am *jakobinischen Beispiel* orientierte deutsche Republik und bejahten das revolutionäre Attentat. Zwei Mordanschläge veranlaßten die deutschen Regierungen, in *Karlsbad* ein Verbot aller nationalen Bewegungen zu beschließen.

In den zwanziger Jahren war die nationale Bewegung auf dem Tiefpunkt angelangt. Aber auch in dieser Zeit brachen die Versuche nicht ab, den nationalen Gedanken zu pflegen. Es waren vor allem die *Männergesangvereine,* die im deutschen Südwesten, geleitet von den Häuptern der liberalen Opposition, mit den alten patriotischen Liedern, alljährlichen Schillerfeiern und ihrem demokratischen Vereinsreglement Alternativen zum herrschenden politischen Leben schufen.

Eine breitere Öffentlichkeit wurde allerdings erst im neuen Jahrzehnt erreicht. Dazu trug ganz wesentlich die *französische Julirevolution von 1830* bei. In Braunschweig wiederholte sich Ähnliches auf deutschem Boden. Dies und die augenblickliche Wirtschaftskrise ließen die politischen Aktivitäten deutlich zunehmen. Einerseits erkannte der bisher auf die deutschen Partikularstaaten ausgerichtete *konstitutionelle Liberalismus* nunmehr, daß „38 Verfassungen keine Verfassung und 38 Freiheiten keine Freiheit sind", wie Wilhelm Schulz 1832 schrieb. Man konnte dies rein verfassungs- oder auch wirtschaftspolitisch – am Vorabend des Zollvereins – begründen. Jedenfalls strebten die liberalen Honoratioren eine einvernehmliche Lösung an.

Den Weg der *Massenmobilisierung* beschritten dagegen radikalere Kräfte, die jetzt – und dies ist neu – das Ziel der Einheit *mit der Überwindung der Massenarmut* verbanden. Damit gewann der Nationalismus größere emanzipatorische Kraft; zugleich traten seine bislang herausragenden fremdenfeindlichen Merkmale zugunsten des Gedankens von der Notwendigkeit nationaler Befreiung aller Völker Europas zurück.

Zu den Trägern des Neuen zählten darum weniger die Sänger und die ganz vereinzelt wieder entstehenden Turner, die in Ritual und Liederinhalten einstweilen noch deutlich an der *Tradition der Befreiungskriege* festhielten. Zu nennen ist dagegen in erster Linie der straff organisierte **Preß- und Vaterlandsverein,** der Ende Januar 1832 in Zweibrücken gegründet wurde, wo auch das Zentralkomitee seinen Sitz hatte. Mit ihm gelang der radikalen Spielart des Liberalismus sowohl territorial als auch sozial der *Durchbruch zur Massenbewegung,* denn in den wenigen Monaten seiner Existenz schlossen sich dem Verein über 50 Filialen an, denen eine unbekannte Zahl von Mitgliedern angehörte; knapp 5000 jedoch sind sogar namentlich bekannt, von denen nahezu zwei Drittel zu den Unter- und Mittelschichten zählten, in der bayerischen Pfalz sogar noch mehr. Überhaupt verstand sich der Preß- und Vaterlandsverein von Anfang an als *Mobilisierungsunternehmen.* Dies zeigen seine in Zehntausenden von Exemplaren verbreiteten Manifeste, vor allem aber das vom Neustädter Ortskomitee initiierte *„Nationalfest der Deutschen zu Hambach"* am 27. und 28. Mai 1832, zu dem mindestens 20000 Teilnehmer gekommen sind. Während die Inszenierung der zahlreichen Volksfeste und öffentlichen Versammlungen an Burschen- und Turner- und überhaupt an volkstümliche Traditionen erinnerte, hatte sich das *Programm* deutlich verschärft. Die Forderung nach Einheit und Freiheit Deutschlands unter republikanischen Vorzeichen verband sich nunmehr mit dem Ruf nach einer *nationalen Neuordnung Europas* und dem Verlangen nach wirtschaftlichen und sozialen Reformen. Ob dies alles „auf gesetzlichem Wege", wie man damals sagte, zu erreichen sei oder stattdessen durch „Losschlagen", war umstritten.

Die „radikale Bewegungsphase des politischen Liberalismus" (W. Schieder) dauerte jedoch nur etwa acht Monate, dann setzte sich der Deutsche Bund mit seinen *Unterdrückungsmaßnahmen* durch. Nur im Ausland überlebten die politischen Vereine der deutschen Opposition. Sie leiteten zugleich die Anfänge der Arbeiterbewegung ein, denn zunehmend gaben *Handwerker-Gesellen* den Ton an, die sich jedoch selbstbewußt mit dem in diesem Zusammenhang neuen Begriff *„Arbeiter"* bezeichneten. Vielfach traten *nationale Forderungen* hinter das Programm der *sozialen Demokratie* zurück, das seinerseits in den vierziger Jahren vom *revolutionären Sozialismus* verdrängt zu werden drohte. Bei der Mehrheit standen jedoch die Gedanken der Bildung, des *gerechten Ausgleichs zwischen Kapital und Arbeit* und einer staatlichen Sozialgesetzgebung im Vordergrund.

Die nationalen Impulse verblaßten somit allmählich in der deutschen Arbeiterbewegung jenseits der Grenzen. In Deutschland selbst hatte die Repression ohnedies nur *Bildungs- und Unterstützungsvereine* zugelassen. Diese konnten sich allerdings öffentlich organisieren und besaßen gelegentlich sogar das Wohlwollen der Regierungen.

Eine genuin *nationale Bewegung mit Massenbasis* entstand dagegen in den ab 1842 wieder auflebenden **Turnvereinen.** Ihren Aufschwung verdankten sie dem veränderten politischen Umfeld, das gekennzeichnet war zum einen durch die von Frankreich 1840 entfachte *Rheinkrise,* die in Deutschland eine Woge *nationaler Solidarität* entfesselte, begleitet von einer Vielzahl neuer patriotischer Lieder (auch das Deutschlandlied entstand 1844 in diesem Zusammenhang), zum anderen durch die vom preußischen Thronwechsel ausgelösten Hoffnungen. Tatsächlich genehmigte der neue Monarch 1842 ausdrücklich die Errichtung von Turnvereinen unter freilich erheblichen Vorbehalten.

Die *große Resonanz* zeigt, wie sehr die neue Bewegung einem breiten Interesse entgegenkam: schon nach knapp fünf Jahren waren in rund 300 Vereinen ungefähr 80 – 90000 Mitglieder versammelt. Es überwogen kleinbürgerlich-mittelständische Berufe, gefolgt von den Volksschullehrern, während Bildung und Besitz vergleichsweise deutlich zurücktraten. Läßt man einmal die kaum zu mobilisierende Landbevölkerung außer Betracht, so erfaßte die Turnbewegung tatsächlich in erster Linie diejenigen Bevölkerungsschichten, die vom sozialen und wirtschaftlichen Umbruch am meisten betroffen wurden. Die nationale Bewegung war damit eine Antwort auf die *Krise der Zeit.* Daraus erklärt sich auch ihr *nationalpolitisches Programm.* Es schlug im großen und ganzen dieselben Themen an wie der demokratische Flügel der Arbeiterbewegung, d.h. die Einheit Deutschlands sollte die *Herrschaft der Menschenrechte* und damit den *sozialen Ausgleich* herbeiführen. Seit 1847 schließlich klang in etlichen Reden die *Bereitschaft zur Revolution* an.

Die **Liberalen** dagegen, gesellschaftlich von der Masse der Bevölkerung abgehoben und am konstitutionell vorgezeichneten Weg festhaltend, bevorzugten den Weg der *Vereinbarung mit den Monarchen.* Nur wo das mittlerweile Erreichte durch Vorstöße von außen bedroht wurde, gelang es auch ihnen, größere Bevölkerungsteile zu mobilisieren. Dies war zunächst in Schleswig-Holstein der Fall, wo sich unter dem Eindruck nationaldänischer Erneuerung der ältere Landespatriotismus zu einer mächtigen und schließlich ganz Deutschland erfassenden Nationalbewegung wandelte. 1848/49 wiederholte sich in Posen ähnliches. Beide Male stand der eigenen eine fremdnationale Bewegung gegenüber, was *Erinnerungen an die Befreiungskriege* wachrief. Wie damals traten auch jetzt fremdenfeindliche Wahrnehmungsmuster und geschichtlich legitimierte Zielkataloge in den Vordergrund, der emanzipatorische Gehalt des Nationalismus dagegen fiel zurück.

Gerade diese beiden Beispiele zeigen, über welche *Integrationskraft der Nationalgedanke* allen unterschiedlichen Nebenabsichten zum Trotz verfügte. Das erwies sich auch *1848*. Hier kam es zu einer von Belastungen und Spannungen zwar nicht freien, aber den Kompromiß immer wieder suchenden Zusammenarbeit von *liberalen Honoratioren und Demokraten*. Letztere repräsentierten in den Parlamenten zugleich einen Flügel der nun für kurze Zeit mächtigen Aufschwung nehmenden *Arbeiterbewegung*.

Das spannungsreiche *Nebeneinander* von *liberalem* und *demokratischem Flügel* der nationalen Bewegung zeigt sich schon beim Blick auf die Organisationsgeschichte. Die *Liberalen* kehrten auch unter dem Eindruck der Märzereignisse nicht von ihren herkömmlichen Vorbehalten gegenüber allem ab, das nach „Partei" aussah. Dagegen formierte sich die *demokratische Linke* besonders früh; in drei Wellen zwischen März/April 1848 und Frühsommer 1849 schuf sie sich einen organisatorischen Unterbau mit Schwerpunkten in ihren traditionellen Hochburgen Sachsen und Südwestdeutschland; später kam noch Schlesien hinzu. Im November 1848 ging von diesen lokalen Gruppen der Anstoß zur *Gründung des Zentralmärzvereins* aus, dem zuletzt in 900 Ortsvereinen 500000 Mitglieder angehört haben sollen. Erst diese Erfolge haben bei den Liberalen ein gewisses Umdenken herbeigeführt, ohne daß sie darum ihre prinzipielle Parteiunwilligkeit abgelegt hätten: 144 ihrer Lokalorganisationen schlossen sich im Herbst 1849 zum *Nationalen Verein* zusammen, dem freilich keine Schlagkraft beschieden war. Nach wie vor stützte sich die rechte Mitte vornehmlich auf die Presse und die Parlamentsfraktionen.

In programmatischer Hinsicht setzte sich dagegen immer wieder das Miteinander durch. Das allseitige *Ja* zum *parlamentarischen Regierungssystem* hat dies zweifellos erleichtert. Nach langen Auseinandersetzungen zeigten sich die Liberalen in ihrer Mehrheit schließlich beim Wahlrecht, die gemäßigten Linken in der Staatsform kompromißbereit: allgemeines statt Zensuswahlrecht, Erbkaisertum der Hohenzollern statt Wahlmonarchie oder gar Republik, lauteten die Ergebnisse. Von ihrer großdeutschen Orientierung mußten beide Flügel unter dem Eindruck der Ereignisse in Wien abgehen. *Umstritten* blieb, was man zur *Lösung der sozialen Frage* tun sollte.

Was schließlich an *Verfassungsnormen* beschlossen wurde, reichte aus, um große Teile der Arbeiterbewegung zu überzeugen, obwohl sie sich vom parlamentarischen Leben fernhielt, ja ihm zunächst Vorbehalte entgegenbrachte. Gaben beim sozialrevolutionären Flügel taktische Überlegungen den Ausschlag, die „bürgerliche Revolution" zu unterstützen, so schloß sich die *sozialdemokratische Arbeiterverbrüderung* aus Grundsatz an. Diese mit Abstand größte damalige Arbeiterorganisation, die zuletzt 18000 Mitglieder zählte, verlangte vom Staat in erster Linie die *Herstellung der Demokratie,* unter deren Schutz man die spezifischen sozialpolitischen Forderungen – Aufbau eines Genossenschaftswesens, Staatshilfe, Fortbildung – allmählich zu verwirklichen hoffte. Zuletzt war man auch hier bereit, auf die großdeutsch-unitarische Verfassung zu verzichten, und verteidigte in der Reichsverfassungskampagne 1849 gemeinsam mit dem Zentralmärzverein das Werk der Nationalversammlung mit der Waffe.

Bilanziert man die Achtundvierziger Revolution aus **organisationsgeschichtlicher Perspektive,** so ist ohne weiteres klar, daß damals eine *Mobilisierung der Massen* wie nie zuvor in der deutschen Geschichte stattgefunden hat. Gerade dies machte den *revolutionären Charakter* der Vorgänge aus. Die Umstände des Fehlschlags haben aber auch die später wiedererstehende nationale und soziale Bewegung aufeinander verwiesen.

Dies war Ende der fünfziger/Anfang der sechziger Jahre der Fall. Eine ganze Reihe von *Ereignissen* hat damals die *politische Landschaft* nachhaltig *verändert.* Zum einen 1858 der Beginn der *„Neuen Ära" in Preußen* mit der sie begleitenden innenpolitischen Lockerung. Zum anderen auf der Ebene der internationalen Politik die *Umgruppierung der Großmächte.* Sie hatte sich mit dem Krimkrieg 1853 – 1856 erheblich verschoben und Österreich isoliert, so daß es sich 1859 aus der Lombardei zurückziehen mußte.

Es war natürlich purer Zufall, daß am 10. November 1859 nicht nur in Zürich der österreichisch-französische Friedensvertrag unterzeichnet, sondern auch in vielen Städten Deutschlands der *100. Geburtstag Schillers* unter großer Beteiligung begangen wurde. Aber beide Ereignisse standen doch insofern in Zusammenhang, als die italienische Einigung, die mit diesem Vertrag ihre internationale Anerkennung erfuhr, der nationalen Bewegung in Deutschland erheblichen *Auftrieb* verlieh. Turner und Sänger konnten nunmehr rasch und unbehelligt an die *Schaffung* **nationaler Dachorganisationen** gehen, ebenso die neu hinzukommenden Schützen, die insbesondere den bisher eher abseits stehenden katholischen Bevölkerungsteil für die nationale Bewegung erschlossen. Auf gut besuchten Festen präsentierte sich der *organisierte Nationalismus* geradezu in „einer neuen Entwicklungsstufe" (Düding).

Die gleichzeitige *Entstehung* genuin *politischer Vereine* verstärkt noch diesen Eindruck. Im Spätsommer 1859 gründeten Paulskirchenmitglieder den am italienischen Vorbild der „Società Nazionale" von 1857 ausgerichteten *Deutschen Nationalverein.* Liberale und gemäßigte Demokraten fanden zusammen, um den 1849 erzielten Frankfurter Kompromiß aufzugreifen und den mittlerweile gewonnenen Einsichten anzupassen: man erklärte sich bereit, mit Preußen den „italienischen Weg" (Nipperdey) zu gehen, sofern dieses die Grundsätze der einstigen Reichsverfassung akzeptiere. Der Nationalverein vermochte aber trotz seiner 25000 Mitglieder ebensowenig wie sein parlamentarischer Repräsentant, die 1861 gegründete *Fortschrittspartei* mit ihren großen Wahlerfolgen die preußische Regierung zu Konzessionen zu zwingen. Ganz im Gegenteil gelang es dem seit 1862 amtierenden *Bismarck* seinerseits, die Nationalbewegung für sein Ziel einer Sicherung der preußischen Interessen einzusetzen, indem er Teile ihres deutschlandpolitischen Programms übernahm, ohne zugleich innenpolitisch nachzugeben. Es war diese bislang unvorstellbare *„Instrumentalisierung des nationalen Gedankens“* (Gall), die die preußische Monarchie stabilisierte, die Nationalbewegung aber in ein schweres Dilemma stürzte, das mit der Abspaltung der Arbeiterbewegung endete.

Unter Bismarck *überstürzten* sich nun die *Ereignisse.* In nur vier Jahren trieb er den *Verfassungskonflikt* auf die Spitze, nahm mit Österreich den Dänen *Schleswig-Holstein ab,* ohne es in die Selbstverwaltung zu entlassen, verlangte dann die *Reform des Deutschen Bundes* mit Hilfe von Nationalparlament und allgemeinem Wahlrecht und besiegte schließlich, was niemand für möglich hielt, im Alleingang die *Habsburger Monarchie* in Königgrätz. Die Wahlen zum preußischen Abgeordnetenhaus, die am selben Tage stattfanden, gaben Bismarck recht: während die Konservativen sich vervierfachten, büßte die Linke, die die Nationalbewegung vertrat, mehr als die Hälfte ihrer Sitze ein. Wer sich wie sie zum parlamentarischen System bekannte, mußte aus diesem Debakel die Folgen ziehen.

Eine Serie von *Umgruppierungen* begleitete darum den Weg der Parteien. Es begann mit der **sozialen Bewegung,** die zunächst trotz der geradezu „epidemischen“ (Bebel) Gründung von Arbeitervereinen zunächst mit Liberalen und Demokraten verbunden blieb. Deren Scheitern in der Auseinandersetzung mit Bismarck mochte aber *Lassalle* gar nicht erst abwarten. Er sah 1863 die Zeit gekommen, in Gestalt des *ADAV (Allgemeiner Deutscher Arbeiterverein)* eine Arbeiterpartei zu gründen, die *revolutionäre Fernziele mit pragmatischen Forderungen* nach allgemeinem Wahlrecht und staatlich unterstützten Produktivassoziationen verband. Deutschlandpolitisch vertrat Lasalle eine entschieden österreichfeindliche Haltung, um Bismarck zum Krieg zu ermuntern, denn nur im Augenblick der nationalen Revolution, so glaubte er, sei die Regierung zu Zugeständnissen an die Arbeiter gezwungen.

Die Mehrheit der so Angesprochenen verweigerte sich ihm. Sie lehnte nicht nur seinen autoritären Führungsstil ab, sondern auch seine Kompromißangebote an Preußen. Unter Führung des *Demokraten Sonnemann* konstituierte sich im Gegenzug zu Lassalle der *VDAV (Vereinstag deutscher Arbeitervereine),* der parlamentarisch, großdeutsch und auf die Zusammenarbeit mit der bürgerlichen Bewegung eingerichtet war. Nach *Bebels* Übernahme der Leitung schlossen sich *beide Organisationen 1869 zusammen* (die Reste stießen 1875 dazu), da durch Bismarcks Erfolge nicht nur Lassalles Taktik, sondern auch alle Hoffnungen auf ein ferneres Bündnis mit den nationalen Kräften gegenstandslos geworden waren. Die Gründung einer *Klassenpartei,* für die es damals in Europa kein Beispiel gab, fand bei den Arbeitern zwar zunehmend Beifall, isolierte sie aber auch im nationalen Staat dauerhafter als anderswo.

Markante Daten zur wirtschafts- und sozialgeschichtlichen Entwicklung ausgewählter europäischer Länder

Land	Industrieller take-off	Einführung der Gewerbefreiheit	GEWERKSCHAFTLICHE MOBILISIERUNG	
			Einführung des Koalitionsrechts	Gründung des ersten gewerkschaftlichen Zentralverbandes
Österreich(-Ungarn)	1900 ff.	1859	1870	1892: Reichsverband der Gewerkschaften
Italien	1895 ff.	1770 – 1866	1853 (1890)	1891: Camere del lavoro 1906: Confederazione Generale del Lavoro
Deutschland	1850 ff.	1869 (Preußen 1810)	1869 (1908)	1869: Verband der deutschen Gewerkvereine 1890: Generalkommission der Gewerkschaften Deutschlands
Frankreich	1830 ff.	1789	1884 (1864)	1903: Confédération Générale du Travail (Vorläufer seit 1895)
Schweden	1890 ff.	1846	1864	1898: Landsorganisation i Sverige
Schweiz	1830 ff.	1848	1848	1880: Allgemeiner Schweizerischer Gewerkschaftsbund
Großbritannien	1780 ff.	1813	1824 (1871)	1863: Trades Union Congress

Hermann Schäfer nach: Alber, Jens: Vom Armenhaus zum Wohlfahrtsstaat. Analysen zur Entwicklung der Sozialversicherung in Westeuropa, Frankfurt/New York (Campus) 1982 (ergänzt)

Der Schlacht- und Wahlausgang in Preußen hat der bürgerlichen Bewegung für einen Moment den Boden unter den Füßen entzogen. Die Lage klärte sich, als Bismarck im August die *Indemnitätsvorlage* im Abgeordnetenhaus einbrachte und damit zu erkennen gab, daß er künftig die Rechte des Parlaments anerkennen werde. Es war Hermann *Baumgarten*, der im fernen und Berlin doch so zugewandten Karlsruhe im Oktober das rechte Wort fand und vom deutschen Liberalismus „Selbstkritik“ verlangte. Sie wurde Wirklichkeit in Gestalt der *Abspaltung* des rechten Flügels der Fortschrittspartei, der den Namen **„Nationalliberale Partei“** annahm. In ihr, die das protestantische Besitz- und Bildungsbürgertum vertrat, fand Bismarck für die nächsten zwölf Jahre seine parlamentarische Stütze. Doch vermochte sie zwar die innenpolitische, nicht aber die deutschlandpolitische Initiative an sich zu reißen. Auch in der Krise des Jahres 1870 behielt Bismarck die Führung, so daß das in Versailles ausgerufene *Reich* zwar das Ergebnis eines Nationalkrieges war, sich aber als ein *volksferner Fürstenbund* präsentierte.

Weder die Geschichte der nationalen noch gar der sozialen Bewegungen war mit der Reichsgründung zu Ende. Denn die **soziale** und die **Verfassungsfrage** blieben *offen* und selbst die **nationale** war nur unvollkommen gelöst. Die Sym-

POLITISCHE MOBILISIERUNG				
Entscheidende Wahlrechts-erw. ü. 50% allg. Männer-wahlrecht	Gründung einer Arbeiterpartei	Arbeiterpartei erstmals im Parlament	Durchsetzung parlamentar. Regierungs-verantwortung	Gründung zentraler statistischer Ämter
1907	1889: Sozialdemokratische Partei Österreichs	(1907)	1918	1840
1912	1882: Partito Operaio Italiano 1892: Partito dei Lavoratori Italiani	1879	1852 – 1859	1866
1871	1869: Sozialdemokratische Arbeiterpartei (1863: Allgemeiner Deutscher Arbeiterverein, Fusion 1875)	1871	1918	1872 (Zollverein 1833)
1848	1880: Parti Ouvrier Français 1905: Section Française de l'Internationale Ouvrière	(1893)	1830 – 1871	1833
1909	1889: Sveriges Socialdemokratiska Arbetarpartiet	1896	1917	1856
1848	1888: Sozialdemokratische Partei der Schweiz	1893	1848	1860
1885	1900: Labour Party (formell 1906)	1900	1770 – 1835	1833

bole neuer Staatlichkeit zeigen dies anschaulich: es war ein *Nationalstaat ohne Hymne* und *bis 1892 ohne Fahne;* der Nationalfeiertag, begangen in Erinnerung an den Sieg bei Sedan, kam auf private Initiative zustande und wurde nie gesetzlich bestätigt. Das Reich tat auch nichts zur Nationalisierung der Massen. Im Gegenteil, *Sozialdemokraten* und *Katholiken* wurden als *„Reichsfeinde"* ausgegrenzt. Die „Erziehung zur Deutschheit" überließ man der Schule, dem Militär und privaten Vereinen.

Die auf diese Weise erzielten Erfolge blieben begrenzt. Als in der zweiten Hälfte der achtziger Jahre die **Politisierung der Bevölkerung** sprunghaft anstieg, machte sich der Mangel an Institutionen bemerkbar, die die politische Willensbildung trugen und kanalisierten. Nur die *Arbeiterbewegung* hatte bis dahin ihre Anhänger fest um sich zu scharen vermocht, weil die sozialdemokratische Subkultur einen Ausgleich für die politische Isolierung bot. Als ab 1891 ein neuer Typ politischer Verbände geschaffen wurde, zeigte sich, daß mittlerweile Trägerschichten und Sinngehalt des „Nationalen" gewechselt hatten. Neben die Erben der bürgerlichen Bewegung traten *Konservative* und *Katholiken,* die sich nun gleichfalls zu den *„nationalen Kreisen"* rechneten. Ihre Programme waren aber frei von emanzipatorischen Zielen. Die *Liberalen* dagegen verloren unaufhaltsam ihre traditionelle Anhängerschaft, die sie auch durch imperialistische Parolen nicht mehr zurückgewinnen konnten. Noch weniger verfing diese Taktik bei den Arbeitern, wie *Naumanns* erfolgloser *Nationalsozialer Verein* belegt. Am Vorabend des Ersten Weltkrieges standen den 300000 Mitgliedern der bürgerlichen Parteien 720000 organisierte Katholiken und 3 Millionen Angehörige der Arbeiterbewegung gegenüber; die Konservativen hatten mit dem Bund der Landwirte mehr als 300000 Anhänger organisiert. Die neuen *„nationalen Verbände"*, die von ursprünglich regierungstreuen Kreisen gegründet worden waren, aber zunehmend zu scharfen Kritikern des Regimes wurden, vertraten weit über eine Million Mitglieder. Diese Zahlen zeigen nicht nur, um wieviel mehr die Basis im Vergleich zu früher erschlossen worden war, sondern auch, wie sehr sich das ursprüngliche Kräfteverhältnis verschoben hatte.

Die *nationale und soziale Bewegung,* einstmals aufeinander verwiesen, bestand nunmehr aus **drei großen Gruppen,** die miteinander konkurrierten, ja sich bekämpften. Die Reste der *Linksliberalen* kooperierten mit der *Arbeiterbewegung,* die zwar eine Klassenpartei war, aber auch das demokratische Erbe beider Richtungen verteidigte. Ihr gegenüber zum einen eine *konservativ-gouvernementale Bewegung,* deren Nationalismus die materiellen Interessen ihrer Führung und die überlebte Verfassung sichern sollte, zum andern eine Anzahl *radikaler bügerlicher Verbände,* die Träger imperialer und antisozialistischer Bewegungen, die mit ihrer Agitation die Sozialdemokratie niederhalten, aber auch den alten Eliten die Herrschaft entreißen wollten. Diese doppelte Frontstellung war dem früheren Honoratiorenliberalismus ja keineswegs ganz fremd gewesen, und die neue Rechte ist darum in mancher Hinsicht als die Erbin der frühen Nationalbewegung anzusehen, hat sie doch auch deren Fremdenfeindlichkeit und Antisemitismus übernommen. Nur waren jetzt die Trennwände unübersteigbar geworden. Für die *politische Stabilität* Deutschlands war dies *kein gutes Omen.*

Italien

Nach der Niederwerfung Napoleons stand die Halbinsel unter viel strikterer *Kontrolle Metternichs* als die Staaten des Deutschen Bundes. Außer der savoyischen Dynastie hingen alle Fürsten vom Schutz der Österreicher ab. Entsprechend rigoros wurden die als gefährlich eingeschätzten Kreise kontrolliert.

Unter diesen Umständen konnten *oppositionelle Bewegungen* sich von vornherein nur im *Untergrund* entfalten. Auch **Mazzinis** 1831 gegründete **Giovine Italia** hatte keine andere Wahl. Sie verstand sich als Erzieherin des von jahrhundertelanger Fremdherrschaft korrumpierten Volkes, um auf diese

Weise schließlich zu Freiheit und Einheit, und zwar in Gestalt einer unitarisch verfaßten Republik, zu gelangen. In der Praxis jedoch gaben sich die Verschwörer einem *pseudoreligiösen Nationalkult* hin und bereiteten sich auf die Insurrektion vor. Mazzini selbst lebte im Exil und gründete 1834 zur Unterstützung das Giovine Europa mit einer deutschen und einer polnischen Sektion. Indessen schlugen alle Revolten der Mazzinianer fehl. Nach 1840 *spaltete* sich die Bewegung; der eine Teil der Anhänger nahm die *soziale Frage* zunehmend ernst und stellte Komplotte somit in Frage, während die Mehrheit sich einer Tendenz zuwandte, die mehr Erfolg zu versprechen schienen.

Die vierziger Jahre waren nämlich von einer Nationalbewegung beherrscht, die ihre Hoffnung auf den *italienischen Katholizismus* richtete. Was der im Brüsseler Exil lebende Priester Gioberti 1843 vorschlug, war eine völlige Abkehr vom Gemeingut der europäischen Intellektuellen, daß nämlich die Nationalstaaten nur im Wege internationaler Solidarität zu erkämpfen seien. *Gioberti,* der zum wichtigsten **Vertreter der Neoguelfen** wurde, mißtraute einer populären nationalen Bewegung und entwarf stattdessen die Vision eines *italienischen Fürstenbundes* unter der Führung des Papstes. Der enorme Erfolg von Giobertis Programmschrift erklärt sich einerseits aus der verbreiteten Enttäuschung über das unablässige Wechselspiel von Verschwörung und Repression, andererseits aus der Tatsache, daß das Buch alle wirklichen Probleme ausgeklammert hatte. Insbesondere gilt dies für die Frage, was mit den österreichischen Gebieten zu geschehen hatte, aber auch die Voraussetzungen für die Führungsrolle des Papstes wurden nicht ernsthaft untersucht. Vage blieb der *Verfassungsentwurf,* der jedenfalls *keine Volkssouveränität,* dafür aber die Wiederherstellung der überlebten Gemeindeautonomien vorsah. Immerhin bot der Neoguelfismus eine *Antwort* auf die *Herausforderung* der Demokraten. Er konnte in Italien frei diskutiert werden und erlangte Bewegungscharakter, indem er zu einer *rudimentären Parteiorganisation* führte. 1846 glaubte er sogar mit der Wahl des scheinbar liberalen Pius' IX. vor seiner Verwirklichung zu stehen. Mit dem Ausbruch der Revolution, der sich der Papst – allen Appellen zum Trotz – fernhielt, zerbrachen jedoch die Hoffnungen der katholischen Nationalbewegung und mit ihnen diese selbst.

Der Durchbruch zur nationalen Einheit gelang in Italien weder dem katholischen noch dem demokratischen Bürgertum, er gelang überhaupt nicht einer bürgerlichen Bewegung, sondern einer **Allianz progressiver Großgrundbesitzer.** Sie strebte den Nationalstaat allerdings erst an, als sie erkannte, ihre mannigfachen Privilegien nur noch auf diese Weise sichern zu können. Bis dahin war es jedoch ein weiter Weg. Denn am Beginn des italienischen Liberalismus stand die Sorge um die *Aufrechterhaltung des sozialen Friedens,* der durch die enorme und rapide um sich greifende Armut der Landbevölkerung bedroht war. Eine *Mischung aus Reform- und Wohlfahrtsmaßnahmen* sollte die Lage entspannen, ohne die Besitz- und Gesellschaftsverfassung in Frage zu stellen; aus diesem Grunde galt auch eine Industrialisierung Italiens als unerwünscht.

Die *Moderati,* wie sich die allmählich formierende Bewegung nannte, weil sie sowohl die klerikale Reaktion als auch die demokratische Revolution ablehnte, orientierten sich stark am französischen *juste milieu: Konstitionalisierung* und ein *parlamentarisches Regime,* natürlich Maßnahmen zugunsten der Landwirtschaft, wozu man auch Rechts- und Münzvereinheitlichung, Zollunion und den Bau eines grenzüberschreitenden Eisenbahnnetzes rechnete. Sofern überhaupt an die Einheit Italiens gedacht wurde, plädierte man im Anschluß an das Projekt des piemontesischen Altliberalen Balbo von 1843 für eines *bundesstaatliche Lösung* unter Führung des *Hauses Savoyen.* Aber eine nationale Bewegung wurde daraus nicht. Nichts charakterisiert besser die Moderati als die Tatsache, daß das Zentrum ihrer Bewegung die 1846 gegründete Società Agraria war, deren 2000 Mitglieder die modernisierungswillige großgrundbesitzende Elite Piemonts repräsentierten.

Auch in der *Revolution von 1848/49* spielten die Moderati fast nirgendwo die führende Rolle. Der fehlgeschlagene Einigungsversuch, der begleitet war von massivem *Sozialprotest,* führte aber dem glücklosen sardinischen König die teilweise Interessenidentität mit den Moderati vor Augen. 1850 trat *Cavour* ins Kabinett ein. Ihm gelang 1852/53 eine bedeutsame *Stabilisierung der Innenpolitik* durch sein Zusammengehen mit dem rechten Flügel der zerfallenden Demokraten. Deren patriotisches Prestige erlaubte kurz darauf den Stopp der Reformpolitik, um Mittel zur Aufrüstung gegen Österreich freizubekommen, dessen Existenz die liberalen Ziele der Moderati jetzt bedrohte. Die 1857 gegründete **Società Nazionale** unterstützte diesen Kurswechsel, während Cavour an der außenpolitischen Absicherung des kommenden Krieges arbeitete. Die Feldzüge von 1859/60 standen ganz unter dem Primat der nationalen Einheit, ein *Sozialprogramm fehlte* vollkommen. Es ist bemerkenswert, daß selbst *Garibaldi* diese Gewichtung akzeptierte. Hatte schon die Interessenlage der oberitalienischen Moderati nur eine sehr bedingte Besserung der Lage der Unterschichten vorgesehen, so bedeutete das Ausgreifen der Nationalbewegung auf die Legationen und Neapel vollends den Verzicht auf Reformen, denn nur in der Zusammenarbeit mit den dort ansässigen reaktionären Grundbesitzern konnte dieser Teil der Halbinsel für die Einheit gewonnen werden. Als *1861 das Königreich Italien* ausgerufen wurde, begann darum sogleich im Süden der Aufstand des Landproletariats, der erst nach Jahren massiven Militäreinsatzes und der Suspension der Verfassung niedergeworfen werden konnte. Die nationale Bewegung schlug unmittelbar um in ein Repressionsinstrument gegen die soziale Bewegung.

Das Verhältnis zwischen der Nationalpartei und den Massen war demnach völlig anders als etwa in Deutschland. Das lag an den viel *schärferen sozialen Gegensätzen,* die zudem unvermittelt aufeinander prallten, weil eine dem Gemeinwohl verpflichtete Beamtenschaft weitgehend fehlte. Eine Prägung der völlig verarmten Massen durch bürgerliche Theoretiker setzte erst spät ein. So entstand die **soziale Bewegung** gewissermaßen *naturwüchsig* in Stadt und

Land und suchte die Linderung des ungeheuren Elends gewaltsam herbeizuführen. Die um die Jahrhundertmitte in Oberitalien einsetzende Gründung von Hilfskassen, Bildungsvereinen, Genossenschaften und zuletzt von *Arbeiterkammern* hat die Radikalität nur gelegentlich gemildert; dasselbe gilt für die seit den siebziger Jahren in der Emilia Romagna entstehenden *Landarbeiterligen.* An eine Koexistenz mit dem liberalen Nationalstaat, der die Lebensbedingungen verschlechterte, über 90% der Bevölkerung vom Wahlrecht ausschloß und dieser Mehrheit ausschließlich in autoritärem Gewand entgegentrat, war nicht zu denken. Dies alles begünstigte zunächst den *Anarchismus,* zumal *Bakunin* lange Jahre in Italien lebte, bis sich, nach dem Zwischenspiel der antiintellektualistischen Italienischen Arbeiterpartei in den achtziger Jahren, 1892 die **Sozialistische Partei** konstituierte. Sie vermochte jedoch niemals die Rolle der deutschen Sozialdemokratie zu spielen, da ein erhebliches Gefälle zwischen den traditionellen, mitgliederstarken Organisationen der Arbeiterschaft und der zahlenmäßig schwachen (45000 Mitglieder 1913), von bürgerlichen Reformisten geführten Partei bestehen blieb. Um so mehr hat ihr rasanter Aufstieg nach dem Ersten Weltkrieg in der Anhängerschaft der bürgerlichen Parteien solche Ängste ausgelöst, daß eine *Allianz mit dem Faschismus* der einzige *Ausweg* schien.

Frankreich

Natürlich lagen die Dinge in einem seit langem *einheitlich regierten* Land *anders.* Die *Revolution* von *1789* war darum kaum *eine nationale Revolution,* aber da sie aus den Untertanen Bürger machen wollte, stellten die Revolutionäre rasch fest, daß hierzu eine ganze Reihe von Voraussetzungen fehlten. Das begann schon mit der Sprache, die mehr als die Hälfte der Bevölkerung nicht verstand. Eine Vielzahl von Maßnahmen wurde ersonnen, um den *Dritten Stand zur Nation* zu erziehen: Alphabetisierung, Verbot der „Dialekte“, Feste, Staatskult, Symbole und die Wehrpflicht. **Träger** dieser *Nationalisierung* war vor allem die **Linke,** der es auch mit der Volkssouveränität besonders ernst war und die im republikanischen System und ausgedehnten Wahlrecht das Unterpfand für Freiheit und Gleichheit sah; die *sozialen Forderungen* beschränkten sich im wesentlichen auf die *Beseitigung der Grundherrschaft* und zünftischer Relikte und auf die Sicherung einer *wohlfeilen Ernährung.* Keines dieser Ziele wurde in der Zeit der Revolution erreicht. Auch nach 1815 hielten die Republikaner an ihnen fest. Im *Bonapartismus* erstand ihnen später ein mächtiger *Konkurrent,* der freilich Emanzipation mit Polizeiherrschaft zu verbinden suchte.

Der **Republikanismus** als Träger der politischen und sozialen *Emanzipation* war allerdings weder eine einheitliche Bewegung noch hatte er ein allgemeinverbindliches Programm. Am Sieg der *Revolution von 1830* trug er, aus dem

Untergrund auftauchend, wesentlichen Anteil, doch verschwand er als Bewegung schon wieder 1835. Beschränkt man sich auf die Wahlmanifeste, so scheinen die gemäßtigten Republikaner sowohl die Nationalisierung der Massen als auch die Lösung der sozialen Frage, deren Dringlichkeit sich jetzt deutlich abzuzeichnen begann, allein von der Einführung des allgemeinen Wahlrechts erwartet zu haben. Das *Kommunalwahlrecht von 1832,* das selbst Kleinbauern und einfache Handwerker einbezog, kam ihnen hierin sehr entgegen. Der linke Flügel ging in seinen Zielen jedoch weiter und ließ sich dabei von den *radikalen Menschenrechtserklärungen Robespierres* und *Testes* leiten, die damals in Paris zirkulierten.

1848 waren die *Republikaner* in klarer Überlegenheit, obwohl immer *noch ohne Organisation.* Republikanisches System und allgemeines Wahlrecht zählten zu den frühesten und am wenigsten umstrittenen Errungenschaften. Der Republikanismus war jetzt allerdings *zerfallen* in einen übermächtigen *bürgerlichen* und einen kleinen *sozialen Flügel.* Über die Frage, ob der Staat mit Steuergeldern den von der Wirtschaftskrise betroffenen Arbeitern direkt helfen dürfe oder nicht, kam es zum Konflikt. Die Entscheidung fiel in der denkwürdigen *Pariser Junischlacht,* in der bürgerliche Republikaner und Konservative zugunsten der Ordnungspartei schießen ließen. Von da an war das *Verhältnis von Liberalismus und Arbeiterschaft* in Frankreich traumatisch belastet, zumal sich der Konflikt mit noch größerer Erbitterung *1871* wiederholte, als die *Kommune* Front gegen das neue Regime bezog und ebenfalls brutal niedergemacht wurde.

Die *französischen Arbeiter* mußten also nicht erst auf die Einsichten von Marx warten, um zu erkennen, daß die liberale *Bourgeoisie* ihr *Hauptfeind* war. Sie hatten dies selbst erfahren. Die theoretischen Antworten darauf fielen jedoch unterschiedlich aus. *Blanqui* vertrat einen *insurrektionellen Sozialismus, Proudhon* dagegen einen *handwerklich-kleingewerblichen Anarchismus;* beide haben die Arbeiterschaft bis ins 20. Jahrhundert geprägt. Neben diesem gab es noch die Anhänger eines *friedlich-reformbereiten Weges,* die zur Emanzipation der Arbeiter nichts weiter als allgemeines Wahlrecht, Vereinigungsfreiheit und Zugang zum Kreditmarkt verlangten. Zwischen diesen Richtungen, die sich seit der Liberalisierung des bonapartistischen Systems Mitte der sechziger Jahre abzuzeichnen begann, gab es wenig Gemeinsamkeiten. Auch entstammten ihre Anhänger völlig verschiedenen Traditionen, Milieus und Landschaften. Nach der Aufhebung der Ausnahmegesetze gegen die Arbeiterbewegung 1881 konstituierten sich daher nicht weniger als *vier verschiedene Parteien,* die erst *1905* dank der Bemühungen des unabhängigen Sozialisten *Jaurès zusammenfanden.* Um so tiefer wurde nun aber der Graben zu den *Gewerkschaften,* in denen sich die libertäre Tradition der Kommune und die egalitäre Überlieferung Proudhons erhalten hatte und die den Staat einschließlich der ihn repräsentierenden Parteien rundweg ablehnte. Mit dem *Generalstreik* hoffte man, das verhaßte System insgesamt zu beseitigen.

Das *politische Regime* befand sich jedoch damals keineswegs mehr in den Händen jener arbeiterfeindlichen Bourgeoisie, die für die Vorfälle von 1848 und 1871 die Verantwortung trug. Vielmehr lag die Führung bei einer Bewegung, die es vermocht hatte, die klassische republikanische Forderung nach allgemeinem Wahlrecht mit den konkreten Ansprüchen des kleinen und mittleren Bürgertums, später auch der Bauern zu verbinden. Die **„neuen sozialen Schichten“**, von denen Gambetta 1872 werbend sprach, hatten sich bereits *1868* im berühmten *„Programm von Belleville“* zu Wort gemeldet und dort die uneingeschränkten bürgerlichen Freiheiten zum Zwecke der „notwendigen Zerstörungen“ traditioneller Machtverhältnisse verlangt. Mit der *Regierungsübernahme 1879* setzte die Verwirklichung dieser Absichten ein. Die Republikaner und ihre Erben, die *Radikalsozialisten,* wollten für die *Arbeiter* wählbar sein, verstanden sich aber zugleich als *nationale Bewegung* im überkommenen emanzipatorischen Sinne. In beidem erhielten sie Konkurrenz, zuerst durch die *Sozialisten,* wenig später, und für die Republik gefährlicher, durch die *neue Rechte,* mit der sich die bis dahin schwachen Konservativen vereinigten. Der Bestand der III. Republik hing von der Fähigkeit der Radikalsozialisten ab, die beiden Flügel wenigstens teilweise mit dem Regime auszusöhnen. Nach rechts ist dies mißlungen, zunächst in der Dreyfusaffäre, endgültig dann in den dreißiger Jahren.

Großbritannien

Eine **Nationalbewegung** im eigentlichen Sinne erlebte das Inselreich *nur in Irland,* wo zunächst die *Emanzipation der Katholiken,* seit der großen Hungersnot in den 40er Jahren die Landreform und schließlich die Unabhängigkeit zum Gegenstand spezieller Organisationen geworden waren. Sie hatten unterschiedlichen Zulauf: während die *Catholic Association*, die von 1824–1829 existierte, ungefähr 3 Millionen Mitglieder verzeichnete, konnten die *Anhänger* von *Home Rule* und *Landreform* in den achtziger Jahren nur ca. 200000 Personen zur Einschreibung mobilisieren; der *republikanische Sinn Fein* gar formierte sich als *Geheimbund.* Entsprechend konnten die Massenorganisationen ihre Ziele, wenn auch unterschiedlich rasch, auf parlamentarischem Wege durchsetzen; Sinn Fein hingegen blieb auf das Mittel des Bürgerkriegs verwiesen, der sich teilweise sogar gegen die irische Bevölkerung selbst richtete.

Aus *englischer Perspektive* war die irische Frage jedoch ein *Randproblem,* zumal die *eigene Bevölkerung* ebenfalls noch der *politischen* und *sozialen Emanzipation* bedurfte. Und auch diese wurde, entgegen dem verbreiteten Bild, nicht freiwillig gewährt, sondern durch *organisierte Bewegungen* erkämpft. Die Verfassungslage und das Fehlen so gut wie jeglicher Polizeikräfte bis weit ins 19. Jahrhundert hat diesen Bewegungen sogar eine Schubkraft vermittelt, die weit über das damals auf dem Kontinent übliche Maß hinausreichte.

Auch *England kannte* also seine **bürgerliche Bewegung,** nur trug sie nicht diesen Namen. Vielmehr bezeichneten sich die Träger als *Radikale,* womit keine politische Partei, sondern eine freiheitliche, gegen das anglikanisch-aristokratische Establishment gerichtete Interessenlage gemeint war, die in kritischen Momenten zu einer Bewegung zusammenfinden konnte. Dies war zuerst der Fall, als sich, beeinflußt durch die Französische Revolution, eine *Reformbewegung* etablierte, die von 1792 bis 1798 in der *London Corresponding Society* einen Dachverband besaß. Mit einer Welle von Flugschriften und Petitionen sowie im Verlauf zahlreicher öffentlicher Versammlungen, die fünf- bis sechsstellige Teilnehmerzahlen aufwiesen, suchte man die *klassischen Forderungen des Radikalismus* dem Parlament aufzunötigen: Ausweitung der individuellen Freiheitsrechte und Reform des Repräsentativsystems durch allgemeines und gleiches Wahlrecht. Obwohl dieses Programm im Unterschied zu demjenigen von *Thomas Paine* den Boden der Verfassung nicht verließ, unterdrückte die Regierung diese Bewegung mit Hilfe von Hochverratsprozessen und den *Combination Acts von 1799.*

In der Folgezeit führten alle vom Radikalismus getragenen Bewegungen zum Ziel, während die vergleichbaren Vorstöße der Arbeiterschaft oft scheiterten. Klassenübergreifend, aber unter Führung mittelenglischer Industrieller, war die 1829 gegründete *Birmingham Political Union.* Ihr wichtigstes Ziel war die Erweiterung des Wahlrechts und die Anpassung der Wahlkreise an die geänderten Verhältnisse. Da weder die Regierung noch vor allem das Oberhaus nachgeben wollten, spitzte sich angesichts der Massendemonstrationen die Lage gefährlich zu. Im *Mai 1832* schien das Land *vor der Revolution* zu stehen. Da erst gaben die Lords und der König nach und akzeptierten ein Gesetz, das den Forderungen freilich nur soweit entgegenkam, daß die alten Eliten ihren Führungsanspruch zunächst noch so gut wie ungeschmälert erhalten konnten.

Die **Arbeiter** gingen fast leer aus und versuchten nun in *zwei Anläufen,* ihre Ziele selbständig durchzusetzen. Den Anfang machte die von den harmonistischen Lehren des Fabrikanten *Owen* getragene Bewegung, die 1834 in der *„Grand National Consolidated Trades Union"* kulminierte, einem Gewerkschaftsdachverband, der sich gegen das neue Armenrecht zu wehren suchte und durch einen vierwöchigen Generalstreik die „Gesellschaft der Zukunft über Nacht hervorzubringen hoffte" (W. J. Mommsen). Dieser Versuch scheiterte. Die Initiative ging darum an jene Organisationen über, die eine eigene Arbeiterpartei gründen wollten, um mit ihrer Hilfe die Verfassung grundlegend zu ändern. Die 1838 zu diesem Zweck veröffentlichte *„People's Charter",* die der Bewegung den Namen gab, verlangte die *direkte Demokratie* und *umfassende sozialpolitische Maßnahmen* einschließlich einer Steuerreform. Dies alles sollte auf friedlichem Wege erreicht werden, doch mündete die Agitation in eine jahrelange Serie von Streiks und Unruhen. Dieser Umstand und die immer offener zutagetretende Fortschrittsfeindlichkeit des Programms diskreditierten die Chartisten, so daß auch dieses erste Beispiel sozialdemokratischer Politik in den vierziger Jahren am Widerstand des Parlaments scheiterte.

Die Niederlage hebt sich deutlich vom gleichzeitigen Sieg einer neuen Etappe der *bürgerlichen Bewegung* ab. Freilich beabsichtigte die von englischen Fabrikanten im Namen der gesamten gewerblichen Bevölkerung des Landes getragene *Anti-Corn Law League* nicht die Beseitigung des politischen Systems, sondern lediglich die Abschaffung der Getreidezölle, mithin die Einführung des Freihandels. Aber auch dies wurde angesichts der anhaltenden Weigerung der im Parlament dominierenden Landbesitzer zur Grundsatzfrage; es ging um die Zukunft Englands als Agrar- oder Industriestaat. Um zu siegen, bedurfte die 1838 gegründete Liga erheblicher propagandistischer Anstrengungen. Sie schuf sich deshalb einen großen Stab haupt- und nebenberuflicher Mitarbeiter, die Versammlungen einberiefen, Zeitungen subventionierten bzw. gründeten, Flugblätter in Millionenauflage verbreiteten und Westminster mit einer Flut von Petitionen bombardierten. Von den Chartisten hielt man sich durch hohe Beitragspflicht fern, doch drohte angesichts des prinzipiellen Charakters und der gleichzeitigen schweren Hungerkrise eine *parallele Agitation* von *Liga, Chartisten, Radikalen* und *Dissentern,* kurz allen um Emanzipation kämpfenden Richtungen. Im letzten Moment lenkte die Führungsschicht ein und akzeptierte *1846 das Gesetz.* Sie rettete damit noch einmal ihre Stellung für einige Jahrzehnte, hatte nun aber zum zweiten Mal die *Ansprüche der aufsteigenden Mittelschichten* hinnehmen müssen. Ein drittes Mal geschah dies *1867.* Auch dieses Mal war öffentlicher Druck in Gestalt der *National Reform Union,* einer Neuauflage der Liga von 1838, vonnöten, um Wahlrecht und Wahlkreisgeometrie anzupassen, doch erreichten die Auseinandersetzungen nicht mehr den Grad von damals. Das *Recht auf Emanzipation* war anerkannt.

Die *Meilensteine* der englischen Verfassungsentwicklung wurden vom *Industriebürgertum* erkämpft. Es wurde hierin von der Arbeiterschaft unterstützt, mußte ihr aber dafür arbeits- und tarifrechtliche Zugeständnisse machen, da die Arbeiter nach dem Mißerfolg des Chartismus auf eine eigenständige politische Bewegung verzichtet und stattdessen das Schwergewicht auf den Ausbau eines wirkungsvollen *Gewerkschaftswesens* gelegt hatten. Wenn dann nach 1885 die bislang nur auf innere Reformen fixierten Schichten in geradezu hektische Begeisterung für imperialistische Politik verfielen, so deutet dies darauf hin, daß selbst dort nach wie vor erhebliche *gesellschaftliche Spannungen* herrschten, die einer überbrückenden Ideologie bedurften. Doch hat das Land damals nicht seine Fähigkeit zur Erneuerung verloren, ja selbst die Entstehung einer Arbeiterpartei verkraftet. Die Weltmacht Nr. 1 konnte dem freien Spiel der Kräfte gelassener begegnen als die nachziehenden Nationen.

Ergebnis

Die Geschichte der nationalen und sozialen Bewegungen war am Ende des 19. Jahrhunderts *keinesfalls* ein *abgeschlossener Vorgang*. Auch für die Zukunft jedes Landes blieb das Verhältnis der beiden zueinander von ausschlaggebender Bedeutung. Je größer die Spannungen, desto gefährdeter der innere Friede. *Italien* verfügte über das *geringste Maß* an *Stabilität, England* über das *größte*. Daß in Frankreich trotz ungünstiger Ausgangslage der Ausgleich gelang, war nicht zum wenigsten das Verdienst der Republikaner und Radikalen. In Deutschland verlief die Entwicklung umgekehrt, weil die bürgerlich-nationale Bewegung zu schwach blieb und die Arbeiterbewegung sich zu früh konstituiert hatte. Die Folgen sind bekannt. Aber die Dinge bleiben im Fluß, und wenn auch mittlerweile die klassischen Bewegungen zugunsten anderer Erscheinungsformen verschwunden sind, bleibt doch der gesellschaftliche Interessenausgleich eine der wichtigsten Aufgaben der Gegenwart.

Christof Dipper

Imperialismus, Krise, Zusammenbruch (1880 – 1945)

Zeittafel

1870	Ausbruch des Deutsch-französischen Kriegs (13. Juli)
4. Sept.	Ausrufung der (Dritten) Republik in Frankreich
1871 18. Jan.	Gründung des Deutschen Reiches, Ausrufung König Wilhelms I. von Preußen zum Deutschen Kaiser
	Reichskanzler wird der preußische Ministerpräsident Otto von Bismarck
1873	Wirtschaftskrise („Große Depression") mit nachfolgender und in den Jahren bis zum Ersten Weltkrieg oft erneuerter Schutzzollgesetzgebung in allen wichtigen Handelsstaaten mit Ausnahme Großbritanniens
1877	Russisch-türkischer Krieg
1878	Berliner Kongreß
1879	Zweibund zwischen Deutschem Reich und Österreich-Ungarn
1882	Besetzung Ägyptens durch britische Truppen
1883	Krankenversicherungsgesetz in Deutschland
1884	Gründung deutscher Schutzgebiete (Kolonien) in Afrika
	Unfallversicherungsgesetz in Deutschland
1885	Kongoakte als Ergebnis der seit Nov. 1884 tagenden Berliner Kongokonferenz
1887	„Rückversicherungsvertrag" zwischen Deutschland und Rußland (1890 von Deutschland nicht mehr verlängert)
1888	Wilhelm II. Deutscher Kaiser und König von Preußen (bis 1918)
1889	Alters- und Invaliditätsversicherung in Deutschland
	Gründung der II. Sozialistischen Internationale
1890	Entlassung Bismarcks (20. März)
1. Juli	Deutsch-britischer Helgoland-Sanisbar-Vertrag
1892	Französisch-russische Militärkonvention
1893	Französisch-russischer Handelsvertrag
	Handelskrieg zwischen Deutschland und Rußland
1894	Deutsch-russischer Handelsvertrag
1898	Britisch-deutsche Bündnissondierungen
10. April	Erstes Flottengesetz eröffnet Ausbau der deutschen Kriegsflotte
April – Dez.	Spanisch-amerikanischer Krieg
Juli	Faschoda-Krise zwischen Großbritannien und Frankreich
1898/99	Dreyfus-Affäre in Frankreich
1899	Erste Haager Friedenskonferenz (Mai – Juli)
Okt.	Beginn des Burenkriegs (bis 1902)
1900	Zweites Flottengesetz in Deutschland: Verdoppelung des geplanten Flottenbestands
1901	Erneute britisch-deutsche Bündnissondierungen
1902	Britisch-japanisches Bündnis (Jan.)
Nov.	Französisch-italienisches Abkommen

1903	Spaltung der Sozialdemokratischen Arbeiterpartei Rußlands in
Juli	Menschewiki und Bolschewiki
	SPD lehnt mehrheitlich den Revisionismus Eduard Bernsteins ab
1904/05	Russisch-japanischer Krieg
1904	Britisch-französischer Vertrag (Entente cordiale) (8. April)
	Kongreß der Sozialistischen Internationale in Amsterdam: Niederlage der Revisionisten
1905	Revolution in Rußland
1905/06	Erste Marokkokrise
1906	Stapellauf des britischen Schlachtschiffs „Dreadnought"
1907	Zweite Haager Friedenskonferenz (Juni – Okt.)
31. Aug.	Britisch-russischer Vertrag über kolonialen Interessenausgleich im Nahen und Mittleren Osten
1908	Beschleunigung des deutschen Flottenbaus
	Daily-Telegraph-Affäre
	Österreich-Ungarn annektiert Bosnien und die Herzegowina
1909	Flottenagitation in Großbritannien und Erhöhung der britischen Marineausgaben
	Reichskanzler Bethmann Hollweg sondiert (bis Mai 1910) wegen Neutralitätsabkommen mit Großbritannien
1911	Zweite Marokkokrise
1912	SPD wird stärkste Fraktion im Reichstag (Jan.)
Okt.	Erster Balkankrieg (bis 1913)
Nov.	Briefwechsel zwischen dem britischen Außenminister und dem französischen Botschafter mit weitreichenden Beistandszusagen
1913	Zweiter Balkankrieg
	Gründung des Internationalen Gewerkschaftsbunds, einer losen Vereinigung der freien (sozialistischen) Gewerkschaften
1914	Britisch-russische Gespräche über Marinekonvention (Mai)
Mai	Kritische Zuspitzung in Irland nach Verabschiedung eines Home-Rule-Gesetzes
28. Juni	Ermordung des österreichisch-ungarischen Thronfolgers in Sarajewo
6. Juli	Deutsches Reich versichert Österreich-Ungarn unbedingte Bündnistreue („Blankovollmacht")
23. Juli	Ultimatum Österreich-Ungarns an Serbien
28. Juli	Österreichische Kriegserklärung an Serbien
30. Juli	Generalmobilmachung in Rußland
31. Juli	Generalmobilmachung in Österreich-Ungarn
1. Aug.	Allgemeine Mobilmachung in Deutschland und Kriegserklärung an Rußland
3. Aug.	Deutsche Kriegserklärung an Frankreich
4. Aug.	Britischer Kriegseintritt nach deutschem Einmarsch in Belgien
1917	Februarrevolution in Rußland (12. März)
6. April	Kriegseintritt der USA
9.–11. April	Spaltung der SPD; Gründung der USPD
April	Streikwelle in Deutschland
19. Juli	Friedensresolution der Reichstagsmehrheit (keine Annexionen)
7. Nov.	Oktoberrevolution in Rußland
1918	US-Präsident Wilson verkündet sein Friedensprogramm („Vierzehn
8. Jan.	Punkte")
3. März	Frieden von Brest-Litowsk mit Sowjetrußland
Juni	Neues Wahlrecht in England, das gegenüber einem wirklich allgemeinen Wahlrecht immer noch erhebliche Einschränkungen aufweist

14. Aug.	Die deutsche Oberste Heeresleitung erklärt erstmals offen die Fortführung des Kriegs für aussichtslos
28. Okt.	Parlamentarisierung in Deutschland Matrosenmeuterei in Wilhelmshaven
3. Nov.	Matrosenaufstand in Kiel (danach Ausbreitung der Aufstandsbewegung in ganz Deutschland)
9. Nov.	Ausrufung der Deutschen Republik in Berlin
10. Nov.	Rat der Volksbeauftragten in Deutschland
11. Nov.	Waffenstillstand Deutschlands mit den Alliierten
1918 – 1920	Bürgerkrieg in Sowjetrußland
1919 19. Jan.	Wahlen zur Nationalversammlung in Deutschland: Dreiviertelmehrheit für die „Weimarer Koalition"
28. April	Annahme der Völkerbundssatzung in der Vollversammlung der Pariser Friedenskonferenz
28. Juni	Unterzeichnung des Friedensvertrags von Versailles durch Deutschland (bis 10. Aug. 1920 Unterzeichnung auch der anderen Pariser Vorortverträge durch die Mittelmächte)
11. Aug.	Weimarer Reichsverfassung
1920	Kapp-Putsch (13. – 17. März)
6. Juni	Reichstagswahl: „Weimarer Koalition" erhält nur noch knapp die Hälfte der Mandate und erringt nie wieder die absolute Mehrheit
1921 März	Neue Ökonomische Politik (NEP) in Sowjetrußland (mit teilweiser Reprivatisierung)
April	Festsetzung der deutschen Reparationen auf 132 Milliarden Goldmark
Nov.	Beginn der Washingtoner Konferenz über Flottenbegrenzung und die Offenhaltung Chinas für alle interessierten Mächte (bis Februar 1922)
1922	Stalin wird Generalsekretär der russischen Kommunisten (3. April)
16. April	Deutsch-sowjetischer Vertrag von Rapallo
28. Okt.	Marsch der Faschisten auf Rom: Mussolini wird Ministerpräsident in Italien
Nov.	Beginn der Friedenskonferenz in Lausanne (bis Juli 1923)
6. Dez.	Proklamation des Irischen Freistaats
30. Dez.	Bildung der Union der Sozialistischen Sowjet-Republiken (UdSSR) durch Staatsvertrag der Ukrainischen, Weißrussischen und Transkaukasischen Sowjetrepublik mit der Russischen Sozialistischen Föderativen Sowjetrepublik (RSFSR), die seit 1918 besteht
1923, 11. Jan.	Besetzung des Ruhrgebiets; Beginn des Ruhrkampfes
13. Aug.	Stresemann wird Reichsaußenminister (bis 1929)
8./9. Nov.	Hitler-Putsch in München
1924	Erste Labour-Regierung in Großbritannien (22. Jan.)
24. Jan.	Tod des sowjetischen Partei- und Regierungschefs Lenin
Febr. – Okt.	Die UdSSR wird durch eine Reihe westlicher Staaten völkerrechtlich anerkannt
16. Juli – 16. Aug.	Londoner Konferenz über Dawes-Plan zur Abwicklung der deutschen Reparationszahlungen
1925	Hindenburg wird zum Reichspräsidenten gewählt (26. April)
5. – 16. Okt.	Konferenz von Locarno
1926	Deutsch-sowjetischer Vertrag (Berliner Vertrag) (24. April)
8. Sept.	Aufnahme Deutschlands in den Völkerbund
1927 27. Mai	Großbritannien bricht diplomatische Beziehungen zur UdSSR ab (bis 1929)
1928	Unterzeichnung des Briand-Kellogg-Pakts (Kriegsächtungspakt) (27. Aug.)
1929	Beginn der Weltwirtschaftskrise (25. Okt.)

1930	Zweite Haager Konferenz: Annahme des Young-Plans (3. – 20. Jan.)
30. März	Brüning wird Reichskanzler, Beginn der Präsidialkabinette in Deutschland
14. Sept.	Reichstagswahlen mit starken Gewinnen der NSDAP
1931	Nationale Koalitionsregierung in Großbritannien (24./25. Aug.)
18. Sept.	Japan besetzt Mandschurei
1932, 16. Juni – 9. Juli	Konferenz von Lausanne mit Ende der deutschen Reparationszahlungen
31. Juli	Reichstagswahlen: NSDAP stärkste Fraktion
11. Dez.	Deutschland wird die prinzipielle Gleichberechtigung in der Rüstung zugestanden
1933	Ernennung Adolf Hitlers zum Reichskanzler (30. Jan.)
März	Einrichtung der ersten nationalsozialistischen Konzentrationslager
	Amtsantritt von Präsident F. D. Roosevelt und Beginn des New Deal in den USA
24. März	Ermächtigungsgesetz in Deutschland
März/April	Gesetze zur Gleichschaltung der Länder mit dem Reich
April	Erste Maßnahmen zur Verdrängung der Juden aus Wirkungsbereichen und Berufen aller Art in Deutschland
Mai – Juli	Parteienauflösung und -verbot in Deutschland
14. Okt.	Deutscher Austritt aus dem Völkerbund
1934 Jan./Febr.	Schwere, bürgerkriegsähnliche Zusammenstöße zwischen der politischen Linken und Rechten in Frankreich
30. Juni – 3. Juli	Nachträglich für rechtmäßig erklärte politische Morde an SA-Führern (Ernst Röhm u. a.) und konservativen Regime-Gegnern
2. Aug.	Hitler wird als „Führer und Reichskanzler auch deutsches Staatsoberhaupt. Die Wehrmacht wird auf seine Person vereidigt
18. Sept.	Sowjetunion wird Mitglied des Völkerbunds
1935	Allgemeine Wehrpflicht in Deutschland (16. März)
18. Juni	Deutsch-britisches Flottenabkommen
14. Juli	Volksfrontbündnis in Frankreich (Wahlsieg 1936)
15. Sept.	Nürnberger Gesetze bringen Entrechtung der jüdischen Bürger
3. Okt.	Italienischer Angriff auf Äthiopien
1936	
7. März	Einmarsch deutscher Truppen ins entmilitarisierte Rheinland
April/Mai	Sieg des Volksfrontbündnisses in Frankreich
18. Juli	Beginn des Spanischen Bürgerkriegs
25. Okt.	Deutsch-italienischer Vertrag begründet die „Achse“ Berlin – Rom
25. Nov.	Antikominternpakt zwischen Deutschland und Japan (Nov. 1937 auch Beitritt Italiens)
1936 – 38	Stalinsche Säuberungen mit Schauprozessen
1937	Wiederaufflammen des japanisch-chinesischen Kriegs (7. Juli)
26. Nov.	Mit der Entlassung Schachts als Wirtschaftsminister beginnt die Verdrängung von Nicht-Nationalsozialisten aus der deutschen Führung
1938	„Anschluß“ Österreichs (13. März)
Sept.	Sudetenkrise und Münchner Konferenz (29. Sept.)
9./10. Nov.	Gelenkte, blutige Ausschreitungen gegen deutsche Juden („Reichskristallnacht“)
1939	Deutscher Einmarsch in Prag (15. März)
31. März	Britisch-französische Garantieerklärung für Polen
26. April	Allgemeine Wehrpflicht in Großbritannien
22. Mai	Deutsch-italienisches Militärbündnis („Stahlpakt“)
23. Aug.	Deutsch-sowjetischer Nichtangriffspakt
25. Aug.	Britisch-polnisches Bündnis

1. Sept.	Deutscher Angriff auf Polen
3. Sept.	Britische und französische Kriegserklärung an Deutschland
1940	
9. April	Beginn der Besetzung Dänemarks und Norwegens durch deutsche Truppen
10. Mai	Eröffnung der deutschen Westoffensive gegen Frankreich unter Verletzung der Neutralität Belgiens, der Niederlande und Luxemburgs
10. Juni	Kriegseintritt Italiens
22. Juni	Deutscher Waffenstillstand mit Frankreich
1. Juli	Regierung Pétain in Vichy („Etat Français")
Aug.	Beginn der Luftschlacht um England
27. Sept.	Dreimächtepakt Deutschland-Italien-Japan
1941 März	Einsetzen umfangreicher amerikanischer Hilfe für Großbritannien (Pacht- und Leihgesetz in den USA)
Juni	Beginn der Vernichtung der europäischen Juden durch Vergasung
22. Juni	Deutscher Angriff auf Sowjetunion
14. Aug.	Atlantik-Charta verkündet gemeinsame britisch-amerikanische Friedensziele
5./6. Dez.	Erste Gegenoffensive der Roten Armee um Moskau
7. Dez.	Japanischer Überfall auf Pearl Harbor
8. Dez.	USA erklären Japan den Krieg
11. Dez.	Deutschland und Italien erklären den USA den Krieg
1942	Beschlüsse zur „Endlösung der Judenfrage" (Wannsee-Konferenz) (20. Jan.)
1943 14. – 26. Jan.	Britisch-amerikanische Konferenz von Casablanca mit der Forderung nach „bedingungsloser Kapitulation" Deutschlands (24. Jan.)
2. Febr.	Kapitulation der in Stalingrad eingeschlossenen deutschen Truppen
Juni	Beginn der westalliierten Bomber-Großoffensive gegen Deutschland
3. Sept.	Waffenstillstand Italiens mit den westlichen Alliierten
ab 28. Nov.	Konferenz von Teheran (bis 1. Dez.)
1944	Landung der West-Alliierten in Frankreich (6. Juni)
20. Juli	Mißlungenes Attentat auf Hitler
1945	Konferenz von Jalta (4. – 11. Febr.)
7. Mai	Deutsche Kapitulation (am 9. Mai im sowjetischen Hauptquartier wiederholt)
26. Juni	Unterzeichnung der Charta der Vereinten Nationen (UNO)
ab 17. Juli	Potsdamer Konferenz (bis 2. Aug.)
6./9. Aug.	Amerikanische Atombomben auf Hiroshima und Nagasaki
2. Sept.	Japanische Kapitulation

Fragestellung und Einführung

Überblickt man die Geschichte Europas insgesamt und seiner Nationalstaaten im einzelnen vom *Zeitalter des Imperialismus,* als die Europäer ihren Einfluß weltweit geltend machten, *bis zum Ende des Zweiten Weltkriegs,* als die Vereinigten Staaten von Amerika und die Sowjetunion zu den führenden Weltmächten aufgestiegen waren, so stehen **drei Fragenkomplexe** im Vordergrund:

1. die *Konflikte* innerhalb des Systems der europäischen Großmächte, das sich vom halbwegs geordneten Konzert der Mächte zu seiner Zerstörung in zwei von Europa ausgehenden Kriegen entwickelte;
2. der damit verbundene, fortschreitende *Machtverfall Europas* in der Weltpolitik seit dem Ersten Weltkrieg;
3. die *tiefgreifenden politischen und sozialen Veränderungen,* die teils zu reformerischem, teils zu revolutionärem Wandel führten und schließlich in die *Spaltung Europas* in eine westlich-liberal orientierte und eine marxistisch-leninistisch geprägte Hälfte mündeten.

Unfähigkeit zur Konfliktregulierung, Machtverfall und *Strukturwandel* lauten die Stichworte, welche die gleichsam aus der Vogelperspektive sichtbare Tendenz der europäischen Geschichte vom ausgehenden 19. Jahrhundert bis zur Mitte des 20. Jahrhunderts angeben. Worum es im folgenden geht, brachte Konrad Adenauer, der diese Jahrzehnte durchlebte und, unter ihrer Hypothek stehend, seine politische Konzeption für die Zeit nach 1945 formulierte, später in seinen Memoiren mit anschaulichen Sätzen zum Ausdruck:

„Als ich im Jahre 1894 in meinem ersten Semester die Universität Freiburg besuchte, schien alles gefestigt zu sein auf dieser Erde. Niemand konnte die Erschütterungen voraussehen, die während der nächsten Jahrzehnte eintraten. Um die Jahrhundertwende war das Deutsche Reich die stärkste Landmacht, Großbritannien die stärkste Seemacht der Welt, Europa war das politische und wirtschaftliche Kraftzentrum der Erde. Die Vereinigten Staaten hatten kein nennenswertes Heer, keine beachtliche Flotte, sie waren noch nicht in die Weltpolitik eingetreten. 1914 brachte den Ersten Weltkrieg. Er führte die Vereinigten Staaten ein in die Weltpolitik. Das deutsche Kaiserreich fand sein Ende, es folgte die Zeit der Weimarer Republik. Das Jahr 1933 brachte Hitler und den Nationalsozialismus an die Macht. Der Krieg 1939, der zweite große Weltkrieg, wurde frevelhaft von ihm vom Zaume gebrochen. Er endete mit der völligen Zerschlagung Deutschlands im Jahre 1945 und mit einer verhängnisvollen Schwächung Europas."

Verläßt man die Vogelperspektive und nähert sich innerhalb dieser rund *sieben Jahrzehnte europäischer Geschichte* einzelnen Phasen, so tritt deren Eigengewicht stärker hervor, dem man nur durch **differenzierteren Zugriff** gerecht werden kann. So wurde der Machtverfall Europas erst in den letzten Jahren des Zeitraums unserer Darstellung zur unabwendbaren Realität, die als solche auch ins Bewußtsein der Zeitgenossen eindrang. Europäische Geschichte endet 1945 zwar im Zeichen der Schwächung und des wirtschaftlichen und militärischen Machtverlusts, sie steht indes bis in die dreißiger Jahre hinein, als im nationalsozialistischen Deutschland ein globaler Machtwille laut wurde, immer wieder im Zeichen des Machtanspruchs und des Gefühls der Weltgeltung. Auch im Hinblick auf die Unfähigkeit, Konflikte zu bewältigen, ist für einzelne Abschnitte der Entwicklung zu fragen, ob das Potential an Konflikten notwendigerweise und ausweglos selbstzerstörerisch war oder ob es Alternativen und Ansätze zu einer Friedensordnung gab. Politisch-sozialer Strukturwandel schließlich spielte sich in unterschiedlichster Gestalt ab und natürlich nicht zeitgleich in allen europäischen Ländern. Mit einem Wort: Es gilt immer *beides im Auge* zu behalten, *die große Tendenz und die davon abweichenden Einzelbefunde.*

Imperialismus, Wettrüsten und Krieg (1880 – 1914/16)

Insbesondere die *Epoche des Imperialismus und der Vorgeschichte des Ersten Weltkriegs* hebt sich von den Grundlinien der allgemeinen Tendenz ab. Die Weltmachtstellung der Europäer war unbestritten, die innereuropäischen Konflikte ließen kaum etwas von der Katastrophe des Ersten Weltkriegs ahnen, die politisch-gesellschaftlichen Strukturen erschienen überwiegend stabil. Der **deutsch-britische Antagonismus,** dessen Verlauf und Ergebnis über den Gang der Weltpolitik, den Status Europas im internationalen System und auch über das politisch-gesellschaftliche Gesicht Europas entscheiden sollte, *schien keinesfalls* geradewegs auf einen *kriegerischen Konflikt hinzuführen.* Wenn auch die Gegensätze unübersehbar waren, so schien es doch *genug Kommunikations- und Verständigungsmöglichkeiten* zu geben, um eine Kooperation, sei sie auch antagonistischer Natur, der damaligen Weltführungsmächte ermöglichen und einen Krieg verhindern zu können.

Der britisch-deutsche Antagonismus und die Berliner Mission Lord Haldanes 1912

Ein Beispiel für den Versuch, zu einer *Verständigung* zwischen Deutschland und Großbritannien zu kommen, ist die Berliner Mission des britischen Kriegsministers *Lord Haldane* im Februar 1912. Ohne offizielle Verhandlungen zu führen, sondierte er in Gesprächen mit Kaiser Wilhelm II. und Mitgliedern der Reichsleitung, wo Chancen für eine *Überbrückung der Interessengegensätze zwischen beiden Ländern* liegen könnten. Der deutsch-britische Gegensatz lag, vereinfacht formuliert, darin begründet, daß Großbritannien als maritime Weltmacht keineswegs an der Entwicklung auf dem europäischen Kontinent desinteressiert sein konnte, wo das Deutsche Reich die Stellung

Flottenrüstung europäischer Mächte am Vorabend des Ersten Weltkriegs

1. Linienschiffe	fertig (nur neuere)	Tonnage	im Bau	Tonnage
Großbritannien	59	1013840	16	433840
Deutschland	33	537050	7	180600
Frankreich	21	345730	12	314800
Rußland	8	110200	8	184920
Italien	12	184660	6	165400
Österreich-Ungarn	15	181110	5	119370
2. Panzerkreuzer				
Großbritannien	43	604540	1	28960
Deutschland	13	185990	4	106400
Frankreich	19	200610	–	–
Rußland	6	64940	4	130000
Italien	9	76540	–	–
Österreich-Ungarn	2	13600	–	–
Davon *Großkampfschiffe* (Dreadnoughts)				
Großbritannien	29	621360	17	462800
Deutschland	17	380700	11	287000
Frankreich	10	203800	12	314800
Rußland	–	–	12	314920
Italien	4	87000	6	165400
Österreich-Ungarn	3	64110	5	119370

Nauticus XVI, 1914

einer Vormacht erreicht hatte und von Großbritannien Neutralität gegenüber den Vorgängen und Verwicklungen auf dem Kontinent forderte; und daß Deutschland als kontinentale Führungsmacht eine Flottenrüstung betrieb, die zumindest aus Londoner Sicht mit dem britischen Führungsanspruch auf maritimem Gebiet nicht vereinbar war. Da *Deutschlands Stellung* auf dem Kontinent *nicht* einer *absoluten Hegemonialstellung* gleichkam, mußte die Haltung Großbritanniens im Konfliktfall von ausschlaggebender Bedeutung sein. Die britische Sicherheitsfrage wiederum war berührt, wenn Deutschland nicht nur das kontinentaleuropäische Gleichgewicht zu stören, sondern durch den 1898 begonnenen Bau seiner *Hochseeflotte* die Sicherheit des Inselreichs unmittelbar zu berühren drohte.

Für *Großbritannien* war Sicherheit dadurch definiert, daß der traditionelle maritime Rüstungsvorsprung gewahrt wurde, der sogenannte **Two-Power-Standard,** demzufolge die britische Flotte stärker als die beiden nächststarken Flotten sein sollte. Wenigstens auf dem Flottensektor wollte die einst unangefochten führende Weltmacht ihre Dominanz verteidigen, wenn man schon als Wirtschaftsmacht von den USA und Deutschland ein- und zum Teil bereits überholt worden war. Das noch junge *Deutsche Reich* dagegen befand sich auf einem *Höhenflug* ohnegleichen ins wissenschaftlich-technische Zeitalter und beanspruchte seinen **„Platz an der Sonne“,** wie der damalige Staatssekretär des Auswärtigen Amts (in heutigen Begriffen: Außenminister) und spätere Reichskanzler Bernhard von Bülow 1897 sagte.

Bei allen zwischenstaatlichen Beziehungen handelt es sich stets um eine *Mischung aus Realismus und Irrationalismus.* Den realen Kräfteverhältnissen und tatsächlichen politischen Intentionen steht deren Einschätzung gegenüber, die oft zur verzerrten Wahrnehmung der Realität führt. Für die Formulierung der Politik ist die *subjektive Wahrnehmung meist wichtiger als die objektive Wirklichkeit.* Im deutsch-britischen Antagonismus sollte es von ausschlaggebender Bedeutung sein, daß man auf britischer Seite die deutsche Flottenrüstung als Bedrohung wahrnahm und auf deutscher Seite in Großbritannien das Haupthindernis für die deutsche Weltpolitik sah, für eine Politik, die über die Kontinentalkonzeption des Reichsgründers Otto von Bismarck weit hinausging.

Als Haldane nach Berlin kam, befanden sich Großbritannien und Deutschland in einem *maritimen Rüstungswettlauf,* der beiden Ländern große Mittel abverlangte und auf beiden Seiten viel Prestigeprobleme aufwarf. Dem deutschen Flottenbauprogramm, das mit dem Namen *Alfred von Tirpitz,* Staatssekretär im Reichsmarineamt, verbunden ist, stellte Großbritannien 1906 eine Baureihe von ganz neuartigen Schlachtschiffen mit besserer Armierung, stärkeren Geschützen und größerer Schnelligkeit entgegen. Nach dem Namen des ersten dieser Schiffe erhielt der neue Kriegsschifftyp den Namen Dreadnought.

Als sich *Deutschland* in der Lage zeigte, mit dieser technischen Höchstleistung Großbritanniens *gleichzuziehen,* trat der Rüstungswettlauf in eine neue Phase. 1912 stand eine Novelle zum Flottenbaugesetz auf dem Programm der Reichsleitung. Haldane wollte erreichen, daß die damit vorgezeichnete nächste Etappe des deutschen Flottenbaus verlangsamt werde. Er war wie die Mehrheit seiner Kabinettskollegen davon überzeugt, daß nach Wegen der Konfliktkontrolle gesucht werden müsse, sei es aus innenpolitischen Gründen, um die kostspielige Sozialpolitik der liberalen Regierung nicht zu gefährden, sei es aus gesamtpolitischen Erwägungen, die eine Erhaltung des Friedens dringend nahelegten. *Krieg mußte* Großbritanniens *Weltmachtstellung unterminieren.*

Auf deutscher Seite entsprach dem der Wunsch von Reichskanzler Bethmann Hollweg, einen Krieg mit England zu vermeiden und eine Übereinkunft mit der britischen Regierung auch in der Flottenfrage zu erzielen. Als Gegenleistung forderte Bethmann eine britische Neutralitätszusage, und ging damit über die Möglichkeiten der Londoner Regierung weit hinaus. Was angeboten wurde, war die Zusicherung, Großbritannien werde keinen unprovozierten Angriff beginnen oder unterstützen und keine agressive Politik gegen Deutschland verfolgen. Diese Offerte reichte nicht aus, um das *deutsche Rüstungstempo* zu drosseln, was wiederum zu *britischen Gegenrüstungen* führte. In seinen Memoiren hat der damalige britische Außenminister *Edward Grey* sehr genau geschildert, was sich abspielte: *„Verstärktes Rüsten,* das in jeder Nation aus der Absicht entspringt, Kraftbewußtsein und ein Gefühl der Sicherheit zu schaffen, erreicht dieses Ziel nicht. Es *erweckt* vielmehr die Erkenntnis der Stärke anderer Nationen und damit *ein Angstgefühl.* Angst aber *gebiert Verdacht,* Mißtrauen und allerhand Alpdruck, so daß schließlich jede Regierung dazu gelangt, es für ein Verbrechen und für Hochverrat anzusehen, wenn sie selbst nicht jede mögliche Vorsichtsmaßregel träfe, andererseits aber jede Vorsichtsmaßregel einer anderen Regierung als einen Beweis feindseliger Gesinnung zu betrachten."

Der Haldane-Besuch trug somit nicht dazu bei, eine Formel für die Auflösung der britisch-deutschen Gegensätze zu finden. Er war andererseits Ausdruck der Gesprächsbereitschaft auf beiden Seiten. Es galt das zu *erhalten,* was es an **verbindenden Interessen** gab. Deutschland war auf dem Kontinent der größte Abnehmer für britische Produkte und exportierte selbst in großem Umfang nach Großbritannien. Beide Staaten zeigten sich wiederholt dazu imstande, Übereinstimmung in wichtigen Fragen zu erzielen, so 1899 in der Samoa-Frage und zuletzt noch 1914 über den Bau der Bagdad-Bahn. Solche *Übereinstimmungen* aber betrafen die *Peripherie der Weltpolitik* und gingen gegebenenfalls zu Lasten Dritter, wie die Absprachen 1898 und 1914 über die Zukunft der portugiesischen Kolonien. Im *europäischen Zentrum* dagegen, wo Sicherheitsprobleme anstanden, die keine Zugeständnisse zu erlauben schienen, befanden sich Deutschland und Großbritannien vor 1914 im Zustand des **„trockenen Kriegs"** (Hans Delbrück).

Das internationale Konkurrenzsystem im Zeitalter des Imperialismus

Die deutsch-britischen Rivalitäten bildeten nur einen Teil des umfassenden **internationalen Konkurrenzsystems,** das sich in der Epoche des Imperialismus herausgebildet hatte. Alle Großmächte waren darin verwickelt. Die alten westeuropäischen Nationalstaaten Großbritannien und Frankreich, die jüngeren Nationalstaaten Italien und Deutschland, die Vielvölkermonarchie Österreich-Ungarn, das zaristische Rußland sowie außerhalb Europas die USA und Japan. *Alle* Staaten verfolgten ein *Programm des Wachstums und der Expansion,* ohne gleichzeitig Vorkehrungen gegen den Konfliktfall zu treffen, der bei steter Machtausdehnung geradezu unausweichlich werden mußte.

Machtausdehnung war nicht nur eine politische und militärische Angelegenheit, sondern auch eine Frage des *technisch-wissenschaftlichen und wirtschaftlichen Potentials.* Überall setzte eine stürmische Entwicklung ein, welche die Zeitgenossen mit neuen Realitäten konfrontierte. In der Stahlerzeugung etwa kam es zu billigeren und effizienteren Produktionsmethoden, was nicht nur von wirtschaftlicher Bedeutung, sondern im Zeitalter des Wettrüstens auch von politisch-militärischer Brisanz war. Zu den Industrien, die das Wesen der ersten beiden Phasen der Industriellen Revolution (Textilindustrie, Eisen und Kohle) ausgemacht hatten, kamen neue hinzu, welche das industrielle Gesicht der beteiligten Länder in den letzten beiden Jahrzehnten des 19. Jahrhunderts

Entwicklung der Anteile der Industrieländer an der Welt-Fabrikproduktion (in %)

Zeit	USA	Deutschland	Großbritannien	Frankreich	Rußland
1870	23,3	13,2	31,8	10,3	3,7
1881–1885	28,6	13,9	26,6	8,6	3,4
1896–1900	30,1	16,6	19,5	7,1	5,0
1906–1910	35,3	15,9	14,7	6,4	5,0
1913	35,8	15,7	14,0	6,4	5,5
1926–1929	42,2	11,6	9,4	6,6	4,3
1936–1938	32,2	10,7	9,2	4,5	18,5

von Grund auf veränderten: die *chemische Industrie,* die *Elektroindustrie,* der *Kraftfahrzeugbau.*

Signifikant für diese dritte Etappe der Industriellen Revolution war, daß England nicht mehr den Ton angab. Die Schwerpunkte der Produktion hatten sich nach Deutschland und in die USA verlagert. Deutschland erzeugte im Jahr 1900 mehr Strom als Großbritannien und Frankreich zusammen, und in der chemischen Industrie kam der deutsche Weltmarktanteil fast einer Monopolstellung gleich. Aber auch in der Stahlproduktion mußte England 1893 zur Kenntnis nehmen, daß es von Deutschland überholt worden war. In manchen Kreisen der britischen Öffentlichkeit kam infolgedessen ein Gefühl des *„Handelsneids"* auf, doch sollte man die Bedeutung von *Handelsrivalitäten* für den Ablauf der politischen Beziehungen nicht *überbewerten.* Auch wenn Großbritannien aus seiner Führungsrolle verdrängt wurde, war es immer noch bestimmend im Banken- und Versicherungswesen. Es erlebte keineswegs einen absoluten Niedergang, wenn seine relativen Einbußen auch unübersehbar waren. Auf der Habenseite stand ein Handelsvolumen, das sich zwischen 1887 und 1912 verdoppelte. Diese respektable Bilanz wird nur dadurch relativiert, daß sich das deutsche sogar verdreifachte.

Vergleicht man die führenden Wirtschaftsmächte, so darf man schon um die Jahrhundertwende den **neuen außereuropäischen Giganten** nicht außer Acht lassen. Im Jahr 1880 besaßen die USA ebensogroßen Anteil an der Weltproduktion wie Großbritannien, das 1870 noch ganz deutlich vorn gelegen hatte. Um die Jahrhundertwende hatten die USA nicht nur Großbritannien, das im ganzen immer noch vor Deutschland lag, klar überrundet, sie wiesen gegenüber Europa insgesamt eine höhere Durchschnittsproduktivität auf. Europa war zwar noch das Zentrum der „großen" Politik, und die USA sogar ein Schuldnerland. Die *wirtschaftliche Dynamik* aber wies bereits in die entgegengesetzte Richtung.

Die wirtschaftliche und finanzielle Verflechtung der Industrieländer war beträchtlich. Auf *dritten Märkten* wie Südamerika gab es nicht nur Konkurrenz, sondern auch *kartellartige Absprachen. Die Weltwirtschaft* wurde also *nicht nur von Gegensätzen* geprägt. Andererseits ist an die protektionistische Politik zu erinnern, zu der die meisten Staaten seit der Wirtschaftskrise der siebziger Jahre („Große Depression") griffen. Die *Ära des Freihandels* war *vorüber,* und nur Großbritannien, die Niederlande und Dänemark hielten an diesem Grundsatz fest. Außenhandelsbeschränkungen, die das Vordringen des Staates auf wirtschaftlichem Gebiet anzeigen und nur *ein* Indiz für die Ausbildung des modernen Interventionsstaats bilden, führten zwar zur Behinderung der Handelsströme, jedoch nicht zu regelrechten Einbrüchen im Welthandel, insbesondere nicht seit den *neunziger Jahren,* als es zu einer *Erholung der Weltwirtschaft* kam.

Wachstum und Innovationen – das heißt auch: allgemeine Bedeutungszunahme der Industrie und Rückgang der Agrarwirtschaft; Konzentrationsbewegungen in der Wirtschaft, wo es vor allem in Deutschland zu Kartellbildungen kam; Bevölkerungszunahme und Verstädterung mit der Konsequenz großer Auswanderungsströme besonders in Großbritannien und Italien, aber auch in Deutschland, Österreich-Ungarn, Spanien und Rußland, um die größten Emigrationsländer zu nennen; *Grundlegung der nachklassischen Physik* (Quantentheorie, Atomtheorie, Relativitätstheorie), an der britische und deutsche Wissenschaftler führend beteiligt waren; erste Formen moderner Massenpresse, wo sich mächtige Sprachrohre öffentlicher Meinungsbildung etablierten und den Übergang von den vergleichsweise exklusiven politischen Zirkeln des 19. Jahrhunderts zum politischen Massenmarkt des 20. Jahrhunderts signalisierten; Schaffung *moderner Nachrichtensysteme* und weitere *Verbesserung des Transportwesens* (Bau der Transsibirischen Eisenbahn 1891 – 1905), wodurch die Entfernungen auf der Erde kräftig zu schrumpfen begannen.

Wachstum und Expansion – das hieß aber vor allem **imperialistische Expansion der Europäer** in Afrika, Asien und im Pazifik; **Japans** und der **USA** im asiatischen und pazifischen Raum; der **USA** allein in der amerikanischen Hemisphäre. Diese beispiellose Expansionsbewegung, in deren Verlauf die moderne Industriewelt den Erdball durch Formen *indirekter,* zumeist aber *direkter Herrschaft* unterwarf, begann 1882 in *Ägypten,* als Großbritannien der Gefährdung seiner dortigen informellen Herrschaft (Finanzkontrolle) durch eine militärische Intervention begegnete. Damit kam es nicht nur zu einer neuen Form der Einflußnahme in Ägypten, sondern auch zu britisch-französischen Spannungen, denn Frankreich besaß ebenfalls finanzielle Interessen in Ägypten und sah sich vor vollendete Tatsachen gestellt. Der alte Weltgegensatz zwischen Großbritannien und Frankreich brach wieder auf. Nach den Auseinandersetzungen im Siebenjährigen Krieg um Amerika und Indien (1756 – 63) und den Kriegen der Napoleonischen Ära bewegten sich Großbritannien, das seine imperialen Verbindungswege zu sichern versuchte und die Kap-Kairo-Linie anvisierte, und Frankreich, das bei der Aufteilung Afrikas nicht zurückstehen wollte, wieder am Rande der gewaltsamen Auseinandersetzung. Der **Faschoda-Konflikt** konnte **1898** indes unter politische Kontrolle gebracht werden. Die Lösung bestand schließlich im *kolonialen Interes-*

Fläche und Bevölkerung imperialistischer Staaten Europas

Land	Jahr	Mutterland Fläche in 1000 km²	Mutterland Einwohner in Millionen	Abhängige Gebiete Fläche in 1000 km²	Abhängige Gebiete Einwohner in Millionen
Großbritannien	1881	314	34,5	22136	257,3
	1899	314	38,1	27781	347,4
	1909	314	45,1	29557	349,1
Frankreich	1881	528	36,9	526	5,6
	1899	536	38,5	3792	44,7
	1909	536	39,3	5947	42,8
Deutsches Reich	1881	540	45,2	–	–
	1899	540	54,3	2600	9,4
	1909	540	60,6	2657	12,4

Die koloniale Aufteilung der Welt 1914

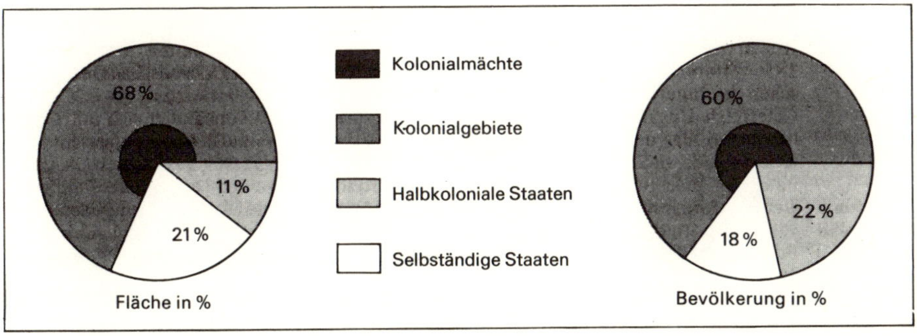

senausgleich zwischen Großbritannien und Frankreich 1904 in der *Entente cordiale.*

Der nicht-kriegerische Ausgleich divergierender Interessen war das Grundmuster für Konflikte von Kolonialmächten in Übersee. Militärische Gewaltanwendung war auf Auseinandersetzungen mit der einheimischen Bevölkerung in den Kolonialgebieten oder auf Kriege zwischen Großmächten und kleineren Staaten wie dem Burenkrieg begrenzt. Ausgehend von der *Kongo-Konferenz,* die *1884/85* in Berlin tagte, kam es auf Großmachtebene immer wieder zu erfolgreichen *Absprachen über Kolonialbesitz* und zur Abgrenzung von Interessensphären. Dazu gehören die schon erwähnten deutsch-britischen Einigungen ebenso wie die Bereinigung der Marokko-Krisen 1905/06 und 1911 und das britisch-russische Abkommen von 1907 über Persien, Afghanistan und Tibet, das die britische Indiengrenze sicherte und den alten britisch-russischen Gegensatz entschärfte. Erwähnung verdient in diesem Zusammenhang auch die schiedsgerichtliche Einigung zwischen England und den USA im Konflikt um die Grenze zwischen Venezuela und Britisch-Guayana 1897.

Kolonialreiche der europäischen Mächte um 1900

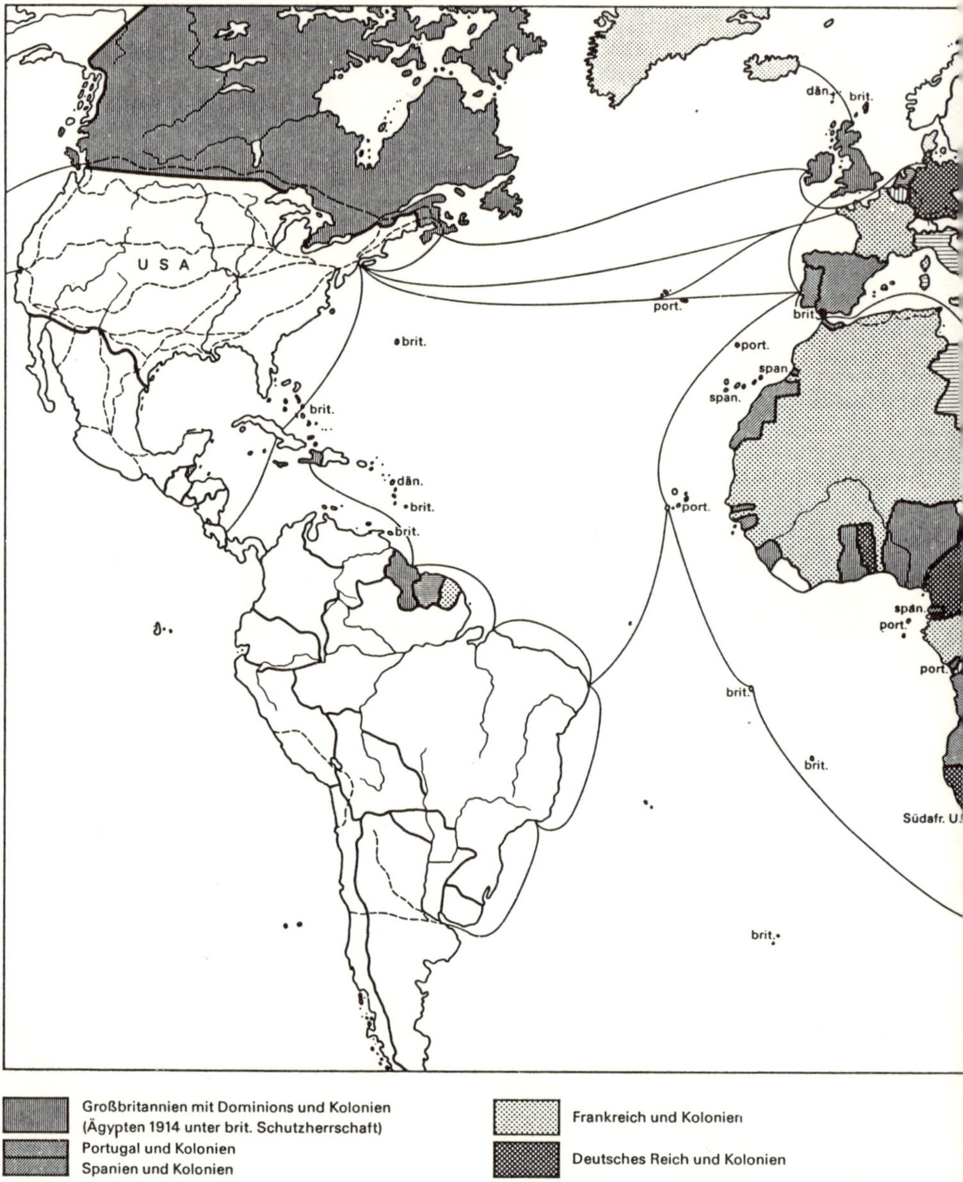

Wie sich später bei Beginn und im Verlauf des Ersten Weltkriegs zeigen sollte, waren die *Großmächte* nur *an der Peripherie des internationalen Systems,* nicht aber untereinander *zum unkriegerischen Konfliktausgleich* in der Lage. Einen Vorgeschmack lieferte der Russisch-japanische Krieg 1904/05, in dem Rußland nicht nur territoriale Zugeständnisse an die aufsteigende fernöstliche

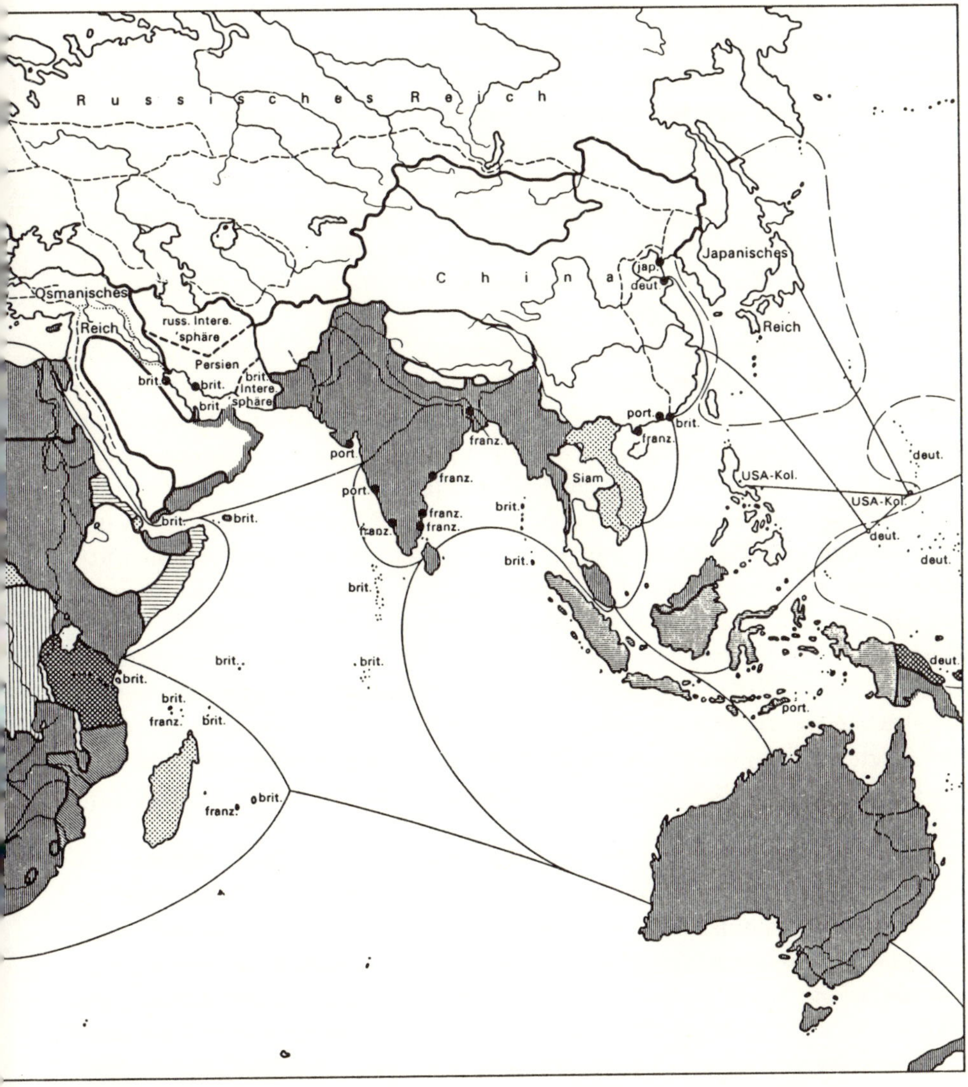

Niederlande und Kolonien
Belgien und Kolonien
Italien und Kolonien
Dänemark und Kolonien

Streckenführung wichtiger Unterseekabel
Streckenführung wichtiger außereuropäischer Eisenbahnlinien

Großmacht Japan machen mußte, sondern darüber hinaus seine gesamte Kriegsflotte einbüßte.

Schon die Zeitgenossen haben über die Ursachen der imperialistischen Expansion nachgedacht, die sich von früheren Kolonialeroberungen nicht zuletzt dadurch unterscheidet, daß alle Großmächte mit Ausnahme von Österreich-

Ungarn (das sich mit Erwerbungen auf dem Balkan begnügte) gleichzeitig daran beteiligt waren. Die *erste Imperialismustheorie,* die zugleich die erste fundamentale Imperialismuskritik war und auf der Lenin mit seiner 1917 erschienenen Schrift „Der Imperialismus als höchstes Stadium des Kapitalismus" aufbaute, stammt von dem britischen liberalen Publizisten *John A. Hobson.* In seinem 1902 veröffentlichten Werk „Imperialismus" machte er, vereinfacht wiedergegeben, vor allem das Bedürfnis nach Kapitalexport in den Industrieländern für die imperialistische Expansion verantwortlich. Sein Beobachtungsobjekt bildete Südafrika, wo er während des Burenkriegs als Journalist tätig war. In der Tat besaßen die Goldminen von Transvaal große Attraktivität für europäische Geldanleger.

Für die seit den achtziger Jahren erworbenen Kolonialgebiete der verschiedenen Großmächte kann allerdings nichts entsprechendes gesagt werden, so daß eine *Ableitung* imperialistischer Politik allein *aus den Bedingungen des Kapitalismus nicht zufriedenstellend* sein kann. Überhaupt waren die neuen *Kolonien* wirtschaftlich überwiegend ein *Verlustgeschäft,* wenn die zeitgenössische Propaganda es auch anders darstellte. Das *Hauptaugenmerk* von Kapitalinvestoren und Warenexporteuren richtete sich vielmehr auf rechtlich unabhängige, aber *informell abhängige Gebiete* wie Lateinamerika, China oder das Osmanische Reich sowie auf Industrieländer wie die USA oder an der Schwelle zur Industrialisierung stehende Länder wie Rußland. So waren es vor allem französische Gelder, mit denen die russische Industrialisierung vorangetrieben wurde. Britische Investoren wandten sich mit Vorliebe den alten britischen Siedlungskolonien wie Kanada und Australien zu oder Ländern wie den USA, für die Großbritannien vor dem Ersten Weltkrieg ein Gläubigerland war.

Ein *neueres Erklärungsmodell* für imperialistische Annexionen und weltpolitische Offensive, das von manchen Historikern und Sozialwissenschaftlern angeboten wird, konzentriert sich auf den *Zusammenhang von Außenpolitik und innenpolitisch-gesellschaftlicher Verfassung.* Um innerstaatlichen Spannungen, wie sie vor allem in Deutschland, Österreich-Ungarn und Rußland bestanden, aus dem Weg gehen zu können, hätten die vormodernen Führungsschichten dieser Länder, die überwiegend aus dem grundbesitzenden Adel stammten und Staatsapparat und Militär bestimmten, zu überseeischen Aktivitäten gegriffen und schließlich auch außenpolitische Abenteuer gesucht. Imperialismus sei im Kern **Sozialimperialismus** gewesen. Eine abgeschwächte *Variante* dieses Ansatzes stellt die *Krise des klassischen liberalen Systems* etwa in Großbritannien Ende des 19. Jahrhunderts heraus. Kolonialerwerb sei ein nützliches Ventil in dieser Lage gewesen.

Neben solchen innerstaatlichen und gesellschaftlichen Ursachen für imperialistische Politik wird auch auf äußere Faktoren verwiesen. Außenwirtschaftliche Gegensätze seien ebenso zu berücksichtigen wie rüstungs- und sicherheitspolitische Fragen. Man stößt auch auf die These, die imperialistische

Expansion sei infolge eines von der Peripherie auf die imperialistischen Metropolen wirkenden Sogs ausgelöst worden. Die außereuropäische Welt vor allem in Afrika habe den Einflüssen europäischer Systeme und Kulturen nicht mehr standhalten können.

Die Schwierigkeit all dieser *Erklärungsansätze* liegt darin, daß sie *auf Einzelfälle zutreffen* können, daß sie aber jeder für sich allein genommen *keine allgemeine Theorie des Imperialismus* abzugeben vermögen. Dazu waren die einzelstaatlichen Voraussetzungen zu verschieden. Man wird der Aufgipfelung und Überdehnung, welche die seit den Entdeckungsreisen des 15. Jahrhunderts zu beobachtende europäische Ausbreitung auf der Erde im Zeitalter des Imperialismus erfahren hat, am besten gerecht werden, wen man sie als **äußerste Zuspitzung** *eines zwischen den Großmächten schon immer bestehenden Konkurrenzverhältnisses* betrachtet. Um eine Zuspitzung handelt es sich, weil im Zeichen der Hochindustrialisierung neue gesellschaftliche und wirtschaftliche Faktoren als Wirkungskräfte in den Entscheidungsabläufen mitspielten, weil mit dem Deutschen Reich ein Potential in der Mitte Europas entstanden war, dessen Entfaltung beinahe eigendynamisch und durch ausdrückliche Machtansprüche noch unterstrichen den Status quo verändern mußte, und weil sich das traditionell europazentrisch ausgerichtete internationale System *zum Weltsystem zu erweitern begann,* in welchem auch die USA und Japan mit der Definition ihrer Interessensphären an die Nahtstellen europäischer Einflußbereiche heranrückten.

Nationale und internationale Krisen und der Beginn des Ersten Weltkriegs

Dennoch brach das internationale System 1914 nicht zusammen, weil es unüberbrückbare Gegensätze in Übersee gegeben hätte. Vielmehr liegt der *Ursprung des Krieges* eindeutig *in Europa,* wo sich die Staatsführungen aller Großmächte in einem **Sicherheitsdilemma** glaubten, das durch außereuropäische Ventile nicht gelöst werden konnte. Bündnisse und Rüstungen sollten Sicherheit gegenüber den vorhandenen Bedrohungsgefühlen schaffen – doch das erhoffte Sicherheitsgefühl stellte sich nicht ein, wohl aber eine *Verschärfung der Feindbilder* und eine *Eskalation der Rüstungen.* Hinzu kam, daß die innerstaatlichen Strukturen bis zum Ersten Weltkrieg zwar überwiegend intakt blieben, daß sie zugleich aber einiges an Sprengkraft enthielten, die den Handlungsspielraum der Staatsführungen zusätzlich einschränkte. Krisenmomente und Symptome der Veränderung zeigten sich überall, wenn auch in unterschiedlicher Brisanz. *Revolutionäre Erschütterungen* gab es *nur in Rußland,* dem Land mit der rückständigsten politischen und sozialen Verfassung, wo es 1905 zu einer vor allem von den Bauern und den sozialistisch organisierten Arbeitern getragenen Revolution kam (Bildung des ersten Sowjets im Oktober 1905 in St. Petersburg). Agrarreform und die Einrichtung eines Parlaments

Regierungsformen in Europa 1914

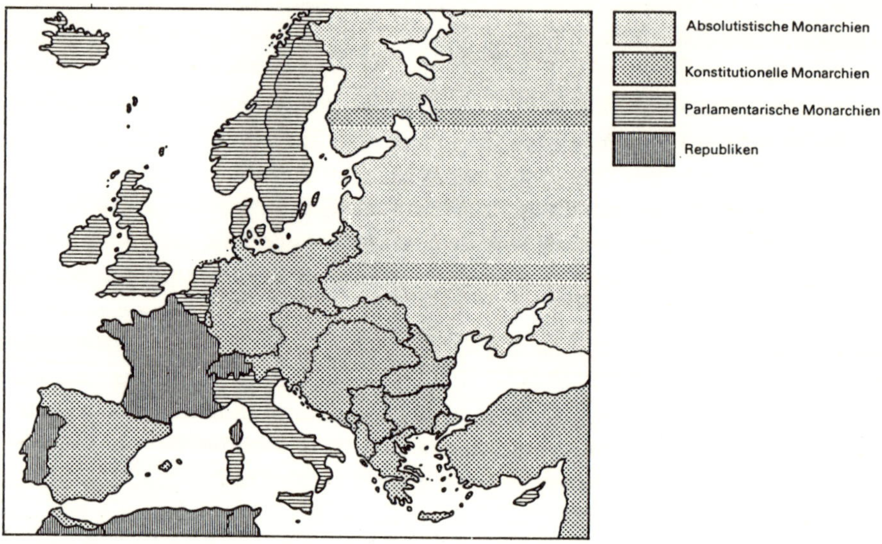

(der freilich einflußlosen Duma) waren die Folge, ohne daß das zaristische Rußland dadurch dauerhaft stabilisiert werden konnte.

Revolutionäre Gewalt schlug sich auch in den *Attentaten des europäischen Anarchismus* nieder, dem sich seit 1878 verschiedene führende Repräsentanten europäischer Staaten ausgesetzt sahen. Großes Aufsehen erregten die Opfer, die er unter der politischen Prominenz fand. Ganz klar davon *abzugrenzen* sind trotz vielfach anzutreffender revolutionärer Rhetorik die **sozialistischen Parteien,** darunter die deutschen Sozialdemokraten, deren politischen Aufstieg auch Bismarcks „Gesetz gegen die gemeingefährlichen Bestrebungen der Sozialdemokratie" (1878) nicht abwürgen konnte. Nach den Reichstagswahlen 1912 war die SPD mandatsstärkste Fraktion. *Das steigende Gewicht der sozialistischen Parteien,* die – bis auf die pragmatischem Reformdenken verpflichtete britische Labour Party – eine marxistische Linie verfolgten, wurde 1899 schlagend dokumentiert: in einem linksbürgerlichen Kabinett Frankreichs erhielt mit Alexandre Millerand zum ersten Mal ein Sozialist ein Ministerium. Als *revolutionäre Partei* von Bedeutung entwickelte sich nur die 1898 gegründete *russische Sozialdemokratische Arbeiterpartei,* deren interne Machtkämpfe zugunsten der Bolschewiki entschieden wurden. *In allen anderen Ländern* optierten die *Sozialisten* ungeachtet ihrer marxistischen Programmatik *für graduellen Wandel durch Reformen* bestehender Systeme.

Die Staatsführungen verhielten sich gegenüber politischen Kräften, die nach Veränderungen riefen, höchst unterschiedlich. In Deutschland blieben die Parteien überhaupt von den politischen Entscheidungszentren weitgehend isoliert. *Bismarck,* Reichskanzler bis 1890, erwog durchaus das Mittel des Staatsstreichs zur Erhaltung des konservativen **Obrigkeitsstaats**. Als Ausgleich für die politische Repression gegen die Sozialdemokratie leitete er in den achtziger Jahren eine Sozialgesetzgebung ein, die modellhaft den (freilich bescheidenen!) *Anfang des Wegs zum modernen Wohlfahrtsstaat* anzeigte. Die meisten europäischen Staaten sollten bald folgen. Nach Bismarcks Entlassung kam es zur Aufhebung des Sozialistengesetzes, nicht aber zur Parlamentarisierung der Reichspolitik. Der modernste Industriestaat Europas blieb bei einer vormodernen Verfassung, in der die alten Eliten aus Großgrundbesitz, Bürokratie und Militär bestimmend waren. *Feudale Restelemente* sind jedoch zu dieser Zeit nicht nur im deutschen Kaiserreich nachweisbar, sondern zum Beispiel auch in *England,* wo der grundbesitzende Adel immer noch eine beträchtliche Rolle in der Politik spielte. Der entscheidende Unterschied bestand allerdings darin, daß in der englischen Politik viel mehr von der Gesellschaft her als vom Staat her gedacht wurde. Die Figur des „General Dr. von Staat" war eine deutsche Figur. In *Deutschland* haben wir es mit einem Herrschaftssystem zu tun, das den Status quo des *Obrigkeitsstaats* absicherte und den Bürger in den Bereich des Unpolitischen verwies. *Ordnung kam vor Freiheit,* auch wenn die Gesellschaft unter der obrigkeitsstaatlichen Glocke nicht stillstand. Vielmehr gilt es, die in die Moderne weisenden sozialen Konflikte, wirtschaftlichen Interessengegensätze und Verteilungskämpfe sowie die politischen Reformvorstellungen zu beachten. Die Fassade des Kaiserreichs brachten sie jedoch vor 1914 nicht zum Einsturz. Dazu bedurfte es des Ersten Weltkriegs.

Die Staaten Westeuropas hatten vor dem Ersten Weltkrieg eine bessere *Entsprechung von politischer und sozialer Verfassung* erreicht, auch wenn sie mit vielfältigen Belastungen (Irland-Frage und Streiks in Großbritannien) und Anpassungskrisen (Dreyfus-Affäre in Frankreich) zu kämpfen hatten. Die *französische Gesellschaft* teilte sich mit der *deutschen* in den traurigen Ruhm, bei der Flucht aus der Krise Formen des *modernen Antisemitismus* entwickelt zu haben.

Am Vorabend des Ersten Weltkriegs wurde also der ganze Kontinent immer noch von denselben Kräften regiert, die auch schon vierzig Jahre zuvor im Sattel gesessen hatten. Aber wenn Englands Außenminister Grey, den Untergang des alten Europa vor Augen, bei Kriegsbeginn 1914 sagte: *„Die Lichter gehen aus in Europa",* so war dies weder unter innerstaatlichen noch internationalen Aspekten ein plötzlicher Kurzschluß. Schon vorher war der Glanz Europas wiederholt in flackerndem Licht erschienen. Rußland, Österreich-Ungarn und Deutschland wurden durch unausgetragene Spannungen gezeichnet, und Umwälzungen verschiedenster Art standen ihnen bevor. Das internationale System schließlich sollte in seinen Grundfesten erschüttert werden. Der Krieg wirkte als Treibsatz für Veränderungen und Revolutionen und war selbst Ergebnis der Politik von zum Teil morbiden und bedrohten Regimes, die sich *unfähig oder unwillig zeigten, internationale Konflikte unkriegerisch zu lösen.*

Krieg galt bei allen europäischen Regierungen als **legitimes Mittel** des Konfliktaustrags, wenn die Bereitschaft zur letzten Konsequenz auch unterschiedlich stark ausgebildet war. Die wenigen Ansätze zu internationaler Kooperation, Rüstungsbegrenzung oder gar institutionalisierter Konfliktkontrolle vor dem Ersten Weltkrieg sind gescheitert. Die *Haager Friedenskonferenzen* 1899 und 1907, die mit dem Ziel der Rüstungskontrolle einberufen worden waren, endeten *ergebnislos;* sie brachten nur eine Einigung über die Führung von Landkriegen (Haager Landkriegsordnung 1907), was einerseits als „Hegung" des Krieges begriffen werden kann, andererseits aber auch geradezu als *Kodex der Kriegführung,* mit der man als *Faktum* eben rechnete. Weder die Verschärfung der Kampfhandlungen noch die Einbeziehung der Zivilbevölkerung im „totalen" Krieg, der auch der Erste Weltkrieg schon war, sind durch die Haager Beschlüsse berührt worden. Auch die nicht-staatlichen transnationalen Organisationen wie die bürgerlichen Friedensgruppen oder die sozialistische Internationale haben es nicht vermocht und letztlich in der Entscheidungsphase auch nicht gewollt, die Kriegsvorbereitungen und schließlich Kriegshandlungen ihrer Regierungen zu blockieren. Die *sozialistischen Parteien* – von der Sozialdemokratischen Arbeiterpartei Rußlands und von Teilen der britischen Labour Party einmal abgesehen – haben *1914 rasch ihren Internationalismus vergessen* und sich unter dem Eindruck des Krieges in die nationalen Mobilisierungen integrieren lassen – ein **„Burgfrieden"**, der im Laufe des Krieges allerdings zusammenbrechen sollte.

Auf der Ebene der Regierungen fehlte es durchaus nicht am Willen, einen Krieg zu vermeiden, jedenfalls ein langes und schweres Ringen vom Ausmaß des später tatsächlich ausgefochtenen Weltkonflikts. Wenn man *Krieg* bejahte, so *dachte* man *in erster Linie an lokale Auseinandersetzungen* und an *Feldzüge* von *kurzer Dauer,* bei denen *eine* Schlachtentscheidung ausschlaggebend sein würde. Kaum jemand schenkte den warnenden Stimmen Glauben, die im Zeitalter der Technik und Hochindustrialisierung ein neues Kriegsbild vom „totalen" Krieg mit ungeahntem Menschen- und Materialeinsatz entwarfen.

Die Außenpolitik der europäischen Großmächte stand in den Jahrzehnten vor dem Ersten Weltkrieg unter dem Eindruck von **Rüstungswettläufen** und **Blockbildungen**. Die *Stärke der Streitkräfte* wurde seit den achtziger Jahren *immer wieder angehoben* und die *Waffen,* bedingt durch den technischen „Fortschritt", erhielten eine größere *Vernichtungskraft.* Vom maritimen Wettrüsten, an dem sich alle Großmächte beteiligten und das Großbritannien klar zu seinen Gunsten entscheiden konnte, ist schon die Rede gewesen. Auch die *Landstreitkräfte* der Kontinentalstaaten befanden sich in einem *Rüstungswettlauf,* der zwischen Deutschland und Frankreich schon in den siebziger Jahren begann, an dem später aber auch Österreich-Ungarn und vor allem Rußland teilnahmen. Der *letzte Sprung* in der Vergrößerung der Armeen fand 1912/13 statt.

Europäische Bündnissysteme 1879 – 1912

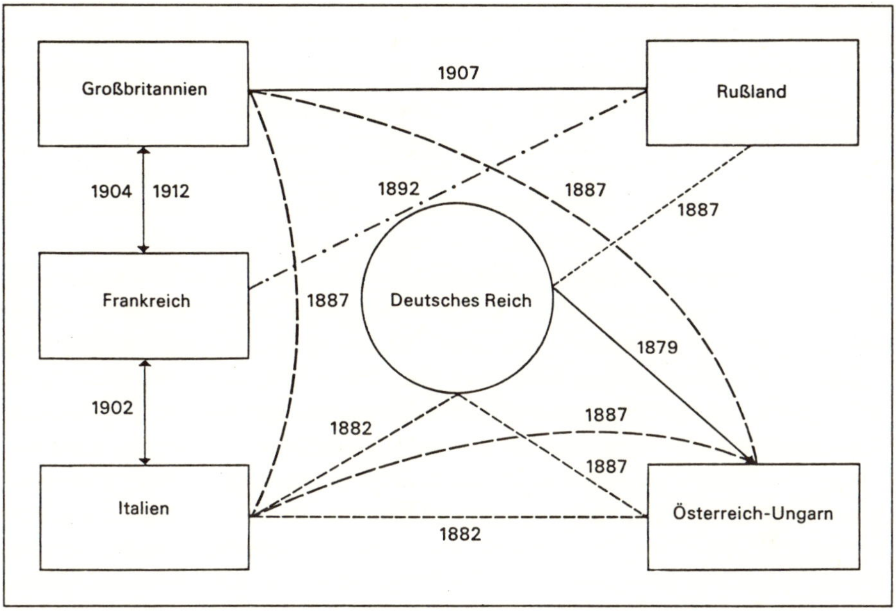

Blockbildung war das *zweite Merkmal* der internationalen Beziehungen vor dem Ersten Weltkrieg. Die *Bismarcksche Bündnispolitik* hatte – in einem freilich von Jahr zu Jahr in sich immer widersprüchlicher werdenden System von Beistands- und Neutralitätsverträgen – Frankreich isoliert. Diese Zeiten waren seit 1892 vorbei, als es zur Annäherung zwischen Frankreich und Rußland kam und Deutschland sich im Laufe der Jahre nur auf Österreich-Ungarn als konstanten Bündnispartner verwiesen sah, ein Bündnispartner allerdings, der von inneren Krisen ausgehöhlt und zugleich reformunfähig war und der sich zudem außenpolitisch übernahm. Der Machtsphäre des *Zweibunds* ist noch Italien zuzuordnen, das sich jedoch zugleich an einem Ausgleich mit Frankreich interessiert zeigte. Ebensowenig wollte sich *Großbritannien* auf feste Bindungen einlassen, doch war es im Zuge seiner imperialen Sicherungspolitik an einer Konfliktminimierung gegenüber Frankreich und Rußland interessiert. Ohne sich förmlich festzulegen, *optierte* es *für Frankreich,* dem es 1912 weitgehende Zusagen für den Kriegsfall machte. Ganz im Stil der damaligen Zeit handelte es sich um höchst geheime Abmachungen, die noch nicht einmal im britischen Kabinett diskutiert wurden, so daß längst nicht alle Regierungsmitglieder davon wußten. Außenminister Grey wollte gute Beziehungen auch zu Deutschland, aber nicht um den Preis einer Abkühlung des Verhältnisses zu Paris.

Diese *Konstellation* mußte nicht *notwendigerweise zum Krieg* führen. Es gab sogar Anzeichen, daß die Konferenzdiplomatie der Großmächte in der Lage

Gesamtverluste im Ersten Weltkrieg

	Gefallene	Verwundete	Gefangene
Deutschland	1808000	4247000	618000
Frankreich	1385000	3044000	446000
Großbritannien	947000	2122000	192000
Italien	460000	947000	530000
Österreich-Ungarn	1200000	3620000	2200000
Rußland	1700000	4950000	2500000
Türkei	325000	400000	
USA	115000	206000	4500

war, Krisen einzudämmen, wie beispielsweise im Fall der Balkankriege. Der Balkan, wo sich das Osmanische Reich Schritt für Schritt zurückziehen mußte und die dort untereinander verfeindeten kleineren Nationalstaaten die Großmächte zur Intervention geradezu einluden, erwies sich aber schließlich als der Krisenherd, wo der Weltkrieg seinen Ausgang nahm, weil der Konflikt zwischen Serbien und Österreich-Ungarn *nicht mehr lokalisiert* werden konnte.

Am *28. Juni 1914* wurde der Thronfolger der Donaumonarchie in *Sarajewo* erschossen. Da der Attentäter seine Hintermänner in Serbien hatte, also einem scharfen Gegner der österreichisch-ungarischen Annexionen von Bosnien und der Herzegowina 1908, kam es zur kritischen Zuspitzung in den Beziehungen zwischen Wien und Belgrad. *Serbien* war ein *Klientelstaat Rußlands,* aus dessen traditioneller Stoßrichtung auf die Meerengen machtpolitische Interessen auf dem Balkan erwuchsen. Indem *Deutschland* seinem österreichischen Alliierten **unbedingte Bündnistreue** zusicherte, drohte der Konflikt über den lokalen Rahmen hinauszugehen. Tatsächlich mündete die *Juli-Krise 1914* schließlich in den allgemeinen Krieg der Großmächte. Nicht unwichtig für den Verlauf der Krise war die allgemein seit längerem *verbreitete Meinung, der Krieg werde ohnehin kommen.* In verschiedenen Generalstäben gab es bereits *Präventivkriegspläne.* Alle glaubten, die Zeit arbeite gegen sie. Von der deutschen Reichsleitung waren bald stärkere Töne, bald vermittelnde Worte zu hören. Letztlich nahm sie das Risiko eines Krieges in Kauf, und zwar in der irrigen Ansicht, es sei kalkulierbar.

Revolutionen, Friedensschlüsse und Scheinstabilisierung (1917 – 1929)

Der Grundkonflikt der Epoche: Wilson versus Lenin

Was als Krieg in Europa begonnen hatte, weitete sich im Laufe der Jahre zum Weltkrieg aus. Insgesamt eher von marginaler Bedeutung war, daß Japan – seit 1902 mit Großbritannien verbündet – Deutschland schon im August 1914 den Krieg erklärte. Ganz anders ist der *Konflikt* zwischen *Deutschland und den USA* zu werten, der 1917 zum amerikanischen Kriegseintritt führte. Die

Vereinigten Staaten waren 1914 neutral, aber schon durch die auch für die konjunkturelle Entwicklung in den USA hochwichtigen Material- und Nahrungsmittellieferungen nach Großbritannien und Frankreich stärker den Entente-Mächten zugeneigt als *Deutschland,* das ohnehin als *wirtschaftlicher Hauptkonkurrent* empfunden wurde. Als schließlich deutsche U-Boote amerikanische Güter und Menschenleben nicht mehr verschonten, nahm der Gegensatz konkrete politische Formen an und führte nach der deutschen Wiederaufnahme des *uneingeschränkten U-Boot-Kriegs* 1917 zum Kriegseintritt der Vereinigten Staaten.

Damit war politisch-militärisch konsequent vollzogen, was sich auf der wirtschaftlichen Ebene schon angedeutet hatte. Die *USA* hatten die *Schlüsselrolle* inne. Großbritannien, wie alle kriegführenden Mächte in Europa unter schwerem wirtschaftlichem und finanziellem Drúck, geriet während der Kriegsjahre in immer stärkere Abhängigkeit von Washington, wurde zu dessen Schuldner und mußte schließlich als Ergebnis des Krieges seine führende Rolle als Finanzmacht an die USA abtreten. Damit setzte ein *für Großbritannien schmerzlicher Prozeß* ein, bei dem es zusehen mußte, wie Position um Position von der alten Weltführungsmacht aufgegeben werden mußte. Das Vordringen der neuen Weltmacht zu Lasten europäischer Staaten, was – positiv gewendet – allerdings Hilfe für diese Länder einschließen konnte, war begleitet vom *Sendungsbewußtsein der Amerikaner,* die nicht nur den Krieg gewinnen, sondern die Nachkriegsordnung auch im Zeichen ihrer politischen Wertvorstellungen gestaltet sehen wollten.

In seiner Rede zur Begründung des Kriegseintritts formulierte der amerikanische Präsident **Woodrow Wilson** im April 1917 ganz unzweideutig das *ideologische Kriegsziel:* „Die Welt muß sicher gemacht werden für die Demokratie." Nur die „Partnerschaft demokratischer Nationen" garantiere ein „beständiges Zusammenspiel für den Frieden". In Wilsons Vision war der Anfang eines neuen Zeitalters gekommen, in dem *demokratisch verfaßte Staaten* sich zum *„Konzert der freien Völker"* ohne Überrüstung und Krieg zusammenfinden würden. „Wir sind froh", so rief er den begeisterten Mitgliedern des amerikanischen Kongresses zu, „daß wir für den schließlichen Frieden der Welt und für die Befreiung ihrer Völker kämpfen, die deutschen Völker eingeschlossen." Und gewissermaßen zur Beruhigung der Welt – Kritiker sagen: zu ihrer Täuschung – fügte er erläuternd hinzu: „Wir haben keine egoistischen Ziele, denen wir dienen. Wir verlangen nach keiner Eroberung, keiner Herrschaft."

Damit hatte Wilson das **liberale Modell der Friedenssicherung** in die Weltpolitik eingeführt, und zwar in entschiedenerer Form als jemals zuvor. Die Kernelemente dieses Modells waren der liberalen Doktrin entnommen und lauteten *Demokratie, Selbstbestimmung, Freihandel* und *Abrüstung.* Frieden durch Freihandel hieß eine Formel, die schon seit den Tagen Adam Smiths und dann vor allem der Manchester-Liberalen immer wieder aus England zu vernehmen gewesen war und die seit der Mitte des 19. Jahrhunderts auch von der britischen Regierung als Verfechterin des Freihandels vertreten wurde. Was Wilson 1917 ausführte und forderte, ging aber in ideologischer Überhöhung deutlich darüber hinaus und mußte notwendigerweise radikaler sein als die pragmatische britische Formel. Die *amerikanische Gesellschaft* verstand sich nämlich als *genuin demokratisch,* was von Großbritannien, wo 1917 noch längst nicht das allgemeine Wahlrecht herrschte, keineswegs gesagt werden konnte. Großbritannien war die Wiege des Parlamentarismus, aber nicht der Demokratie. Infolgedessen waren es die USA, die das liberale Modell der Friedenssicherung in seiner ausgeprägtesten Form verkündeten, nicht Großbritannien.

Das **radikal Neue** am liberalen Modell bildete die unaufhebbare *Verknüpfung* von *innenpolitisch-gesellschaftlichen* und *außenpolitischen Faktoren.* Außenpolitik und internationale Beziehungen sollten jetzt nicht mehr der Geheimdiplomatie aristokratischen Zuschnitts vorbehalten bleiben, sondern zur Sache der demokratischen Öffentlichkeit werden. Vorbei sollten die „alten unglücklichen Zeiten" sein, „als die Völker nirgendwo von ihren Herrschern zu Rate gezogen und Kriege provoziert wurden im Interesse von Dynastien oder kleinen Gruppen ehrgeiziger Leute." Damit aber war zugleich ein Vorteil der „alten Zeiten" weggegeben, der darin bestand, die Fragen der Außenpolitik und im Ernstfall die Entscheidung über Krieg und Frieden von den Leidenschaften aufgepeitschter Massen freizuhalten und dem politischen Massenmarkt wenigstens weitgehend zu entziehen. Das *liberale Modell der Friedenssicherung* impliziert dagegen geradezu gezwungener Maßen die *permanente Debatte* und darüber hinaus die *Einmischung* in die *inneren Angelegenheiten anderer Staaten.*

Was mit der Französischen Revolution einsetzte: Die internationale Gesellschaft war jetzt nicht mehr nur Staatengesellschaft, sondern wurde zugleich zur *transnationalen Gesellschaft.* Wilsons Forderung lief gewissermaßen auf eine **bürgerliche Internationale** hinaus mit liberalen Freiheiten sowohl auf *politischem* als auch *wirtschaftlichem Sektor.* In dieser Internationale würde, was Wilson wohl deutlich war, was er aber aus naheliegenden Gründen nicht aussprach, *der stärksten Macht* automatisch die *Führungsrolle* zufallen. Diese Macht aber konnten nur die Vereinigten Staaten sein.

Das Jahr **1917** war ein **Epochenjahr** nicht nur infolge des Kriegseintritts der USA, sondern auch aufgrund einer Entwicklung, deren politische Botschaft der amerikanischen in manchem ähnelte, ihr in den entscheidenden Punkten aber diametral entgegenstand. Gemeint ist die Umwälzung in Rußland, wo der Krieg die Schwächen und das Legitimationsdefizit der Zarenherrschaft schonungslos bloßstellte. Zuerst im Februar und dann im Oktober 1917 erlebte das Land revolutionäre Wellen, an deren Ende der erste sozialistische Staat marxistisch-leninistischer Prägung stand. Von hier aus wurde der *liberalen Botschaft* die *sozialistische entgegengesetzt,* der bürgerlichen die **sozialistische**

bzw. kommunistische Internationale, dem liberalen Modell, wo Frieden durch Demokratie und Freihandel in Aussicht gestellt wurden, das *sozialistische bzw. kommunistische Modell der Friedenssicherung,* das *Frieden durch Revolution* versprach. Die Revolutionierung der politischen, gesellschaftlichen und wirtschaftlichen Ordnung erschien als Voraussetzung für eine Weltpolitik ohne Krieg.

Wie das liberale Modell erachtete auch das sozialistische innenpolitisch-gesellschaftliche Bedingungen als wesentliche Voraussetzung für die Gestaltung der Außenpolitik. Auch das sozialistische Modell der Friedenssicherung hatte einen Protagonisten, den siegreichen russischen Revolutionär **Lenin.** In seinem „Dekret über den Frieden“ trat er am Tage nach der Oktoberrevolution für einen „Frieden ohne Annexionen“, für das Selbstbestimmungsrecht auch in den Kolonialgebieten und für die Abschaffung der Geheimdiplomatie ein. So weit unterschied sich Lenin nur unwesentlich von Wilson. Wesentlich war die *revolutionäre Dimension des Dekrets,* die sowohl die Innen- als auch die Außenpolitik betraf. Lenin wandte sich an die „klassenbewußten Arbeiter“ Englands, Frankreichs und Deutschlands und drückte die Erwartung aus, „daß die Arbeiter der genannten Länder die ihnen jetzt gestellte Aufgabe, die Menschheit von den Schrecken des Krieges und seiner Folgen zu befreien, erkennen werden, daß diese Arbeiter uns durch ihre allseitige, entschiedene, rückhaltlos energische Tätigkeit helfen werden, die Sache des Friedens und zugleich damit die Sache der Befreiung der werktätigen und ausgebeuteten Volksmassen von jeder Sklaverei und jeder Ausbeutung erfolgreich zu Ende zu führen.“ Erst mit der *Ausbreitung der Revolution,* die im Interesse des jungen Sowjetstaats lag, erst mit der *Abschaffung der kapitalistischen Wirtschaftsordnung* könne der imperialistische Grundkonflikt zwischen den Staaten und damit kriegerischer Konfliktaustrag überhaupt überwunden werden.

Wilson und *Lenin* beanspruchten als *Geltungsbereich* für ihr jeweiliges *Modell* nichts weniger als *die ganze Erde.* Darin lag die Faszination, die von ihren Botschaften ausging, aber auch die enorme Sprengkraft. Sie entwickelten *konkurrierende Modelle,* die zu dem gebräuchlichsten älteren Modell hinzutraten, dem zufolge Frieden am besten durch das Gleichgewicht der nationalen Potentiale ohne Rücksicht auf deren innere Verfaßtheit zu sichern sei. Da niemand das Modell des anderen akzeptierte, ergaben sich daraus eine *strukturelle Instabilität der Weltpolitik* und ein **Grundkonflikt,** der nach dem Zweiten Weltkrieg als *Ost-West-Konflikt* konstitutives Merkmal der internationalen Beziehungen mit all seinen Rückwirkungen auch auf die Innenpolitik geworden ist. Nach dem Ersten Weltkrieg war die Sowjetunion noch zu schwach, um den Ost-West-Konflikt ins Zentrum der internationalen Politik rücken zu lassen. Die *ideologische Zweiteilung Europas* aber *hatte begonnen.*

Revolutionen und Friedensschlüsse

Das Ringen um die Alternative Liberalismus oder Sozialismus spielte sich sowohl auf der innerstaatlichen als auch auf der internationalen Ebene ab. Dem im Krieg geschlagenen **Deutschen Reich** kam dabei eine *Schlüsselstellung zu.* Würde es durch Ausbreitung der Revolution *sozialistisch* werden, wie die russischen Revolutionäre hofften? Würde es der Botschaft Wilsons folgen und auf einen *liberalen* Kurs einschwenken? Würde es Elemente des alten *obrigkeitsstaatlichen* Denkens fortschreiben, eigene Wege gehen und ein politisch rechts gerichtetes autoritäres System begründen als den dritten Typ von Herrschaft, der Liberalismus und Sozialismus gleichermaßen entgegengesetzt sein würde? Die deutsche Politik nach 1918 enthielt *alle drei Elemente* wie die europäische Politik insgesamt auch.

In den anderen europäischen Großstaaten aber kam es früher als in Deutschland zu klaren Fronten bzw. mehrheitlich getragenen Lösungen. In *Großbritannien* und *Frankreich* blieben die *liberalen Systeme* im wesentlichen *unangefochten* – und zwar unter Integration auch der sozialistischen Parteien, wie sich 1924 in England bei der Regierungsbildung durch die Labour Party zeigte. In *Italien* siegte der *Faschismus* Mussolinis. In *Rußland* waren die Weichen schon im Oktober 1917 gestellt worden, und die *Revolution* behauptete sich sowohl im darauf folgenden Bürgerkrieg, als auch gegen die Interventionen Großbritanniens, Frankreichs, der USA und Japans.

In *Deutschland* erlebte das *liberale Ordnungsmodell* nach bürgerkriegsartigen Auseinandersetzungen eine *Scheinblüte,* bevor dann in der Auflösungsphase der Weimarer Republik die konservative Rechte zusammen mit der nationalsozialistischen Sammlungsbewegung die Oberhand behielt. Die *sozialistische Alternative* hatte in Deutschland nach dem Ersten Weltkrieg *keine Durchsetzungschance.*

Für die *Zeitgenossen* freilich erschien dies *nicht so deutlich.* Für sie endete der Erste Weltkrieg mit dem *Bankrott der alten Ordnung* und mit den sich nun entwickelnden Auseinandersetzungen zwischen dem gemäßigten Flügel der Sozialdemokratie und den radikaleren Kräften auf der politischen *Linken.* In europäischer Perspektive erhob sich die Frage, ob sich der Parlamentarismus nach westeuropäischem Vorbild oder Rätesysteme, wie sie für kurze Zeit in Ungarn oder in Bayern existierten, durchsetzen würden. Die eben ausgerufene Räterepublik Béla Kuns in Ungarn vor Augen, sah der britische Premierminister David Lloyd George Ende März 1919 „ganz Europa mit dem Geist der Revolution erfüllt. Es existiert in Kreisen der *Arbeiterschaft* nicht nur ein tiefes Gefühl der Unzufriedenheit, sondern des *Zorns und der Auflehnung gegen die Vorkriegszustände.* Die gesamte bestehende politische, gesellschaftliche und wirtschaftliche Ordnung wird von der Masse der europäischen Bevölkerung in Frage gestellt. In einigen Ländern wie Deutschland und Rußland nimmt die Unruhe die Gestalt offenen Aufruhrs an; in anderen wie Frankreich, Großbritannien und Italien äußert sich die Unruhe in Form von Streiks. Es besteht die *Gefahr,* daß wir die *Masse der Bevölkerung* in ganz Europa *in die Arme der Extremisten* treiben, die um die Erneuerung der Menschheit willen das bestehende gesellschaftliche Gefüge gänzlich zerstören wollen. Diese Kräfte haben in Rußland triumphiert. Die größte Gefahr, die ich in der gegenwärtigen Situation sehe, ist die, daß *Deutschland* mit dem *Bolschewismus* gemeinsame Sache macht und sein Wirtschaftspotential, seine Intelligenz, sein gewaltiges Organisationstalent den revolutionären Fanatikern zur Verfügung stellt, deren Traum es ist, die Welt mit Waffengewalt für den Bolschewismus zu erobern. Diese Gefahr ist kein bloßes Hirngespinst. Die gegenwärtige Regierung in Deutschland ist schwach, sie hat kein Prestige, ihre Autorität wird angezweifelt. Sie hält sich über Wasser nur deswegen, weil es keine Alternative außer den Spartakisten gibt, und noch ist Deutschland für den Spartakismus nicht reif."

Lloyd Georges Analyse *unterschied* sehr treffend *zwischen realem Wandel,* der das Gesicht Europas tiefgreifend verändert hatte, und *potentiellen Gefahren,* die es zu verhindern gelte. In der Tat hatte *die extreme Linke in Deutschland keine Massenbasis.* Die Rätebewegung, die mit der Novemberrevolution entstanden war, blieb in recht gemäßigten Bahnen. Mit den Räten sowjetischen Musters hatte sie, wie wir heute zweifelsfrei wissen, nichts zu tun, was die Zeitgenossen wiederum keineswegs so deutlich sahen. Was war geschehen?

Mit der sich abzeichnenden *Niederlage im Krieg* gaben die kaiserlichen Gewalten in Deutschland schrittweise ihre Positionen auf. Im August 1918 gestand die Oberste Heeresleitung die für Deutschland aussichtslose Lage ein. Im Oktober wurde die parlamentarische Verantwortlichkeit der Regierung eingeführt. Im November fegte die allgemeine Kriegsmüdigkeit – beginnend mit Meutereien auf der Hochseeflotte und einer von Kiel ausgehenden Aufstandswelle – die Reste des Wilhelminischen Deutschland hinweg. Am **9. November** wurde in Berlin die **Republik** ausgerufen. Welcher Art diese Republik sein würde, darüber mußten die politischen Kräfte entscheiden, die die Revolution trugen, die Repräsentanten der deutschen Arbeiterbewegung. **Friedrich Ebert,** auf den der letzte kaiserliche Reichskanzler die Regierungsgewalt übertragen hatte, war der Führer der Mehrheitssozialdemokraten (MSPD) und versuchte zusammen mit den 1917 von der Partei abgespaltenen unabhängigen Sozialdemokraten (USPD) eine Regierung zu bilden, den *Rat der Volksbeauftragten.* Die bürgerlich-gemäßigten Parteien wie die Liberalen oder das Zentrum, die Partei des politischen Katholizismus, waren ebenso zunächst von der Bildfläche verschwunden wie die Rechtsparteien und konservativen gesellschaftlichen Gruppen.

Allerdings gilt dies nur bei vordergründiger Betrachtungsweise. Denn Ebert steuerte von Anfang an auf eine *Zusammenarbeit mit den Kräften der alten Ordnung* zu. Die Revolution war ihm im Grunde zuwider. Die Oktoberreform erschien ihm als Grundlage für die weitere politische Entwicklung ausreichend. Durch das „Bündnis" Eberts mit den Machtträgern des kaiserlichen Deutschland war ein *erhebliches Element der Kontinuität* im Bereich von Militär, Verwaltung und Wirtschaft garantiert. Zugleich ergab sich daraus Konfliktstoff in der Koalition der Arbeiterparteien. Denn der linke Flügel der USPD trat für ein Weitervorantreiben der Revolution ein, insbesondere für ein Anpacken der Sozialierungsfrage, während die Mehrheit Ebert folgte, der aus Angst vor einem Bürgerkrieg das Bestehende konsolidieren und so rasch wie möglich Wahlen für eine Nationalversammlung abhalten wollte.

Konsolidierung bedeutete aus Eberts Sicht vor allem eine Absicherung gegen den linksextremen Spartakus-Bund, der im Dezember 1918 in der neu gegründeten Kommunistischen Partei Deutschlands (KPD) aufging. Zwei ihrer prominenten Parteiführer, *Rosa Luxemburg* und *Karl Liebknecht,* wurden im Januar 1919 während des Spartakus-Aufstands in Berlin von Freikorpssoldaten, die der Rat der Volksbeauftragten zum Schutz der Republik eingesetzt hatte, verhaftet und *ermordet.*

Noch wenig zu spüren war zu diesem Zeitpunkt von den gegen das parlamentarische System eingestellten Rechtskräften, die in Deutschland wesentlich stärker waren als die extreme Linke, die aber erst 1920 als eigenständige gegenrevolutionäre politische Kraft hervortraten und nach dem Hitler-Putsch 1923 ihren – vorläufigen – Niedergang fanden. Auch die kommunistische Linke unternahm im Sommer und Herbst 1923 die letzten Aufstandsversuche.

Die politische Ordnung in Deutschland nach dem Ersten Weltkrieg war also höchst umstritten. Die **Republik von Weimar** – so genannt, weil die Nationalversammlung im Februar 1919 nicht in der von Turbulenzen erschütterten Reichshauptstadt zusammentrat, sondern im abgeschiedenen Weimar – war von Anfang an eine *umkämpfte Republik.* Das „Weimarer System" bildete die Kombination der *Weimarer Koalition* (SPD, linksliberale Deutsche Demokratische Partei/DDP und Zentrum) mit den Kräften in Gesellschaft und Staat, die verfassungstreu waren beziehungsweise die politische Ordnung von Weimar fürs erste tolerierten. Die Besonderheit dieser politischen Ordnung bestand darin, daß sie sich mit einer **Opposition** auseinanderzusetzen hatte, die **systemfeindlich** war. Als ihr erklärtes Ziel bezeichnete es diese Opposition nicht, die Regierung im Rahmen der bestehenden Ordnung zu stürzen, sondern den Staat von Weimar insgesamt zu beseitigen. Die *parlamentarische Demokratie* im Deutschen Reich besaß *keine normsetzende und konsensfähige Kraft.* Sie galt großen Teilen der Bevölkerung als „undeutsch" und als Indiz für „westliche Überfremdung". Der Reichstag als „Schwatzbude" – dies war eine gängige Vorstellung.

Zu den innenpolitischen Schwierigkeiten der Weimarer Republik traten die außenpolitischen Probleme. Das neue politische System hatte die *außenpolitische Konkursmasse des Kaiserreichs* zu verwalten. Obwohl es das Wilhelminische Deutschland war, das den Krieg geführt und verloren hatte, verbanden viele, und namentlich die Oberschichten – vor 1914 die Träger deutscher

Groß- und Weltmachtpolitik – die für sie demütigende außenpolitische Misere nicht mit dem Kaiserreich, sondern mit Weimar und sahen darin einen zusätzlichen Grund für die Ablehnung der Republik und ihres parlamentarischen Systems. Die **Dolchstoßlegende,** wonach die „im Felde unbesiegten" deutschen Truppen durch den defätistischen Stoß aus der Heimat zur Kapitulation getrieben worden seien, machte bald die Runde, obgleich sie im Gegensatz zu den tatsächlichen Ereignissen stand.

Von außen erhielt die Republik zunächst denkbar wenig Hilfe, um das neue politische System attraktiver erscheinen zu lassen und etablieren zu können. Die Regierung sah sich gezwungen, einen auch von der Weimarer Koalition als *„Unrechtsfrieden"* empfundenen Friedensvertrag in Versailles zu unterzeichnen, an dem Ort, wo wenige Jahrzehnte zuvor der deutsche Nationalstaat proklamiert worden war. Scharf wandte man sich dagegen, „einer mitten in Europa wohnhaften und immerhin verdienten Kulturnation von 70 Millionen Menschen das Schicksal Karthagos zu bereiten", wie Thomas Mann sagte. Damit waren die territorialen, militärischen, finanziellen und wirtschaftlichen Bestimmungen des **Versailler Vertrags** gemeint, mit denen Deutschland konfrontiert wurde. Darüber hinaus enthielt der Friedensvertrag den sogenannten **Kriegsschuldartikel,** der die rechtliche Handhabe für die Eintreibung von Reparationen darstellen sollte. Darin wurde festgestellt, „daß Deutschland und seine Verbündeten als Urheber für alle Verluste und Schäden verantwortlich sind, die die alliierten und assoziierten Regierungen und ihre Staatsangehörigen infolge des Krieges, der ihnen durch den Angriff Deutschlands und seiner Verbündeten aufgezwungen wurde, erlitten haben".

Naturgemäß hat sich die Beurteilung des Versailler Vertrags im Laufe der Jahrzehnte verschoben. So ist darauf verwiesen worden, daß ungeachtet aller Härten in den Vertragsbestimmungen die *Einheit* des – historisch betrachtet – noch jungen deutschen *Nationalstaats* bewahrt werden konnte und das deutsche Potential als Grundlage neuerlicher deutscher *Großmachtpolitik* erhalten geblieben ist. Letztlich sei, so wird auch argumentiert, durch die Beschneidung der deutschen Möglichkeiten nur ein Gleichgewichtszustand in Europa wiederhergestellt worden, den das Wilhelminische Deutschland gestört habe.

Bei der *Beurteilung* des Versailler Vertrags und der internationalen Ordnung nach dem Ersten Weltkrieg kommt es auf die *Maßstäbe* an, die man anlegt. Scharf verurteilt wurde das Vertragswerk nicht nur in Deutschland oder den anderen Verliererstaaten wie Österreich oder Ungarn, die als kleinstaatliche Neuschöpfungen aus der Doppelmonarchie hervorgingen und eigene Friedensverträge erhielten, sondern auch in der Sowjetunion, die in der internationalen Politik vollständig isoliert war. In *Moskau,* wo man, anknüpfend an das sozialistische Modell der Friedenssicherung, von der baldigen Abschaffung der herkömmlichen Außenministerien und der traditionellen Diplomatie sprach, galt der *Versailler Vertrag als Fortsetzung imperialistischer Vorkriegs-*

politik. In Deutschland teilte man weitgehend diese Einschätzung, wenn auch mit einer anderen Begründung. Hier war nicht Lenins revolutionäres Modell das Beurteilungskriterium, sondern Wilsons liberales Modell der Friedenssicherung, das der amerikanische Präsident in seiner bekannten *Vierzehn-Punkte-Rede* im Januar 1918 konkretisiert hatte. Abschaffung der Geheimdiplomatie, Freihandel, Abrüstung, Selbstbestimmungsrecht, Völkerbund – das waren die Schlüsselbegriffe, die man sich in Deutschland als Leitbegriffe für die Wiederherstellung des Friedens erhofft hatte. Sie bestimmten aber ganz zweifellos nicht die internationale Realität nach dem Ersten Weltkrieg, obwohl die USA und Großbritannien im Prinzip darauf aufbauen wollten.

Von *ausschlaggebender Bedeutung* für den Friedensvertrag waren schließlich die Kriterien, die in *Frankreich* entwickelt wurden. Dort war man von einem zentralen Gedanken bestimmt, dem der *Sicherheit.* Die französische Sicherheit aber wurde nur vom übermächtigen deutschen Nachbarn bedroht, dessen Bevölkerungszahl und Wirtschaftskraft überlegen waren und dessen militärische Möglichkeiten beschnitten werden sollten. Aus französischer Perspektive ging es also um eine *politische Korrektur des Machtgefälles in Europa zugunsten Frankreichs.* Noch in unseren Tagen stellt ein bekannter französischer Historiker als das grundlegende Phänomen der deutschen Politik seit dem Ende des 19. Jahrhunderts das *„deutsche Expansionsstreben"* heraus, das auch durch die Weltkriege nicht gebrochen, wenn auch nach 1945 in gewandelter Form aufgetreten sei. Die deutsche Expansion ein für allemal zu unterbinden, war 1918/19 für Frankreich das vorrangige Ziel. Im Urteil Frankreichs wurde dieses Ziel mit dem Versailler Vertrag freilich keineswegs erreicht, weil der deutsche Machtfaktor in der Mitte Europas nicht substantiell genug geschwächt worden sei.

Zufrieden war mit dem *Versailler Vertrag* also niemand. Alle sahen in ihm einen Kompromiß, in dem die eigenen Interessen zu kurz gekommen waren. Seine *Revision stand bei allen Mächten auf der Tagesordnung.* Großbritannien, die USA und natürlich auch Deutschland forderten eine Liberalisierung. Frankreich dagegen mußte auf seine Verschärfung drängen. Die *Ruhr-Besetzung 1923,* die Frankreich zusammen mit Belgien wegen geringfügiger Rückstände in den deutschen Reparationslieferungen durchführte und in deren Konsequenz die Abtrennung des Industriegebiets an Rhein und Ruhr angestrebt sowie der Separatismus im Rheinland unterstützt wurde, war ein letzter Versuch in dieser Richtung. Er scheiterte allerdings sowohl am deutschen als auch am britischen und amerikanischen Widerstand und darüber hinaus daran, daß sich Frankreich mit seiner Politik der militärischen Überlegenheit und der Bündnisse in Ostmitteleuropa finanziell übernahm und auf Hilfe und Stützungsmaßnahmen aus dem Ausland angewiesen war.

Konkret hieß dies für die französische Siegermacht: Anlehnung an die *Vereinigten Staaten.* Washington wurde jetzt zum *Dreh- und Angelpunkt der europäischen Politik,* obwohl es sich politisch-militärisch völlig zurückgezogen

Regierungsformen in Europa um 1926

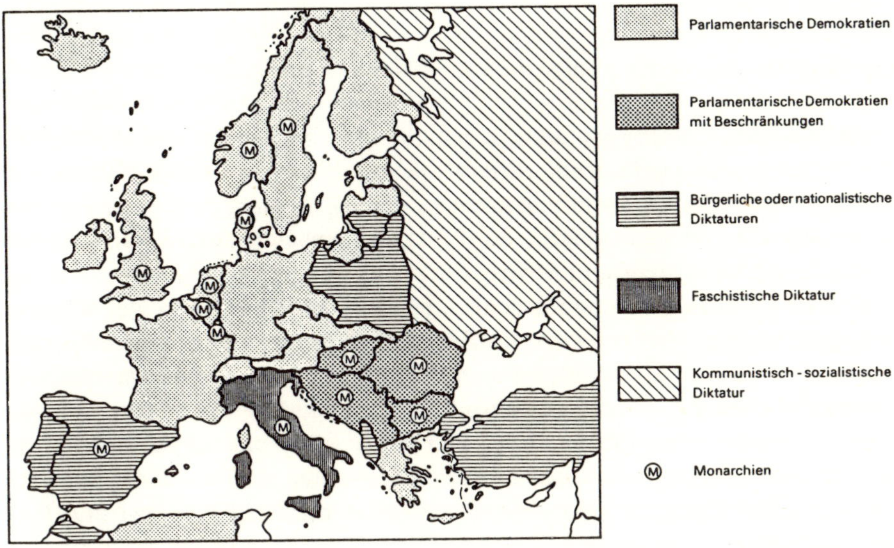

hatte. Es beteiligte sich nach dem innenpolitischen Umschwung in den USA weder am Versailler Vertrag noch am Völkerbund, der 1919 als eine Art Allianz der Siegerstaaten und nicht als universale Einrichtung der institutionalisierten Friedenssicherung gegründet wurde. Das amerikanische Interesse als *Waren- und Finanzexporteur* aber brachte es mit sich, daß die USA für eine *liberale Wirtschaftsordnung* und für *Entspannung in Europa* eintraten. Amerikanische Bankiers und Wirtschaftsführer waren in Zusammenarbeit mit ihren britischen Partnern die *Architekten der Wende* in der europäischen Politik 1923/24, die zur Rückkehr Deutschlands in den Kreis der Großmächte und zur Restabilisierung von Gesellschaft und Wirtschaft in Europa führte. *Politische Sicherheit und wirtschaftliche Kooperation* griffen eng ineinander. Klangvoller Höhepunkt dieser Entwicklung war **1925** der Vertrag von **Locarno,** in welchem sich Deutschland und Frankreich die Unverletzlichkeit ihrer Grenzen zusicherten. Als sich die Außenminister Frankreichs, Großbritanniens und Deutschlands – *Aristide Briand, Austen Chamberlain* und *Gustav Stresemann* – symbolträchtig die Hand zu Neubeginn und Versöhnung reichten, schien die Nachkriegszeit endgültig überwunden zu sein. Ein *breiter Strom amerikanischer Gelder* ergoß sich *nach Europa,* wo die Notjahre der kriegsbedingten Zerstörungen, der Inflation und der wirtschaftlichen Stagnation der Vergangenheit anzugehören und die *„goldenen zwanziger Jahre“* anzubrechen schienen. Das bürgerliche Europa glaubte, nach den Umbrüchen der Nachkriegszeit seine Lebens- und Wirtschaftsform wiedergefunden zu haben.

Weltwirtschaftskrise, internationale Anarchie und Zweiter Weltkrieg (1929 – 1945)

Die Wirtschaftskrise als politisch-ökonomische Doppelkrise

Innerhalb weniger Jahre war alles vorbei, die Blüte als Scheinblüte, die *Stabilisierung* als **Scheinstabilisierung** entlarvt. Schon kritischen Zeitgenossen konnten die Grenzen der Entspannung in der Locarno-Ära nicht verborgen bleiben. Es mußte sich erst noch zeigen, ob die 1924 angebahnte weltwirtschaftliche Verflechtung wenigstens mittelfristig funktionierte und ob die Frage der Revision der Versailler Ordnung tatsächlich ruhte. Daß beide Antworten negativ ausfielen, war von *verheerenden Konsequenzen* für die weitere Entwicklung.

Locarno hat zwar einen unleugbaren Fortschritt in der *europäischen Sicherheitsfrage gebracht,* aber keine definitive Lösung. Der Fortschritt fand in Westeuropa statt, aber um den Preis einer Regionalisierung der Sicherheitsfrage. Die Staaten Ostmitteleuropas und die Sowjetunion waren in das Viermächtekonzert von Locarno (Deutschland, Frankreich, Großbritannien und Italien) nicht einbezogen worden. Reichsaußenminister **Stresemann** *weigerte* sich mit Erfolg, auch eine *Garantie für die deutschen Ostgrenzen* abzugeben. Schon aus innenpolitischen Gründen hätte er dies nie tun können, verliefen doch schon die Reichtstagsdebatten über Locarno schwierig genug. Die rechtsstehende *Deutschnationale Volkspartei* (DNVP) zog ihre Minister aus der Regierung zurück, weil sie den „Verzicht" auf Elsaß-Lothringen nicht mitmachen wollte! Sie opponierte weiterhin gegen die in ihren Augen unangebrachte Kaltstellung der Sowjetunion und *gegen* die mit Locarno vollzogene *Westorientierung* der deutschen Politik.

Während Stresemann durch Verständigung mit den Westmächten zu weiteren Revisionen der bestehenden Ordnung kommen wollte, baute die DNVP (wie auch die Reichswehr und Teile der Wirtschaft) überwiegend auf *Revision durch Wiedererlangung nationaler Macht.* Von einem Bündnis mit der Sowjetunion, das heißt von einem Ausbau des deutsch-sowjetischen Vertrags von Rapallo (1922), versprachen sich nationalistische Rechtskreise eine direktere Hebelwirkung zur Revision des Status quo als von Stresemanns Strategie, der über eine Absicherung im Westen zu mehr Handlungsfreiheit im Osten kommen wollte. Auf jeden Fall herrschte in *Deutschland Konsens* über die Notwendigkeit einer *Revision der Ostgrenzen.* Der Friede von **Locarno** war nicht unteilbar. Darin lag eine seiner wesentlichen Strukturschwächen.

Ein weiteres Defizit bestand darin, daß die Sowjetunion außerhalb der liberalen Ordnung von Locarno blieb. Moskau argwöhnte sogar, in Locarno sei ein antisowjetisches Komplott geschmiedet worden. In Westeuropa wiederum galt die UdSSR nach wie vor als revolutionäre Macht. Großbritannien brach 1927 seine diplomatischen Beziehungen zu Moskau ab (bis 1929). Die USA nahmen geregelte Beziehungen überhaupt erst 1933 auf. Deutschland – deswegen im Westen mißtrauisch beobachtet – hielt die Sowjetunion mit dem *Berliner Vertrag von 1926,* einem Neutralitätsvertrag, gewissermaßen in einer aktiven Reserve. Der gemeinsame Gegner hieß Polen, dessen Grenzen weder Deutschland noch die Sowjetunion bestehen lassen wollten. Mit einem Wort: So euphorisch die Stimmung im Westen nach Locarno sein mochte, in *Mittel- und Osteuropa blieben Konfliktherde* und die *Heterogenität des internationalen Systems* bestehen.

In seinem materiellen Kern basierte der Frieden von Locarno auf der *Entpolitisierung der Reparationsfrage,* durch die Deutschland zu umfangreichen Zahlungen verpflichtet war, auf dessen *Wiedereingliederung in das politische und ökonomische Weltsystem* und auf der damit verbundenen Wiederbelebung des Welthandels. Grundvoraussetzung für all das war das finanzielle und ökonomische Engagement der USA in der Alten Welt gewesen. *Europa* trat damit in eine erste Phase *wirtschaftlicher Verflechtung* ein. Nicht nur für Stresemann bestand ein Wirkungszusammenhang zwischen internationalem Finanzfluß, internationalem Handel und internationaler Entspannung. Namentlich das deutsch-französische Verhältnis sollte dadurch eine neue Grundlage erhalten, denn der *„deutsch-französische Ausgleich“* war für Stresemann *„der Angelpunkt der Konsolidierung Europas“.*

Die finanzielle und wirtschaftliche Kooperation stellte aber nicht nur einen Wert an sich dar, sondern hatte zugleich eine konkrete Funktion in Stresemanns außenpolitischer Gesamtstrategie, die nur *ein* vorrangiges Ziel kannte: Die *weitere Revision des Versailler Vertrags* und die Absicherung einer *deutschen Großmachtstellung.* In der *wirtschaftlichen Stellung* Deutschlands sah Stresemann die *„einzige große Waffe unserer Außenpolitik“.* War erst einmal die Wiedereinbindung Deutschlands als Produzenten- und Abnehmerland sowie als Feld für Kapitalinvestitionen in das internationale System erreicht, so war der Zeitpunkt gekommen, unter Ausspielung des deutschen Wirtschaftspotentials auch politische Macht zurückzugewinnen. Nationalpolitische Alleingänge oder gar militärische Mittel schieden für *Stresemann* realistischerweise aus, so daß *nur* die *ökonomische Variante deutscher* **Großmachtpolitik** *übrigblieb.* Daß aber im Mittel der wirtschaftlichen Kooperation ein starkes *nationalegoistisches Moment* lag, bedeutete zugleich ein Hindernis für den Friedensprozeß, dessen Befürworter ohnehin mit nach wie vor existierenden Feindbildern zu kämpfen hatten. Die Rückkehr Deutschlands zu seiner nur durch politische Eingriffe zu unterbindenden, beinahe natürlichen Führungsrolle in Europa war für Frankreich nicht akzeptabel. Es überrascht darum nicht, daß Frankreich nach der Sanierung seiner Finanzen 1926 wieder stärker zum nationalen Bezugsrahmen zurückkehrte und ihm internationale Abstimmung weniger dringlich erschien.

Für internationale Verflechtung und die Möglichkeit zu *kooperativen Problemlösungen* im Krisenfall gab es während der „goldenen zwanziger Jahre“ *keine institutionellen Vorkehrungen.* Das gesamte System funktionierte pri-

Weltwirtschaftskrise

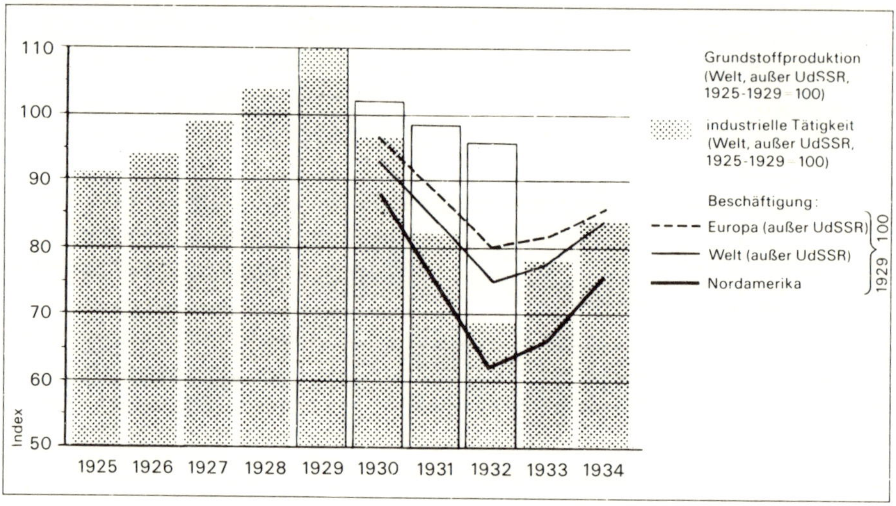

mär durch privatwirtschaftliche ad hoc-Regelungen. Darin liegt ein weiterer *struktureller Mangel des Locarno-Friedens.* Im Kern hing dies damit zusammen, daß die USA keine globalen Steuerungsfunktionen übernehmen wollten. Großbritannien war nicht mehr in der Lage, seine frühere Rolle als Regulator und Stabilisator des politischen und ökonomischen Weltsystems zu spielen. Die Vereinigten Staaten ihrerseits jedoch zeigten sich nicht bereit dazu. Das *amerikanische Interesse* an einer Erholung der europäischen Märkte war *nicht* von der Entschlossenheit Washingtons begleitet, als *Garant einer internationalen Ordnung liberalen Zuschnitts* aufzutreten. Die aus Europa fließenden *Kredite* wurden nicht aus Staatsgeldern finanziert bzw. waren *nicht durch staatliche Bürgschaften abgesichert,* so daß man sie in der Krise sofort zurückrufen konnte. Statt die Aufgabe des internationalen Krisenmanagements zu übernehmen, wozu allein die USA aufgrund ihrer Ressourcen in der Lage gewesen wären, räumte man im Ernstfall den kurzfristigen Bedürfnissen des amerikanischen Binnenmarkts Priorität ein.

Die Auswirkungen zeigten sich ab 1929, als von den Vereinigten Staaten eine Banken- und Wirtschaftskrise ausging, die als **Weltwirtschaftskrise** bekannt ist. Obwohl es viele Krisen in der modernen industriewirtschaftlichen Entwicklung gegeben hat, meint man eben jenen tiefgehenden Einschnitt der Jahre **1929 bis 1932,** wenn man den Begriff Weltwirtschaftskrise gebraucht. Sie begann mit einem Kurssturz an der New Yorker Börse und verband sich mit einem Konjunktureinbruch in den USA, der darüber hinaus noch mit einem sich schon seit einiger Zeit abzeichnenden weltweiten Preisverfall für Agrarprodukte zusammentraf. Es handelte sich also um eine *umfassende*

Index der deutschen Industrieproduktion 1913 – 1943 (1928 = 100) in Auswahl

Jahr	Insgesamt	Verbrauchsgüter	Produktionsgüter
1913	98	97	99
1918	56	–	–
1923	46	57	43
1928	100	100	100
1933	66	80	56
1938	125	108	144
1943	149	98	180

Sozialgeschichtliches Arbeitsbuch III: Petzina, Dietmar/Abelshauser, Werner/Faust, Anselm: Materialien zur Statistik des Deutschen Reiches 1914 – 1945, München (Beck) 1978, S. 61f. (Auszug)

Krise, die alle Bereiche von Finanzen und Wirtschaft betraf. *Schrumpfung des Welthandels auf ein Viertel* und *Massenarbeitslosigkeit* waren die Folgen.

Neben den Vereinigten Staaten war *besonders Deutschland* von der Krise *betroffen.* 1932 war jeder zweite deutsche Industriearbeiter ohne Beschäftigung. Die wirtschaftliche Erholung in Deutschland – seit 1924 zu einem gut Teil auf amerikanischen Krediten aufgebaut – wich einem desolaten Zustand. Die Gelder aus den USA, also der Löwenanteil des zwischen 1923 und 1929 nach Deutschland geflossenen Kreditstroms von 21 Milliarden Reichsmark, wurden vielfach zurückgerufen. Banken- und Firmenzusammenbrüche waren nun unausweichlich. Nicht nur Deutschland, sondern *alle Länder* wurden *von dem Strudel* erfaßt, jedoch nicht alle gleich tief in ihn hineingezogen.

In der Weltwirtschaftskrise traten nicht nur die systembedingten wirtschaftlichen Grenzen der Locarno-Entspannung deutlich hervor, sondern auch *die nur oberflächlich zur Ruhe gekommenen politischen Fragen.* Nationalismus, Aufrüstung, Revision der internationalen Ordnung, Krieg, Krise des liberalen Systems gaben wieder Themen ab, die weltweit in den Vordergrund rückten. Die *Extremform dieses globalen Krankheitsbilds* war der *Krieg.* Millionen von Menschen sind ihm zum Opfer gefallen.

Die größte dieser Katastrophen, der Zweite Weltkrieg, bedeutete für rund 55 Millionen Menschen den Tod, davon für über 20 Millionen allein in der Sowjetunion, etwa sechs Millionen in Polen, über fünf Millionen in Deutschland, fast zwei Millionen in Japan. Japan war es, wo die Serie militärischer Gewaltanwendungen begann, als japanische Truppen 1931 Teile der Mandschurei besetzten und den Krieg gegen China eröffneten. Ein längerer Erosionsprozeß der internationalen Ordnung hatte damit eingesetzt. Die Aggression Italiens gegen Äthiopien 1935, der Spanische Bürgerkrieg ab 1936, die sich zunächst mit der Drohung militärischer Gewalt begnügende deutsche Expansion 1938/39, der Beginn des Kriegs in Europa 1939, der 1941 zum Weltkrieg im eigentlichen Sinn wurde – so lauten die weiteren Hauptdaten dieser *zerstörerischen und blutigen Chronik.*

Menschenverluste im Zweiten Weltkrieg

Deutschland:	5,25 Millionen, davon 500000 Zivilisten
Sowjetunion:	20,6 Millionen, davon 7 Millionen Zivilisten (offizielle Angaben der Sowjetunion)
USA:	259000
Großbritannien:	386000, davon 62000 Zivilisten
Frankreich:	810000, davon 470000 Zivilisten
Polen:	4,52 Millionen, davon 4,2 Millionen Zivilisten; ferner 1,5 Millionen in den von der Sowjetunion 1939 annektierten polnischen [Ostgebieten
Italien:	330000
Rumänien:	378000
Ungarn:	420000, davon 280000 Zivilisten
Jugoslawien:	1,69 Millionen, davon 1280000 Zivilisten
Finnland:	84000
Norwegen:	10000
Dänemark:	1400
Bulgarien:	20000
Griechenland:	160000, davon 140000 Zivilisten
Belgien:	88000, davon 76000 Zivilisten
Niederlande:	210000, davon 198000 Zivilisten
Japan:	1,8 Millionen, davon 600000 Zivilisten
China:	unbekannt
Gesamtverluste:	rund 55 Millionen Tote

Andreas Hillgruber, in: PLOETZ – Geschichte der Weltkriege, Freiburg/Würzburg (Ploetz) 1981, S. 152

Nirgends kann der **Verfall der liberalen Ordnung** so exemplarisch studiert werden wie am *deutschen Beispiel.* Nirgends fand die Umwandlung zur Diktatur so radikal und folgenreich statt wie im *nationalsozialistischen Deutschland,* das 1933 seinen Anfang nahm und dessen Radikalität den italienischen Faschismus weit übertraf.

In den Jahren der Weltwirtschaftskrise komplizierten sich die seit 1917 zu beobachtenden Fronten. Das liberale Lager schrumpfte, was das sozialistische Lager zu der Erwartung verleitete, es werde bald völlig verschwinden. Die Fehleinschätzung bestand darin, daß die verschiedenen Spielarten autoritärer, faschistischer und nationalsozialistischer Herrschaftsformen nur als Ableger des bürgerlich-liberalen Systems und der kapitalistischen Ordnung verstanden wurden. Die nun sichtbaren inneren Gegensätze des kapitalistischen Lagers würden zu seiner historisch unvermeidlichen Auflösung führen.

Wie es weitergehen könnte, hatte *Stalin* schon 1925 skizziert: „Sollte ein Krieg beginnen, dann werden wir nicht untätig zusehen können. *Wir werden* auftreten müssen, aber wir werden *als letzte auftreten.* Und wir werden auftreten, um das entscheidende Gewicht in die Waagschale zu werfen, ein Gewicht, das ausschlaggebend sein dürfte.“ *Stalin täuschte sich* sowohl über den Ablauf der internationalen Politik, weil die Sowjetunion nicht die von Stalin erhoffte Handlungsfreiheit behielt, als auch über den Charakter des Nationalsozialismus, dessen Aufstieg zwar nicht ohne die Krise von kapitalistischer Wirtschaft und liberalem System zu verstehen ist, der aber weit mehr als ein bloßer Reflex der Krise war.

Freilich kann man denen, die den Nationalsozialismus unterschätzten, zugute halten, daß es zunächst vordergründig danach aussah, **Hitler** sei ein Werkzeug in der Hand von Bankiers, Wirtschaftsführern und bürgerlich-konservativen Politikern. Denn seine *Ernennung zum Reichskanzler* entsprang *nicht* einer *„Machtergreifung"*, wie es die nationalsozialistische Selbstdarstellung wissen wollte, *sondern* der *Bereitschaft der nicht-nationalsozialistischen politischen Rechten* in Deutschland, *Hitler* an einer Regierung *zu beteiligen*, in der die Nationalsozialisten nur wenige, wenn auch entscheidende Posten übernahmen. Die Regierung, die am 30. Januar 1933 gebildet wurde, war ein *Bündnisangebot der konservativen deutschen Führungsschichten an die Nationalsozialisten*, die man sich „engagieren" wollte, um eine entschiedene Politik gegen liberale und linke Kräfte betreiben zu können. Die nicht-nationalsozialistische Rechte in Deutschland *unterschätzte* aber die politische *Eigenständigkeit und Dynamik des Nationalsozialismus* ebenso wie die Kommunisten.

Die Einbeziehung der **NSDAP** in die Regierung 1933 beruhte also auf einer *partiellen Interessenidentität* von Nationalsozialisten und traditionellen Eliten in Reichswehr, Staatsapparat, Wirtschaft, Banken und kulturellem Bereich. *Gemeinsam* war ihnen die *illiberale Grundhaltung* ihres politischen Denkens, die Geringschätzung bzw. *Ablehnung der parlamentarischen Demokratie* als politischem System, die *Stoßrichtung* ihrer Politik *gegen Liberalismus und Arbeiterbewegung* sowie der Wille zur beschleunigten Aufrüstung und zur Rückkehr einer nationalen *Außenpolitik der Stärke.*

Ihren *spektakulären Durchbruch* bei Reichstagswahlen hatte die NSDAP im Jahr 1930 erzielt. Die Zahl ihrer Abgeordneten schnellte von 12 auf 107 hoch, ihr Stimmenanteil betrug nun über 18% und verdoppelte sich dann bis Juli 1932 noch einmal. Mit 230 Abgeordneten wurde die NSDAP damit die mit Abstand stärkste Fraktion. Längst *nicht so groß* waren am anderen Ende des politischen Spektrums die *Gewinne der KPD,* aber auch sie verzeichnete eine Zunahme; ihre Fraktion umfaßte im Juli 1932 89 Abgeordnete. Zentrum und SPD, die beiden großen Parteien der Weimarer Koalition, konnten ihre Position insgesamt halten. Aber die Sozialdemokratie, bis 1930 stets stärkste Fraktion im Reichstag, hatte fast 100 Abgeordnete weniger als die NSDAP. Der Wahlerfolg der Nationalsozialisten ging vor allem auf Kosten der bürgerlichen Mitte, die in der Krise zwischen den Extremen zerrieben wurde.

Die *Wähler der NSDAP* kamen vor allem aus den sozialen Mittelschichten, die sich in ihrem gesellschaftlichen Status und ihrer wirtschaftlichen Existenz bedroht fühlten und sich von einem „starken Mann" die Rettung versprachen. Starken Zulauf verzeichnete die „Hitlerbewegung" ferner bei der Landbevölkerung. Auch ein beträchtlicher Prozentsatz der stellungslosen Arbeiter wählte nationalsozialistisch. In allen Fällen ist regional zu differenzieren, aber insgesamt gilt die Formel, wonach die *Mittelschichten* (Angestellte, Handwerker,

Sozialstruktur der NSDAP-Mitgliedschaft vor 1933
(Erwerbstätige im Reich und in der NSDAP nach sozialen und Berufs-Gruppen)

Erwerbstätige	Im Reichsgebiet (Volkszählung von 1925)	*v. H.*	In der NSDAP vor dem 14.9.1930	*v. H.*	Unter den neuen NSDAP-Mitgliedern (zwischen 14.9.1930 und 30.1 1933)	*v. H.*	v. H. der NSDAP-Mitglieder unter den Erwerbstätigen (vor dem 30.1.1933)
Arbeiter	14 443 000	*45,1*	34 000	*28,1*	233 000	*33,5*	1,9
Selbständige							
a) Land- und Forstwirtschaft (Landwirte)	2 203 000	*6,7*	17 100	*14,1*	90 000	*13,4*	4,9
b) Industrie und Handwerk (Handwerker und Gewerbetreibende)	1 785 000	*5,5*	11 000	*9,1*	56 000	*8,4*	3,9
c) Handel und Verkehr *(Kaufleute)*	*1 193 000*	3,7	*9 900*	8,2	*49 000*	7,5	4,9
d) Freie Berufe	477 000	*1,5*	3 600	*3,0*	20 000	*3,0*	4,9
Beamte							
a) Lehrer	334 000	*1,0*	2 000	*1,7*	11 000	*1,7*	4,0
b) Andere	1 050 000	*3,3*	8 000	*6,6*	36 000	*5,5*	
Angestellte	5 087 000	*15,9*	31 000	*25,6*	148 000	*22,1*	3,4
Mithelfende Familienangehörige (meist weibliche)	5 437 000	*17,3*	4 400	*3,6*	27 000	*4,9*	0,6
Insgesamt	32 009 000	*100*	121 000	*100*	670 000	*100*	2,5

M. Broszat, Der Staat Hitlers, München (dtv) 1969

Kleinkaufleute, Bauern) *unter Mitgliedern und Wählern der NSDAP überrepräsentiert,* die *Arbeiterschaft unterrepräsentiert* war.

Im Zuge der politischen und wirtschaftlichen Krise zu Beginn der dreißiger Jahre kam es in der deutschen Innenpolitik zu immer größerer Zerklüftung. Es häuften sich Aktionen von *paramilitärischen Verbänden politischer Parteien* und Gruppen. Der politische Terror gehörte wieder zum Alltagsbild – wie in der Anfangsphase der Republik. Mit der Verschärfung der Situation stieg die Bereitschaft, die NSDAP an der Macht zu beteiligen. Als dies 1933 geschah, *wandelte* sich die eher *punktuelle Unterstützung,* die Hitler und seine Partei *durch einzelne Vertreter von Banken und Wirtschaft* bislang erfahren hatten, *zu einer breiter angelegten* Zusammenarbeit und innenpolitischen *Bündnisbildung.* Wer die radikaleren Zielvorstellungen der NSDAP damals schon erkannte, flüchtete sich meist in die Hoffnung, es handele sich um radikale Auswüchse, die sich durch die Beteiligung an der Staatsmacht von selbst erledigen würden. Die **Rassenideologie,** die über den in der deutschen Gesellschaft sattsam bekannten und seit dem Kaiserreich klar zutage tretenden modernen *Antisemitismus* weit hinausging, war aber ebenso *konstantes* und *konstitutives Merkmal der nationalsozialistischen Politik wie Gewalt und Krieg.* Hitlers Bündnispartner mußten alsbald erkennen, daß sie im Führerstaat immer stärker an den Rand gedrückt wurden, daß sich politische Verfolgung und Morde auch gegen sie richten konnten. Aus der *Beteiligung an der Macht* wurde eine *nationalsozialistische Machtübernahme.*

Der Aufbau des „Führerstaates"

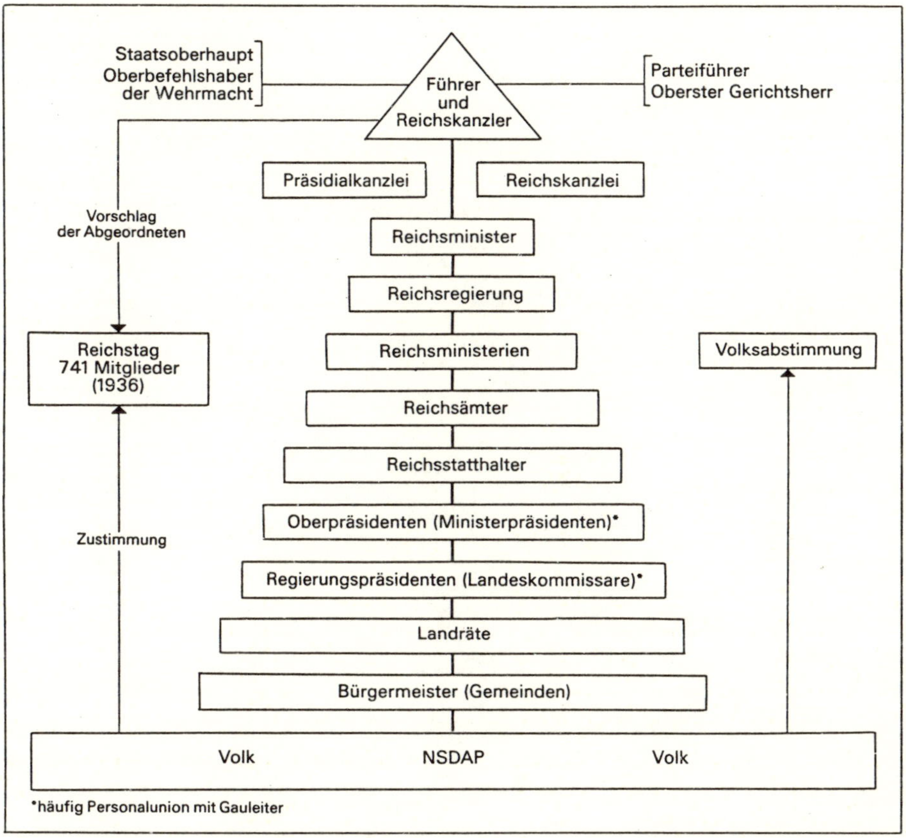

Redaktionsarchiv der Zahlenbilder, Berlin – Bielefeld – München (Erich Schmidt Verlag)

Aufbau und Funktionen der SS

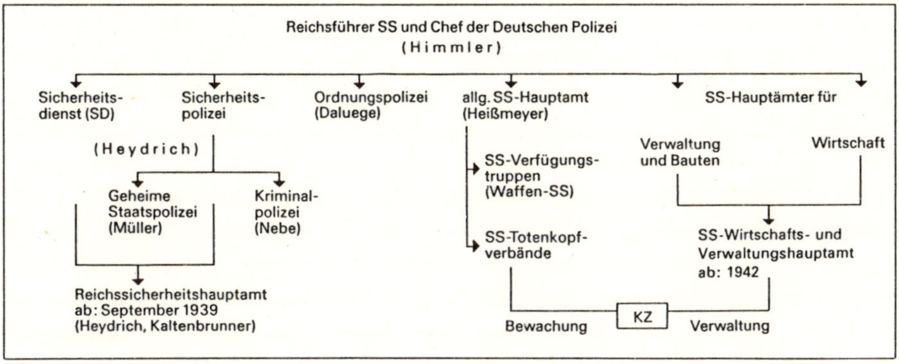

Entwurf: Volker Hentschel

Das nationalsozialistische Deutschland

——— Grenze des Deutschen Reiches im Jahr 1933, innerhalb des Reiches: Gaueinteilung der NSDAP	——— Reichsautobahnen, bis 1939 fertiggestellt
– – – Grenze des Deutschen Reiches im Jahr 1938	● Städte mit besonderen nationalsozialistischen Funktionen
••••••• Grenze des ›Großdeutschen Reiches‹ im Jahr 1942	▲ Konzentrationslager: Haupt- und Vernichtungslager (Auswahl)

1933 erfolgte also keine revolutionäre „Machtergreifung“ durch die Nationalsozialisten, sondern die Einführung des „Doppelstaats“: Neben dem „Normenstaat“, der die Kontinuität aus der Weimarer Republik heraus darstellte, entwickelte sich der terroristische „Maßnahmestaat“ (Ernst Fraenkel). Er richtete sich mit seinen Sonderpolizeieinheiten und Konzentrationslagern zunächst gegen individuelle politische Gegner, setzte aber darüber hinaus durch Auflösung der Parteien und Gewerkschaften, Ausschaltung des Reichstags und Gleichschaltung der Länder einen Machtergreifungsprozeß in Gang, dessen erste Etappe 1934 abgeschlossen war und der zur nationalsozialistischen Diktatur führte.

Der Deutschlandbesuch von Lord Halifax 1937 und der britisch-deutsche Gegensatz

In den Jahren 1936/37 zeichnete sich eine weitere Stufe der Machtergreifung ab. *Die konservativen Eliten* begannen aus den Entscheidungszentren *verdrängt* zu werden, nachdem die innere Konsolidierung und institutionelle Verankerung der NS-Diktatur weit genug fortgeschritten war. Auch wenn man sich den Staat Hitlers *nicht* als *Alleinherrschaft* des Diktators *mit monolithischem Zuschnitt* vorstellen darf, so handelte es sich doch um ein Herrschaftssystem, in dem trotz miteinander konkurrierender Machtträger *in den großen Fragen Hitler den Ausschlag* gab. Das Regime konnte sich in diesen Jahren auf die *Mehrheit der Bevölkerung* stützen, wenn auch das von der Goebbels-Propaganda gezeichnete Bild der „Volksgemeinschaft" nicht der Realität entsprach. Vor allem das in der nationalsozialistischen Politik unabänderlich angelegte Ziel, die *kriegerische Expansion,* rief in der Bevölkerung *Angst* hervor, ganz im Gegensatz zur Kriegsbegeisterung von 1914. Doch setzten sich Hitlers kompromißlose Rüstungspolitik und Kriegsvorbereitung 1936/37 gegen alle Einwände der Nicht-Nationalsozialisten und auch von NSDAP-Mitgliedern in der deutschen Führung durch, die Wirtschaft und Finanzen nicht überbelasten und Krieg vor allem nur bei möglichst geringem Risiko führen wollten. Das Regime, das sich bisher vor allem gegen innenpolitische Gegner gerichtet hatte, wandte sich künftig auch nach außen. *„Deutschland wird entweder Weltmacht oder überhaupt nicht sein"* – dieser Satz aus Hitlers *Mein Kampf,* der den Eroberungskrieg beinhaltete, wurde *bittere Wirklichkeit.*

Wir vor dem Ersten Weltkrieg war es auch jetzt zunächst **Großbritannien,** das als *Hauptgegner* eines neuen deutschen Anlaufs zur Hegemonie auftrat. Zwar lagen 1937 die deutschen Ziele für den außenstehenden Beobachter nicht eindeutig offen zutage. Aber es stellte sich die deutliche Frage nach der Reichweite einer Außenpolitik, die seit 1933 bereits mehrere Schritte zur *Revision* der militärischen Klauseln *des Versailler Vertrags* erfolgreich hinter sich gebracht hatte. Was jetzt anstand, waren die Ostgrenzen und darüber hinaus der „Anschluß" Österreichs sowie die Kolonialfrage, die Hitler allerdings nicht mit Vorrang verfolgte. Großbritannien zeigte sich zwar *zu weiterreichenden Zugeständnissen an Deutschland bereit* als zehn Jahre vorher, *nicht aber zum Rückzug vom Kontinent* und damit zur Duldung einer deutschen Hegemonie.

Zur Verdeutlichung dieses Grundprinzips britischer Europapolitik und zur Auslotung der Absichten Hitlers reiste im November *1937* das britische Kabinettsmitglied *Lord Halifax* nach Deutschland. Halifax war *einer der führen-*

den Repräsentanten des Inselreichs. Dort hatte sich 1931 als Antwort auf die Krise eine „Nationale Regierung“ zusammengefunden aus Konservativen sowie den rechten Flügeln der Liberalen und der Labour Party, die sich beide darüber spalteten.

Halifax unterstrich gegenüber Hitler, *Großbritannien* wolle im Prinzip an der gegenwärtigen internationalen Ordnung und *am bestehenden internationalen Kräftefeld festhalten.* Es werde sich zwar friedlichem Wandel nicht entgegenstellen, aber nur, wenn dieser in ein **allgemeines Abkommen** zur Stabilisierung der internationalen Politik und nicht in einen Zustand der internationalen Anarchie münde. Im Klartext hieß dies zu Hitlers großer Enttäuschung: *Großbritannien wird Deutschland* auf dem Kontinent *keine freie Hand* geben, auch nicht für eine etwaige Expansion in Osteuropa mit Spitze gegen die Sowjetunion.

Genau das war es aber, was sich Hitler ursprünglich von Großbritannien erhofft hatte. Jetzt konnte er nur noch darauf spekulieren, London durch rasch herbeigeführte Maßnahmen vielleicht doch noch vom Eingreifen abzuhalten. Denn was Halifax sonst noch zu sagen hatte, war in begrenzter Weise durchaus von Wert für den deutschen Diktator, der die Expansion seines Machtbereichs plante. *Halifax bot Grenzkorrekturen* auf Kosten Polens und der Tschechoslowakei an sowie den „Anschluß“ Österreichs. Überdies gab Halifax die britische *Bereitschaft zu kolonialen Zugeständnissen* zu erkennen, allerdings wieder mit dem entscheidenden Zusatz, „daß keine englische Regierung die Kolonialfrage isoliert mit Deutschland behandeln könne. Sie könne nur als Teil einer *Gesamtregelung,* durch welche die *Ruhe* und *Sicherheit* in Europa hergestellt würde, angefaßt werden.“

Deutschland sollten somit Zugeständnisse gemacht werden, doch formulierte die *britische Regierung* gleichzeitig ihren *Anspruch als Ordnungsfaktor,* dessen Mitwirkung an der Neuorganisation des internationalen Systems Deutschland in ein umfassendes und multilaterales Abkommen eingepaßt hätte. Alle nach dem Locarno-Abkommen noch übrig gebliebenen Fragen sollten darin geregelt sein. Statt die von Hitler intendierte kriegerische Expansion in Osteuropa zu erlauben, zielte die britische Regierung nach Halifax' Worten auf Rüstungsbegrenzung, Entspannung in Europa und ein *„besseres politisches Weltsystem“.*

Halifax signalisierte also zweierlei. Großbritannien werde sich nicht aus seiner Weltmachtrolle zurückziehen. Es liege aber im nationalen britischen Interesse, *Kriege zu vermeiden.* Schon vor dem Ersten Weltkrieg galten internationale Kooperation und Friedenswahrung für das von relativem *Machtverlust* gezeichnete Großbritannien als dienlich zur Wahrung britischer Positionen in der Welt. Nach dem Ersten Weltkrieg aber waren Entspannung und Kriegsvermeidung zum Imperativ geworden. Krieg, auch ein siegreich bestandener Krieg, mußte das Land weiter schwächen und ihm den Rest seiner Weltmachtrolle rauben. Also gab es *aus britischer Sicht keine Alternative zur internatio-*

nalen Entspannung oder – wie der zeitgenössische Terminus lautete – zur Politik des **Appeasement.**

Appeasement hat *heute eine andere Bedeutung* als in den dreißiger Jahren, nämlich Kapitulation vor einem Aggressor. Es führt aber in die Irre, diese heutige umgangssprachliche Bedeutung des Wortes zur Kennzeichnung der Appeasement-Politik Großbritanniens zwischen den Weltkriegen zu verwenden. Denn *London nahm* die *Herausforderung* sehr wohl *an,* wenn auch zu einem Zeitpunkt, den die Kritiker der Appeasement-Politik als verspätet bezeichnen. Man muß aber bedenken, daß Großbritannien *1937/38 nicht kriegsbereit* war und sich zudem an drei Fronten bedroht sah. Als einziger Staat war es in alle weltpolitischen Konflikte verwickelt – eine **überbürdete Großmacht,** deren begrenzte Ressourcen in einem krassen Mißverhältnis zu den fortdauernd globalen Interessen und Verpflichtungen standen.

Die britische *Wirtschaft,* die sich zwischen den Kriegen in einer strukturellen *Dauerkrise* mit durchschnittlich 10% Arbeitslosen befand, war *exportabhängig;* die britischen Finanzverbindungen reichten über den ganzen Erdball; das tägliche Leben auf der Insel konnte nur durch umfangreiche Nahrungsmittel- und Rohstoffimporte funktionieren: Alles sprach dafür, den Haushalt nicht durch übermäßige Rüstungen zu belasten und sich weder einen Rüstungswettlauf noch gar einen Krieg aufzwingen zu lassen. Dem daraus erwachsenden *fundamentalen Interesse am Frieden* trat aber in den dreißiger Jahren das andere *Interesse an der Aufrechterhaltung der bestehenden internationalen Machtstrukturen* an die Seite, das die britische Wiederaufrüstung in Gang brachte und mit Verschärfung der internationalen Lage immer dringlicher wurde.

Zu einer bedrohlichen *Zuspitzung* kam es *1937,* als die *britische Verteidigungsplanung* nach Japan und Deutschland nun auch *Italien* endgültig in die potentiellen *Feindmächte* einzureihen hatte. Die Weltlage zeichnete sich durch eine klare Frontstellung aus. Ohne im einzelnen aufeinander abgestimmt zu sein, drohten Japan, Italien und Deutschland mit der **Revolutionierung des internationalen Systems.** *Japan* nahm *1937* seine Aggressionspolitik in China unter direkter Beeinträchtigung britischer Interessen wieder auf. *Italien* veränderte die Stärkeverhältnisse im Mittelmeerraum und am Seeweg nach Indien, zuerst durch den Krieg gegen Äthiopien 1935/36 und dann durch die Intervention im Spanischen Bürgerkrieg. Dort intervenierte auch die *Sowjetunion,* die ansonsten eine risikoscheue Außenpolitik verfolgte und damals zu den Mächten gehörte, die im Rahmen des Völkerbundes für kollektive Sicherheit und die Bewahrung des Status quo eintraten. Die spanische Arena war auch das erste Erprobungsfeld für die neue deutsche Luftwaffe.

Deutschland war wieder eine *Militärmacht* geworden, und es hatte eine Führung, die gewillt war, die Waffen auch einzusetzen. In dieser Spannungsphase fiel der britischen Diplomatie die Aufgabe zu, Großbritannien aus einem drohenden *Mehrfrontenkrieg* herauszuhalten. Sollte es nicht gelingen, die Dyna-

Regierungsformen in Europa um 1937

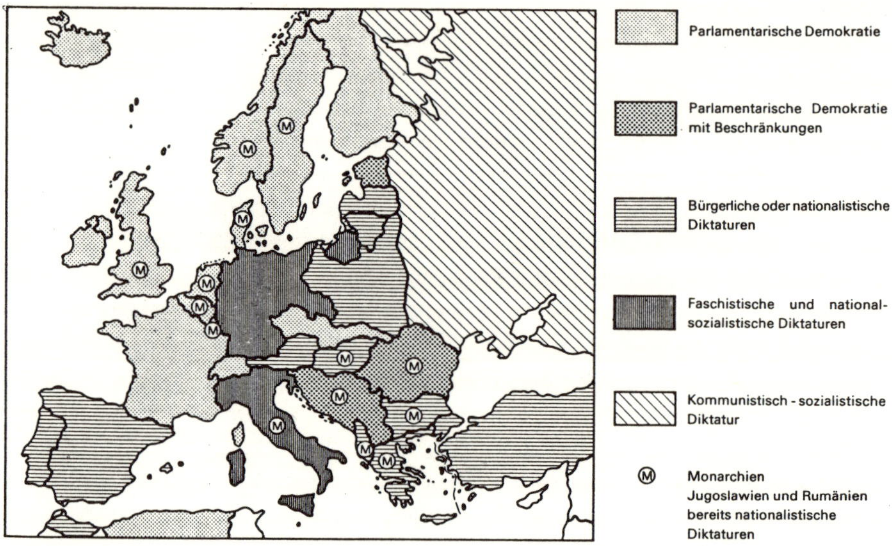

mik der revisionistischen Mächte durch politische Lösungen zu kanalisieren und einen kriegerischen Konflikt zu vermeiden, so benötigte man wenigstens genügend Zeit für die Vervollständigung der eigenen Rüstung.

Großbritannien befand sich also nicht nur auf dem europäischen Schauplatz, sondern *weltweit in einer Konfrontationsstellung* mit zunehmend drohender Kriegsgefahr. *Lord Halifax* konnte wenig Ermutigendes aus Deutschland mitbringen, was sie schwierige Situation hätte entspannen können. Seine Unterredungen erinnerten fatal an die Gespräche, die *Lord Haldane 1912* in Berlin geführt hatte. Auf deutscher Seite wünschte man sich auch 1937 britische Abstinenz von den Auseinandersetzungen auf dem Kontinent, namentlich in seiner östlichen Hälfte. London und Berlin blieben zwar im Gespräch, und das britische Kabinett entschloß sich trotz der wenig substantiellen Ergebnisse des Halifax-Besuchs zu einer diplomatischen Offensive mit dem Ziel der Friedenswahrung, aber *zwei Jahre später* war man *so weit wie zwei Jahre nach der Haldane-Mission:* Man befand sich im **Kriegszustand.**

Die *Kritiker der Appeasement-Politik* werfen der britischen Regierung vor, sie habe es versäumt, im Rahmen des Völkerbunds eine Abwehrfront gegen die Aggressor-Staaten zu bilden. Damit wäre man zu einer Blockbildung gekommen, wie sie auch vor 1914 bestand. Diese Blockbildung machte man in Großbritannien jedoch maßgeblich für den Kriegsausbruch mitverantwortlich, so daß man sie jetzt möglichst vermeiden wollte. Man orientierte sich vorzugsweise am *Vier-Mächte-Modell* von Locarno, das man erhalten und ausbauen wollte. Hinzu kam aber auch, daß in britischen Regierungskreisen die *Auffassung* überwog, *es mangele* an Partnern für ein *schlagkräftiges Bündnis.* Die Dominion-Staaten betonten überwiegend, sie seien zur Verteidigung des Versailler Status quo mit militärischen Mitteln nicht bereit. Vom amerikanischen Präsidenten *Roosevelt* hörte man zwar aufmunternde Worte, die eine „Quarantäne" der Aggressoren empfahlen, in der harten Realität der Machtpolitik aber waren dem Präsidenten durch die Neutralitätsgesetze seines Landes die Hände gebunden. Wie Großbritannien auch waren die *USA* in erster Linie durch innerstaatliche Probleme in Anspruch genommen und versuchten, die Folgen der Weltwirtschaftskrise in einem sozialen und wirtschaftlichen Reformprogramm (New Deal) zu überwinden.

Auch in Europa sah es bei der Suche nach Alliierten nicht günstig aus. Um die Unabhängigkeit bzw. die Grenzen Österreichs, der Tschechoslowakei oder Polens verteidigen zu können, brauchte man Bündnispartner, die zur Offensive gegen Deutschland in der Lage waren. Britische Landstreitkräfte waren 1937/38 praktisch nicht vorhanden. Es blieben die französischen und sowjetischen Verbände. In *Frankreich* dominierte – auch psychologisch – die strategische *Defensive* mit der *Maginot-Linie* als Schutzwall. Darüber hinaus war die französische Innenpolitik durch tiefgehende Frontenbildung destabilisiert, so daß man in London wenig nationale Geschlossenheit als Voraussetzung für eine energische Außenpolitik zu erkennen vermochte. Frankreich war die einzige Großmacht, wo es in den dreißiger Jahren zu einer *Linksregierung* kam, als das *Volksfrontbündnis 1936* die Wahlen gewann undLéon Blum die erste sozialistisch geführte Regierung Frankreichs bildete. *„Lieber Hitler als Stalin!"* oder zugespitzt: *„Lieber Hitler als Blum!"* – so lautete nun ein weitverbreiteter *Slogan im französischen Bürgertum,* der die innerfranzösische Krise signalisierte und 1940 in der *Kollaboration* weiter politischer und gesellschaftlicher Kreise Frankreichs mit dem militärisch siegreichen NS-Staat endete.

Gab es schon in Frankreich starke Widerstände gegen den 1935 geschlossenen französisch-sowjetischen Beistandspakt, so hielt man in Großbritannien ein Bündnis mit der Sowjetunion für völlig untauglich. Abgesehen davon, daß man die *Sowjetunion* nach wie vor als Abtrünnigen der „europäischen Familie" ansah, hielt man ihre militärische Schlagkraft nach den Stalinistischen Säuberungen in der Roten Armee für gering. Infolgedessen blieb die *Sowjetunion bis Anfang 1939* eine abseits stehende *Randmacht.* Von den Nationalsozialisten als ideologischer Erzfeind apostrophiert und von den Westmächten – besonders von Großbritannien – als militärisch schwach und politisch unzuverlässig eingeschätzt, war die UdSSR in der internationalen Politik *isoliert.* Aus dieser Isolation darf aber *nicht* vorschnell auf eine *antisowjetische Spitze in der Politik der Westmächte* geschlossen werden. Es gab zweifellos einen antisowjetischen Affekt, aber keine antisowjetische Politik.

Kriegsbeginn in Europa und Zweiter Weltkrieg

Deutlich wurde dies im Laufe des Jahres *1939,* als die **Sowjetunion** trotz aller Vorbehalte stärker *in das außenpolitische Konzept des Westens einbezogen* wurde und nach der deutschen Besetzung Prags auch Verhandlungen zwischen Großbritannien, Frankreich und der UdSSR in Gang kamen. Die *stalinistische* Sowjetunion hatte im zurückliegenden Jahrzehnt mit der Politik der *Fünfjahrpläne,* der *Zwangskollektivierung* der Landwirtschaft und der Beseitigung jeglicher tatsächlicher oder vermuteter innenpolitischer („trotzkistischer") *Opposition* einen *Formierungsprozeß durchlaufen, der Millionen von Opfern* forderte. Nun sah sich Moskau *plötzlich umworben,* und zwar nicht nur von den westeuropäischen Mächten, sondern überraschenderweise auch vom nationalsozialistischen *Deutschland.* **Hitler** hatte seine Kriegspläne gegen die Sowjetunion noch lange nicht zu den Akten gelegt, denn es galt in der Tat, was er im August 1939 ausführte: *„Alles was ich unternehme, ist gegen Rußland gerichtet;* wenn der Westen zu dumm und zu blind ist, um dies zu begreifen, werde ich gezwungen sein, mich mit den Russen zu verständigen, den Westen zu schlagen und dann nach seiner Niederlage mich mit meinen versammelten Kräften gegen die Sowjetunion zu wenden." Hitler willigte aber in eine *Zwischenphase* ein, in der die *UdSSR zum Vertragspartner* Deutschlands und Lieferanten für kriegswichtige Rohstoffe wurde.

Die *deutsche Kriegsmaschinerie* befand sich 1939 unter *doppeltem Druck.* Man fühlte sich zu einem allgemeinen Krieg an mehreren Fronten nicht in der Lage, konnte andererseits das Rüstungstempo nicht beliebig fortsetzen, weil die Mittel begrenzt waren und der *Modernisierungsvorsprung* der deutschen Armee angesichts des überlegenen westlichen Potentials und der auch in Westeuropa aktivierten Aufrüstung in absehbarer Zeit dahinschmelzen mußte. Als *Ausweg* bot sich die *Strategie des Blitzkriegs* an. Damit sollte die Materialbasis der deutschen Rüstung verbessert (Beutekrieg) und der allgemeine Krieg in Europa durch die rasche Schaffung vollendeter Tatsachen verhindert werden. Die *Sowjetunion* spielte in dieser Strategie eine *Aushilfsrolle,* weil die Westmächte Deutschland mit der Drohung eines allgemeinen Kriegs konfrontierten.

Stalin seinerseits, der aus innenpolitischen Gründen dringend Ruhe an der Außenfront brauchte, wollte *für niemanden,* wie er sagte, *die Kastanien aus dem Feuer holen,* schon gar nicht für den kapitalistischen Westen, dem er – im Gegenzug zu der den Sowjets entgegenschlagenden Ablehnung – gründlich mißtraute. In Moskau nahm man also das Signal aus Deutschland auf, beendete die seit 1934 verfolgte Völkerbunds- und Volksfrontstrategie und suchte die nationale Sicherheit dort, wo die sowjetische Führung sie seit den zwanziger Jahren mit Vorliebe gesucht hatte: in der Zusammenarbeit mit Berlin. Der **Hitler-Stalin-Pakt** vom August **1939,** ein Nichtangriffspakt mit einem geheimen Zusatzprotokoll über die Abgrenzung von Interessensphären in *Ost-*

mitteleuropa, war das Ergebnis dieses Prozesses und für die Zeitgenossen eine vollständige Sensation.

Das Blitzkriegskonzept des „Führers" ging allerdings nur bedingt auf, und Stalins Sicherheitserwartungen wurden ebenfalls gründlich enttäuscht, als er sich knapp zwei Jahre später selbst als Opfer der deutschen Aggression sah. *Hitlers Kalkül* wurde *durch Großbritannien und Frankreich gestört,* die, in Erfüllung ihrer Bündnisverpflichtungen gegenüber Polen, Deutschland den Krieg erklärten, nachdem dessen Truppen am 1. September 1939 den östlichen Nachbarn angegriffen hatten. Die Westmächte beschränkten sich aber auf einen *„Sitzkrieg"*, der die Teilung Polens zwischen Deutschland und der Sowjetunion nicht verhindern konnte, und eröffneten wegen ihres Rüstungsrückstands die Kampfhandlungen im Westen zunächst nicht. Diesem „Sitzkrieg" setzte Deutschland den Blitzkrieg entgegen. Es konnte in *Skandinavien* und *Frankreich 1940 wichtige Erfolge erringen und zur europäischen* **Hegemonialmacht** aufsteigen.

Ferner machte die französische Niederlage *Hitler innenpolitisch fast unangreifbar.* Die *konservative Opposition* in Armee und Staatsapparat, die sich schon bisher zu einer durchgreifenden Aktion nicht in der Lage gezeigt hatte, mußte hinnehmen, daß sich Hitler in seinen militärischen Erfolgen sonnte, und verlor beträchtlich an Argumentationskraft. Denn die Opposition richtete sich vor allem gegen Hitlers Kriegskurs, der zum Untergang Deutschlands führen müsse. Das genaue Gegenteil schien der Fall zu sein. Auch ein Mann wie Staatssekretär Ernst von Weizsäcker, der wiederholt Friedensinitiativen unterstützt hatte und ein Gegner von Hitlers Kriegspolitik, wenn auch nicht der Schaffung eines „großdeutschen" Reiches war, ließ sich im Juni 1940 in den Sog der allgemeinen Begeisterung über die Niederlage des französischen „Erbfeindes" ziehen und verfaßte unaufgefordert ein Memorandum zur Ausplünderung Frankreichs.

Die Auslöschung der französischen Militärmacht schien die Richtigkeit von Hitlers Rechnung zu beweisen, denn nun stand *Großbritannien allein* gegen Deutschland. Die *Luftschlacht um England* aber machte deutlich, wie sehr man die britische Rüstung vorangetrieben hatte und zu welch enormer *kriegswirtschaftlicher Mobilisierung* die parlamentarische Demokratie Großbritan-

Rüstungsproduktion der wichtigsten Großmächte im Zweiten Weltkrieg

	1939	1940	1941	1943	
USA	0,6	1,5	4,5	37,5	in Milliarden Dollar; Preise von 1944
Großbritannien	1,0	3,5	6,5	11,1	
Sowjetunion	3,3	5,0	8,5	13,9	
Deutschland	3,4	6,0	6,0	13,8	
Japan	–	1,0	2,0	4,5	

Wagenführ, R., Die deutsche Industrie im Kriege 1939–1945, Berlin (Duncker & Humblot) 1954, 2. Aufl. 1963

niens gegen die diktatorisch verfaßten Staaten fähig war. Das liberale Großbritannien übertraf hier die totalitären Staaten. Die *deutsche Luftoffensive* konnte *zurückgewiesen* werden.

Weniger Widerstandskraft zeigte dagegen zunächst die Sowjetunion, als der deutsche Überfall im Juni 1941 erfolgte. Schon bald nach dem Waffenstillstand mit Frankreich hatte Hitler den *Krieg gegen die UdSSR* wieder ins *Zentrum seiner Pläne* gerückt. Ein letztes Mal gab der „Führer" sich seiner großen *Illusion* hin, die ihn leitmotivisch fast sein ganzes Politikerleben begleitet hatte: Unter dem Eindruck der deutschen militärischen Erfolge werde Großbritannien die deutsche Ostexpansion dulden. Sollte dieser Gedanke aber eine Illusion bleiben, müsse das Inselreich durch die *Niederwerfung der Sowjetunion* zum Frieden gezwungen werden.

Das Jahr 1941 bedeutete die **Wende des Krieges.** Der Angriff auf die Sowjetunion brachte keineswegs den psychischen Knockout-Schlag für Großbritannien, sondern führte zum Bündnisangebot Churchills, der 1940 Premierminister einer Koalitionsregierung unter Einschluß auch der Labour Party geworden war, an die Sowjetunion. Zum ersten Mal *scheiterte das deutsche Blitzkriegskonzept,* als der auf wenige Wochen anberaumte Krieg gegen die UdSSR bei Wintereinbruch trotz großer sowjetischer Verluste nicht zum sowjetischen Zusammenbruch führte, sondern die Rote Armee im Dezember 1941 die Gegenoffensive eröffnen konnte. Der Krieg weitete sich zusätzlich aus, als im Januar 1941 die bisher unabhängige italienische Kriegführung der deutschen Strategie untergeordnet und im Frühjahr 1941 Südosteuropa und Nordafrika zum Kriegsschauplatz für deutsche Truppen wurden. Zum wirklich *globalen Konflikt* wurde der Krieg schließlich, als *Japan* im Dezember *1941 die USA angriff* und *Deutschland und Italien,* die mit Japan im September 1940 einen Dreimächtepakt geschlossen hatten, ebenfalls den *Vereinigten Staaten den Krieg erklärten.*

1941 kam es nicht nur zur räumlichen Ausweitung des Krieges, sondern auch zu einer *neuen Dimension deutschen Herrschaftsstrebens.* In *Osteuropa* war der Krieg für das NS-Regime von Anfang an ein *Vernichtungskampf,* der den **Völkermord** einschloß. Der Liquidierung der polnischen Führungsschicht, an der auch noch die Sowjetunion ihren Anteil genommen hatte, folgte die *Vernichtungspraxis in der Sowjetunion.* Millionen sowjetischer Zivilisten und in Gefangenschaft geratener Soldaten fielen ihr zum Opfer. Die jahrelange nationalsozialistische Propaganda vom sowjetischen Untermenschen wirkte sich auf brutale Weise aus. An den *Vernichtungsaktionen* waren nicht nur genuin nationalsozialistische Verbände wie die SS *beteiligt,* sondern *auch Einheiten der Wehrmacht.* Parallel dazu begann auch die systematische **Ausrottung** zunächst des Ostjudentums und dann des **europäischen Judentums** insgesamt. So wurde der nationalsozialistische Krieg zu dem, was Hitlers Programm schon immer impliziert hatte: zum *Eroberungsfeldzug,* aber auch zum *rassenideologischen Vernichtungskrieg.* Deutschland und die besetzten Gebiete waren von einem Netz von Konzentrations- und Vernichtungslagern überzogen, in denen systematisch getötet wurde.

Wie auch immer man den *Verfall moralischer Maßstäbe* und den *Triumph des Staatsterrorismus* als Problem nicht nur des Nationalsozialismus, sondern auch der deutschen Geschichte in ihrer Gänze bewertet, es bleibt eine *einfache und bedrückende Tatsache,* daß die *Deutschen* es *aus eigener Kraft nicht* vollbracht haben, ihr verbrecherisches *Regime zu beseitigen.* Zu weit hatten sich die traditionellen deutschen Führungsschichten in Staat, Armee, Wirtschaft, Kirche und Kultur mit dem Nationalsozialismus eingelassen. Indem sie das Bündnis mit Hitler und der NSDAP eingegangen waren, wurden sie indirekt, aber oft auch direkt Komplizen der genuin nationalsozialistischen Gewalt.

Erst im Laufe der Zeit wurden vielen die Augen geöffnet und *wuchs die Zahl der* erklärten *Regime-Gegner.* Es gehört *aber auch zu den deprimierenden Erfahrungen* deutscher Geschichte dieses Jahrhunderts, daß dies zunehmend *erst* der Fall war, als die Deutschen selbst unter den Folgen des Krieges litten, als nämlich die Zivilbevölkerung den Bombenkrieg auszuhalten hatte, die militärische Überlegenheit der Gegenseite sich durchzusetzen und die *militärischen Rückschläge der deutschen Truppen* sich zu häufen begannen. Der Abtransport eines Sozialdemokraten oder eines jüdischen Nachbarn ins KZ hatten bei der Masse der Bevölkerung – von den bekannten und wichtigen Ausnahmen abgesehen – wenig oder nichts bewirkt. Anders war es, als das eigene Leben und die Existenz des Reiches bedroht wurden. So sehr der sich schließlich formierende **Widerstand,** der im mißglückten *Attentat auf Hitler im Juli 1944* gipfelte, ein *moralisch bedeutsames Potential* für die deutsche Politik darstellte, so unleugbar ist doch gleichzeitig, daß bei vielen Mitgliedern des Widerstands die *partielle Übereinstimmung mit dem Nationalsozialismus,* die man 1933 beobachten konnte, immer noch vorhanden war. Autoritäre *Grundeinstellungen* und *nationalbetonte Großmachtpolitik* waren ungebrochen und weiterhin bestimmend.

Es bedurfte erst des *vollständigen militärischen Zusammenbruchs* und der von den Alliierten geforderten bedingungslosen Kapitulation des Deutschen Reiches, damit die *Befreiung vom Nationalsozialismus* gelingen konnte. Damit aber war die politische Ordnung in Deutschland bei Kriegsende nicht mehr *Sache* der Deutschen, sondern *der Siegermächte,* die nun ihre politischen Vorstellungen zur Geltung brachten und Deutschland in Besatzungszonen aufteilten.

1945 bedeutete nicht nur das *Ende der deutschen Großmacht,* sondern auch die *Verlagerung des weltpolitischen Zentrums* von West- und Mitteleuropa nach Washington und Moskau. **Europa** wurde zum **Objekt der Weltpolitik,** die nach dem Zweiten Weltkrieg bipolare Züge annahm und bald von einem neuen Konflikt beherrscht wurde: dem Ost-West-Konflikt. Zwar gehörte auch der britische Premierminister zu den „Großen Drei“, die sich von 1943 bis 1945 zu Gipfelkonferenzen in Teheran, Jalta und Potsdam trafen, doch war

Großbritannien unübersehbar zum Juniorpartner der *Vereinigten Staaten* geworden. Die USA warfen ihr *wirtschaftliches und militärisches Gewicht* in die weltpolitische Waagschale und gingen als unbestrittene *Führungsmacht* aus dem Zweiten Weltkrieg hervor. In Osteuropa trug die *Sowjetunion,* teilweise mit materieller amerikanischer Hilfe, die Last des Landkriegs, der die Rote Armee schließlich bis in die Mitte Deutschlands führte. Auf den übrigen Kriegsschauplätzen vom Pazifik über den Atlantik bis zum Mittelmeerraum und nach Westeuropa war die *amerikanische Kriegführung* (zusammen mit der britischen) *ausschlaggebend.*

Als die USA im August 1945 die ersten *Atombomben* gegen Japan einsetzten, war es nicht nur zur militärischen Anwendung der wissenschaftlichen Errungenschaften der Jahrhundertwende gekommen, sondern auch zum Beginn eines neuen weltpolitischen Zeitalters, des **Zeitalters der Nuklearwaffen.** Es war zugleich das **Zeitalter der neuen Supermächte USA und UdSSR,** die bald mit der Organisation weltpolitischer Blöcke beginnen sollten.

Obwohl die Vereinigten Staaten und die Sowjetunion als Hauptsiegermächte ursprünglich keineswegs auf Blockbildung abzielten, war es gleichwohl ihre Politik, die zur *Zweiteilung der Welt* führte. Diesen Preis, der die Welt 1945 sogleich mit einem neuen gefährlichen Konflikt belastete, zahlten die Führungen in Washington und Moskau bereitwillig, um auf Kernelemente ihrer Strategie nicht verzichten zu müssen. Beide Seiten empfanden die Politik der Gegenseite sehr rasch als Feindseligkeit. Die *USA störten* sich an der *sowjetischen Vorherrschaft in Ostmitteleuropa,* weil sie auch die Sowjetisierung der dortigen politischen Systeme einschloß. Die *Sowjetunion wies das amerikanische Konzept der „One World" zurück,* der *einen,* liberal verfaßten Welt, die in der Atlantik-Charta 1941 als Erneuerung des *liberalen Modells der Friedenssicherung* postuliert worden war. Zumindest an der wirtschaftlichen Liberalisierung würde sich auch die Sowjetunion beteiligen, so dachte man in Washington, wo die Realisierung des unteilbaren Weltmarkts zum nationalen Interesse erhoben wurde. Politische Liberalisierung werde die Sowjetunion überall außerhalb ihres Staatsgebiets zulassen, vor allem auch in den Ländern Ostmitteleuropas. Davon ging man jedenfalls nach der Konferenz von Jalta Anfang 1945 aus.

Amerikanische und *sowjetische Vorstellungen* von der Nachkriegsordnung standen sich *1945 unversöhnlich* gegenüber. Die Sowjetunion war nicht bereit, sich einer Pax Americana unterzuordnen. „In dem jetzigen Krieg", so formulierte *Roosevelt* 1944 den global angelegten Anspruch der USA, „gibt es buchstäblich kein einziges Problem, sei es militärischer oder politischer Natur, an dem die Vereinigten Staaten nicht interessiert sind." Diese Position entsprach im Grundsatz derjenigen *Stalins* vom April 1945: „Dieser Krieg ist nicht wie in der Vergangenheit; wer immer ein Gebiet besetzt, er legt ihm auch sein eigenes gesellschaftliches System auf. Jeder führt sein eigenes System ein, soweit eine Armee vordringen kann. Es kann ja nicht anders sein." *Beide Seiten* reklamierten für sich einen *Führungsanspruch.* In der wechselseitigen Wahrnehmung prallte das beiderseitige *Verlangen nach Führung* aufeinander: global im Fall der USA, was von seiten der Sowjetunion nicht anerkannt werden konnte; regional begrenzt, aber von der anderen Seite auch nicht tolerierbar, im Fall der Sowjetunion.

In der *Verkettung* von *ideologischen Grundhaltungen und machtpolitischen Schritten* entwickelte sich aus dieser Konstellation der **Kalte Krieg,** der 1947 für alle sichtbar zur Realität wurde und der die europäische Politik und die Weltpolitik in einem Freund-Feind-Denken polarisierte. Das *liberale Modell des Westens wurde vor allem ein antikommunistisches Modell.* Dabei blieb die nicht-kommunistische Linke in Europa, 1945 eine bedeutsame politische Kraft, ebenso auf der Strecke wie alle mäßigenden Stimmen, die eine mit militärischen Gefahren verbundene Zuspitzung des Ost-West-Konflikts vermeiden wollten. In der *Sowjetunion* wandelte sich die anfänglich als Sicherheitspolitik konzipierte Strategie zur scharfen Abgrenzung und zur *Lehre von den* **„zwei Lagern“** sowie zur *rücksichtslosen Sowjetisierung* der sowjetischen Satellitenstaaten in *Ostmitteleuropa.* Im Jahr des Kriegsendes war all dies noch nicht voll sichtbar, aber in seinen Grundzügen sehr wohl angelegt. Der **Systemkonflikt** zwischen West und Ost, der vor dem Ersten Weltkrieg ein transnationaler Konflikt gewesen und 1917 auch ein zwischenstaatlicher Konflikt geworden war, *entwickelte sich zum bestimmenden Moment der internationalen Politik.*

Gottfried Niedhart

DIE WELT DER GEGENWART (SEIT 1945)

Zeittafel zu:
Die Teilung Europas und Deutschlands
Das deutsche Problem – Zwei Staaten in Deutschland

1945	Gründungsaufruf der KPD (11. Juni)
	Potsdamer Konferenz (17. Juli – 2. Aug.)
Sept.	Beginn der Bodenreform in der SBZ
1946	Erster alliierter Industrieplan für Deutschland (28. März)
April	Vereinigungsparteitag von KPD und SPD in Ost-Berlin (21./22. April)
Juli/Aug.	Enteignung und Verstaatlichung der großen Industriebetriebe in der SBZ
1947 1. Jan.	Vereinigung der Britischen und Amerikanischen Besatzungszonen (Bizone)
März/April	Außenministerkonferenz in Moskau (10. März – 24. April)
12. März	Truman-Doktrin
5. – 8. Juni	Münchener Ministerpräsidentenkonferenz
5. Juni	Marshall-Rede in Harvard
14. Juni	Deutsche Wirtschaftskommission (DWK) in der SBZ eingesetzt
25. Juni	Konstituierung des Frankfurter Wirtschaftsrats
30. Sept.	Gründung des Kominform
6. – 7. Dez.	Erster Deutscher Volkskongreß in der SBZ
1948	Londoner Sechsmächtekonferenz (23. Febr. – 2. Juni)
20. März	Letzte Kontrollratssitzung in Berlin
20./21. Juni	Währungsreform in den Westzonen
23. Juni	Währungsreform in der SBZ
	Beginn der Berlin-Blockade
1. Sept.	Zusammentritt des Parlamentarischen Rates
1949	Gründung des RGW (Comecon) (25. Jan.)
4. Mai	Jessup-Malik-Abkommen über Beendigung der (am 12. Mai aufgehobenen) Berlin-Blockade
23. Mai	Verkündung des Grundgesetzes
29. Mai	Annahme der Verfassung in der SBZ
7. Okt.	Gründung der DDR
1950	Beginn des Korea-Krieges (25. Juni) (Ende 27. Juli 1953)
29. Sept.	Aufnahme der DDR in den RGW
1951	Unterzeichnung des Vertrags über die Montan-Union (18. April)
1952	Sowjetische Deutschland-Initiative (10. März)
27. Mai	Unterzeichnung des EVG-Vertrages
9. – 12. Juli	Zweite Parteikonferenz der SED, Verkündung des „Aufbaus des Sozialismus“
1953	Aufstände in Ostberlin und in der DDR (17. Juni)
1954 30. Aug.	Ablehnung des EVG-Vertrags durch die französische Nationalversammlung
23. Okt.	Unterzeichnung der Pariser Verträge: die Bundesrepublik tritt in die WEU ein

1955	Die Bundesrepublik wird NATO-Mitglied (9. Mai)
14. Mai	Gründung des Warschauer Paktes
9. – 13. Sept.	Besuch Bundeskanzler Konrad Adenauers in Moskau
1957	Erstmalige Anwendung der Hallstein-Doktrin (gegen Jugoslawien) (19. Okt.)
1958	Chruschtschows Berlin-Ultimatum (27. Nov.)
1960	Abschluß der Kollektivierung der Landwirtschaft in der DDR (Jan. – April)
1961	Präsident Kennedy formuliert seine drei „essentials" über Berlin (25. Juli)
13. Aug.	Bau der Mauer in Berlin
1963	Erstes Passierschein-Abkommen für West-Berlin (17. Dez.)
1966	Bildung einer „Großen Koalition" unter Kiesinger in Bonn (Dez.)
1967, Mai – September	Briefwechsel zwischen den Ministerratsvorsitzenden Willi Stoph und Bundeskanzler Kurt Georg Kiesinger
1968	Neue Verfassung der DDR (9. April)
1969 28. Okt.	Regierungserklärung Willy Brandts als Kanzler der ersten sozial-liberalen Koalition
1970	Treffen Brandt – Stoph in Erfurt und Kassel (März-Mai)
12. Aug.	Unterzeichnung des Moskauer Vertrages
7. Dez.	Unterzeichnung des Warschauer Vertrages
1971	Ablösung Ulbrichts durch Honecker (4. Mai)
3. Sept.	Viermächte-Abkommen über Berlin
1972	Grundlagenvertrag zwischen der Bundesrepublik und der DDR (21. Dez.)
1975	KSZE-Konferenz in Helsinki: Unterzeichnung der Schlußakte (1. Aug.).

Die Teilung Europas und Deutschlands

Fragestellung

Geteiltes Europa, geteiltes Deutschland – Selbstverständlichkeiten, an die sich die Menschen seit 40 Jahren gewöhnt haben, so daß sie allzu leicht zu fragen vergessen, wie es dazu gekommen ist. Die Teilung geschah in drei Wegstrecken: *„Ausbruch" des Kalten Krieges, Gründung zweier deutscher Staaten, Vollendung der Blöcke.* Wie sahen diese Wegstrecken aus, und welches waren die Gründe, sie zu gehen?

Münchener Ministerpräsidentenkonferenz 1947 – Zeichen für die fortschreitende Teilung Europas und Deutschlands

Als 1970 Bundeskanzler Willy Brandt und der Ministerratsvorsitzende der DDR, Willi Stoph, in Erfurt zusammentrafen, war dies die erste Begegnung höchster west- und mitteldeutscher Repräsentanten seit einem Vierteljahrhundert. Damals, am **5. Juni 1947**, war die *Konferenz der Ministerpräsidenten* **aller vier Besatzungszonen** *in München* bereits an ihrem Vorabend gescheitert. Eingeladen hatte die bayerische Regierung, indem sie zur Zusammenarbeit im Sinne *„wirtschaftlicher Einheit und künftiger politischer Zusammenfassung"* aufrief. Gleichwohl dachte man trotz der Einladung an die Ministerpräsidenten der Ostzone mehr an ein Gespräch über westzonale Probleme. Hatte man sich bereits *mit einer vorläufigen Trennung abgefunden?* Die Einladung war allerdings so offen formuliert, daß sich alle Seiten angesprochen fühlen konnten. So auch die ostzonalen Ministerpräsidenten, *die gegen den Widerstand der SED-Führung* ihre Teilnahme durchsetzten. Immerhin mußten sie die Auflage hinnehmen, in München einen bestimmten Tagesordnungspunkt durchzusetzen – oder abzureisen: „Bildung einer *gesamtdeutschen Zentralverwaltung* durch Verständigung der demokratischen deutschen Parteien und Gewerkschaften zur Schaffung eines deutschen Einheitsstaates".

Ein Sprengsatz? Das Konfliktnetz war komplizierter, als der erste Eindruck erkennen läßt. Auch in den Westzonen bestand keinesfalls Einigkeit zwischen den Deutschen und ihren Besatzungsmächten über den Sinn einer gesamtdeut-

Mitteleuropa nach dem Zweiten Weltkrieg

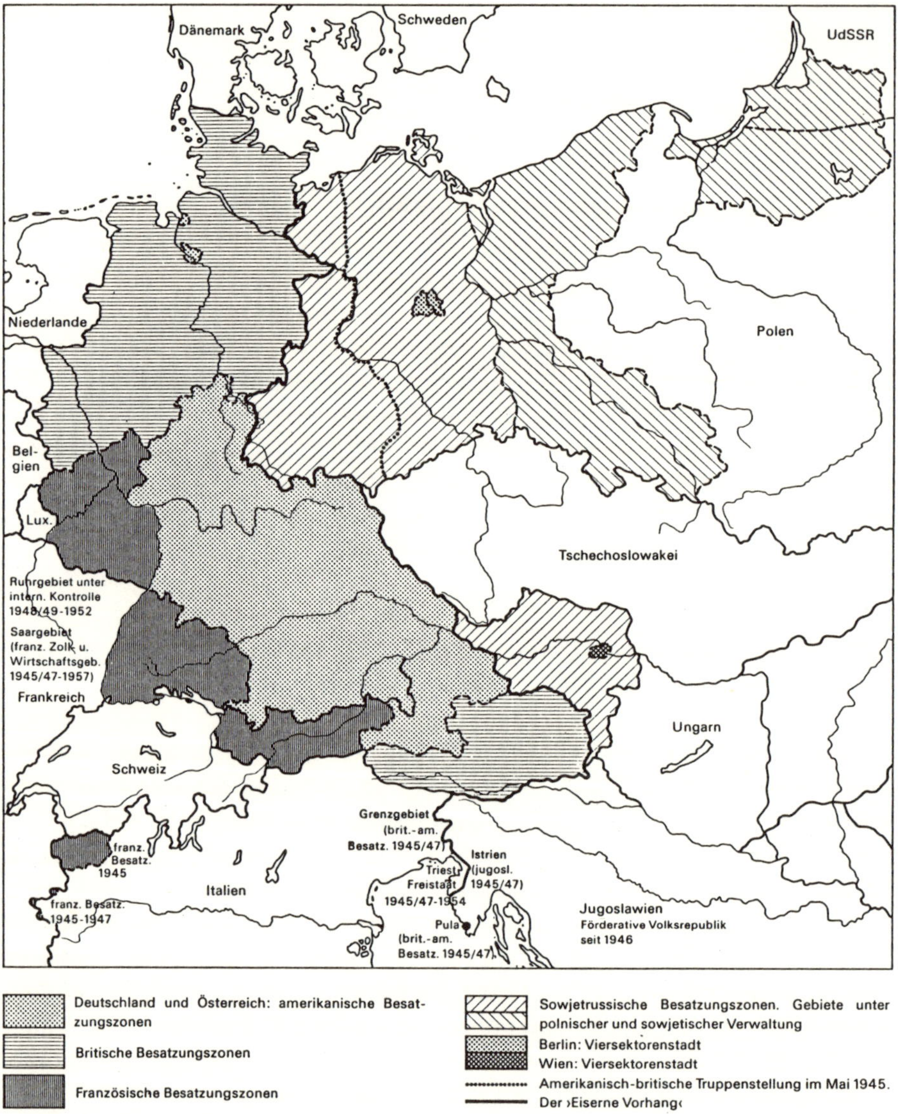

schen Veranstaltung. Um nur ein Beispiel zu nennen: Die SPD wollte nicht mit SED-Vertretern reden, solange die im Frühjahr 1946 in der Sowjetzone mit *der KPD zwangsvereinigte SPD* nicht wieder zugelassen würde. Und die Sozialdemokraten waren nicht bereit, den Föderalismus bayrischer Prägung als Grundlage einer deutschen politischen Ordnung anzuerkennen. Die Haltung der französischen Militärregierung verhalf den westdeutschen Ministerpräsidenten zu einem Interessenausgleich auf kleinstem Nenner: Die Konferenz sollte nur wirtschaftliche Fragen beraten. *Angst vor Beunruhigung durch die Sowjetzone?* Jedenfalls reisten die ostzonalen Ministerpräsidenten erst ab, als sowohl ihr Antrag wie ihre Vermittlungsvorschläge abgelehnt worden waren.

Die *Schuld am Scheitern des gesamtdeutschen Gesprächs* einfach einer der beiden Seiten zuschieben zu wollen, würde der Problemlage nicht gerecht. Es muß u.a. bedacht werden, daß die Ministerpräsidenten der Ostzone wohl mit Zustimmung auch der bürgerlichen Parteien, aber gegen den Widerstand der SED-Führungsgruppe nach München gefahren waren. Auf der anderen Seite muß man sehen, daß die SPD ihre Ausschaltung in der SBZ nicht hinnehmen wollte. Gewiß war sie bewußt antikommunistisch, aber ebenso wie die CDU war sie nie gegen gesamtdeutsche Lösungen eingestellt. Allerdings gab es bei den westdeutschen Parteien eine größere Bereitschaft, sich dem Westen anzuschließen, als bei den ostzonalen, sich der Sowjetunion anzupassen.

Warum wird die Münchener Ministerpräsidentenkonferenz hier als **„Fall"** behandelt? *Sie muß als Zeichen gesehen werden,* und nur von daher erlangt sie Gewicht: *Zwei Jahre nach Kriegsende war es den Deutschen in West und Ost schon nicht mehr möglich, auf der Ebene höchster Repräsentanten überhaupt noch an einem Tisch zu sitzen.* Jede Seite trug ein Problembündel mit sich herum, das eine zoneninterne Last, eine solche des Verhältnisses zu den direkten Bezugsmächten sowie eine gesamtdeutsche enthielt. Diese Lasten machten Entscheidungen über Prioritäten notwendig, die unausweichlich zu Zerreißproben führen mußten. Und gerade am Beispiel der Münchener Konferenz wurde die *Zerreißprobe* erkennbar. *Auf der Strecke blieb die gesamtdeutsche Gemeinsamkeit,* indem die Westdeutschen das Wagnis scheuten, die Ostzonenvertreter dem Zwang ihres Auftrags nicht entrinnen konnten und sich damit der Generallinie beugen mußten. Übrig blieb der **getrennte Weg.** Die Übermacht der Großmächte USA und UdSSR sollte sich schließlich als so stark erweisen, daß *deutsche Handlungsspielräume nur noch innerhalb* der westlichen Zonen und innerhalb der östlichen Zone gegeben sein würden, *nicht aber zonenübergreifend.* Die Ministerpräsidentenkonferenz kann als *Symptom* für den Prozeß der *Teilung Deutschlands und Europas* gewertet werden. Die Konferenz selber hätte niemals Entscheidungen herbeiführen können. Diese fielen in der Beziehung der Großmächte zueinander:

- Die *Moskauer Außenministerkonferenz* im Frühjahr 1947 brachte keine Fortschritte in der Deutschlandfrage.
- Zur gleichen Zeit begann mit der *Truman-Doktrin* eine neue Politik der USA gegenüber der UdSSR. Sie wurde durch den Begriff „containment" = Eindämmung bezeichnet.
- Die Sowjetunion war auf den Konflikt nicht weniger vorbereitet und reagierte mit der *systematischen Sowjetisierung* der Staaten ihrer Einflußzone.
- Am Tag, als die Münchener Konferenz scheiterte, hielt der amerikanische Außenminister Marshall seine berühmte Rede in Harvard. Sie wurde zum Auslöser des bekannten *Marshall-Plans.*

Das Zusammenfallen von Ministerpräsidentenkonferenz und Marshall-Rede war zweifelsfrei zufällig, und doch ist es sinnträchtig. Hier können Deutsche nicht mehr an einem Tisch sitzen, dort zeigt sich die Anwendung einer neuen Politik im Weltmaßstab, welche die Ohnmacht der Deutschen wie auch der nicht-besiegten Westeuropäer in aller Schärfe offenbart. Welches waren die Bedingungen, welches die Folgen?

Die Bedingungen des internationalen Systems und der Weg in den Kalten Krieg

Mit dem Ende des Zweiten Weltkrieges zeigte sich sehr bald, daß nach Deutschland auch die anderen *Großmächte Europas,* England und Frankreich, ihre *bisherige Stellung verloren* hatten. Sieger waren die USA und die UdSSR. Von ihrem Mit- oder Gegeneinander mußten die Weichenstellungen der Nachkriegszeit abhängen.

Einem Miteinander aber fehlten von Anfang an günstige Voraussetzungen; denn die *Qualität des Sieges* war für die Sowjetunion eine andere als für die USA. *Ungleichgewichtigkeit* bestimmte diese Qualität. Wenngleich militärischer Sieger wie die Vereinigten Staaten, war die *Sowjetunion* als verwüsteter Kriegsschauplatz und als Empfänger ausländischer Militär- und Wirtschaftshilfe *den USA weit unterlegen,* obwohl sie fast unbegrenzten Einfluß bis zur Elbe und in weiten Teilen des Balkans gewonnen hatte.

Die *Vereinigten Staaten* gingen nämlich *ohne Einbußen* aus dem Krieg hervor. Sie waren nicht Kriegsschauplatz gewesen, hatten den Verbündeten auf allen Gebieten Hilfe gespendet und verfügten über wirtschaftlichen Einfluß in vielen Teilen der Welt.

Den *unterschiedlichen Ausgangslagen* entsprachen natürlich auch *unterschiedliche Interessen.* Zwar hegten die beiden Großmächte keine Angriffsabsichten gegeneinander. Dennoch hatte aber das beiden Mächten gemeinsame Interesse an Sicherheit und Frieden einen unterschiedlichen Hintergrund. Das Interesse der **Sowjetunion** richtete sich auf die Erhaltung ihres Besitzstandes von 1945 und die Absicherung der neugewonnenen Großmachtstellung. Mußte sie sich damit abfinden, daß der Kapitalismus gestärkt aus dem Krieg hervorgegangen war, so wollte sie jedoch nicht darauf verzichten, ihren Einflußbereich nach eigenen Vorstellungen zu gestalten. Dieses mußte Hand in Hand mit dem wirtschaftlichen Wiederaufbau des eigenen Landes gehen. Daher wollte die UdSSR ein *Einflußfeld sowjetfreundlicher Staaten* schaffen, in dem keine andere Macht mitzureden hatte. Dies bedeutete den Aufbau eines Bereichs sowjetischer Vorherrschaft in Ostmitteleuropa. *Deutschland westlich von Oder und Neiße* gehörte *nicht* zu diesem engeren Sicherheitsgürtel, denn hier waren die Verhältnisse noch unentschieden und von der Mitsprache anderer abhängig.

Bildete somit *Sicherheit* oberstes politisches Ziel der Sowjetunion und *Einflußbereich* das dazu geeignete Mittel, so wurde dieses im Ansatz defensive Programm doch stets begleitet von einer *aggressiven Ideologie:* sozialistische Revolution im Weltmaßstab! Würde eine Nation, die andere Interessen verfolgte, erreichbare und wünschenswerte Ziele der Sowjets voneinander unterscheiden können?

Ganz anders war die Interessenlage der **Vereinigten Staaten.** Ihr weltweiter Einfluß gestattete ihnen die Fortsetzung einer Politik, die von dem Gedanken ausging, daß *alle Staaten der Welt in friedlichem Wettstreit* miteinander konkurrieren, also füreinander offen sein sollten: *One World.* Dieses allgemein annehmbar erscheinende Konzept hatte jedoch einen spezifisch amerikanischen Akzent: Es bedeutete, eine befriedete Welt mit friedlichen Mitteln nach amerikanischem Muster zu schaffen. Dazu gehörte neben wirtschaftlichen und politischen Gesichtspunkten als ideologischer Bestandteil *das amerikanische Sendungsbewußtsein,* vorbildliche Demokratie zu leben und für andere bereitzuhalten.

Hier zeigt sich bei aller Unterschiedlichkeit der Interessenlagen eine *Gemeinsamkeit.* Beiden Großmächten war ein *dynamisches Element* eigen, also ein eigengesetzlicher Drang zur *Einflußerweiterung:* günstige Voraussetzung für wechselseitige **Fehleinschätzungen** mit unabsehbaren Konsequenzen!

Die *unterschiedliche Definition von Sicherheit* mußte die Gefahr deutlich werden lassen. Für die *Sowjetunion* war die Sicherheit gefährdet, wenn eine andere Macht sich weigern würde, ihre *Einflußzone* anzuerkennen. Für die *Vereinigten Staaten* mußte die Sicherheit bereits dann gefährdet sein, wenn irgend ein anderer Staat einen ausschließlichen Herrschaftsbereich und nicht nur eine begrenzte Hegemonie für sich beanspruchte. Dann würde es keine *„One World“* mehr geben. Konkret: Wie würden die dauernde Bemühung, der Sowjetunion ihre Einflußsphäre streitig zu machen, und eine zunehmend deutlichere Verkündigung kommunistischer Revolutionsziele im Weltmaßstab aufgenommen werden? Eine Antwort: Bis heute *gilt* die *UdSSR* im Westen als *aggressiv* und *expansiv,* bis heute gelten die *USA* im Osten als Führer des *„aggressiven Kapitalismus“* oder *„Imperialismus“*.

Damit öffnet sich der Blick in die Struktur des **internationalen Systems** am Kriegsende: Mit der Abschwächung des europäischen Kräftefeldes und dessen Überlagerung durch die beiden Flügelmächte bildete sich eine Ost-West-Konstellation weltweiten Ausmaßes, das *Grundmuster des Ost-West-Konflikts.* Dieses Phänomen wurde überhaupt erst möglich, als die Verbindung des europäischen Kriegsschauplatzes mit dem asiatischen zum ersten Mal einen weltumspannenden Zusammenhang geschaffen hatte. Dabei sollte der Anteil der Kommunikationstechnik nicht übersehen werden.

Die andere weltweite Struktur, die heute das Weltsystem zunehmend bestimmt, der *Nord-Süd-Konflikt,* bahnte sich schon durch den im Krieg freigesetzten *Entkolonialisierungsprozeß* an.

Die *Globalisierung der Politik* bedeutete nun aber nicht, daß Europa als zentraler Handlungsschauplatz zugleich von anderen Regionen verdrängt worden wäre. Nur wurde der Kontinent nicht mehr von den alten Mächten beherrscht. Blieb er Zentrum des Geschehens, so mußten sich jedoch alle einschneidenden Vorgänge im Ost-West-Gegensatz auch auf die übrige Welt auswirken. Ergebnis: Der *Ost-West-Gegensatz* war 1945 die *beherrschende Struktur* im internationalen System. Er war *unvermeidbar,* denn er war – und ist bis heute – faktisches Ergebnis des von Hitler-Deutschland entfesselten Zweiten Weltkrieges. Der Ost-West-Konflikt als Struktur ist aber *nicht gleichzusetzen mit dem Kalten Krieg.* Dieser war nur eine *Austragungsweise* des grundsätzlichen Gegensatzes, und das beschriebene *„Sicherheitsdilemma“* (J. Herz) war sein Nährboden.

Die Behandlung Deutschlands zwischen 1945 und Frühjahr 1947 spiegelt den Ost-West-Konflikt in der *Vorstufe des Kalten Krieges* wider. Bis 1947 war das Ringen um die Verteilung der deutschen Kriegsbeute nicht viel mehr als ein „Gerangel“ aufgrund der unterschiedlichen Interessen, noch nicht jedoch Ausdruck des *verschärften Konflikts.* Nicht das deutsche Problem löste ihn aus: Im Februar 1947 teilten die Briten den Amerikanern mit, daß sie aus finanziellen Gründen nicht mehr Wächter im *östlichen Mittelmeer* – Griechenland, Türkei – sein könnten. Die USA mußten sich entscheiden. Sie formulierten ihre neue Politik aus Anlaß des Bürgerkrieges in *Griechenland,* an dem kommunistische Kräfte beteiligt waren. Washington sah hier Moskau am Werk. Bis heute ist nicht erwiesen, ob die Amerikaner recht hatten. Das *Sicherheitsdilemma* bewirkte jedoch diese Einschätzung und führte zur **Truman-Doktrin** vom März 1947. Sie unterschied zwischen Freiheit und Unfreiheit in der Welt und wies der Sowjetunion – ohne sie zu nennen – die Verantwortung für die Unfreiheit zu. Die *USA* griffen als erste zum *Fehdehandschuh,* aber die *UdSSR* war deshalb nicht überrascht und *nahm ihn* gut vorbereitet *auf.* Sie reagierte mit der Ausschaltung der ungarischen Bauernpartei und der systematischen Sowjetisierung der Staaten ihres Einflußbereichs.

Der *Kalte Krieg* war ausgebrochen und wirkte sich sofort auch auf Deutschland aus. Dadurch, daß hier die Großmächte am engsten aufeinanderstießen, wurde das *deutsche Problem* zum *Konfliktbereich Nummer eins.* Erst jetzt wurde aus dem „Gerangel“ ein konfliktgeladener Ernst, der zur *Spaltung Deutschlands* führte. Doch als es soweit war, zeigte sich in der *Münchener Ministerpräsidentenkonferenz,* daß schon die beiden Jahre bis zum Ausbruch des Kalten Krieges ausgereicht hatten, das gemeinsame Tischtuch mürbe zu machen. Jetzt mußte es vollends zerreißen.

Die Entstehung zweier deutscher Staaten

Die *Außenministerkonferenz der vier Besatzungsmächte vom 10. März bis 24. April 1947 in Moskaus* scheiterte. Die Verhandlungen über die Wiedererrichtung deutscher Zentralbehörden, einer deutschen Regierung und der Einheit des deutschen Wirtschaftsraumes sowie über die Reparationen führten zu keinem Ergebnis. Was folgte hieraus für die *Zonenpolitik der Sieger?* Das läßt sich alsbald an der **Neuordnung** der einzelnen **Wirtschaftsverwaltungen** erkennen.

Hatten die USA und Großbritannien die seit dem 1. Januar 1947 offiziell bestehende *Bizone* u.a. als Druckmittel zur Herstellung der deutschen Wirtschaftseinheit gedacht, so wurde sie jetzt zur Grundlage wirtschaftlicher, dann aber auch politischer *Integration der Westzonen.* Ihrem Sog mußte sich 1948 schließlich die widerstrebende französische Besatzungsmacht ergeben. Die Parallelität der Maßnahmen in West und Ost läßt sich an den Ereignissen ablesen: Am *29. Mai 1947* wurde das britisch-amerikanische Abkommen über die *Neugestaltung der bizonalen Wirtschaftsverwaltung* getroffen, und sechs Tage später schuf die Sowjetische Militäradministration (SMAD) mit der *Deutschen Wirtschaftskommission (DWK)* die erste zentrale Gesamtverwaltung der Ostzone. In der DWK wurden die bereits bestehenden Einzelverwaltungen für Industrie, Handel und Versorgung etc. zusammengeschlossen. Sie enthielt sogar einen parlamentarischen Charakter in Gestalt eines Plenums mit zuerst 36, später 101 Mitgliedern, die mehrheitlich der SED angehörten. Die Zuständigkeiten der *DWK* entwickelten sich schließlich dahin, daß sie die Verordnungen mit Gesetzescharakter erlassen konnte, die auch für die Länder verbindlich waren. So wurde sie zur zentralen *Lenkungsstelle der Wirtschaft in der SBZ.*

1948 war die **Zentralisierung** soweit getrieben, daß das Wirtschaftssystem eine *neue Qualitätsstufe* erreichte. Mit Schaffung der *Vereinigten Volkseigenen Betriebe (VVB)* wurden nämlich neue Rechtsformen geschaffen und die früheren Eigentümer aus Handelsregistern und Grundbüchern gestrichen. Diese Maßnahmen waren letztlich entscheidender als Boden- und Industriereform der Jahre 1945 und 1946. „Will man einen Zeitpunkt in der Nachkriegsgeschichte fixieren, von dem an – primär unter ökonomischen Gesichtspunkten betrachtet – in der SBZ/DDR eine gewisse *Eigendynamik des Wirtschaftssystems* zu wirken begann und zugleich eine Restaurierung früherer Eigentumsverhältnisse nicht mehr ohne weiteres möglich war, so war dies um die Jahresmitte 1948." (B. Niedbalski, Die deutsche Wirtschaftskommission, 1984)

Zu dieser Zeit hatte man auch die Weichen in der Verwaltung des *Vereinigten Wirtschaftsgebiets,* der Bizone, so weit gestellt, daß eine Richtungsänderung kaum noch denkbar war. Der 1947 geschaffene *Frankfurter Wirtschaftsrat* hatte wie die DWK einen parlamentarischen Charakter mit zunächst 52, später 104 Mitgliedern. Auch er stellte eine Zentralisierung der bestehenden Einzel-

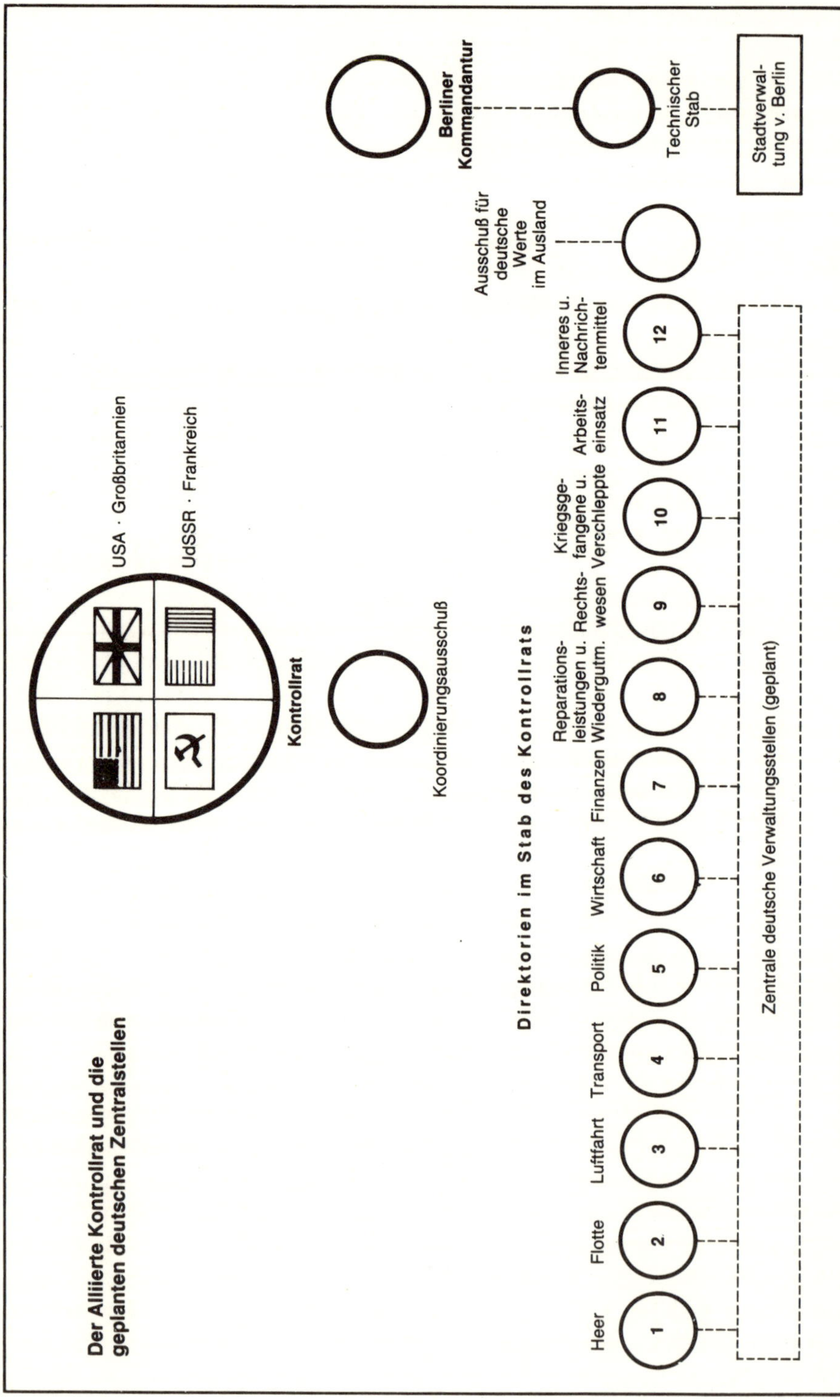
Der Alliierte Kontrollrat und die geplanten deutschen Zentralstellen
USA · Großbritannien
UdSSR · Frankreich
Kontrollrat
Koordinierungsausschuß
Berliner Kommandantur
Direktorien im Stab des Kontrollrats
Heer
Flotte
Luftfahrt
Transport
Politik
Wirtschaft
Finanzen
Reparationsleistungen u. Wiedergutm.
Rechtswesen
Kriegsgefangene u. Verschleppte
Arbeitseinsatz
Inneres u. Nachrichtenmittel
1
2
3
4
5
6
7
8
9
10
11
12
Ausschuß für deutsche Werte im Ausland
Technischer Stab
Stadtverwaltung v. Berlin
Zentrale deutsche Verwaltungsstellen (geplant)

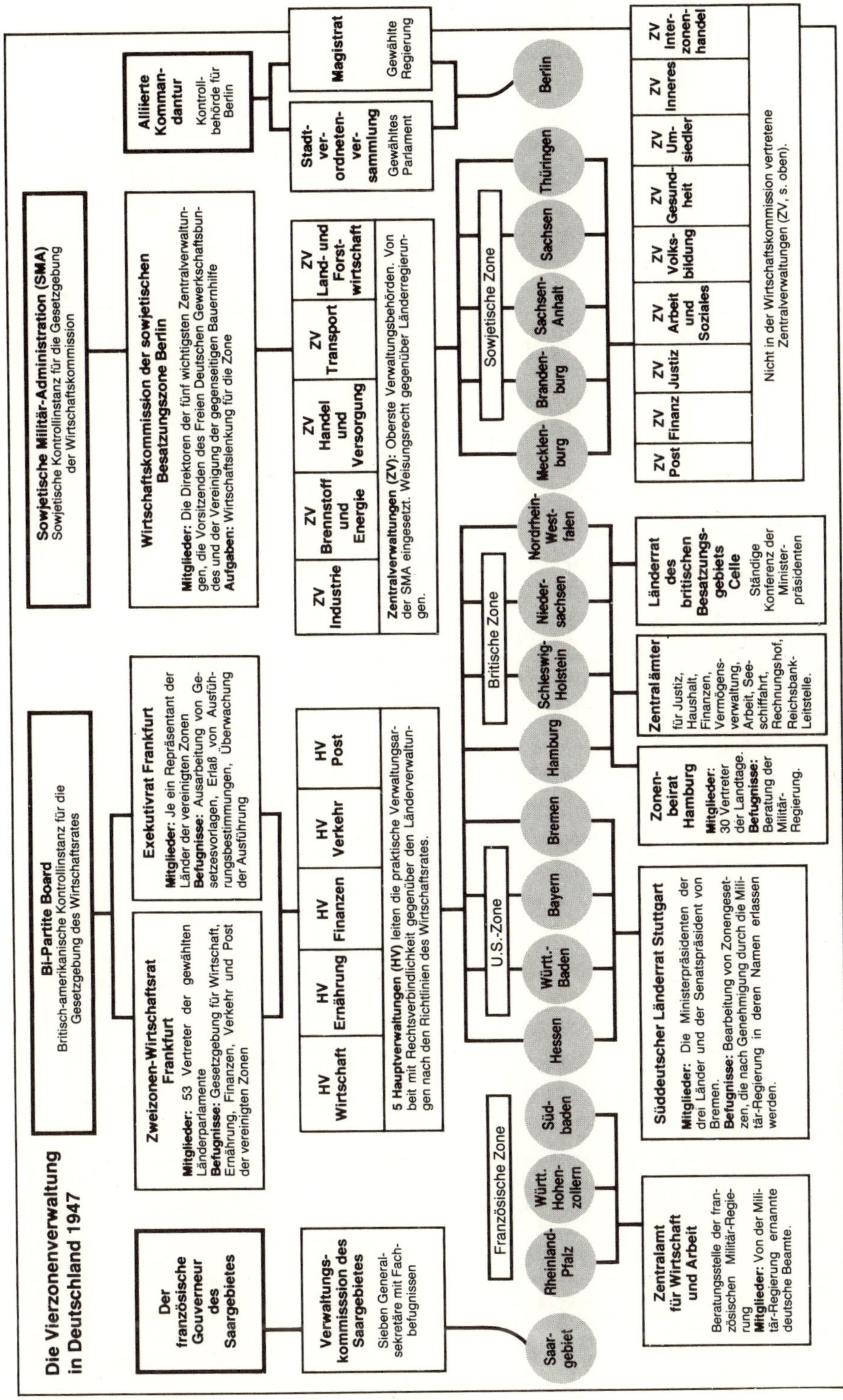

Die Graphik, die auf einen Entwurf von 1947 zurückgeht, weist zwar Ungenauigkeiten (Status des Saarlandes und Berlins, Details der Bizonenverwaltung) auf, vermittelt aber dennoch einen guten Gesamtüberblick.

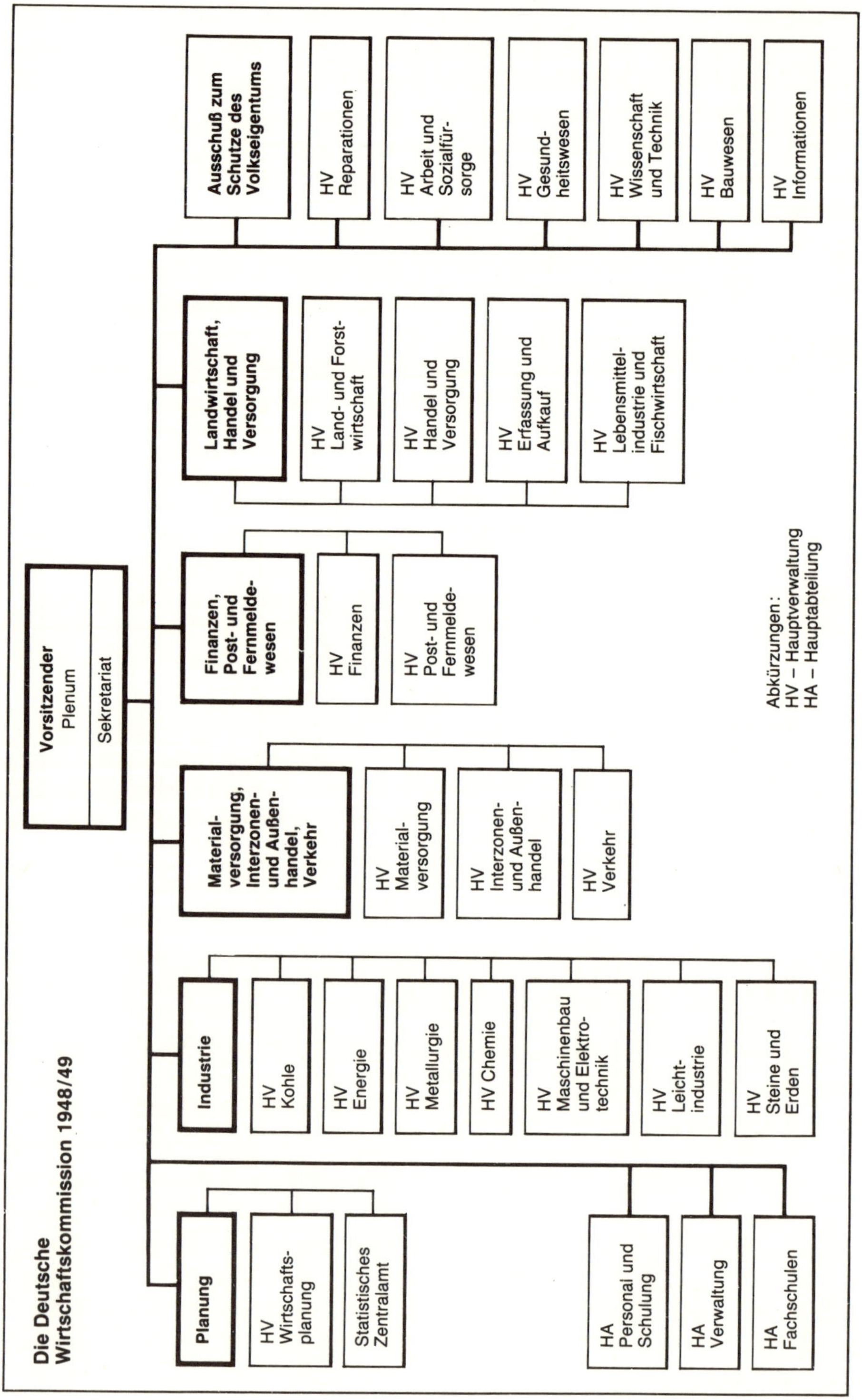
Die Deutsche Wirtschaftskommission 1948/49
Vorsitzender
Plenum
Sekretariat
Planung
HV Wirtschaftsplanung
Statistisches Zentralamt
HA Personal und Schulung
HA Verwaltung
HA Fachschulen
Industrie
HV Kohle
HV Energie
HV Metallurgie
HV Chemie
HV Maschinenbau und Elektrotechnik
HV Leichtindustrie
HV Steine und Erden
Materialversorgung, Interzonen- und Außenhandel, Verkehr
HV Materialversorgung
HV Interzonen- und Außenhandel
HV Verkehr
Finanzen, Post- und Fernmeldewesen
HV Finanzen
HV Post- und Fernmeldewesen
Landwirtschaft, Handel und Versorgung
HV Land- und Forstwirtschaft
HV Handel und Versorgung
HV Erfassung und Aufkauf
HV Lebensmittelindustrie und Fischwirtschaft
Ausschuß zum Schutze des Volkseigentums
HV Reparationen
HV Arbeit und Sozialfürsorge
HV Gesundheitswesen
HV Wissenschaft und Technik
HV Bauwesen
HV Informationen
Abkürzungen:
HV – Hauptverwaltung
HA – Hauptabteilung

verwaltungen der Bizone dar und hatte Gesetzgebungsbefugnisse. 131 seiner Gesetze blieben für die Bundesrepublik Deutschland gültig. Im *Frankfurter Wirtschaftsrat* wurde aber auch das an *neoliberalen Grundsätzen* orientierte System der Sozialen **Marktwirtschaft** nach dem Konzept des parteilosen Direktors der Verwaltung für Wirtschaft, *Ludwig Erhard,* auf den Weg gebracht. Dies geschah am Tage der Währungsreform, die auch die französische Besatzungszone einschloß (20. Juni 1948), und sollte die bis dahin praktizierte zentrale Verwaltungswirtschaft ablösen.

Die Währungsreform und die über ein Jahr dauernde Berliner Blockade in ihrem Gefolge sind Zeichen dafür, wie weit die Teilung Deutschlands und Europas inzwischen fortgeschritten war. Mit dem getrennten Geldschnitt war „der eigentliche Nerv jeder Form staatlicher Einheit getroffen“ (C. Kleßmann, Die doppelte Staatsgründung, 1982). Aber schon im *Vorfeld der Währungsreform* hatte man auf beiden Seiten die Wege für die politische Teilung Deutschlands geebnet.

Handelte es sich aber nicht bei der *Volkskongreßbewegung,* die im November 1947 von der SED in der SBZ veranlaßt wurde, um einen primär gesamtdeutschen Impuls? Man kann die Bewegung erst richtig einschätzen, wenn man sich der Doppelfunktion bewußt wird, die viele politische Initiativen hier in der Folgezeit hatten: Unter dem Mantel eines *gesamtdeutschen Anspruches* wurden gleichzeitig Vorbereitungen für eine *staatliche Sonderentwicklung* der Ostzone getroffen. Der 1. Volkskongreß im Dezember 1947 setzte sich aus 2225 nach nicht klar erkennbaren Kriterien bestimmten Delegierten zusammen, von denen 464 aus den Westzonen kamen. Da sich die Ost-CDU-Vorsitzenden Kaiser und Lemmer weigerten, den Volkskongreß zu unterstützen, wurden sie von der SMAD abgesetzt. Die CDU wie die Liberalen *verloren* aufgrund dieser Bewegung ihre bisher noch *gesamtdeutsche Organisation.* Im März 1948 folgte ein zweiter Volkskongreß. Die Abschwächung des gesamtdeutschen Anspruches zeigte sich in der Ausarbeitung eines *Verfassungsentwurfs* wie in der nach den Prinzipien der *Einheitsliste* durchgeführten Wahl zum 3. Volkskongreß, der am *29. Mai 1949* die **Verfassung der DDR** annahm.

Die **Parallelität der Ereignisse** ist augenscheinlich. In der *Bizone* war mit der Ausgestaltung des Frankfurter Wirtschaftsrates nicht nur der innere Aufbau der zukünftigen Bundesrepublik vorgebildet, auch das *politische Kräftefeld des westdeutschen Staates* wurde hier vorgeformt. Indem die SPD 1947 überraschend kampflos die Oppositionsrolle übernahm, hob sie die bürgerliche Koalition eigentlich erst aus der Taufe und begab sich der Möglichkeit zu aktiver Mitgestaltung der wirtschaftlichen und politischen Verhältnisse. Parallel zur letzten Umwandlung des Wirtschaftsrates beschloß die *Londoner Sechs-Mächte-Konferenz* (USA, Großbritannien, Frankreich, Beneluxländer; *23. Februar bis 2. Juni 1948) die Gründung eines westdeutschen Staates* und die Ausarbeitung einer *Verfassung auf föderativer Grundlage.* Das Konzept

Die Staatsorgane der Bundesrepublik Deutschland

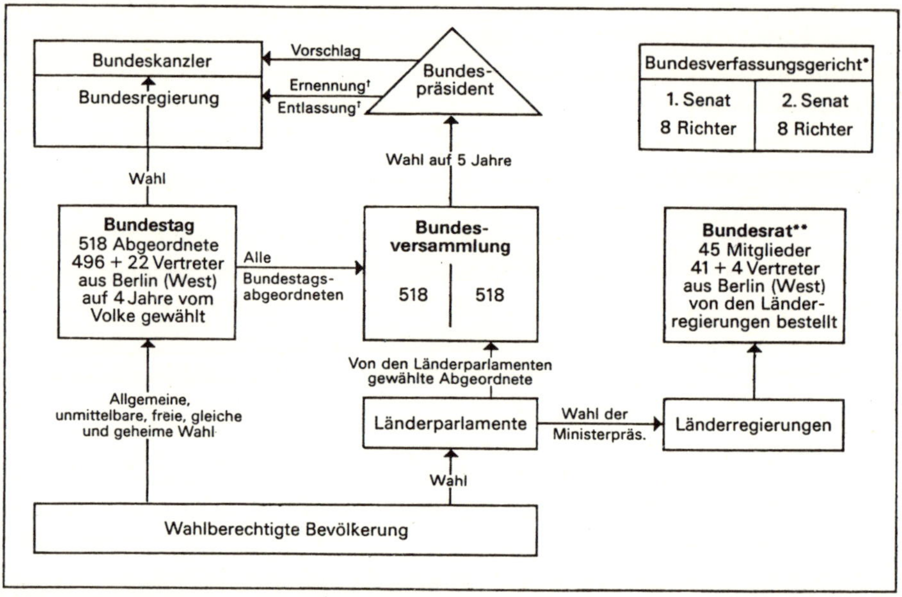

*Hüter des Grundgesetzes **Mitwirkung bei der Bundesgesetzgebung †Auf Vorschlag des Bundeskanzlers

Redaktionsarchiv der Zahlenbilder,
Berlin – Bielefeld – München (Erich Schmidt Verlag)

der Alliierten wurde am 1. Juli 1948 den Ministerpräsidenten aller Länder der drei Westzonen in Frankfurt übergeben *(Frankfurter Dokumente).*

Im September 1948 trat in Bonn der aus Mitgliedern der Landtage gebildete *Parlamentarische Rat* zur Ausarbeitung des **Grundgesetzes** der **Bundesrepublik Deutschland** zusammen. Diese Verfassung wurde nach der Annahme durch den Parlamentarischen Rat am *23. Mai 1949* verkündet. Die Befürchtungen, die Türen für gesamtdeutsche Lösungen zuzuschlagen, waren im Westen bei den Deutschen stärker als bei den Besatzungsmächten. Im Osten dagegen zeigte sich die UdSSR bis in die fünfziger Jahre hinein neben der Teilstaatslösung auch der Möglichkeit eines *neutralisierten,* der Sowjetunion freundlich zugewandten *Gesamtdeutschlands* offen. Sie versprach sich davon Einflußmöglichkeiten und eine Schwächung der Westmächte.

Am 14. August 1949 wurde der erste *Bundestag* gewählt, am 20. September wurde **Konrad Adenauer** erster Bundeskanzler. Am 7. Oktober 1949 konstituierte sich der 3. Volkskongreß als provisorische *Volkskammer der DDR,* welche die Regierung **Grotewohl** (SED) am 12. Oktober 1949 bestätigte. *Die Teilung Deutschlands war vollzogen,* die definitiv und parallel mit „Ausbruch" des Kalten Krieges im Frühjahr 1947 begonnen hatte.

Der Staatsaufbau der DDR (seit 1968)

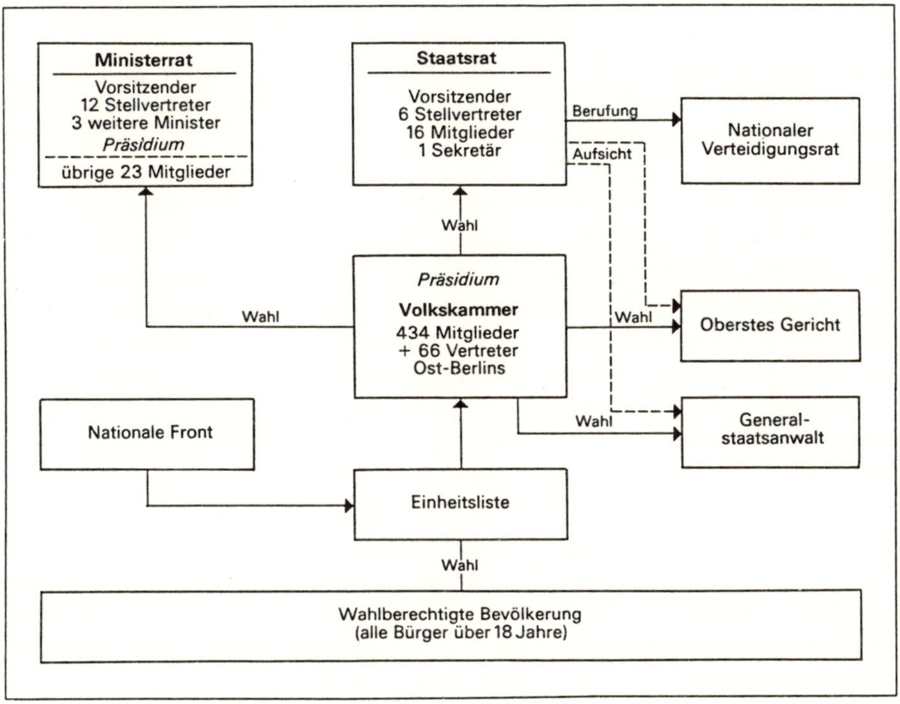

Der Abschluß der Blockbildung

Die Teilung Europas war noch nicht vollendet, man hatte die beiden deutschen Staaten bisher nicht in die entgegengesetzten **Militärallianzen** einbezogen. Der Weg dahin begann mit dem Ausbruch des **Korea-Krieges** am 25. Juni 1950. Die Frage nach den wirklichen Ursachen des nordkoreanischen Überfalls auf Südkorea ist umstritten. Entscheidend für die weitere Entwicklung wurden die unterschiedlichen Auffassungen (Perzeptionen) dieses Krieges in West und Ost. Der Westen glaubte seine Auffassung von der *sowjetischen Aggressivität* bestätigt. Die UdSSR verletzte danach den Status quo, indem sie die Nordkoreaner als „Stellvertreter" vorschickte. Moskau dagegen sah in der schnellen westlichen Reaktion durch Aufbau einer amerikanisch geführten UN-Streitmacht das unverminderte Fortwirken des *„US-Imperialismus"*, jede Gelegenheit nutzend, den Sozialismus zu schwächen. Der Korea-Krieg wirkte folglich als *Katalysator des Kalten Krieges.*

Die Situation des Krieges im geteilten Land wurde auf Deutschland übertragen. Die USA und Bundeskanzler Adenauer trafen sich in der Erkenntnis, daß die *Bundesrepublik* in die *Verteidigung des Westens* aktiv durch *eigene Streit-*

kräfte einbezogen werden müsse. Die Debatte um den westdeutschen Wehrbeitrag begann. Sie bestimmte die deutsche und internationale Diskussion bis 1955.

Einen Höhepunkt brachte am *10. März 1952* die *Moskauer Initiative* zur Wiedervereinigung und Neutralisierung Deutschlands, welche die Möglichkeit einer Überwindung der deutschen Teilung und einer Minderung der Spaltung Europas aufzuzeigen schien. Die Diskussion darüber, ob 1952 eine *Chance zur Wiedervereinigung Deutschlands* verpaßt worden sei, ist bis heute nicht verstummt. Gesichert ist, daß die *Sowjetunion* die militärische Integration der Bundesrepublik Deutschland in das Bündnis einer westeuropäischen *Verteidigungsgemeinschaft (EVG) verhindern* wollte. Umstritten ist dagegen, ob die UdSSR darüber hinaus ihren Vorschlag wirklich ernst meinte und bereit gewesen wäre, die DDR zugunsten eines nicht-sozialistischen, wenn auch der Sowjetunion freundlich zugewandten Gesamtdeutschlands aufzugeben. Dafür sind Gründe angeführt worden. Allerdings hätte auch der Westen Abstriche machen und sozialistische Elemente in der liberalen Wirtschafts- und Gesellschaftsordnung akzeptieren müssen. Neueste Forschungen im Hinblick auf die westliche Einstellung zur sowjetischen Initiative bestätigen die Annahme: *Amerikaner* und *Briten* dachten zu *keinem Zeitpunkt* daran, ihr *Konzept der Westintegration* der Bundesrepublik Deutschland durch die Sowjetunion *stören zu lassen* – unabhängig davon, was die Deutschen wünschten. Besonders als die Sowjetunion in ihrer zweiten Note vom 9. April 1952 den westlichen Forderungen nach freien Wahlen weitgehend entgegenkam, verstärkten sich die Stimmen, die eine Probe auf die sowjetische Ernsthaftigkeit verlangten. Adenauer unterstützte hingegen die Einschätzung der Westmächte. Für ihn gab es keinen *Zielkonflikt zwischen Westintegration und Wiedervereinigung.*

Wenn aber der Eindruck einer „Schuld“ der Westmächte am Scheitern der Wiedervereinigung entsteht, so ist dem entgegenzuhalten, daß die westliche Politik ein Ergebnis des **verschärften Ost-West-Konflikts** war, der *von beiden Seiten gestaltet* wurde. Sie ist Ausdruck des oben beschriebenen *Sicherheitsdilemmas,* in das die UdSSR genauso verstrickt war wie die Vereinigten Staaten. Und nichts anderem als der eigenen Sicherheit diente der sowjetische Versuch, die militärische Stärkung des Westens zu verhindern. Moskau war vermutlich bereit, einen Preis dafür zu zahlen, ohne dabei aber die eigene Stärke im geringsten mindern zu wollen, im Gegenteil. Ein *neutrales Gesamtdeutschland* war für die Sowjetunion, deren unabdingbarer Einfluß seit dem Krieg an Oder und Neiße und nicht an der Elbe endete, ein größeres politisches *Betätigungsfeld,* das mehr Chancen versprach, als eine vorerst schwache, durch Reparationen ausgeblutete DDR.

Diese Einschätzung ihrer mitteleuropäischen Chancen galt für die Sowjetunion auch noch 1953 nach Stalins Tod. Das *Scheitern des EVG-Konzepts 1954* in der französischen Nationalversammlung mag eine neue Hoffnung auf westinterne Schwierigkeiten erweckt haben, doch bedeutete die französische Ablehnung kein Ausscheren aus dem westlichen Konzept. Wie erst jüngst erwiesen, förderte Paris im Gegenteil den *Beitritt der Bundesrepublik zur NATO,* so daß in wenigen Monaten eine Ersatzlösung für die EVG gefunden wurde.

Der militärischen Westintegration der Bundesrepublik Deutschland folgte im *Mai 1955* die *Gründung des Warschauer Paktes,* dem die DDR beitrat. Die **Teilung Europas** war damit abgeschlossen. Die Stabilisierung der Blöcke schuf jedoch die Chance einer Abschwächung des Kalten Krieges. Tatsächlich *veränderte der Ost-West-Konflikt seinen Charakter* durch Verlagerung der Inhalte vom Deutschlandproblem auf andere Bereiche. Allmählich wandelten sich auch Inhalte und Methoden des *Umgangs zwischen den Supermächten.*

Uwe Uffelmann

Das deutsche Problem – Zwei Staaten in Deutschland

Einleitung

Die *Selbstverständlichkeit,* mit der wir heute von zwei deutschen Staaten in Deutschland sprechen, darf nicht darüber hinwegtäuschen, daß sich hinter diesen Formeln *zwei Jahrzehnte historischer Entwicklung* verbergen, in denen die Bundesrepublik die Existenz der *DDR politisch offiziell ignorierte.* Die Einsicht in die neue Realität und der Abschied von liebgewordenen Formeln war ein *schwieriger und mühsamer Lernprozeß.*
In der *Präambel des Grundgesetzes* der Bundesrepublik Deutschland ist 1949 mit dem Hinweis auf die Vorläufigkeit dieser Verfassung die Maxime künftiger Deutschland- und Außenpolitik formuliert worden: „Das gesamte deutsche Volk bleibt aufgefordert, in freier Selbstbestimmung die Einheit und Freiheit Deutschlands zu vollenden". Für die Zeitgenossen bildete dieser Satz trotz aufkommender Zweifel ein *selbstverständliches Ziel,* die Wege dorthin blieben allerdings in der Folgezeit heftig umstritten. In der *Regierungserklärung von 1969* sprach Bundeskanzler *Willy Brandt* zwar auch noch von der „Einheit der Nation", er benutzte aber erstmals offiziell die Formulierungen „geregeltes Nebeneinander" und *„zwei Staaten in Deutschland":* „Zwanzig Jahre nach der Gründung der Bundesrepublik Deutschland und der DDR müssen wir ein weiteres Auseinanderleben der deutschen Nation verhindern, also versuchen, über ein geregeltes Nebeneinander zu einem Miteinander zu kommen ... Eine völkerrechtliche Anerkennung der DDR durch die Bundesregierung kann nicht in Betracht kommen. Auch wenn zwei Staaten in Deutschland existieren, sind sie doch füreinander nicht Ausland; ihre Beziehungen zueinander können nur von besonderer Art sein."

Damit schien ein *Schlußstrich unter zwei Jahrzehnte Deutschlandpolitik* gezogen zu sein. Seinen rechtlichen Ausdruck fand er im **Grundlagenvertrag mit der DDR** vom Dezember 1972. Hier stellten die Vertragspartner fest, daß beide Staaten unbeschadet differierender grundsätzlicher Auffassungen zur „nationalen Frage" sich zum Ziele setzten, *„normale gutnachbarliche Beziehungen zueinander auf der Grundlage der Gleichberechtigung"* zu entwickeln. Daß damit jedoch keineswegs alle politischen und verfassungsrechtlichen Fragen geklärt waren, spiegelte sich im *Urteil des Bundesverfassungsgerichts von*

1973. Das höchste Gericht stellte zwar die Vereinbarkeit des Vertrages mit dem Grundgesetz fest, formulierte als *Leitlinie* aber auch: „Kein Verfassungsorgan der Bundesrepublik Deutschland darf die *Wiederherstellung der staatlichen Einheit* als politisches Ziel aufgeben, alle Verfassungsorgane sind verpflichtet, in ihrer Politik auf die Erreichung dieses Zieles hinzuwirken."

Die Herausbildung zweier *Staaten mit unterschiedlicher Gesellschaftsordnung und gemeinsamer Vergangenheit* bedeutete freilich viel mehr als nur die geographische und politisch-staatsrechtliche Trennung zweier ursprünglich zusammengehöriger und nach Einheit strebender Gebilde. Beide Teile standen an der *vordersten Front der weltweiten, harten Ost-West-Konfrontation*. Sie machten daher die Höhepunkte, aber auch die allmählichen Wandlungen dieser Konfrontation mit, wenn auch oftmals mit Verzögerung. Insofern reflektiert dieser Abschnitt deutscher Geschichte stärker als frühere Phasen auch internationale Konstellationen und welthistorische Konflikte.

Darüber hinaus aber wurde die Tatsache der Teilung und der Existenz zweier Staaten geradezu zu einem konstitutiven Element der *inneren Entwicklung*. Beliebte Vergleiche mit dem geteilten Polen des 19. Jahrhunderts führen hier – wie auch auf anderen Ebenen – in die Irre: Die *konsequente Abgrenzung* des einen vom andern Teil bei gleichzeitiger Beanspruchung der Einheit gehört zum bestimmenden Merkmal deutscher Nachkriegsgeschichte. Im *Alleinvertretungsanspruch der Bundesrepublik* und in der erbitterten *Zurückweisung dieser „Alleinvertretungsanmaßung" durch die DDR* und dem gleichzeitigen Anspruch, selber der wahre deutsche antifaschistische Staat zu sein, manifestiert sich jene Form von „dialektischer Einheit" (K. D. Erdmann), die die Außen- und Innenpolitik beider Staaten maßgeblich bestimmt hat. Eine „deutsche Frage" gab es nicht erst seit 1945. Aber diese spezifische Verflechtung von außen- mit innenpolitischen und ideologischen Problemen ist ein neues Element. Diese **doppelte Dimension der „deutschen Frage"** bildet den Gegenstand der folgenden Ausführungen.

Etappen und Inhalte der Deutschlandpolitik

Doppelte Blockintegration und Hallstein-Doktrin

Zu Adenauers im Urteil der Bevölkerung populärsten Maßnahmen zählte die Rückführung der letzten deutschen Kriegsgefangenen aus der Sowjetunion im Zusammenhang mit seinem Besuch in *Moskau* im September 1955 und der *Aufnahme diplomatischer Beziehungen*. Politisch verband sich mit diesem Entschluß, die letzten Kriegsgefangenen „als Gegenleistung" für die Aufnahme von Beziehungen zurückzuholen, eine *politische Entscheidung*, die für die künftige deutsche Außenpolitik von großer Tragweite werden sollte: die Formulierung der **Hallstein-Doktrin.** Sie ergab sich aus der Politik der Westintegration, die mit dem Anspruch der Bundesrepublik verbunden war, politisch, rechtlich und moralisch das ganze deutsche Volk allein zu vertreten. Bis zur neuen Ost- und Deutschlandpolitik von 1969 blieb diese Doktrin der Kompaß, an dem sich die Entscheidungen der Bundesregierungen orientierten.

Bereits auf dem Rückflug aus Moskau beschäftigte sich *Wilhelm Grewe,* der Leiter der politischen Abteilung im Auswärtigen Amt, mit den möglichen Folgen der Anerkennung der DDR durch Drittstaaten, nachdem nun Bonn einen Botschafteraustausch mit einem Staat vereinbart hatte, der auch diplomatische Beziehungen zur DDR unterhielt. *Grewe* war somit *der eigentliche Vater* der nach seinem Auftraggeber, Staatssekretär Walter Hallstein, benannten *Doktrin.* Im Kern besagte sie, daß jede Intensivierung der Beziehungen zu Ost-Berlin als unfreundlicher Akt aufgefaßt und in abgestufter Form – bis hin zum Abbruch der Beziehungen – geahndet werden müsse. Das *Ziel* war die *weltweite Ächtung* der als reines Marionettenregime angesehenen *DDR,* verbunden mit der Hoffnung, auf diese Weise die Sowjetunion zum Nachdenken über ihre Deutschlandpolitik veranlassen zu können. Beides ist kaum erreicht worden, dennoch ist die *Isolierung der DDR* für eine erstaunlich lange Zeit *gelungen.* Die innenpolitischen Folgen dieser Isolierung der DDR, die Blockierung einer flexibleren und realistischen Ostpolitik der Bundesrepublik, die Erpreßbarkeit durch Staaten der Dritten Welt, die innenpolitische Gewöhnung an Sprachrituale und die schrittweise Aufweichung des Grundsatzes der Nichtanerkennung gehörten zur *Kehrseite dieser Doktrin,* so daß ihr Nutzen und Schaden schon unter den Zeitgenossen heftig umstritten war.

Zunächst dürfte diese Doktrin freilich auch dem unmittelbaren *innenpolitischen Zwang* entsprungen sein, Kritik abzufangen. Denn zumindest in der Presse war die prinzipielle Entscheidung keineswegs unumstritten. „Diplomatische Beziehungen gegen Rückgabe der Kriegsgefangenen", schrieb Marion Gräfin Dönhoff 1955 in der ZEIT, „bedeutet also, wenn man sich der Methode bedient, lebende Menschen (nicht „tote Seelen") zu bilanzieren, daß die Freiheit der 10000 die Knechtschaft der 17 Millionen besiegelt." Die Sowjetunion hatte zwar einen Brief der Bundesregierung entgegengenommen, in dem der Anspruch auf Vertretung des deutschen Volkes in internationalen Angelegenheiten formuliert und eine Anerkennung des territorialen Status quo durch die Bundesregierung abgelehnt wurde. Für die *sowjetische Deutschlandpolitik* blieb dieser Brief jedoch ohne Relevanz. Denn die *seit dem Beitritt der Bundesrepublik zur NATO* gültige Sprachregelung des Kreml lautete, die Wiedervereinigung sei nun Sache von *Verhandlungen beider deutschen Staaten.*

Mit der gleichen Konsequenz, mit der die Sowjetunion auf der Basis dieser Maxime westliche Wiedervereinigungsinitiativen abblockte, verfolgten *Adenauer* und die von ihm geführten Regierungen den Grundsatz, Entspannungspolitik müsse von Fortschritten in der **deutschen Frage** als dem eigentlichen Herd des Spannungszustandes abhängig gemacht werden und dies sei nur mit einer *Politik der Stärke* möglich. Adenauers Deutschlandpolitik lief somit darauf hinaus, „den Status quo überwinden zu wollen, indem sie ihn ignorierte" (Stützle). In der Bundestagsdebatte vom 23. Januar 1958 zur geplanten Ausrüstung der Bundeswehr mit Atomwaffen wies u.a. Gustav Heinemann als einer der schärfsten *Kritiker der Adenauerschen Außenpolitik* auf die fatalen Wirkungen der Aufrüstung hin und erklärte: „Wer Deutschland immer noch tiefer spalten will, kann es nicht besser machen als in Fortsetzung immer noch diesen Weges". Gegenüber dieser schonungslosen zeitgenössischen Kritik, die in den historiographischen Kontroversen später ihre Spiegelung fand, ist *in jüngster Zeit* nachdrücklich versucht worden, das Bild vom *außenpolitisch starren „kalten Krieger"* Adenauer zu *modifizieren.* „Österreich-Lösung" für die DDR, „Globke-Plan" und „Burgfriedensangebot" sind drei wichtige Stichworte, die dieses neue Bild bestimmen.

Im *März 1958* schlug Adenauer dem sowjetischen Botschafter Smirnow vor, „der Sowjetzone den *Status Österreichs* zu geben". Er wollte mit diesem Vorschlag, wie er in seinen Erinnerungen erläutert hat, vor allem die Lebensbedingungen der DDR-Bevölkerung erleichtern, ohne damit die Chance einer Wiedervereinigung zu einem späteren Zeitpunkt zu verbauen. Auf diesen Vorstoß, für den Adenauer, wie er Smirnow sagte, „von seinen eigenen Leuten gesteinigt werde", falls etwas an die Öffentlichkeit dringe, erfolgte *keinerlei Reaktion* von sowjetischer Seite.

Politische und menschliche Erleichterungen mit dem Fernziel einer möglichen staatlichen Vereinigung zu verbinden, war auch die Absicht des präziser ausgearbeiteten und mit Adenauer abgestimmten *Globke-Plans* von *Anfang 1959* (in einer 2. Fassung vom November 1960). Der vor dem Hintergrund der bisherigen Deutschlandpolitik spektakuläre Neuansatz bestand darin, von einer *gegenseitigen Anerkennung* der beiden deutschen Staaten und der Aufnahme diplomatischer Beziehungen auszugehen. Innerhalb von fünf Jahren nach Annahme dieses Plans sollte eine *Volksabstimmung* über die Wiedervereinigung und über Wahlen zu einer *gesamtdeutschen Volksvertretung* stattfinden. Das wiedervereinigte Deutschland hatte dann zu entscheiden, ob es der NATO oder dem Warschauer Pakt angehören wolle, jedoch nicht auch, ob es einen neutralen Status bevorzuge. Der Plan erreichte gar nicht erst die Ebene von Vorverhandlungen, weil er in den Strudel der Berlinkrise geriet.

In der Substanz ähnlich wie der Globke-Plan war das am *6. Juni 1962* von Adenauer gegenüber Botschafter Smirnow gemachte „Burgfriedensangebot", das nach seiner Veröffentlichung im Oktober 1963 einiges Aufsehen erregte. Der Bundeskanzler schlug dem sowjetischen Botschafter vor, „die deutschen Fragen für die nächsten 10 Jahre so zu belassen, wie sie zur Zeit seien", nur möge der Kreml dafür sorgen, daß „die menschlichen Verhältnisse in der Zone besser würden".

Zweifellos beweisen derartige Vorschläge, daß „die Führungsspitze der Adenauer-Zeit, entgegen damals wie heute verbreiteten Vorurteilen, sich Gedanken über die Wiedervereinigung und das Selbstbestimmungsrecht in der vorgegebenen politischen Situation gemacht hat" (Gotto, S. 232). Offensichtlich war *Adenauer unkonventioneller und flexibler,* als seine Kritiker glaubten. Ist somit ein allzu holzschnittartiges Bild auch kaum noch haltbar, so bleibt doch die Frage, ob durch diese neuen Erkenntnisse eine prinzipielle Kritik an den Voraussetzungen und Methoden der Deutschlandpolitik tangiert wird. Im Ergebnis hat Adenauer wesentlich dazu beigetragen, die 1945 von ihm gestellte *Diagnose* von der *Teilung* Europas und Deutschlands *Realität* werden zu lassen. Daß die logische Unvereinbarkeit von Westintegration und Wiedervereinigung nicht durch eine Politik der Stärke gelöst werden konnte, war Ende der fünfziger Jahre bereits unübersehbar.

Wenn es zu den *Maximen der Ostpolitik Adenauers* gehörte, Vorleistungen und Vertrauensvorschüsse abzulehnen, so wurden in all diesen Vorschlägen derartige *Vorleistungen bei der Sowjetunion* implizit *vorausgesetzt.* Jede „Österreich-Lösung" in der von Adenauer vorgeschlagenen Form und auch der Globke-Plan muteten Moskau Konzessionen zu, die zwar elementaren Selbstbestimmungs- und Menschenrechten entsprochen hätten, denen aber keine substantiellen politischen *Gegenleistungen von westlicher Seite* gegenüberstanden und die schwer kalkulierbare *Risiken* für den sowjetischen Herrschaftsbereich enthielten. Die Illusionen darüber haben Regierung und große Teile der Öffentlichkeit über viele Jahre geteilt. Gerade dadurch stellte sich auch ein Gewöhnungsprozeß an bequeme, aber politisch *sterile Formeln* ein, der den nüchternen Blick auf die immer deutlicher sich verändernde *internationale Wirklichkeit* verstellte und dazu beitrug, daß der Schock der „großen Desillusion" (Heinrich Krone) umso heftiger ausfiel, als mit dem Bau der *Berliner Mauer* das *Scheitern der Deutschlandpolitik* nicht mehr zu übersehen war.

Berlin-Krise und Mauerbau

Die Berlin-Krise, die zusammen mit dem *Kuba-Konflikt (1962)* als **Einschnitt und Wendepunkt** in der Geschichte des Kalten Krieges gelten kann, begann mit Chruschtschows Rede vom 10. November 1958. Der sowjetische Regierungschef warf den Westmächten vor, das Potsdamer Abkommen gebrochen zu haben. Die daraus entspringenden Rechte seien nun von der Sowjetunion an die DDR übertragen worden. Da die „natürlichste Lösung" für *West-Berlin,* das auf DDR-Territorium liege, aufgrund der westlichen Politik nicht möglich sei, nämlich die Angliederung an den Osten, forderte Chruschtschow die Umwandlung in eine *„freie, entmilitarisierte Stadt",* in eine *„selbständige politische Einheit".*

Die *Gründe* Chruschtschows *für diese spektakuläre Aktion* lassen sich nur erschließen. Der „Sputnik-Schock" (1957 gelang der Sowjetunion der erste Start eines Erdsatelliten), die Krise der NATO nach der Regierungsübernahme de Gaulles und die heftigen Auseinandersetzungen in der Bundesrepublik um die Atombewaffnung mögen zusammen den Hintergrund gebildet haben,auf dem ein neuer Vorstoß in Berlin, der *Achillesferse des Westens,* erfolgversprechend schien, um Bewegung in die festgefahrene Deutschlandpolitik zu bringen und die *„deutsche Frage"* schließlich im *sowjetischen Sinne zu lösen.* Die westliche Antwort auf die sowjetische Offensive war einerseits von der Entschlossenheit bestimmt, die alliierten Rechte zu wahren, andererseits aber signalisierte man auch Verhandlungs- und Konzessionsbereitschaft, die in Bonn tiefe Irritation auslöste.

Auf die Erneuerung der Drohung gegen Berlin durch das *sowjetische Memorandum vom 4. Juni 1961* reagierte jedoch der neue amerikanische Präsident *J. F. Kennedy* eindeutiger als seine Vorgänger. Er betonte, daß eine einseitige Kündigung des Vier-Mächte-Status nicht möglich sei, und formulierte drei *„Essentials",* für die das Bündnis ein Risiko übernehme: die Anwesenheit westlicher Truppen in Berlin, der freie Zugang zwischen Berlin und der Bundesrepublik, die Lebensfähigkeit der Stadt. Diese drei „Essentials" bedeuteten aber auch *für die Bonner Deutschland- und Berlinpolitik* eine große *Ernüchterung.* Das Ritual westlicher Wiedervereinigungsbeschwörungen war zu Ende und durch die nüchterne Formulierung politischer Minimalpositionen ersetzt worden, hinter die die USA auf keinen Fall zurückgehen würden.

In ihrer vollen und bitteren Tragweite offenbarte sich diese Einsicht, als am *13. August in Berlin die Mauer gebaut* wurde und die Westmächte bis auf punktuelle militärische Drohgebärden und politische Aktionen zur Hebung der Moral der Bevölkerung nichts unternahmen. Vielmehr stellte der amerikanische Präsident mit einem gewissen „Seufzer der Erleichterung" – so Sebastian Haffner in der „Welt" vom 15. August – fest, daß die *amerikanische Position* in Berlin *nicht unmittelbar bedroht* sei.

So offenkundig mit dem Mauerbau die bisherige deutsche *Wiedervereinigungspolitik Schiffbruch* erlitten hatte, so sehr bedeutete die Mauer doch auch – gemessen an den ursprünglichen Zielen – ein deutliches *Zurückstecken der sowjetischen Politik.* Mit der Formulierung der drei „Essentials" war die *unmittelbare Bedrohung Berlins beseitigt.* Die Mauer war zwar ein Teilerfolg Ulbrichts im Kampf um die Stabilisierung der DDR, sie war allerdings auch eine schlimme Bankrotterklärung für ein System, das sich in der Eigendarstellung als das historisch überlegene verstand.

Mit dem Mauerbau war jedoch die *Berlin-Krise* noch nicht zu Ende. Der Sommer 1962 brachte mit sowjetischen Manövern auf den Autobahnen nach Berlin, mit mehreren Zwischenfällen an der Mauer und mit der Konzentration amerikanischer Truppen in der Bundesrepublik eine erneute Zuspitzung. Die sowjetische Drohung mit einem separaten Friedensvertrag war keineswegs vom Tisch. Diese Situation trat erst nach dem Ende der *Kuba-Krise* ein. Erst mit dem Abzug der sowjetischen Raketen von Kuba war das **weltpolitische Patt** der beiden Supermächte offenkundig. Wenn der Kreml mit dem Berlin-

Ultimatum das Kalkül verbunden hatte, die Bundesrepublik von den USA zu trennen und aus der NATO herauszudrängen, so war dieses Kalkül jetzt durchkreuzt. „Wie die Errichtung der Mauer im August 1961 die Peripetie des deutschen Sonderkonflikts mit dem Osten gewesen war, so wurde die kubanische Raketenkrise und das Ende der akuten Bedrohung Berlins zur Peripetie des weltpolitischen Ost-West-Konflikts" (Löwenthal, S. 664f.).

Das Ende dieser doppelten Krise konnte damit zum Ausgangspunkt einer globalen **Entspannungspolitik,** aber auch einer in Zielsetzung und Methode *veränderten* und bescheideneren *Deutschlandpolitik* werden. Die Impulse dazu gingen zunächst kaum von Bonn, sondern von der Berliner SPD aus. Das Stichwort lieferte *Egon Bahr,* enger Mitarbeiter **Willy Brandts** im Berliner Senat, mit seiner zum Programm gewordenen Formulierung vom *„Wandel durch Annäherung".*

In der Formulierung der offiziellen *Deutschlandpolitik der SED* markierte der Bau des „antifaschistischen Schutzwalls" – so der Propagandajargon – noch keineswegs eine deutliche Wendung. Bis Mitte der sechziger Jahre blieb vielmehr – mit unterschiedlichen Akzentsetzungen in einzelnen Phasen – noch die *Konzeption der Konföderation* maßgeblich. Ulbricht hatte sie erstmals im Dezember 1956 als Möglichkeit zur Annäherung beider Staaten auf dem Weg zur Wiedervereinigung in die Diskussion gebracht. Je nach Zeitpunkt und politischer Konstellation wurde sie in der Folgezeit mit unterschiedlichen Forderungen und Vorbedingungen verknüpft. Daß sich dieses Konzept sogar im ersten *SED-Parteiprogramm von 1963* findet, macht zumindest den politisch-ideologischen Rang dieser – realiter völlig illusionären – Forderung deutlich. Nach diesem Programm war die SED der Auffassung, „daß die geeignetste Form der Verwirklichung der *friedlichen Koexistenz* in Deutschland eine Konföderation der beiden deutschen Staaten ist, der sich auch die Freie Stadt Westberlin anschließen könnte". Sie sollte „auf der *Souveränität und Gleichberechtigung* beider deutscher Staaten und der Freien Stadt Westberlin" beruhen und den Anfang eines Prozesses bilden, an dessen Ende die „völlige Wiederherstellung der staatlichen Einheit" stehen könne. Großes politisches Gewicht läßt sich diesen Konföderationsvorstellungen nicht beimessen, da sie bereits voraussetzten, was – wenn überhaupt – erst Resultat eines allmählichen und angesichts der Verkrampfungen im Ost-West-Verhältnis mühsamen Annäherungsprozesses sein konnte.

Wandel durch Annäherung

Daß dieser von *Egon Bahr* in einem Diskussionsbeitrag in *Tutzing 1963* programmatisch angestrebte Wandel in der Bonner Deutschlandpolitik ein konzeptioneller Neuansatz und letztlich der Ursprung der sozial-liberalen Deutschland- und Ostpolitik war, ließ sich zunächst kaum erkennen. Die drei

Passierscheinabkommen, die 1963 bis 1965 erstmals die Mauer für die West-Berliner wieder durchlässig machten, brachen zwar auf westlicher Seite mit alten Tabus, ließen sich aber noch mit den hergebrachten Prinzipien der Politik gegenüber der DDR vereinbaren.

In der Öffentlichkeit und in den politischen Parteien hatte es zwar auch schon vor der „großen Desillusion" des 13. August alternative Überlegungen und Pläne zur Deutschlandpolitik gegeben, der Mauerbau stimulierte aber das *Nachdenken über neue Wege.* Seit *Kennedys Friedensrede vom Juni 1963,* die mit ihrem Appell zur Überwindung des Kalten Krieges einen weltpolitischen Szenenwechsel signalisierte, war deutlich geworden, daß *Fortschritte in Deutschland* nur im Rahmen einer *globalen Entspannungspolitik* möglich sein würden. Auch unter Ludwig Erhard als Bundeskanzler blieb jedoch die Forderung, Entspannung von Fortschritten in der deutschen Frage abhängig zu machen, noch Maxime der Außenpolitik. Erst mit der *Großen Koalition* gelang hier der Ausbruch aus der drohenden Isolierung.

Die „deutsche Frage" hatte jedoch noch eine weitere Dimension: die ostpolitische. Wie eng der *Zusammenhang zwischen Deutschland- und Ostpolitik* war, mußte auch die um Neuansätze bemühte Regierung der Großen Koalition erfahren. Bis 1966 hatte sich Bonn geweigert, diplomatische Beziehungen zu den *Staaten Osteuropas* aufzunehmen, danach aber knüpften diese Staaten (außer Rumänien) ihrerseits die politische Normalisierung an bestimmte Bedingungen. Und diese Bedingungen wurden immer deutlicher von Ulbricht mitbestimmt. Der *Hallstein-Doktrin* im Westen stand schließlich eine *„Ulbricht-Doktrin"* im Osten gegenüber und blockierte eine zukunftweisende Ostpolitik jenseits der Fronten des Kalten Krieges. Als in Bonn die Hallstein-Doktrin konzipiert wurde, stellte man zugleich Überlegungen an, ob die Staaten im unmittelbaren Einflußbereich Moskaus davon auszunehmen seien, weil sie schon seit Jahren diplomatische Beziehungen zur DDR unterhielten und unterhalten mußten. Doch die Anhänger dieser *„Geburtsfehlertheorie"* konnten sich nicht durchsetzen. Die politischen Aporien, in die eine konsequente Verfolgung der Hallstein-Doktrin in Osteuropa führen mußte, blieben dennoch ein ständiger Gegenstand des politischen Streits.

Der Mauerbau und die auf globale Entspannung zielende amerikanische Politik führten seit der Übernahme des Außenministeriums durch *Gerhard Schröder 1961* zu einer neuen *„Politik der Bewegung".* Sie hielt zwar an der Nicht-Anerkennung der Oder-Neiße-Linie fest und versuchte, im Rahmen einer *selektiven Entspannung* unterhalb der Ebene offizieller diplomatischer Beziehungen mit den osteuropäischen Staaten vor allen Dingen *wirtschaftliche Kontakte* anzuknüpfen. Die Interessen der deutschen Wirtschaft am osteuropäischen Markt spielten dabei ebenso eine Rolle wie das Bestreben, der politischen Wirklichkeit in Osteuropa, das kein völlig homogener Block mehr war, zu entsprechen. Das eigentliche *politische Ziel* der Schröder'schen Ostpolitik war jedoch auf die *DDR* gerichtet. Diese sollte von seiten der Bundesrepublik und der osteuropäischen Staaten, die innerhalb des Warschauer Paktes stärker ihre nationalen Eigeninteressen vertreten wollten und sich an einer osteuropäischen Spielart des Gaullismus orientierten, *unter Druck* geraten und so zur *Änderung ihrer Politik* veranlaßt werden. Diese „Zwei-Zangen-Theorie" schlug jedoch in dem Augenblick fehl, als Moskau die zentrifugalen Tendenzen zu korrigieren begann und Ulbricht mit einer eigenen Doktrin *Hürden* gegen eine Ausweitung der Bonner Ostpolitik ohne Anerkennung des territorialen Status quo aufrichtete. An dieser Hürde scheiterte zunächst die Initiative der Großen Koalition, über Handelsmissionen hinaus zu normalen diplomatischen Beziehungen zu den östlichen Nachbarn zu kommen, Rumänien ausgenommen, das Anfang 1967 mit Bonn Botschafter austauschte.

Dieses Signal beschleunigte die Abwehr- und Abgrenzungsbemühungen der SED. Hatte Ost-Berlin 1965 noch ein „Staatssekretariat für *gesamtdeutsche Fragen*" eingerichtet und Ulbricht in einer Rede vom April 1966 noch einmal das Konzept einer deutsch-deutschen Konföderation erwähnt, so bemühte sich die DDR-Führung jetzt, ihre Politik und ihr Vokabular von allen gesamtdeutschen „Relikten" zu reinigen. Das Staatssekretariat für gesamtdeutsche Fragen wurde in „Staatssekretariat für *westdeutsche Fragen*" umbenannt, das *Staatsbürgergesetz vom 20. Februar 1967* schaffte die einheitliche deutsche Staatsbürgerschaft ab, und in der neuen Verfassung der DDR von 1968 kam zwar noch der Begriff „deutsche Nation" vor, aber es wurde das *„Volk der DDR"* vom *„Volk der Bundesrepublik"* unterschieden. (1974 wurden auch die noch bestehenden Hinweise auf eine deutsche Nation aus der Präambel und den Artikeln 1 und 8 gestrichen.)

Trotz solcher demonstrativen Abgrenzungsgesten gab es in der Zeit der Großen Koalition erstmals *offizielle politische Kontakte:* Von Mai bis September *1967* wechselten der Vorsitzende des Ministerrats *Willi Stoph* und Bundeskanzler *Kurt Georg Kiesinger* mehrere *Briefe.* Allein die Tatsache, daß dieser Briefwechsel zustandekam, zeigte, daß sich die deutsch-deutschen Beziehungen zu verändern begannen. Der Inhalt der Schreiben machte freilich deutlich, wie schwer überbrückbar die politischen Ausgangspositionen beider Seiten noch waren. Die Bundesregierung wollte unabhängig von Rechtsstandpunkten vor allem über menschliche Erleichterungen verhandeln. Stoph dagegen unterbreitete einen „Entwurf eines Vertrages über die Herstellung und Pflege normaler Beziehungen zwischen der Deutschen Demokratischen Republik und der Bundesrepublik Deutschland", verbunden mit einer Reihe weiterer Forderungen (u.a. Anerkennung West-Berlins als „selbständige politische Einheit", Verzicht auf Stationierung, Besitz und Mitverfügung von Atomwaffen, Ungültigkeitserklärung des Münchener Abkommens von 1938 von Anbeginn). Die Chancen für einen produktiven Dialog schienen somit gering.

„Geregeltes Nebeneinander" und mühsame Normalisierung

Angesichts der von der SED formulierten Ausgangsposition stieß auch die Erklärung des Kanzlers der 1969 gebildeten sozial-liberalen Koalition, Willy Brandt, auf *keine positive Resonanz*. Stoph warf der neuen Bundesregierung vor, sie versuche, die „bankrotte Hallstein-Doktrin in veränderter Form weiter zu praktizieren". Noch drastischer äußerte sich Erich Honecker am 16. Februar 1970 zum Regierungswechsel: „Alle CDU/CSU-Regierungen ... stellten sich die Aufgabe, den westdeutschen Imperialismus ... in die Lage zu versetzen, die Ergebnisse des Zweiten Weltkrieges zu revidieren. Da dies mit der Politik des Frontalangriffs der Adenauer und Dulles in 20 Jahren nicht möglich war, soll dieses Ziel nun mit einer sozialdemokratisch geführten Regierung erreicht werden."

Trotz anhaltender Polemik kamen im *März und Mai 1970* in *Erfurt* und *Kassel Treffen der Regierungschefs* zustande, auf denen Stoph in einem Sieben-Punkte-Programm und Brandt in den „Zwanzig Punkten von Kassel" die Umrisse ihrer künftigen Verhandlungspositionen formulierten. Daß trotz der harten Haltung der SED mit ihrem Beharren auf Maximalforderungen und trotz erneuter massiver Störungen im Berlin-Verkehr im Januar 1971 der Weg zum **Grundlagenvertrag** schließlich doch relativ schnell geebnet werden konnte, läßt sich vor allem aus dem *Gesamtzusammenhang von Ost- und Deutschlandpolitik* erklären. Die an Entspannung interessierte und durch ihren Konflikt mit China belastete *Sowjetunion* hatte ebenso wie die osteuropäischen Staaten, insbesondere Polen, ein vitales Interesse an der *Anerkennung der Nachkriegsgrenzen* und am Zustandekommen einer *Konferenz für Sicherheit und Zusammenarbeit in Europa (KSZE)*. Nach Unterzeichnung der *Verträge von Moskau und Warschau* übte daher das innere Junktim zwischen deren Ratifizierung, einem Berlin-Abkommen und deutsch-deutschen Normalisierungsfortschritten einen starken Druck auf die DDR aus, ihre Blockade-Strategie nicht zu überziehen. Vermutlich auf sowjetisches Drängen trat daher am *4. Mai 1971 Walter Ulbricht* zurück und wurde *durch Erich Honecker ersetzt*.

Die *prinzipiellen Differenzen* in der Beurteilung der *„nationalen Frage"* blieben auch nach dem erfolgreichen Abschluß des Grundlagenvertrags und einer Reihe wichtiger *Folgeabkommen und -verhandlungen* (u.a. Arbeitsbedingungen für Journalisten, Gesundheitsabkommen, Rechtshilfe, Post- und Fernmeldeverkehr, Zahlungsverkehr, Umweltschutz) bestehen und belasteten in den siebziger und achtziger Jahren immer wieder die gegenseitigen Beziehungen. Es gebe *keine „offene deutsche Frage"* mehr, erklärte Honecker vor dem Zentralkomitee am 28. Mai 1973. Der Grundlagenvertrag sei eine „definitive völkerrechtliche Regelung der Beziehungen zwischen zwei deutschen Staaten" und nicht nur ein „Modus vivendi" (Neues Deutschland vom 29. Mai 1973). Aus dieser Perspektive erschien dann insbesondere das *Urteil des Bundesverfassungsgerichts* vom 31. Juli 1973 als politischer Affront und stieß daher – wie auch bei den osteuropäischen Staaten, freilich auch in großen Teilen der westdeutschen Öffentlichkeit – auf scharfe Kritik. Die Verdoppelung des *Mindestumtauschsatzes* für Besucher der DDR im November 1973 signalisierte, wie auf administrativem Wege die politischen Intentionen einer Normalisierung und menschlicher Erleichtungen unterlaufen werden konnten. Die nach dem Grundlagenvertrag und dem Berlin-Abkommen sprunghaft angestiegenen Besucherzahlen gingen infolgedessen kurzzeitig wieder zurück (1971 reisten 1 267 355 Westdeutsche in die DDR, 1973 waren es 2 278 989, 1974 nur 1 919 141; 1973 reisten einschl. Tagesbesuchern 3,650 Mio. Westdeutsche und 3,461 Mio. West-Berliner in die DDR und nach Ost-Berlin). Obwohl die DDR-Führung im Zusammenhang mit der KSZE und der Schlußakte von Helsinki (1975) auch für die deutsch-deutschen Beziehungen häufig den *„Geist von Helsinki"* beschwor, wurde der Normalisierungsprozeß mühsamer und der Schwung vom Beginn der siebziger Jahre war – ebenso wie in der Ostpolitik – dahin.

Dennoch hat sich das **„geregelte Nebeneinander"**, so weit entfernt es auch nach wie vor von „normalen gutnachbarschaftlichen Beziehungen" ist, als tragfähige Grundlage erwiesen, um nach den politischen Sackgassen einer dem Modell der „Eingemeindung" folgenden Wiedervereinigungspolitik entwicklungsfähige Zukunftsperspektiven zu eröffnen und auch Konfliktsituationen auszuhalten.

Abgrenzung und Einheit als konstitutive Faktoren der Geschichte beider Staaten. Eine doppelte Antwort auf 1945

An der *Wiege der Bundesrepublik und der DDR* haben die Gespenster von **Weimar** gestanden. Die Schatten der gescheiterten ersten Republik bestimmten nicht nur viele Details in der Verfassungsdiskussion der Väter des Grundgesetzes, sie prägten auch die frühe Programmatik der deutschen Kommunisten in der sowjetischen Besatzungszone. *Die deutsche Katastrophe von 1945* wurde und wird in beiden Teilen – wenngleich in deutlich unterschiedlicher Akzentuierung – auch als *Befreiung und Herausforderung für einen Neubeginn* angesehen. Die **Antworten** auf diese Herausforderung fielen aber **völlig verschieden** aus. Gab es in den ersten Jahren nach 1945 noch etliche Gemeinsamkeiten zwischen den Parteien und Verbänden der vier Besatzungszonen, so ließ der offene Ausbruch des Kalten Krieges und die sich abzeichnende Teilung Deutschlands auch die *programmatisch-gesellschaftspolitischen* Differenzen immer schärfer hervortreten. Aus dem relativ breiten antifaschistisch-demokratischen Basiskonsens entwickelte sich ein gespaltenes Verständnis *zweier Demokratiebegriffe,* die miteinander *unvereinbar* waren.

„Keine Wiederholung der Fehler von 1918! Schluß mit der Spaltung des schaffenden Volkes!" forderte der Gründungsaufruf der KPD von 1945, der bis 1948 für die wesentlichen Leitlinien der Politik maßgeblich war. Daraus folgte – nach manchen politischen Widersprüchlichkeiten – die *Fusion von SPD und KPD zur SED* im April *1946.* Sie wurde und wird von den Anhängern als große historische Tat zur Überwindung der *Spaltung der Arbeiterklasse* gefeiert. Kaum eine Maßnahme in der SBZ hat jedoch so negative Folgen für die weitere Einheit Deutschlands gebracht wie diese. Denn sie *spaltete endgültig die SPD.* Eine der stärksten potentiellen gesamtdeutschen Klammern fiel damit fort.

Aus der Sicht der SED und der sowjetischen Militäradministration mußte, um die Fehler von Weimar zu vermeiden, auch die gesellschaftliche Basis, die den Nationalsozialismus ermöglicht hatte, gründlich verändert werden. Radikale *Bodenreform, Verstaatlichung* der Schlüsselindustrie und konsequente *Entnazifizierung* wie Kontrolle der öffentlichen *Verwaltung* und des *Bildungswesens* gehörten ebenfalls zu einem solchen **Neubeginn.** Aus diesen strukturellen Veränderungen hat sich unter den Bedingungen des Kalten Krieges schließlich ein *volksdemokratischer Staat* herausgebildet, dessen Antifaschismus nicht in Frage stand, dessen *Demokratiebegriff* jedoch weder in die ursprünglich-marxistische noch in die bürgerlich-demokratische Tradition paßte, sondern in die zentralistische Linie der *leninistischen Kaderpartei* gehörte.

Ganz anders in Bonn. Als der Parlamentarische Rat am 1. September 1948 zur Beratung einer vorläufigen Verfassung zusammentrat, waren bereits wichtige äußere und innere Weichen für die weitere Entwicklung der Westzonen und der Bundesrepublik gestellt. Unter dem Stichwort **„Restauration"** ist schon von den Zeitgenossen vieles zusammengefaßt worden, was die **Kontinuität** zur Zeit vor 1945 oder vor 1933 augenfällig machte und keineswegs dem erhofften Neubeginn von 1945 entsprach. Dazu gehörten u. a. die *Wiederherstellung* des *kapitalistischen Wirtschaftssystems,* der *Verwaltung,* z. T. der *Parteien,* des *Bildungswesens.* Was diese Restaurationskritik trifft und was sie verdeckt, ist bis heute umstritten. Unstrittig bleibt jedoch, daß der Parlamentarische Rat und die in ihm vertretenen Parteien *Konsequenzen aus dem Scheitern der Weimarer Republik* gezogen haben, indem sie die Funktionsfähigkeit des *parlamentarischen Systems* stärkten und Möglichkeiten des *Mißbrauchs politischer Macht* einzuschränken versuchten. Insofern unterscheidet sich das Grundgesetz erheblich von der Weimarer Verfassung.

Ungleich wichtiger als die verfassungsrechtliche Antwort auf 1945 dürften jedoch die tiefgreifenden *sozialen, ökonomischen* und *politischen Veränderungen* gewesen sein, die sich als Folge von 1945 ergaben und die ein vergleichsweise unproblematisches Funktionieren der zweiten deutschen Republik – trotz partieller Restauration alter Strukturen – ermöglichten. Dazu gehörte, daß die politischen Strukturen im bundesdeutschen *Föderalismus* ausgeglichener waren als in Weimar, daß es *keine ostelbischen Junker* mehr gab, die gegen die Republik Front machten, ebenso wie die *Großindustriellen* und bürokratischen *Eliten* die neue Regierungsform akzeptierten.

Das Grundgesetz nahm auf den *östlichen Teil* Deutschlands Bezug, indem es den Anspruch formulierte, auch für jene zu sprechen, „denen mitzuwirken versagt war", und sich zugleich als neue Ordnung „für eine *Übergangszeit*" definierte. Daß diese provisorische Ordnung unter den neuen Startbedingungen sich jedoch als so stabil und dauerhaft erwies, hatte auch mit der Existenz der DDR zu tun. Denn die *stalinistische Transformation* eines zunächst antifaschistisch-radikaldemokratisch auftretenden Regimes unter Besatzungsherrschaft im Zeichen des Kalten Krieges hat nicht nur den gesellschaftspolitischen Alternativen, die anfangs in allen Besatzungszonen diskutiert wurden, den Boden entzogen, sie hat auch als kaum zu überschätzender *Integrationsfaktor für die Bundesrepublik* gewirkt.

Der **Antikommunismus,** der tiefe und historisch weit zurückreichende Wurzeln in Deutschland besaß und durch den tatsächlichen und vermeintlichen Anschauungsunterricht der Entwicklung in der DDR immer neue Nahrung erhielt, trug – viel stärker und offener als in anderen europäischen Staaten – zur *Herausbildung eines politischen Basiskonsenses* und zur *inneren Stabilität der Bundesrepublik* bei. Umgekehrt mußte sich die DDR aus Gründen der Selbsterhaltung ständig bemühen, sich gegen die destabilisierende *Sogwirkung des Bonner Staates* zu sichern.

Wie konnte unter diesen Umständen nationale Einheit, auf die sich beide Teile beriefen, realisiert werden? Wiedervereinigung verkam auf beiden Seiten zum wohlfeilen Ritual politischer Rhetorik, da beide Seiten alles taten – und z.T. im Rahmen des Kalten Krieges auch tun mußten –, was eine Vereinigung unmöglich machte. Die **wechselseitige Feindfixierung** bildete daher einen wesentlichen Teil der jeweiligen inneren Geschichte von Bundesrepublik und DDR.

Der *Aufstand vom* **17. Juni 1953** ist ein Beispiel. Noch in den historiographischen Urteilen spiegeln sich bis heute solche Feindbilder, die einer angemessenen Wahrnehmung komplexer Zusammenhänge im Wege stehen. Der Aufstand war *keine allgemeine Volkserhebung* gegen ein Zwangsregime, wie Politiker und Massenmedien der Bundesrepublik lange Zeit Glauben machen wollten. Er entzündete sich an sehr konkreten Fragen, die vor allem die *Arbeiterschaft* betrafen. Um eine ökonomisch dringend notwendige Produktivitätssteigerung zu erreichen, hatte die SED im Mai 1953 für die Arbeiter eine Erhöhung der Arbeitsnorm um 10% verfügt und daran auch noch konsequent festgehalten, als mit der auf sowjetischen Druck eingeleiteten Politik des *„Neuen Kurses"* die Zügel allgemein gelockert und Handwerkern, Kleinhändlern, Bauern und der Intelligenz konkrete Verbesserungen versprochen wurden. Da es zu diesem Zeitpunkt keine von der Partei unabhängige wirtschaftliche Interessenvertretung der Arbeiterschaft mehr gab, die sich zum Sprecher der gärenden Unzufriedenheit hätte machen können – die Gewerkschaften waren allzu abhängig von der Partei –, entlud sich das von der SED völlig falsch eingeschätzte *Konfliktpotential* spontan. Nachdem die Bauarbeiter der Stalin-Allee Ost-Berlins am 16. Juni mit einem Demonstrationszug den Anfang gemacht hatten, kam es am folgenden Tag in fast allen industriellen Zentren zu Streiks und Demonstrationen. Auch nach der gewaltsamen *Niederschlagung* des unbewaffneten Aufstandes durch *sowjetische Panzer* am 17. Juni gingen die Auseinandersetzungen in den Betrieben noch mehrere Tage weiter.

Auch wenn eine über den Anlaß der erhöhten Norm hinausgehende politische Dimension des Aufstandes in Ansätzen erkennbar wurde, blieb er in der Hauptsache eine von der *Arbeiterschaft* getragene Aktion. Während sie in der *Bundesrepublik* bald darauf zum allgemeinen Volksaufstand überhöht und das Datum als nationaler Feiertag festgeschrieben wurde, hat die *SED* im wesentlichen bis heute eine *Sprachregelung* beibehalten, die schon kurz nach den Ereignissen in Kraft gesetzt wurde: Von West-Berlin aus sei ein *konterrevolutionärer faschistischer Putschversuch* unternommen worden mit dem Ziel, die sozialistische Gesellschaftsordnung der DDR zu liquidieren. Zwar gestand die Parteiführung schwerwiegende Fehler ein, aber im Kern lief diese – höchst unmarxistische – Interpretation des Aufstandes doch auf eine Verschwörungs- und Agententhese hinaus.

Auch in späteren Krisensituationen haben sich derartige, die Fixierung auf die Bundesrepublik (einschließlich West-Berlin) als Feind spiegelnde Deutungen in der Propaganda wiederholt. So hatte der **Mauerbau** 1961 seine Ursache in dem Versuch, die ökonomisch ruinöse *Fluchtbewegung zu stoppen.* Diese war insbesondere *seit der Berlin-Krise* und *nach* der innerhalb weniger Monate Anfang 1960 mit Zwangsmaßnahmen durchgeführten *Kollektivierung der Landwirtschaft* sprunghaft angestiegen. Hielt sie weiter an, so war der wirtschaftliche Kollaps abzusehen. Dieses inzwischen von DDR-Historikern mehr oder minder offen zugegebene Motiv wurde 1961 und viele Jahre danach jedoch mit der propagandistischen Polemik verdeckt, die Mauer sei als *„antifaschistischer Schutzwall"* gegen drohende subversive Aktionen des Westens notwendig gewesen. Das *Feindbild* einer von faschistischen Kräften geprägten Bundesrepublik gehörte zum Selbstverständnis einer krisengeschüttelten DDR und sollte dazu beitragen, die inneren Verhältnisse zu stabilisieren.

Solange die Grenze offen war, steckte hinter diesem Feindbild freilich mehr als bloße Propaganda. Denn auf jede Verschlechterung ihrer ökonomischen und politischen Lage konnte die Bevölkerung verstärkt mit Flucht nach Westen reagieren. Die Kurve der **Flüchtlingsziffern** bildet daher eine Art *Krisenbarometer* für den Zustand der DDR. Nach der Verkündung des „Aufbaus des Sozialismus" 1952, mit der Fortsetzung dieses Kurses in der Mitte der fünfziger Jahre und während der überstürzten Kollektivierung der Landwirtschaft 1959/60 stieg die Zahl der Flüchtlinge jeweils an.

DDR-Flüchtlinge pro Jahr 1950 – 1962

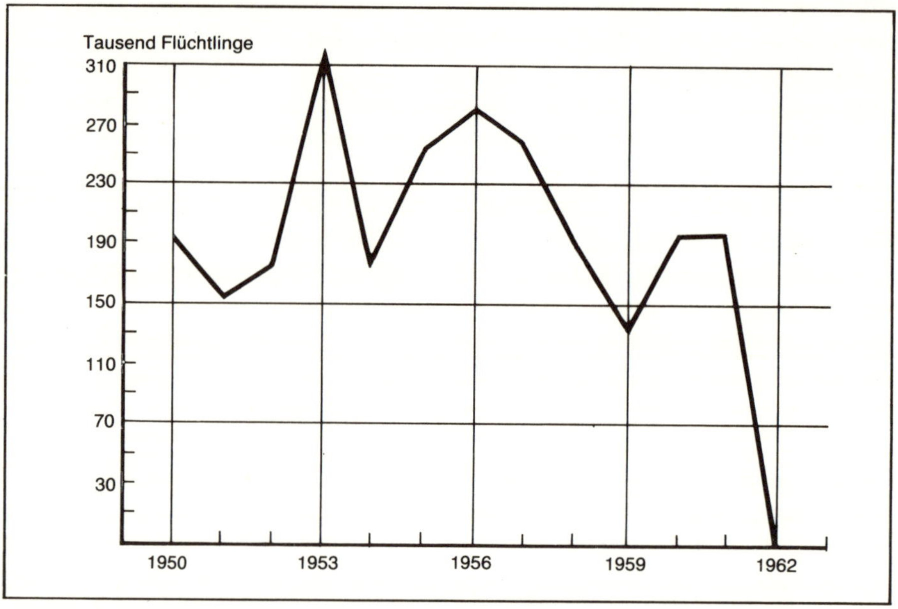

Um die von Kritikern frühzeitig prognostizierte *Unvereinbarkeit von Wiedervereinigung und Westintegration* politisch zu überdecken, hatten sowohl *Adenauer* als auch *Schumacher* mit der sogenannten **„Magnettheorie“** operiert. Sie ging von der Vorstellung aus, das westliche Deutschland müsse ökonomisch, politisch und militärisch (im Bündnis mit den Westmächten) so attraktiv und stark sein, daß sich die *Sowjetunion* zu einer *Freigabe der „Zone“* veranlaßt sehe. Die Magnetwirkung trat zwar im Zeichen der ungeahnten wirtschaftlichen Prosperität ein, die politischen Folgen aber waren eher gegenteiliger Art, und die *Mauer* zerschlug endgültig solche *Illusionen.*

Auf westlicher Seite schwankte die Politik nun zwischen ohnmächtiger Wut über Mauer und Schießbefehl und dem Impuls, in dieser Zwangslage ausgetretene Pfade der Deutschlandpolitik zu verlassen, um menschliche Erleichterungen zu erreichen und den Zusammenhalt der Nation wenigstens auf dieser Ebene aufrechtzuerhalten. Die öffentliche Meinung wurde einerseits von Parolen wie *„Macht das Tor auf“* bestimmt, andererseits begannen kritische Kommentatoren, über die Chancen einer *„offensiven Entspannung“* (Peter Bender) und über das Für und Wider einer DDR-Anerkennung zu reflektieren. Ohne diese intensive öffentliche Debatte wäre ein *Neuansatz der Ost- und Deutschlandpolitik* kaum möglich geworden. Darin spiegelte sich freilich auch ein seit längerem zu beobachtender **Einstellungswandel der Bevölkerung.**

Fragt man nämlich unter Gesichtspunkten der **politischen Kultur,** der „subjektiven Seite“ der Politik, nach der Bedeutung der „deutschen Frage“ und der

Rezeption der Deutschlandpolitik bei den Bewohnern der Bundesrepublik, dann werden Gründe dafür erkennbar, warum Teilung, gescheiterte Wiedervereinigungspolitik und Mauerbau vergleichsweise *wenig innenpolitische Brisanz* entwickelten. Das galt ebenso für die verlorengegangenen Ostgebiete. Zieht man den politischen Zündstoff, den der Versailler Vertrag mit ungleich geringfügigeren Gebietsabtretungen enthielt, zum Vergleich heran, wird deutlich, wie tiefgreifend sich nicht nur die äußere Konstellation, sondern auch die innere Einstellung der Bevölkerung verändert hatte. *Nation und Vaterland* besaßen de facto offenkundig nur noch *geringes Gewicht* bei den Westdeutschen. Nach der Perversion des Nationalismus im Dritten Reich und dem Schock von 1945 war dies wenig verwunderlich. Vor allem aber bot *individueller Wiederaufstieg* im Zeichen des Wirtschaftswunders *Ersatz für verlorengegangene Identifikationen. Sicherheit, Wohlstand* und *Antikommunismus* waren zentrale Elemente der politischen Kultur der frühen Bundesrepublik. Sie spiegelten sowohl die Unsicherheitserfahrungen der Vergangenheit als auch die Situation eines geteilten Landes mit ökonomisch zwischen West und Ost extrem unterschiedlich verteilten Startchancen und Standards. Einige wenige *Umfragedaten* mögen dies in Umrissen verdeutlichen. Auf die Frage, „Finden Sie die *Teilung Deutschlands* ist ein ganz unerträglicher Zustand oder würden Sie sagen, man hat sich allmählich daran gewöhnt?" antworteten:

	Sept. 1956	Juni 1962	Juli 1963	Dez. 1967
unerträglicher Zustand	52%	61%	53%	31%
daran gewöhnt	33%	28%	32%	54%
unentschieden	15%	11%	15%	15%

Institut für Demoskopie Allensbach

Deutliche Unterschiede zwischen den Generationen zeigten sich in der Einstellung zur **Einheit der Nation.** Folgendes Bild ergab sich nach einer Umfrage vom August/September 1971 auf die Frage, „Glauben Sie, daß wir trotz der Aufteilung in Bundesrepublik und DDR auch in Zukunft ein Volk, eine deutsche Nation bleiben werden oder glauben Sie, wir werden uns im Laufe der Geschichte auseinanderleben – etwa so wie Deutsche und Österreicher?"

	August/September 1971		
Altersgruppen	auseinanderleben	Nation bleiben	unentschieden
16–29	69%	16%	15%
30–44	74%	18%	8%
45–59	60%	30%	10%
60 und älter	55%	22%	23%

Institut für Demoskopie Allensbach

Vor diesem Hintergrund wird auch plausibel, daß die *Mehrheit* der Bevölkerung die *neue Ost- und Deutschlandpolitik* der sozial-liberalen Koalition *unterstützte,* weil sie die Ausweglosigkeit der alten erkannt hatte und sich – zumindest in großen Teilen – mit dem Unvermeidlichen abzufinden bereit war. Der eindeutige *Wahlsieg* der Koalition *von 1972* ließ sich als eine Art von *Plebiszit* für diese Politik verstehen.

Für die DDR liegen keine entsprechenden Daten vor. Jedoch kann man mit hoher Wahrscheinlichkeit erschließen – und die fragmentarischen Zahlen von Umfragen unter Besuchern Westberlins aus der *DDR* vor 1961 belegen das –, daß für die Bevölkerung die *„nationale Frage"* stets einen *ungleich höheren Stellenwert* hatte und bis heute hat. Denn persönliches Wohlergehen, individueller politischer Spielraum und Zukunftshoffnungen sind hier viel unmittelbarer mit den *deutsch-deutschen Verhältnissen* verquickt als in der Bundesrepublik. Eben deshalb bemühte sich die SED auch mit wechselnden Argumentationsfiguren immer wieder, die *nationale Legitimation* heranzuziehen. Offiziell verfolgte die SED bis Ende der sechziger Jahre das Ziel eines *sozialistischen Gesamtdeutschland.* Danach versuchte sie jedoch, einen eigenen, separaten *sozialistischen Nationsbegriff* zu kreieren. Auf dem 8. Parteitag, der die unter Ulbricht in irgendeiner Form immer noch erkennbaren gesamtdeutschen Elemente zugunsten der Solidarität mit den Verbündeten des sozialistischen Lagers negierte, erklärte Honecker in diesem Sinne, die Partei müsse „bei der Einschätzung der nationalen Frage von ihrem Klasseninhalt" ausgehen. Im Gegensatz zur *bürgerlichen Nation* in der Bundesrepublik entwickle sich in der DDR ein neuer Nationstypus, die *sozialistische Nation.*

Diese sehr künstlichen Versuche fanden jedoch kaum Resonanz. Wohl aber wandelte sich mit dem Bau der Mauer die *Einstellung der DDR-Bevölkerung* zu ihrem Staat – und damit indirekt auch zur *Bundesrepublik.* Da es die Alternative *Flucht* nicht mehr gab, *arrangierten sich die DDR-Bewohner* zunehmend mit den politischen, ökonomischen und gesellschaftlichen Verhältnissen. Seit dieser Zeit veränderte sich allmählich auch die Sicht der *westlichen Wissenschaftler* von der DDR. Nicht mehr der Totalitarismus stand im Vordergrund des Interesses, sondern die DDR als moderne *Industrie- und Leistungsgesellschaft,* auch die Frage nach möglichen Gemeinsamkeiten und Konvergenzen unterschiedlicher Gesellschaftssysteme rückte in den Mittelpunkt.

In der *DDR* hat es nach den glücklosen Versuchen, eine eigene sozialistische Nation zu definieren, in jüngster Zeit eine deutlichere Form der *Rückbesinnung* auf *deutsche Geschichte* als *Legitimation* und *identitätstiftendes* Element gegeben. Die Diskussion um *„das Erbe"* und Versuche, bestimmte *Traditionen* für die DDR zu reklamieren, gab es zwar schon seit den Gründerjahren der DDR. Aber die Palette ist breiter geworden und die Auseinandersetzung mit der deutschen und *preußischen* Geschichte viel differenzierter. Im Zeichen der gemeinsamen Bedrohung ist schließlich auch wieder eine stärkere *„gesamt-*

deutsche" Besinnung auf die gemeinsame Vergangenheit festzustellen. Begriffe wie **„Verantwortungsgemeinschaft"** und der auf beiden Seiten oft gebrauchte Satz „von deutschem Boden darf nie wieder ein Krieg ausgehen" sind mehr als wohlfeile Formeln. Ob die *„deutsche Frage"* noch *offen* ist und was diese seit den achtziger Jahren überraschend wieder intensiver diskutierte Frage überhaupt meint, ist in der *Bundesrepublik* – nicht in der DDR – *umstritten.* Ein – auch politisch relevantes – Faktum dürfte dagegen kaum kontrovers sein, das wesentlich zur „deutschen Frage" gehört und das in Einheitsbemühungen und Abgrenzungsversuchen beider Staaten eine zentrale Rolle spielte und spielt: Willy Brandt hat es mit dem scheinbar selbstverständlichen, von der SED aber bisweilen infrage gestellten Satz ausgedrückt, den er nach dem Besuch des „Museums für deutsche Geschichte" in Ost-Berlin am 19. September 1985 ins Gästebuch schrieb: *„Die deutsche Geschichte, es gibt sie!"*

Christoph Kleßmann

Moderne Industriegesellschaften.
Europa – USA – Sowjetunion – Japan

Zeittafel

1853/54	Öffnung Japans, mit militärischer Drohung von den USA durchgesetzt im Vertrag von Kanagawa
1854–1861	Weitere Verträge Japans mit europäischen Mächten (Großbritannien, Rußland, Niederlande, Frankreich, Preußen)
1868	Beginn der Meiji-Reformen zur Modernisierung Japans
1894/95	Chinesisch-japanischer Krieg
1904/05	Russisch-japanischer Krieg
1910	Annexion Koreas durch Japan
1931	Japanische Besetzung der Mandschurei
1932	Ausrufung des „Kaiserreiches Mandschukuo“ (18. Febr.)
1933	Beginn des „New Deal“ unter Präsident F. D. Roosevelt in den USA
27. März	Japan tritt aus dem Völkerbund aus
1936–1939	Spanischer Bürgerkrieg
1937	Beginn des Japanisch-chinesischen Krieges (bis 1945)
1941	Japanischer Überraschungsangriff auf Pearl Harbor (7. Dez.)
1944	Währungsabkommen von Bretton Woods (Juli)
Okt.	Einigung über Einflußsphären in Südosteuropa zwischen Großbritannien und der UdSSR
1945 5. Juli	Labour Party siegt in Wahlen erdrutschartig, Beginn der Verstaatlichungen in Großbritannien
17. Juli – 2. Aug.	Potsdamer Konferenz Teilung Mitteleuropas
Aug.	Erster Atombombeneinsatz (Hiroshima und Nagasaki)
Sept.	Kapitulation und Besetzung Japans
1946	Wahlen in der ČSR: KPČ stärkste Partei (Mai)
Nov.	Neue Verfassung Japans: parlamentarische Demokratie nach englischem Vorbild
1947 10. Febr.	Pariser Friedensverträge der Alliierten mit Italien, Ungarn, Rumänien, Bulgarien und Finnland
5. Juni	Marshall-Plan angekündigt
23. Juni	Verschlechterung der Stellung der Gewerkschaften in den USA durch das Taft-Hartley-Gesetz
1948 25. Febr.	„Legaler“ Staatsstreich in der ČSR durch die KPČ
16. April	Errichtung der OEEC (Organisation für wirtschaftliche Zusammenarbeit in Europa)
30. April	Gründung der Organisation Amerikanischer Staaten (OAS)
27. Juni	Zerwürfnis zwischen der UdSSR und Jugoslawien (bis 1955)

1949	Unterzeichnung des Nordatlantikpaktes (NATO) (4. April)
1950 – 1954	J. R. McCarthy Vorsitzender des Senatsausschusses zur Untersuchung „unamerikanischer Umtriebe“
1951	Versuch Irans, Die Anglo-Iranian Oil Company zu nationalisieren: jahrelanger Streit zwischen Großbritannien und Iran (1952 bis 1954)
18. April	In Paris Unterzeichnung der Verträge über die Errichtung der Europäischen Gemeinschaft für Kohle und Stahl (EGKS-Montanunion)
8. Sept.	Friedensvertrag zwischen Japan, den USA und weiteren Staaten in San Francisco unterzeichnet
ab Nov.	Reprivatisierung der Eisen- und Stahlindustrie in Großbritannien nach konservativem Wahlsieg (Okt.)
1953	Tod J. Stalins (5. März)
27. Juli	Ende des Koreakrieges (seit 25. Juni 1950)
Aug.	„Neuer Kurs“ in der Sowjetunion, Beginn einer innenpolitischen Auflokkerung
13. Sept.	N. S. Chruschtschow wird Erster Sekretär der KPdSU (1958 auch Regierungschef)
1954 Mai	Rassentrennung in US-Schulen vom Obersten Bundesgericht für verfassungswidrig erklärt
8. Sept.	SEATO-Vertrag unterzeichnet (Südostasiatisches Verteidigungsbündnis, 1977 aufgelöst)
1955 24. Febr.	Gründung des prowestlichen Bagdad-Paktes (ab 1959 CENTO, besteht bis 1979)
14. Mai	Warschauer Pakt gegründet
1956 14. – 25. Febr.	20. Parteitag der KPdSU: Chruschtschow rechnet mit den Verbrechen der Stalin-Zeit ab
26. Juli	Verstaatlichung des Sueskanals durch Ägyptens Präsident G. A. Nasser
Okt./Nov.	Sueskrieg: anglo-französische Intervention gegen Ägypten erreicht letztlich nicht ihr Ziel
23. Okt.	Beginn des Aufstands in Ungarn; von sowjetischen Truppen niedergeschlagen
1957	Unterzeichnung der Römischen Verträge (EWG und Euratom) (25. März)
4. Okt.	Start des ersten künstlichen Erdsatelliten durch die UdSSR („Sputnik“)
1958	Anwachsen der politisch-ideologischen Differenzen zwischen der UdSSR und der VR China
1959	Castro wird kubanischer Ministerpräsident (13. Febr.)
Juli	Bildung der Europäischen Freihandelszone (EFTA) beschlossen
1961	US-Präsident J. F. Kennedy beginnt seine Politik der „New Frontiers“
17. – 31. Okt.	22. Parteitag der KPdSU: offene Verurteilung Stalins
1962	Kuba-Krise
1963 2. April	Gewaltlose Demonstration von Afroamerikanern unter M. Luther King für die Rassenintegration in Birmingham (Alabama)
5. Aug.	Unterzeichnung des teilweisen Atomteststopabkommens
22. Nov.	Ermordung J. F. Kennedys in Dallas (Texas)
1964	Bürgerrechtsgesetz durch den US-Kongreß verabschiedet (29. Juni)
7. Aug.	Tonking-Resolution des Kongresses ermächtigt den US-Präsidenten zur Kriegführung in Südostasien
14. Okt.	Chruschtschow als sowjetischer Parteichef durch L. I. Breschnew ersetzt (bis 1982)
1964 – 1968	Unruhen in den „schwarzen Ghettos“ der US-amerikanischen Großstädte
1967	Vereinigung der drei europäischen Gemeinschaften (EG)

1968	Beginn des „Prager Frühlings“ in der ČSSR (Jan.)
6. April	Ermordung M. L. Kings
1. Juli	Unterzeichnung des Vertrags über die Nichtweiterverbreitung von Atomwaffen (tritt 1970 in Kraft)
Aug.	Militärische Intervention des Warschauer Pakts in der ČSSR: Ende der Reformexperimente
12. Nov.	„Breschnew-Doktrin“
1969 2. März	Gefecht zwischen sowjetischen und chinesischen Truppen auf den Ussuri-Inseln
20. Juli	Den USA gelingt im Rahmen des Apollo-Raumfahrtprogramms die erste Landung von Menschen auf dem Mond
1971	Aufhebung der Gold-Konvertibilität des Dollars
1972 22. Jan.	Beitritt Großbritanniens, Irlands und Dänemarks zur EG unterzeichnet (seit 1. Jan. 1973 Vollmitglieder)
22. – 30. Mai	R. M. Nixon besucht als erster US-Präsident die Sowjetunion
2. Aug.	Ratifizierung von SALT I (Begrenzung der strategischen Rüstung) durch den US-Senat
1973 27. Jan.	Waffenstillstandsabkommen für Vietnam unterzeichnet; Rückzug der USA aus Vietnam
17. Mai	Beginn der Untersuchung der Watergate-Affäre in den USA
Okt.	Kartellierung der Ölproduktion durch die OPEC (Organisation der Erdöl exportierenden Länder) läßt die Ölpreise explosionsartig steigen („Ölkrise“)
	Sinken der US-amerikanischen Rüstungsquote
	Ausbau der sowjetischen Hochseeflotte verstärkt
1974/75	Weltweite Wirtschaftsrezession
1974 9. Aug.	US-Präsident Nixon tritt zurück, um einem Impeachment-Verfahren zuvorzukommen
ab 1975	Interventionen im angolanischen Bürgerkrieg: Südafrika, Kuba mit sowjetischer logistischer Unterstützung
	Nach Francos Tod (20. Nov.) in Spanien Beginn des Übergangs zur parlamentarischen Monarchie
1976	„Committee on the Present Danger“ beginnt in den USA mit der Opposition gegen SALT-Verhandlungen
1977	Neue Verfassung der UdSSR (7. Okt.)
1979	Steigerung der amerikanischen Militärausgaben
1. Jan.	Aufnahme der diplomatischen Beziehungen zwischen USA und VR China
3. Mai	Absolute Mehrheit der Konservativen bei den Unterhauswahlen in Großbritannien; Margaret Thatcher Premier; Austeritätspolitik, wachsende Arbeitslosigkeit
18. Juni	SALT-II-Abkommen unterzeichnet (vom US-Senat nicht ratifiziert)
12. Dez.	NATO-Doppelbeschluß als Reaktion auf sowjetische Rüstung: Nachrüstung in Europa mit neuen Mittelstreckenraketen ab Herbst 1983, wenn gleichzeitige Verhandlungen über Rüstungsbegrenzungen scheitern
27. Dez.	Beginn des militärischen Einmarsches der UdSSR in Afghanistan
Ende 1979/ Anfang 1980	Beginn einer weltweiten Rezession mit rascher Zunahme der Arbeitslosigkeit und Abnahme des Wirtschaftswachstums
1980 – 1982	Amerikanisches Getreideembargo gegen die UdSSR scheitert
1980	Gründung der unabhängigen Gewerkschaft „Solidarnosc“ in Polen (17. Sept.)
	Anwachsen einer starken Friedensbewegung in zahlreichen europäischen Staaten und in den USA

1981	Ronald Reagan (Republikaner) amerikanischer Präsident; Regierungsprogramm: Reduzierung der Staatsausgaben, Steuersenkungen, Erhöhung des Militäretats, härtere Position gegenüber der UdSSR
	Griechenland Vollmitglied der EG (1. Jan.)
13. Dez.	Verhängung des Kriegsrechts in Polen
	Hochrüstung in den USA, Anstieg des Budgetdefizits
1982, Aug.	In Großbritannien sind 4 Mio. oder 14% der Beschäftigten arbeitslos
1. Okt.	Kohl (CDU) Bundeskanzler; Koalitionsregierung von CDU/CSU und FDP. Zur Haushaltskonsolidierung zahlreiche Kürzungen von Sozialausgaben und Subventionen (18 Mrd. DM), Erleichterungen für Unternehmer
28. Okt.	Sozialisten unter González erringen Mehrheit bei Parlamentswahlen in Spanien
1983 23. März	Präsident Reagan stellt SDI-Programm (Space Defense Initiative) vor als defensive Alternative zum Verteidigungssystem der gegenseitigen Abschreckung
	Die OPEC verliert die Kontrolle über den Welt-Erdölmarkt
25. Okt.	US-Intervention in Grenada (Westindien)
Nov.	Beginn der Stationierung der neuen US-Mittelstreckenraketen in Mitteleuropa
Jahresende	Erholung der Weltkonjunktur, ansteigendes Sozialprodukt der Industrieländer (+ 2% real); Auslandsverschuldung der Entwicklungsländer seit 1979 verdoppelt
1984 12. März	Beginn eines einjährigen Bergarbeiterstreiks in Großbritannien, schwere Auseinandersetzungen
16. Okt.	Das Waldsterben entwickelt sich zu einem der gravierendsten Umweltprobleme: Waldschadenserhebung verzeichnet 50% der Waldfläche in der Bundesrepublik als geschädigt
1985 11. März	Gorbatschow neuer Parteichef in der UdSSR
12. Juni	Unterzeichnung der Verträge über den Beitritt Spaniens und Portugals zur EG (Vollmitgliedschaft ab 1. Januar 1986).

Fragestellungen

Unter **„Moderne Industriegesellschaften“** werden sehr unterschiedliche Gesellschaften zusammengefaßt, die sich zum Teil feindlich gegenüberstehen. Gibt es genug *Gemeinsamkeiten zwischen Ost und West,* um sie unter einem Begriff zusammenzufassen? Welche *Stärken,* welche *Schwächen* zeigten die beiden großen sozialökonomischen Systeme in den vergangenen 40 Jahren? Welche Rolle spielte die *Systemkonkurrenz* insbesondere für den Rüstungswettlauf? Welchen Entscheidungsspielraum ließen die Rahmenbedingungen des *internationalen Systems* auf nationaler Ebene? Welche Wirkungen konnten reformerische oder konservative *politische Richtungen* erzielen? Welche Handlungsmöglichkeiten standen *kleineren Gesellschaften (Spanien, ČSSR)* offen, und was bedeutete der Abstieg einer *europäischen (Großbritannien)* und der Auf-

Pro-Kopf-Sozialprodukt in US-Dollar (Kaufkraft von 1956)

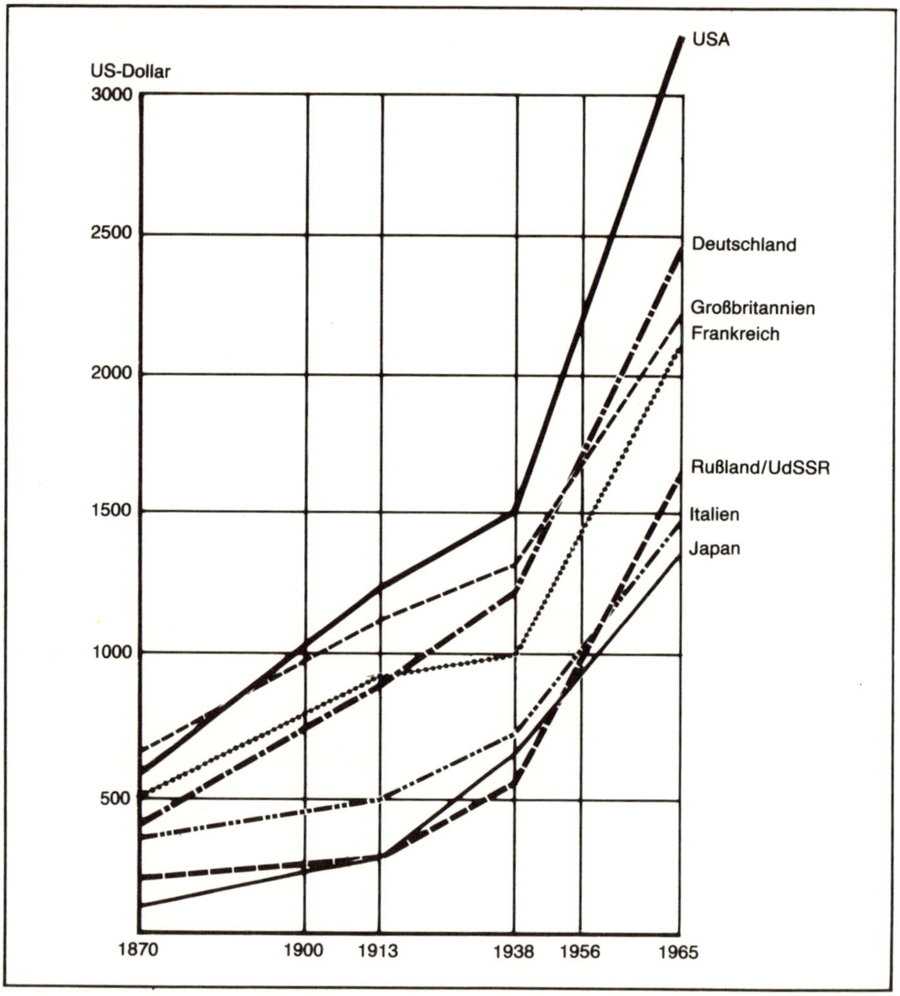

Die Graphik verdeutlicht, daß die beiden *Weltkriege* in den langfristigen Trends der Industrienationen zueinander nur eine geringe Rolle spielten. Die Abschwächung der Wachstumsrate *Großbritanniens* ist schon seit der Jahrhundertwende erkennbar; die Beschleunigung der Wachstumsrate der *UdSSR* zeigt ihr erfolgreiches „Nachholen" seit der Industrialisierung der dreißiger Jahre. Von „Einholen" kann jedoch keine Rede sein. Quelle: Michael Kaser, Wirtschaftspolitik der Sowjetunion, Ideologie und Praxis, dt. München 1970 (Kindler), S. 10.

stieg einer *außereuropäischen Macht (Japan)?* Reichte die Kompetenz des **internationalen Systems** aus, um entscheidende Probleme einer Lösung näher zu bringen?

Fallbeispiele

USA

Für die Vereinigten Staaten von Amerika bedeutete der *Sieg im Zweiten Weltkrieg* nicht nur den Durchbruch der Nation zur Weltmacht, sondern darüber hinaus die Bestätigung der **kapitalistischen Wirtschaftsverfassung.** Die *Industrialisierung* war in den USA mit einer *Ausweitung der politischen Mitbestimmung* der Bürger und einem *Anstieg des Lebensstandards* verbunden, insbesondere nach der „Zweiten" Industriellen Revolution, dem Übergang zur Produktion am laufenden Band, für den Henry Ford bahnbrechend war. Das der neuen Produktionsweise angemessene soziale Konzept des „Autos für alle" versprach eine *Demokratisierung des Konsums* – die allerdings in der Weltwirtschaftskrise mißlang, als es keinen Absatz für die neuen Massengüter mehr gab. Trotz staatlicher Arbeitsbeschaffung im Zeichen des *„New Deal"* unter dem demokratischen Präsidenten Roosevelt konnte die Massenarbeitslosigkeit von 1933 (25%) bis 1940 nur auf 14,6% gesenkt werden, und erst die *Rüstungsproduktion* bewirkte eine neue **Konjunktur:** zwischen 1941 und 1945 stieg das amerikanische Nettosozialprodukt von 118 auf 201 Milliarden Dollar, und die Arbeitslosigkeit verschwand. Die Konjunktur beruhte jedoch auf Gütern, die direkt oder indirekt (lend lease) durch *Kredite* der Regierung der USA finanziert wurden, und die *Staatsverschuldung* explodierte bis 1945 auf das Fünffache der Jahreseinnahmen, nämlich 279 Milliarden Dollar.

Nach dem Sieg waren die USA sofort von einer *neuen Rezession* bedroht, da der Export auf Staatskosten nicht länger legitimiert werden konnte. Obgleich von den 19 Millionen der während des Kriegs als Arbeiter tätigen Frauen über 2,5 Millionen aus dem Produktionsprozeß ausschieden, stieg die *Arbeitslosigkeit* 1946 auf 3,9% und bis zum Beginn des Koreakriegs auf fast 5% an. Die amerikanischen Politiker suchten der *Gefahr der Rezession entgegenzuwirken,* indem sie Bedingungen schufen, unter denen der überlegene **technologische Standard** der amerikanischen Industrie weltweit zur *Geltung* gebracht werden konnte; die internationale freie Beweglichkeit von Menschen, Waren und Kapital. Die *Grenzen* jener nicht nur politisch, sondern auch ökonomisch abgeschotteten Räume, aus denen die europäisch beherrschte Welt bis 1945 bestanden hatte, wurden *durchlässig* gemacht oder *niedergelegt* – man unterstützte die *Befreiungsbewegungen* in den Kolonien gegen die Mutterländer, und die westeuropäischen Nationen wurden im Abkommen von Bretton Woods veranlaßt, ihre *Währungen* gegenüber dem US-Dollar *konvertibel* zu gestalten.

Die **amerikanische Exportoffensive** stieß an zwei Grenzen. Europa importierte zwar US-Waren, konnte sie aber nicht bezahlen – 1947 war das *Zahlungsbilanzdefizit Westeuropas* auf 7,5 Milliarden Dollar angestiegen. Die Ausbreitung des *Monopolsozialismus* sowjetischer Prägung verschloß nicht nur den russischen, sondern auch den ostmitteleuropäischen und schließlich sogar den chinesischen Markt. Sowohl um den Kommunismus einzudämmen wie um den europäischen Wiederaufbau in einer amerikanische Interessen berücksichtigenden Form in Gang zu bringen, boten die USA durch Außenminister Marshall unter der Bedingung eines freiheitlich und umfassend organisierten europäischen Marktes an, *Subventionen* zu geben, die überwiegend nicht zurückgezahlt werden mußten. Zwar gestanden die europäischen Staaten der in diesem Zusammenhang gegründeten *„Organisation of European Economic Cooperation" (OEEC)* nur eine schwache Exekutive zu, aber die Amerikaner setzten die *Freihandelsbedingungen* in bilateralen Verträgen durch und zahlten bis 1952 etwa 13 Milliarden Dollar an die Partnerländer.

Das Ziel des **Marshallplans,** zugleich die amerikanische Industrie anzukurbeln, die europäische Wirtschaft zu fördern und den Kommunismus einzudämmen, wurde zu einem großen Teil erreicht. Die *kapitalistischen Industriegesellschaften* erlebten unter der Führung der USA einen bedeutenden *Aufschwung,* vor allem die Durchsetzung der Zweiten Industriellen Revolution und die damit zusammengehende *Demokratisierung des Konsums.* Die linken Bewegungen in Westeuropa schwenkten in den fünfziger Jahren von sozialistischen Forderungen weithin auf die von den Demokraten in den USA vertretenen Positionen eines an Keynes orientierten *Staatsinterventionismus* ein.

Dessen Ziel, durch *Stabilisierung des Wirtschaftsablaufs* und *Öffnung neuer Märkte* eine derartige Produktions- und Produktivitätssteigerung zu fördern, daß die anfänglichen staatlichen Kredite durch *erhöhte Steuereinnahmen* aus dem gestiegenen Bruttosozialprodukt wieder *getilgt* werden könnten, wurde jedoch nicht erreicht. Die *Staatseinnahmen* stiegen viel schneller als das Bruttosozialprodukt, und die Staatsschuld wurde weniger abgetragen, als vielmehr durch Inflation im realen Wert gemindert – zwischen 1940 und 1953 stieg der Nominallohn des amerikanischen Industriearbeiters von 25 auf 70 Dollar in der Woche, der Reallohn jedoch nur auf 35 Dollar – die *Inflationsrate* betrug unter der Regierung der Demokraten durchschnittlich 7% im Jahr.

Außenpolitisch wurde die *führende Stellung der USA* zwischen 1948 (Organisation Amerikanischer Staaten) und 1955 (Bagdad-Pakt, später CENTO) durch multilaterale *Bündnisverträge* abgesichert, welche die Rechtsgrundlage für ein weltweites Netz amerikanischer Stützpunkte gaben. Insbesondere der *Überfall Nordkoreas* auf den Süden des Landes bot die Chance, die Führung der UN zu übernehmen und neue Rüstungsaufträge zu legitimieren. Der Westen erlebte seinen *ersten Boom* nach dem Zweiten Weltkrieg. **Innenpolitisch** verlor die *Regierung Truman* jedoch den reformerischen Impuls des Vorgängers Roosevelt; die Stellung der Gewerkschaften wurde durch Gesetze eingeschränkt (Taft-Hartley), die amerikanische Linke durch eine Parlamentskommission verfolgt (McCarthy). Und der Koreakrieg erwies sich nach dem Eingreifen Chinas als nicht gewinnbar.

Staatsaufbau der USA

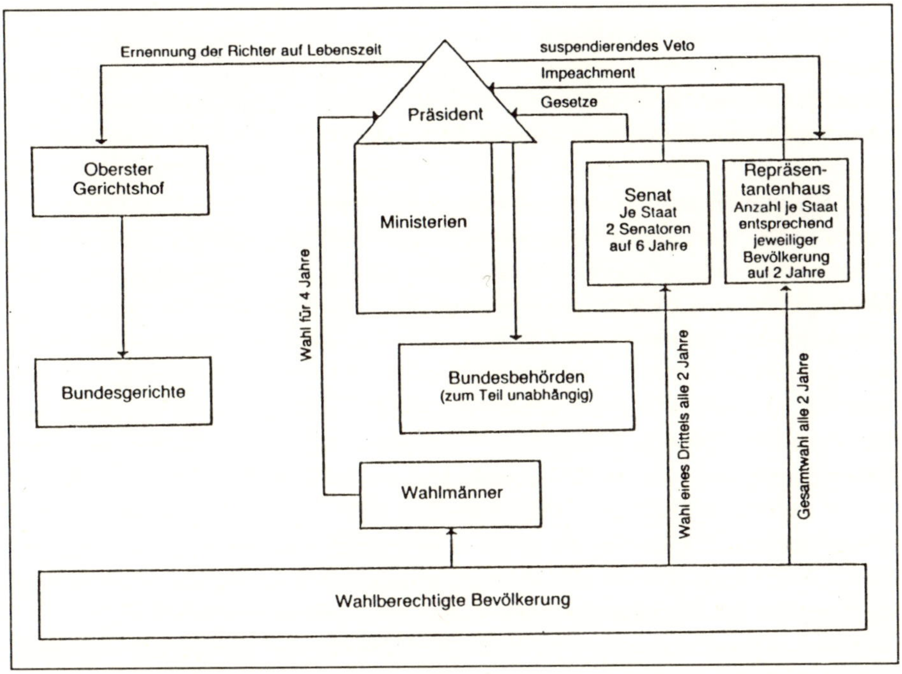

Die *Republikaner* konnten 1952 mit ihrem Kandidaten *Eisenhower* die Wahl gewinnen, indem sie die amerikanischen Einbußen in China und Korea und vor allem die Korruption in dem (ausgeweiteten) Staatsapparat angriffen. Der Friedensschluß in Korea, die Weigerung, Frankreich im Vietnamkrieg zu unterstützen, sowie die Nichtintervention in Kuba nach dem Sieg Castros 1959 waren Teile einer *Außenpolitik,* die dem republikanischen Programm zum Abbau der Staatsverschuldung auch durch Minderung der Militärausgaben entsprachen. *Innenpolitisch* wurde durch diese Politik jedoch eine *Rezession* befördert, welche die Zahl der Arbeitslosen wieder auf über 5 Millionen ansteigen ließ. *Eisenhower* hielt an seiner Politik fest und warnte in seiner Abschiedsrede das amerikanische Volk, daß sich in den USA ein *„Militärisch-Industrieller Komplex“* entwickele, der die Werte des alten Amerika in Frage stelle und dessen politische Struktur verändere.

Der 1960 gewählte *demokratische Nachfolger* im Präsidentenamt hatte dagegen im Wahlkampf behauptet, Eisenhower habe eine *„Raketenlücke“* gegenüber der UdSSR zugelassen, was sachlich falsch war. Unter *Kennedy* wurde bis 1963 die Zahl der Interkontinentalraketen von 50 auf 900 vervielfältigt und zugleich die amerikanische Kapazität zu konventioneller Kriegsführung erhöht. Eine besondere *Eingreiftruppe* für Guerillakämpfe in tropischen Ländern wurde gegründet, die Zahl der amerikanischen „Berater“ in Südvietnam von 675 auf 17000 erhöht und der – vergebliche – Versuch exilkubanischer „Contras“, Castro zu stürzen, unterstützt.

Daß die *antikommunistische Politik* der Regierung Kennedy nicht unbegründet war, machte die UdSSR der Welt deutlich, als sie *1962* versuchte, auf **Kuba** Mittelstreckenraketen zu installieren, mit denen amerikanisches Territorium direkt bedroht werden konnte. Bevor die sowjetischen Raketen in Stellung gebracht werden konnten, blockierte die amerikanische Flotte die Insel. Die USA setzten der drohenden Erweiterung der strategischen Positionen der UdSSR also *militärische Entschlossenheit* „auf der Grenze zum Krieg“ *(„brinkmanship“)* entgegen, und sie hatten Erfolg – die UdSSR zog ihre Raketen zurück, so wie die USA übrigens einige Zeit später auch ihre Mittelstrekkenraketen aus Italien und der Türkei, wo sie sowjetisches Territorium direkt bedrohten.

Das *Risiko des Weltkrieges,* welches die Kuba-Krise enthalten hatte, bestärkte die Weltöffentlichkeit in der Forderung nach **Einschränkungen** in der **Rüstungspolitik** und nach **Entspannung** zwischen den Großmächten. Ferner hatte die Verseuchung der Atmosphäre durch die *Atomtests* ein bedenkliches Ausmaß angenommen und zu einem allgemeinen Anstieg von Leukämie geführt. 1963 verpflichteten sich die Regierungen in Washington, Moskau und London, Kernwaffenversuche nur noch unterirdisch durchzuführen – ein wichtiger Schritt und gewiß auch ein Zeichen für die *einsetzende Entspannungspolitik.* Diese bedeutete auch in den folgenden Jahrzehnten, daß man miteinander redete und sich gelegentlich auf obere *Grenzwerte an Zerstörungspotential* einigte – führte jedoch bisher niemals zur Abrüstung und minderte auch nicht die Bereitschaft der Weltmächte, in peripheren Ländern militärisch zu intervenieren.

Die Kennedy-Administration verband die Forderung nach einer **„new frontier“**, zu der das *Zurückdrängen des Kommunismus* im Zeichen der Menschenrechte gehörte, mit einer *Kampagne zur Demokratisierung* der inneren Verhältnisse der USA. Die Forderung nach gleichen Chancen für alle sollte einmal durch eine Erweiterung des *Bildungswesens* verwirklicht werden, für das nun Bundesmittel eingesetzt wurden. Der Besuch der bis zur 12. Klasse führenden High-School wurde zur Norm, und die Zahl der Studenten stieg zwischen 1956 und 1960 von drei auf vier Millionen. Zum andern wurde die *ärztliche Versorgung,* die bis dahin allein nach Gewinngesichtspunkten betrieben worden war, verbessert: es gab Bundesmittel für Ärztestationen in ärmlichen Gebieten und andere Zuschüsse.

Ein besonderes Problem bildet die **ethnisch-soziale Zerklüftung** der amerikanischen Gesellschaft, in der es zwischen den *„White-Anglo-Saxon-Protestants“* (WASPS) auf der einen und den vielen ethnisch wie religiös abweichenden Gruppen über katholische Iren (Kennedys eigene Herkunft), Afroamerikaner, spanischsprechende Minderheiten oder Arbeitsimmigranten (Chicanos) bis hin zu Indianern *Unterschiede in sozialer Stellung* und *politischem*

Einfluß gibt, deren Kennzeichnung sich den klassischen Definitonen westeuropäischer Sozialgeschichte z. T. entzieht.

In den sechziger Jahren machten die *Afroamerikaner* ihre *Gleichberechtigung* zu einer der entscheidenden innenpolitischen Fragen. Die formale *Gleichheit,* welche ihnen das Gesetz zusicherte, besaß besonders in den Südstaaten *kaum inhaltliche Wirklichkeit.* Mit bürokratischen Tricks wurde den Negern das Wahlrecht vorenthalten, und sie wurden von rassistischen Organisationen terrorisiert. Aus Afroamerikanern setzten sich regelmäßig die *ärmsten Gruppen* der Bevölkerung zusammen. In Zeiten der Konjunktur verbesserte sich ihre Lage, aber bei Rezessionen wurden sie als erste entlassen, so daß die Afroamerikaner – zusammen mit den Frauen – den *Kern der industriellen Reservearmee* des Landes bildeten.

Zwar traten die Bundesinstitutionen für *Integration* ein – nicht nur die an sozialer und wirtschaftlicher Bedeutung zunehmende *Armee,* sondern auch der *Bundesgerichtshof,* der *1954* ein früheres Urteil revidierte und *Rassentrennung in Schulen* als Behinderung der freien Wahl der Ausbildungsstätte für *verfassungswidrig* erklärte. Aber im „Dixieland“ genannten Süden verhinderten staatliche und kommunale Organisationen wie auch Bürgerkomitees die Realisierung solcher Integrationsversuche.

Seit 1955 hatten in den *Südstaaten* Afroamerikaner, deren wichtigster Vertreter *Martin Luther King* war, den **Kampf um die Gleichstellung** erneut aufgenommen. Sie entwickelten dabei jene Formen der *Auseinandersetzung mit staatlicher Gewalt in demokratischen Gesellschaften,* die am Ende der sechziger Jahre in den Studentenprotesten weltweit übernommen wurden: „sit-ins“ – Hineinsetzen in für Farbige verbotene Restaurants, „kneel-ins“ – Hineinknien in für Weiße reservierte Kirchen, „wade-ins“ – Hineinschwimmen in segregierte Schwimmbäder. Vor allem griffen die Farbigen die klassischen Mittel *zivilen Widerstands* wie Boykotte und Protestmärsche auf, um ihren Forderungen Nachdruck zu verleihen.

Mit der *Wahl Kennedys* verbanden die Afroamerikaner *Hoffnungen* auf aktive Hilfe. Und in der Tat unterstützte Washington jetzt durch Rechtsmittel jene vielfältigen Prozesse, in denen Farbige die Integration von Schulen und die Eintragung von Negern in Wahllisten durchsetzten. Aber Kennedy brauchte die demokratischen Senatoren der Südstaaten, wenn er die Programme zur Verbesserung des Schulwesens und der medizinischen Versorgung durchsetzen und die Politik des weltweiten Engagements gegen eine kritische Öffentlichkeit halten wollte, und *zögerte* mit *gesetzgeberischen Schritten.* Erst 1963 zwangen die Afroamerikaner die Administration durch eine *neue Kampagne gewaltlosen Widerstands* im wichtigsten Industriegebiet des Südens (Birmingham), die Rücksicht auf den Dixieland-Flügel der Demokraten aufzugeben und ein *Bürgerrechtsgesetz* einzubringen, das Rassentrennung in Hotels, Restaurants und allen öffentlich zugänglichen Orten verbot. Am 22. November 1963 wurde *Kennedy* bei einem Besuch in Dallas *ermordet.* Der Nachfolger

Kennedys, Johnson, konnte nur noch für ein auf öffentliches Eigentum eingeschränktes Gesetz im Kongreß eine Mehrheit finden.

Martin Luther King versuchte in den folgenden Jahren verschiedene *unterprivilegierte Gruppen* in den USA *zusammenzufassen* und deren Lage mit den Mitteln des gewaltlosen Widerstands zu verbessern. Aber mit solchen Methoden wurde die Armut in den Ghettos der Städte im Norden nicht gemindert. *Radikalere Bewegungen* erlangten die Überhand, und es kam – zuerst 1965 in Watts/San Francisco – zu Rassenkrawallen. *1968* wurde *King* von einem weißen Rassisten *ermordet.*

Die *Regierungen von Eisenhower bis Kennedy* zeigen einige der **Grundprobleme** amerikanischer Politik. *Bruttosozialprodukt* und *Pro-Kopf-Einkommen* stiegen in der gesamten Periode.

Versuche, die Krisenanfälligkeit der Wirtschaft zu beschränken sowie die sozialen und ethnischen Unterschiede zu mildern, führten zu einem *Anstieg des Anteils der öffentlichen Hand* am Bruttosozialprodukt, der nur teilweise durch erhöhte Steuern, zum andern Teil letztlich über eine konstant hohe Inflationsrate finanziert wurde. Die *Steuerungsversuche* waren stets auch *mit*

Bruttoinlandsprodukt zu Marktpreisen 1970 – 1982 (Basisjahr 1975)

Jahr	in konstanten Preisen[1]	je Einwohner[2]
1970	1360,9	6637
1978	1778,1	7988
1980	1815,8	7975
1981	1870,4	8137
1982	1826,3	7870

[1] Mrd. US-$; [2] in konstanten Preisen, US-$

Produktion ausgewählter Rohstoffe und Industrieerzeugnisse 1960 – 1982

Erzeugnisse (*Metallinhalt)	Einheit	1960		1970		1982	
		insgesamt	Weltanteil (in %)	insgesamt	Weltanteil (in %)	insgesamt	Weltanteil (in %)
Steinkohle	Mio. t	391,5	20	547,8	26,4	756,1	26,4
Erdöl	Mio. t	354,3	33	530,4	22,8	426,7	16,2
Erdgas	Mrd. m³	341,1	74	620,3	57,6	513,0	33,2
Zement	Mio. t	54,0	17	68,2	11,7	58,0	7,7
Eisenerz*	Mio. t	90,2	18	52,8	12,6	38,4	8,0
Molybdän-Konz.*	1000 t	23,1	72	50,5	60,8	68,4	63,3
Golderz*	t	43,0	9	54,2	10,8	38,1	2,9
Silbererz*	t	957,0	14	1400,0	14,9	1252,0	10,8
Roheisen	Mio. t	62,2	24	83,3	19,5	39,2	8,6
Rohstahl	Mio. t	90,1	26	112,1	18,8	68,5	10,6
Personenwagen	1000 St.	6675	24	6550	28,7	5074	18,6
Elektrizität	Mrd. kWh	840,5	37	1638	33,5	2314	28,1

Außenhandel 1970 – 1982 (in Mio. US-Dollar)

	Exporte				
	1970	1974	1978	1980	1982
Afrika	1 579	3 659	5 886	9 060	10 271
Asien	10 023	25 784	39 626	60 168	64 822
davon Japan	4 562	10 679	12 885	20 790	20 966
Australien/Ozeanien	1 188	2 697	3 462	4 876	5 700
Europa	14 819	30 070	42 615	71 371	63 664
davon BR Deutschland	2 740	4 986	6 957	10 960	9 291
Frankreich	1 484	2 942	4 166	7 485	7 110
Italien	1 353	2 752	3 360	5 511	4 616
Großbritannien	2 537	4 574	7 118	12 694	10 645
Kanada	9 084	19 932	28 372	35 395	33 720
Lateinamerika	6 532	15 806	22 016	36 030	30 086
davon Mexiko	1 704	4 855	6 680	15 145	11 817
Venezuela	759	1 768	3 727	4 573	5 206
insgesamt	43 224	98 506	143 660	220 705	212 275

Außenhandel 1970 – 1982 (in Mio. US-Dollar)

	Importe				
	1970	1974	1978	1980	1982
Afrika	1 111	6 617	16 898	34 410	17 770
Asien	9 626	27 500	58 300	78 848	85 170
davon Japan	5 875	12 455	24 458	30 701	37 744
Astralien/Ozeanien	871	1 503	2 351	3 392	3 131
Europa	11 401	24 635	37 987	48 039	53 413
davon BR Deutschland	3 130	6 427	9 961	11 681	11 975
Frankreich	942	2 305	4 054	5 247	5 545
Italien	1 316	2 593	4 103	4 313	5 301
Großbritannien	2 198	4 021	6 513	9 755	13 095
Kanada	11 091	22 282	33 529	41 455	46 477
Lateinamerika	5 836	18 415	22 930	29 851	32 513
davon Mexiko	1 222	3 386	6 093	12 634	15 986
Venezuela	1 082	4 679	3 545	5 279	4 768
insgesamt	39 952	100 218	172 025	240 834	243 952

Kriegen oder Verschärfungen des Ost-West-Gegensatzes und entsprechender Rüstungssteigerung *verbunden;* es waren die konservativ-republikanischen Präsidenten Eisenhower und Nixon, welche die USA aus Korea bzw. Vietnam herausführten und sowohl Rüstungsausgaben wie Staatsquote insgesamt senkten. Wenn Eisenhower sich dabei auf die Werte des alten, liberalen Amerika bezog, war das jedoch unter Nixon, unter dem der *Militärisch-Industrielle Komplex* eine feste Größe der Politik geworden war, nicht mehr glaubwürdig, und an die Stelle moralischer Selbstbeschränkung trat relativ *offene Bereicherung der Mächtigen* auch durch Bestechung. Hier liegt die Bedeutung *weltweiter Skandale* wie des *Lockheed-Skandals,* hier aber auch die Bedeutung der *Watergate-Affäre,* in welche Präsident *Nixon* selbst verwickelt war.

Beschäftigung 1975 – 1982 (Mio. Personen)

Jahr	Arbeitsfähige der Zivilwirtschaft	Zivile Erwerbstätige			Arbeitslose	
		insgesamt	Landwirtschaft	außerh. Landwirtschaft	insgesamt	in % der zivilen Arbeitskr.
1975	92,6	84,8	3,4	81,4	7,8	8,5
1976	94,8	87,5	3,3	84,2	7,3	7,7
1977	97,4	90,5	3,2	87,3	6,9	7,0
1978	102,2	96,0	3,3	92,6	6,2	6,1
1979	104,9	98,8	3,3	95,4	6,1	5,8
1980	106,9	99,3	3,3	95,9	7,6	7,1
1981	108,6	100,3	3,3	97,0	8,2	7,6
1982	110,2	99,5	3,4	96,1	10,6	9,7

Preisindex der Lebenshaltungskosten 1968 – 1983 (1980 = 100)

1968	42,2	1973	53,9	1978	79,2
1969	44,5	1974	59,8	1979	88,1
1970	47,1	1975	65,3	1981	110,4
1971	49,1	1976	69,1	1982	117,1
1972	50,8	1977	73,5	1983	120,9

Entwicklung des Staatshaushaltes 1945 – 1983 (in Mio. US-$)

Jahr	Einnahmen	Ausgaben	Defizit/ Überschuß
1945	45 216	92 690	– 47 474
1950	39 485	42 597	– 3 112
1955	65 469	68 509	– 3 041
1960	92 492	92 223	269
1970	192 807	195 652	– 2 845
1980[1]	520 056	579 602	– 59 546
1981	599 272	657 204	– 57 932
1982	617 766	728 424	– 110 658
1983	600 563	795 917	– 195 354

[1] seit 1977 dauert das Haushaltsjahr vom 1. 10. bis 30. 9. (bisher 1. 7. – 30. 6.)

Die amerikanische Gesellschaft gewöhnte sich an *große Rüstungskosten,* eine *hohe Staatsverschuldung* und zugleich eine große, in den achtziger Jahren bis auf zehn Prozent steigende *Arbeitslosenquote.* Die Präsidentschaft Reagans brachte nur insofern eine Änderung, als zum ersten Mal der Ruf nach Abbau der Staatsquote allein auf die Sozialausgaben bezogen wurde und die Staatsverschuldung, wenn auch ausschließlich zugunsten der Rüstung, noch gesteigert wurde. Die **Dynamik** der amerikanischen **Gesellschaft** wurde durch die ziemlich offene Ratlosigkeit dieser Politik beeinträchtigt, aber nicht aufgehoben – die USA blieben auch bei Durchsetzung der *„Dritten" Industriellen Revolution,* dem Übergang zur computergesteuerten Produktion, die *führende Nation* und wahrten ihren *technologischen Vorsprung* vor dem Rest der Welt (Japan vielleicht ausgenommen) auf vielen Gebieten.

EG (Europäische Gemeinschaft)

Das Eintreten der Vereinigten Staaten für ein stärker **integriertes (West-)Europa** fand in der Nachkriegsphase vor allem in *Frankreich* desto mehr Resonanz, je deutlicher die *Bundesrepublik* als Wirtschaftsmacht – und in Erinnerung an die Stellung des ungeteilten Deutschland vor 1945 konnte man sagen: wieder – die erste Stelle in Westeuropa erreichte. Eine *Wirtschaftsunion* wurde so auch politisch wünschenswert, um die Bundesrepublik *einzubinden.* In *Westdeutschland* wiederum entstand nach dem Scheitern des Dritten Reiches, das weihin als Scheitern des Nationalstaates überhaupt verstanden wurde, eine *breite Bewegung* für die Einigung Europas. Außerdem benutzte die Bonner Politik die Europaidee als Instrument der Eingliederung in die Reihe der europäischen Mächte. *1951* gründete man einen gemeinsamen Markt für Kohle und Stahl *(Montanunion), 1957* eine Atomgemeinschaft *(Euratom)* und die *Europäische Wirtschaftsgemeinschaft (EWG),* welcher Frankreich, Italien und die Bundesrepublik sowie die Beneluxländer beitraten.

Der **wirtschaftliche Wiederaufstieg** der europäischen Industriestaaten nach der erfolgreichen Übernahme der Zweiten Industriellen Revolution mit dem *Übergang zu langlebigen Massenkonsumgütern* wie PKW und Fernsehen wurde durch den wesentlich vergrößerten Markt für Industrieprodukte gefördert. Von *Großbritannien* ausgehende Versuche, jene europäischen Staaten, welche eine derart weitgehende Integration nicht mitvollziehen wollten (oder konnten, wie Österreich) in einer „kleinen" *Freihandelszone (EFTA)* zu organisieren, scheiterten bald. 1967 wurde aus der EWG durch Vereinigung mit anderen gesamteuropäischen Institutionen die **Europäische Gemeinschaft (EG),** der 1973 *Großbritannien, Irland* und *Dänemark,* 1981 *Griechenland,* 1986 *Spanien* und *Portugal* beitraten.

Nach dem Zollabbau für Gewerbeprodukte und der gemeinsamen Agrarmarktordnung ist die Europäische Gemeinschaft in vielen Hinsichten *auf dem Weg zu einer Wirtschaftsmacht,* die in die Konkurrenz zu den USA und Japan ein ökonomisch eindrucksvolles Potential einbringen kann. Politische und wirtschaftliche Macht, in der Geschichte schon immer eng miteinander verbunden, sind seit der Ablösung des Liberalismus und der weltweiten *Durchsetzung des Staatsinterventionismus* jedoch besonders eng miteinander verzahnt. Dies wird aktualisiert, da auch die republikanisch geführten Regierungen in den USA sich (im Zeichen der Hochrüstung) für eine *immense Staatsverschuldung* entschieden haben und damit die Weltkreditmärkte massiv beeinflussen.

In der Europäischen Gemeinschaft blieb jedoch die *politische Macht* allein auf *nationaler Ebene* organisiert, und diese *Unausgewogenheit der EG-Struktur* (die zum Beispiel in der Uneinheitlichkeit der Rüstungspolitik ihren Ausdruck findet) macht die Gemeinschaft zum *schwächsten Teilnehmer* in der internationalen Konkurrenz.

Großbritannien

Von einem großen Teil der britischen Öffentlichkeit wurde der *Zweite Weltkrieg,* auch wenn das eigene Land zu den Siegern gehörte (übrigens im Einklang mit der Öffentlichkeit in anderen westeuropäischen Ländern und anders als in den USA), als eine *Krise des kapitalistischen Systems* gesehen. Im Juli 1945 siegte die Labour Party erdrutschartig und überführte nacheinander Kohleförderung, Elektrizitätswirtschaft, Transportsysteme und Stahlproduktion in *nationales Eigentum.* Mit der Einrichtung einer *Sozialversicherung* und der Gründung des *nationalen Gesundheitsdienstes* wurde der mit den Verstaatlichungen betretene Weg zu einer demokratischen, sozialistischen Gesellschaft durch sozialpolitische Maßnahmen erweitert. Ein weiteres wichtiges Ziel bestand darin, *Arbeitslosigkeit* nie wieder zu einer *Massenerscheinung* werden zu lassen.

Dem englischen Versuch, den **Kapitalismus zu reformieren,** setzten die vorrangig von den USA bestimmten Strukturen des *Internationalen Systems* jedoch *enge Grenzen.* An die Stelle umfangreichen Kapitalbesitzes im Ausland war für England im Verlauf des Krieges eine große *Verschuldung,* vor allem in US-Dollar, getreten, und man importierte bei weitem mehr Güter als man exportierte. Die steigende Verschuldung zwang dazu, eine amerikanische Anleihe zu günstigen finanziellen, jedoch schwerwiegenden politischen Bedingungen anzunehmen: England ratifizierte das *Abkommen von Bretton Woods,* welches den Sterling gegenüber dem Dollar konvertierbar machte und ein typisch britisches System der Marktsicherung – die Präferenzen innerhalb des Commonwealth – abschaffte, während für das amerikanische Zollsystem nur eine Reduzierung vorgesehen war.

Das entscheidende Problem war, daß England **über seine Verhältnisse lebte** und insbesondere im Außenhandel mit dem Dollarbereich ständig viel *mehr importierte als exportierte.* Die frühere Absicherung des Außenhandels in Übersee ging Stück für Stück weiter verloren; man denke an die Nationalisierung der Sueskanalgesellschaft 1956 – eine militärische Intervention hiergegen mißlang. Wo Verluste von Auslandsvermögen noch abgewehrt werden konnten – wie bei der Nationalisierung der Ölproduktion in Iran 1951 – ging der *ökonomisch-politische Einfluß* doch *an die USA* verloren. Zunehmend blieben nur Stücke des Weltreichs übrig, welche mit hohen militärischen Kosten und geringen Einnahmen verbunden waren wie etwa die Falklandinseln.

Um den veränderten Bedingungen des Weltmarktes zu entsprechen, wäre es wichtiger gewesen, die Industrien der *Zweiten Industriellen Revolution* und des *Massenkonsums* – Kraftfahrzeuge, Fernsehen, Nylonstrümpfe etc. – zu fördern als die Grundstoffindustrien zu reorganisieren, von denen keine große Wachstumsdynamik ausging. Das Sozialisierungsprogramm Labours brachte nicht die notwendige strukturelle Erneuerung des Landes, weil es national beschränkt angelegt war und die dynamische Entwicklung des Weltmarktes nicht einkalkulierte. Aber auch die *Reprivatisierungen* unter den ab 1951 folgenden konservativen Regierungen machten nicht die Wachstumsbranchen zum Thema – wobei die Versuche, den Rückzug aus den Gebieten „East of Sues" zu verlangsamen (wie auch die Intervention 1956), zusätzlich belasteten.

Die **Anpassung Großbritanniens** an seine *neue Position* – von der Weltmacht zur europäischen Groß- oder Mittelmacht – verlief also verzögert, und die *Umstellung der britischen Industrie* auf jene Güter, welche im Rahmen des ansteigenden Handels zwischen den kapitalistischen Industriegesellschaften absetzbar waren, ging unter Verlusten vor sich. So sank der britische *Anteil am Welthandel* zwischen 1937 und 1964 auf kaum mehr als die Hälfte (von 22,4 auf 13,7%). An beiden Anpassungen wurde jedoch gearbeitet – weitgehend konnten die Rückzüge aus Übersee in geregelter Form ohne militärische Aktionen durchgeführt werden; die Exportgüterpalette stellte man von Kohle und Textilien auf Maschinen, Fahrzeuge und Chemieprodukte um.

Die **strukturelle Schwäche** Großbritanniens blieb jedoch erhalten, so daß nach dem Beitritt zur Europäischen Gemeinschaft die Weltwirtschaftskrise zu einem besonders schnellen Anstieg der *Arbeitslosigkeit* auf über 8%, einer *Inflationsrate* von zeitweise über 20% und vor allem in den klassischen Industriegebieten zu regionaler *Armut* führte. Die *Austeritätspolitik* der konservativen Regierung nach 1979 verschärfte die soziale Konfrontation, ohne auch nur die Einkommen aus dem *„Öl-Bonanza"* der Nordsee – Großbritannien gehört heute zu den wichtigen Ölexporteuren – für eine Wiederbelebung der britischen Industrie nutzen zu können.

Spanien

Als *„Konquistador Europas"* feierte man den spanischen Außenminister nach erfolgreichen EG-Beitrittsverhandlungen. Diese Formulierung spielt ironisch auf einen alten Konflikt an, der im Spanischen Bürgerkrieg (1936–1939) blutig ausgetragen wurde: viele Spanier erhofften sich von der Rückkehr zu einer imaginären Hispanität der Eroberungszeit Erneuerung verlorener Größe – die anderen sahen die Zukunft in einer Öffnung nach Europa. Der *politische Gegensatz* war weitgehend auch ein *sozialer:* ungleiche Bodenverteilung, Spannungen zwischen Zentralismus und Regionalismus, zwischen katholischer Kirche und liberalem Laizismus gehörten zu den großen Problemen,

Daten zur abhängigen Industrialisierung Spaniens

Außenhandel	Importe in Mrd. $	Exporte in Mrd. $	Importdeckungsquote in %	*Inflation* Wert der Peseta 1938 = 1
1961	1,1	0,7	65	0,1
1963	2,0	0,7	38	0,1
1965	3,0	1,0	32	0,08
1967	3,5	1,4	40	0,07
1969	4,2	1,9	45	0,06
...				
1980	34,1	20,7	61	0,015

Touristen in Mio			
1961	6,1	1975	30,1
1963	10,9	1977	34,3
1965	14,2	1979	39
1967	17,2	1981	40
1969	21,7	1983	41

Daten zur regionalen Differenzierung in Spanien 1981
(in Prozent der Gesamtzahlen, Spanien = 100%)

ausgewählte Regionen	Bevölkerung	Bruttosozialprodukt	Beschäftigte in		
			Landwirtschaft	Industrie	Dienstleistungen
Andalusien	17,1	12,9	24,6	10,2	13,4
Baskenland	5,7	6,8	2,9	9,4	5,7
Extremadura	2,8	1,8	4,8	1,1	1,9
Kanaren	3,6	3,4	3,7	2,2	4,1
Kastilien-La Mancha	4,4	3,6	8,7	3,2	3,2
Katalonien	15,8	18,7	8,4	22,2	17,6
Madrid	12,4	15,0	1,2	12,2	18,3

Spanien hatte 1981 37,7 Mio. *Einwohner.* Der Anteil der *landwirtschaftlich Beschäftigten* an der gesamten Beschäftigtenzahl (11,0 Mio.) betrug 18%, jener in *Industrie* und *Baugewerbe* 36%, in *Dienstleistungen* 46%. Es gab 1,6 Mio. *Arbeitslose.* Quelle: Anuario El País (Ediciones El País) Madrid 1985, S. 320ff.

die das Land bis 1936 in **„zwei Spanien“** gespalten hatten. Die extreme Rechte siegte; knapp 50 Jahre später bekennt sich *eine konstitutionelle Monarchie mit sozialistischem Regierungschef* zu *Europa.* Das Verblüffende ist die Folgerichtigkeit, mit der ein reaktionäres, ja anachronistisches System nicht nur seine eigene Überwindung, sondern auch Ansätze zur *Lösung der alten Probleme* hervorbringen konnte.

Zunächst jedoch hatte der Bürgerkrieg die Volkswirtschaft völlig ruiniert. **Wiederaufbau** war schwierig: als Faschismus-freundliches Regime international isoliert und vom Marshall-Plan ausgeschlossen, aber auch aus ideologischer Überzeugung, betrieb Spanien strikte *Autarkiepolitik.* Mangelnde Koordinierung, Fehlplanungen großen Stils und Vetternwirtschaft führten zur *Katastrophe.* Der Versuch, die Produktion mit immer höheren staatlichen Krediten anzukurbeln, ließ die *Inflationsrate* steigen und drückte den *Lebensstandard* unter Vorkriegsniveau. Widerstand war schwierig: der Repressionsapparat verschlang mehr als die Hälfte des Staatshaushaltes.

Kalter Krieg und Korea-Krise brachten Anfang der fünfziger Jahre eine *erste Wende* – der Westen honorierte Francos blinden Antikommunismus mit politischer Anerkennung und bescheidener Wirtschaftshilfe. Dennoch drohte 1957 der totale Zusammenbruch der Staatsfinanzen. Die Macht in der Regierung wechselte *von Falange-Veteranen zu Technokraten* des Opus Dei, einer elitären katholischen Laienorganisation. Und damit begann das **„spanische Wirtschaftswunder"**: die Bedeutung von *Industrie* und *Dienstleistungsbereich* nahm rapide auf Kosten des Agrarsektors zu; der Anteil des *Außenhandels* am Nationaleinkommen wuchs – auch einer autoritären Militärdiktatur schien der Aufstieg zum *modernen Industriestaat* möglich. Die *latenten Schwächen* des Systems wurden jedoch spätestens mit der Ölkrise 1973 offenbar: Die hohen Wachstumsraten der sechziger Jahre (ca. 7%) hatte man nicht nur der staatlichen Planwirtschaft, sondern auch Tourismus und Überweisungen von Arbeitsemigranten zu verdanken – zwei Devisenquellen, deren Abschwächung das Wirtschaftswachstum bedrohlich schrumpfen ließ. Die Folge der inzwischen umfangreichen ausländischen Investitionen waren zusätzliche *Abhängigkeiten.*

Andererseits hatten die Kontakte mit demokratischen Ländern ebenso wie gestiegenes Pro-Kopf-Einkommen und Bildungsniveau auch *kritisches Bewußtsein* und *oppositionelle Kampfbereitschaft* gefördert. Die Widersprüche zwischen wirtschaftlichem Liberalismus und antiquierten politischen Strukturen waren bei Francos Tod 1975 nicht mehr zu verschleiern.

Dennoch war die *Politik des Diktators* nicht nur *autoritär,* sondern auch *flexibel* gewesen: modifizierbare Grundgesetze anstelle einer verbindlich formulierten Ideologie hatten immer wieder Kurskorrekturen im Rahmen der Legalität ermöglicht – so noch posthum den friedlichen Übergang in die *parlamentarische Demokratie.* Der Eintritt in die Europäische Gemeinschaft könnte eine Hilfe sein, Spanien auf seinem begonnenen Weg von der Peripherie in Richtung Zentrum vor einer *neuerlichen Polarisierung* zu bewahren.

UdSSR

Die Sowjetunion hat den *Zweiten Weltkrieg* siegreich überstanden, aber eine Niederlage war zeitweise scheinbar nicht weit entfernt. Angesichts des nationalsozialistischen Versuches, den russischen Staat auszulöschen und die Slawenvölker zu Sklaven zu machen, identifizierte sich die sowjetische Gesellschaft mit der **monopolsozialistischen Form** von Wirtschaft und Staat und akzeptierte den *Personenkult Stalins.* Trotz des deutschen Vormarsches bis an die Wolga gelang es, eine *Rüstungsproduktion* zu organisieren und das Volk zu einer kämpferischen *Entschlossenheit* zu motivieren, mit welcher die deutsche Wehrmacht geschlagen werden konnte. Mit etwa 20 Millionen Kriegstoten und von den zurückweichenden deutschen Truppen teilweise verwüsteten Provinzen waren die sowjetischen *Verluste* außerordentlich schwer, aber die Rote Armee stand 1945 in Wien, Berlin und Prag.

Obgleich die Sowjetunion theoretisch am *weltrevolutionären Anspruch des Kommunismus* festhielt, ging sie in der praktischen Nachkriegspolitik in der Tradition des früheren europäischen Großmächte-Konzerts davon aus, daß die *polyzentrale Struktur Vorkriegseuropas* wieder entstehen und die kleineren Staaten **Einflußzonen** zugeordnet werden würden; 1944 hatten Großbritannien und die UdSSR sich entsprechend über die Zuordnung der Donauländer geeinigt. Die von den USA ausgehende *Vereinheitlichung der Nachkriegswelt* bedrohte das Staatshandelsland aber mit Isolierung, da es seine sozialökonomische Struktur hätte aufgeben müssen, wenn es sich dem Marshall-Plan hätte anschließen wollen. Desto entschlossener wurde das strategische Vorfeld durch die *Übertragung* des monopolsozialistischen Modells auf die *ostmitteleuropäischen Nationen* abgesichert – vor allem in Polen, was bei dessen überlieferter rußlandfeindlicher Orientierung sowie der Schwäche der kommunistischen Bewegung im Lande auf langanhaltende Schwierigkeiten stieß, und zuletzt in der traditionell rußlandfreundlichen *ČSR,* in welcher die Kommunisten eine Massenbasis besaßen.

Dem *außenpolitischen* Rückgriff auf Konfrontation und Isolierung entsprach *innenpolitisch* die Rückkehr zu Vorkriegsformen des Persönlichkeitskultes und der Repressionen, die vor allem nach dem „Abfall" Titos auf die osteuropäischen Volksrepubliken ausgedehnt wurden. Beim *Wiederaufbau des Landes* wurde der Schwerpunkt, wie schon in der Industrialisierungspolitik der dreißiger Jahre, auf die *Produktionsgüterindustrie* gelegt. 1949 wurde die *Kollektivierung* auf die neuen Gebiete im Westen ausgedehnt, doch stellte man nur geringe Mittel für Investitionen im landwirtschaftlichen Sektor bereit.

Nach dem Tod Stalins unternahm es sein direkter Nachfolger *Malenkow,* im *„Neuen Kurs"* den Schwerpunkt auf die Konsumgüterindustrie zu legen, die Landwirtschaft zu reformieren und das Rechtssystem verläßlich zu machen. Der Versuch schlug jedoch im Zusammenhang mit der außenpolitischen Niederlage in der Deutschlandfrage (Scheitern der Neutralisierung) fehl. Der Parteisekretär *Chruschtschow* stützte sich gegen Staatsapparat und Geheimdienst auf das Militär. Auf dem 20. Parteitag der Kommunistischen Partei der Sowjetunion (KPdSU), 1956, griff Chruschtschow den Mißbrauch der Macht durch Stalin an. Er forderte die *Beseitigung des Personenkults* und Stärkung der Gesetzlichkeit im Lande. Mehr als die Hälfte der Gefangenen wurde freigelassen, und zwei Drittel der Arbeitslager wurden geschlossen.

Die geistige und juristische *Liberalisierung* fand ihre Grenze allerdings am **Entscheidungsmonopol der Partei,** das nicht in Frage gestellt wurde. Die Führung setzte das große Ziel, bis zum Jahr 1980 die *USA* in der *Wirtschaftsleistung* einzuholen, die universale *Überlegenheit des Sozialismus* zu beweisen und den *Übergang zum Kommunismus* zu beginnen.

Die wirtschaftlichen *Zuwachsraten* bis 1955 hatten um 10% gelegen, die Produktion an Rohstoffen und Elektrizität, aber auch Werkzeugmaschinen, PKW und Traktoren war auch gegenüber den Zahlen von 1940 vervielfacht worden. Die damit verbundene Spezialisierung und zunehmende Arbeitsteilung in der Industrie führten zu einer *Vervielfältigung der Planaufgaben,* welcher die zentrale Planung oft nicht gerecht wurde. Die Konsumbedürfnisse der Bevölkerung verschärften das Problem, da Konsum desto schwerer vorherzusehen ist, je weiter er sich von den Grundbedürfnissen entfernt.

Die Partei versuchte, die **Planung** durch verstärkte Heranziehung von Betriebsleitungen und Vertretern von Fachministerien adäquater zu gestalten und ab 1961 durch Verlagerung von Kompetenzen auf *Regionen* und *Unionsrepubliken* zu dezentralisieren. Der *Vorrang der Produktionsgüterindustrie* blieb bestehen. Das grundlegende Problem der Landwirtschaft suchte man durch extensive Maßnahmen zu lösen: die Erschließung von über 36 Mio. ha Neuland in Gebieten, die sich ökologisch bald als riskant herausstellen sollten, auf denen sich kurzfristig jedoch die Gesamterntemenge vermehren ließ – während der Hektarertrag nur langsam anstieg.

Als wichtiges *Hemmnis* für die wirtschaftliche Entwicklung stellte sich bald die hohe Belastung durch die **Rüstung** heraus. Die Soldaten fehlten als Arbeitskräfte, die beste Planungs- und Forschungskapazität wurde für militärische Zwecke gebraucht, und es mangelte an Mitteln. Chruschtschow hatte sich schon 1956 vom Einfluß des Militärs wieder gelöst und den *Einfluß der Parteiorganisationen in der Armee* gestärkt. Nach dem erfolgreichen Start des ersten künstlichen Erdsatelliten „Sputnik" *1957* glaubte man in der KPdSU, mit der neuen Waffe der *strategischen Raketen* im Hintergrund die konventionelle Rüstung kürzen zu können; man beschloß eine Reduktion der Mannschaftsstärken von 3,6 auf 2,4 Millionen und Streichung der Militärausgaben um ca. 16 Milliarden Rubel. Chruschtschow bluffte, die UdSSR besitze ein umfangreiches Arsenal strategischer Raketen.

Nicht nur beim Scheitern des sowjetischen Versuchs, die *Berlin-Frage* offensiv zu lösen (Berlin als Freie Stadt nach Abzug der Besatzungsmächte), sondern vor allem in der **Kuba-Krise** zeigte sich jedoch, daß die UdSSR mit den USA militärisch nicht gleichgezogen hatte und daß in konkreten Konflikten nur *konventionelle Militärmacht* einsetzbar war. Gerade weil die Sowjets noch keineswegs über ein Arsenal von Interkontinentalwaffen verfügten, hätten Mittelstreckenraketen auf Kuba eine Veränderung der strategischen Lage bedeutet. Die erfolgreiche amerikanische Blockade Kubas machte jedoch deutlich, daß Moskau ohne Hochseeflotte die Vereinigten Staaten nicht ernsthaft herausfordern konnte. Chruschtschow verlor schließlich die Mehrheit in der sowjetischen Führung, als er auch den *Gegensatz zur Volksrepublik China* nicht zu mildern imstande war; unter seinem Nachfolger *Breschnew* baute die UdSSR schließlich eine moderne Hochseeflotte, durch die in den siebziger Jahren UdSSR und USA in ihrem militärischen Potential teilweise annähernd gleichzogen.

Weder ließ sich der *Anteil der Rüstung* am Haushalt entscheidend mindern, wenn man nicht die militärische Konfrontation mit den USA aufgeben wollte, noch brachte die *Dezentralisierung der Planentscheidungen* durchschlagende Verbesserungen in der Wirtschaft, und der Effekt der Neulandgewinnungen für die Getreidebilanz schwächte sich nach wenigen Jahren ab. Der *Monopolsozialismus* hatte sich als erfolgreiche Verfassung von Wirtschaft und Gesellschaft für eine *nachholende Industrialisierung* erwiesen, bei der man im Westen vorangegangene Industrialisierungen als Modelle interpretieren konnte – aber seine Kapazität zu dynamischen **Innovationen** erwies sich als gering. *Vollbeschäftigung* und eine wenn auch langsame Steigerung des *Lebensstandards* ließen sich jedoch auch mit den sinkenden wirtschaftlichen Zuwachsraten der sechziger und siebziger Jahre sichern.

Die Politik *Breschnews* nahm die *Regionalisierung der Wirtschaftsplanung* wieder zurück, erweiterte jedoch die Entscheidungsfreiheit der Betriebe gegenüber der Staatsplankommission *(„Gosplan")* und den Branchenministerien. Immer mehr wurde Erhöhung der **Produktivität,** insbesondere der Arbeitsproduktivität, zur entscheidenden Wirtschaftsaufgabe; Arbeitsproduktivität läßt sich im sowjetischen System jedoch nicht erhöhen ohne Verbesserung des *Konsumgüterangebots.* Schlechte Ernten zwangen immer wieder zu Getreideimporten; die jahrzehntelange Vernachlässigung der agrarischen Investitionen rächte sich. Die Zuwachsrate der Gesamtwirtschaft pendelte sich zwischen 3 und 5% ein. Zwar profitierte die UdSSR als Erdöl und Erdgas exportierendes Land von dem internationalen Anstieg der Ölpreise in den siebziger Jahren, aber sie stärkte damit nur ihre klassische Position als *Rohstofflieferant* für die kapitalistischen Kernländer, ohne den geplanten Weg zum Lieferanten von Fertigwaren weitergehen zu können.

Innenpolitisch gelang es dem Regime, die vielfältigen und sehr uneinheitlichen oppositionellen Gruppen zu schwächen. Eine zeitweise durch *Selbstverlag (Samizdat)* entstandene *Gegenöffentlichkeit* wurde weitgehend diszipliniert, teils durch Verurteilungen, teils durch Exilierungen. Die *nationale und religiöse Vielfalt* der Union gab und gibt entsprechend motivierten Gruppen sehr unterschiedliche Handlungsbedingungen; die *soziale und wirtschaftliche Entwicklung* in den asiatischen Republiken war in den letzten Jahrzehnten fraglos tiefgreifend, und die Zentrale versucht, unter Einsatz großer Mittel überkommene Unterschiede auszugleichen. In den westlichen Republiken mag solche Politik manchmal eher als Behinderung eigener Chancen kritisiert werden.

Verhältnis des Anteils der Republiken am Bruttosozialprodukt zum Anteil der Bevölkerung, UdSSR = 1 (1965).

Lettland	1.17	Weißrußland	1.01	Turkmenien	0.77
Estland	1.14	Moldau	0.97	Kirgisien	0.76
RSFSR	1.05	Kasachstan	0.88	Aserbaidjan	0.71
Ukraine	1.04	Georgien	0.87	Usbekistan	0.71
Litauen	1.02	Armenien	0.84	Tadschikistan	0.69

Die Tabelle macht die regionale Differenzierung innerhalb der UdSSR deutlich: die baltischen Republiken sind fast doppelt so wohlhabend, wie die zentralasiatischen. Quelle: Hans-Heinrich Nolte, Gruppeninteressen und Außenpolitik, Die Sowjetunion in der Geschichte Internationaler Beziehungen, Göttingen 1979 (Musterschmidt) S. 55.

Die für die *Ost-West-Auseinandersetzung* wichtigste innenpolitische Erschwernis blieb auch in den siebziger Jahren die mangelnde Öffentlichkeit der politischen Diskussion und die damit gegebene *Unsicherheit der Informationen über Hintergründe außenpolitischer Entscheidungen. Die* **Außenpolitik** fand unter dem Signum der *Entspannung* statt, aber diese bedeutete nicht einen Abbau sowjetischer Rüstungsausgaben, auch nicht in der Phase nach dem Ende des Vietnam-Kriegs, als die amerikanische Rüstungsquote sank. Entspannung bedeutete weiterhin nicht, daß Moskau auf einen *Ausbau seiner strategischen Positionen* in der Welt verzichtet hätte – mehrfach *intervenierten* die UdSSR bzw. mit ihr verbündete Mächte in Konflikten an der Peripherie des kapitalistischen Systems von Angola bis Äthiopien. Entspannung bedeutete, daß die *Konfrontation in Europa gemindert* wurde und die Weltmächte miteinander über *Abrüstung verhandelten* – ohne dabei allzu große Ergebnisse zu erzielen.

Der wichtigste außenpolitische Erfolg der Ära Breschnew – die offizielle Anerkennung eines **strategischen Gleichgewichts** zwischen den USA und der Sowjetunion – wurde in Frage gestellt, als die Vereinigten Staaten nach der sowjetischen Intervention in *Afghanistan 1979* ihre eigene Rüstungsquote erhöhten und damit ihre immer noch bei weitem überlegene Wirtschaftskapazität stärker zur Geltung brachten. Und eine neue *Hochrüstungsrunde* wurde eingeläutet, als die NATO auf den Ausbau sowjetischer *Mittelstreckenraketenpositionen* in Zentraleuropa mit der Aufstellung neuer amerikanischer Mittelstreckenwaffen antwortete, welche zu den französischen und britischen hinzukamen.

Die **Krise Polens** seit 1980 erschwert die Lage der UdSSR, da ihre strategisch schwächste Stelle Mitteleuropa nun auch politisch erschüttert wird. Polen zeigt eine denkbare *Dauerkrise monopolsozialistischer Gesellschaften* auf: die *Bevölkerung* bestimmt ihre wirtschaftlichen und sozialen *Ansprüche* nicht am Niveau halbperipherer Länder wie Irland oder Spanien, sondern am Niveau von kapitalistischen Kernländern wie der Bundesrepublik. Die Partei kann ihre *Leistungen* nicht erfolgreich herausstellen, obgleich sie im *Vergleich* zu halbperipheren kapitalistischen Ländern vielleicht gar nicht schlecht abschnit-

Staatsaufbau der UdSSR

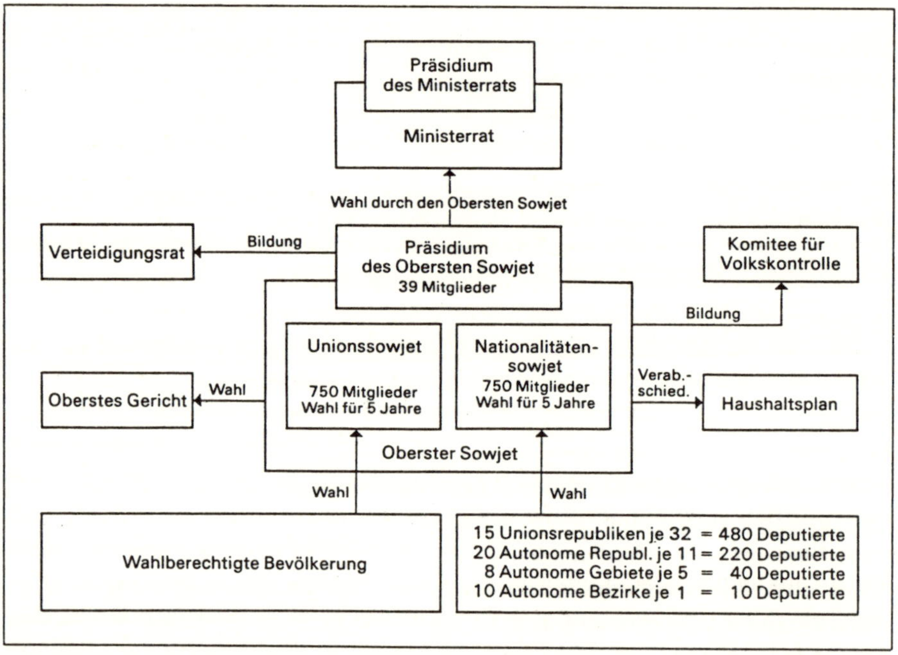

Redaktionsarchiv der Zahlenbilder, Berlin – Bielefeld – München (Erich Schmidt Verlag)

te. Denn kommunistische Politik bleibt in ihrem Anspruch gefangen, *besser zu sein* als „der Kapitalismus", d.h. dessen hochindustrialisiertes Zentrum. Die *Medien* im eigenen Land sind weitgehend unglaubwürdig geworden, und die *Bevölkerung* kann sich wegen des politischen Monopols der Partei nicht mit den Entscheidungen identifizieren, nach denen das Land regiert wird. Diese *Legitimationskrise* wird nicht nur in Versorgungsschwierigkeiten, sondern auch in Veruntreuungsskandalen der Hochbürokratie aktualisiert.

Aber die *UdSSR* ist eben nicht Polen. Sie hat in der Zeit billiger westlicher Kredite nicht über ihre Verhältnisse gelebt, und ihre **Wirtschaftsentwicklung** ist stetig. Die relativ kleinen oppositionellen Gruppen sind zersplittert, und die *KPdSU* hat eine *breite Basis* – 6% der Bevölkerung insgesamt und 20% der Männer zwischen 30 und 60 Jahren sind Mitglieder der Partei.

Sie *partizipieren* an den politischen Entscheidungen, wenn auch in abgestufter Form, und sind außerdem über das berufliche Fortkommen *eingebunden.* Und last but not least gibt es für den sowjetischen Bürger nicht den nagenden Verdacht der *Fremdbestimmung* durch eine auswärtige Macht, welchen die Bürger Polens (wie die der anderen mittleren und kleinen Nationen Europas) angemessenerweise hegen.

Auch in der in den achtziger Jahren wieder zunehmenden *Rüstungskonkurrenz* kommt zum Tragen, daß die sowjetische Wirtschaft jene des Kapitalismus trotz dessen Krisen bisher nicht „einholen und überholen“ konnte. In der *Stetigkeit der Wirtschaftsentwicklung* und in der *Vollbeschäftigung* hat die sowjetische Gesellschaft beachtliche Erfolge, aber sie ist in die *Dynamik des Weltsystems* eingebunden und muß, da sie nicht das Tempo angeben kann, hinter dem Schnellsten herlaufen. Die Diskrepanz zwischen **Anspruch und Realität** des Sozialismus hat nicht nur im Innern zur Ernüchterung geführt, sondern auch in den außenpolitischen Verhältnissen der UdSSR, in denen die *Stetigkeit des Machtanstiegs* gewiß von vielen respektiert, das in Anspruch genommene Pathos aber nur von wenigen akzeptiert wird.

ČSSR

Die Tschechoslowakei ist neben Bulgarien als einziger Staat Ostmitteleuropas *mit Rußland* durch eine lange *freundschaftliche Tradition* verbunden. Nach der Vertreibung der Sudetendeutschen (1945 – 1948) war der neuentstandene Staat auch durch **außenpolitische Interessen** an einer Frontstellung gegen die Bundesrepublik interessiert. Böhmen war ein altes Industrieland mit zahlreicher Arbeiterschaft. Aus der Überlieferung des Kampfes gegen österreichische und ungarische Herrschaft fielen für einen großen Teil der tschechischen und slowakischen Intelligenz *nationale* und *demokratische Bewegung* ins eins zusammen, und Säkularisierung sowie konfessionelle Zersplitterung hatten die Stellung der Kirchen geschwächt. Aus den letzten freien Wahlen 1946 war die Kommunistische Partei (KPČ) mit 38% als stärkste Partei hervorgegangen, und auch der scheinlegale Putsch gegen die parlamentarische Verfassung im Jahre 1948, durch den das Land zur Volksrepublik wurde, erfolgte, ohne daß sowjetische Truppen im Lande standen. Die ČSR (seit 1960 ČSSR) bot sich als verläßlicher und potenter *Bündnispartner der Sowjetunion* in Mitteleuropa an.

Die kommunistische Regierung hat in den fünfziger Jahren mit den Methoden **zentraler Planung** und einem Schwergewicht bei Produktionsgüterindustrien und Großprojekten beachtliche *wirtschaftliche Zuwächse* erreichen können. In den sechziger Jahren sanken die Wachstumsraten jedoch bis auf Null ab, die Wirtschaft stagnierte. Früher als in anderen monopolsozialistischen Ländern zeigte sich, daß das zentralistische Leitungssystem auf die Bedingungen einer *hochentwickelten, differenzierten Wirtschaft* nach der Zweiten Industriellen Revolution nur *schwerfällig* reagierte.

Die **Kritik** kam aus den offiziellen wissenschaftlichen Instituten und wurde schnell in der gesamten Partei diskutiert. Die Ökonomen forderten eine *beweglichere, schöpferische Wirtschaftsplanung* und betonten von Anfang an, daß dies eine gesicherte Demokratie voraussetze, da ohne diese niemand Mut zur Verantwortung haben könne. Die *Literaten* traten öffentlich für eine undogmatische *Kulturpolitik* ein, und die *Slowaken* forderten in der bis dahin stark tschechisch bestimmten ČSSR ihre nationale *Gleichberechtigung*. Im Januar 1968 wurde der Slowake *Dubček* zum ersten Sekretär des KPČ-Zentralkomitees gewählt, und die Partei versuchte, die breite *demokratische und antibürokratische Bewegung* der Bevölkerung in eine politisch realisierbare Form zu bringen. In einem umfangreichen **Reformprogramm** wurden *Eigeninitiative* und *individuelle Leistung* gefordert, die *Demokratisierung* des Landes begonnen und ein *neues Plansystem* entworfen, in dem der Bevölkerung mehrere begründete Planvarianten zur *Abstimmung* vorgelegt werden sollten.

Die UdSSR brach, zusammen mit anderen monopolsozialistischen Staaten, den Reformprozeß des „Prager Frühlings" durch eine **militärische Intervention** ab, da man Übernahmen in den eigenen Ländern und damit eine Einschränkung des Machtmonopols der Parteien fürchtete. Die Tschechen und Slowaken wehrten sich in umfangreichen Aktionen *zivilen Widerstands,* durch welche sie die geplante Machtübernahme von Stalinisten verhinderten. Schließlich konnten die Okkupanten einen *politischen Ausweg* erreichen, als einer der slowakischen Führer der Reform, *Husák,* mit ihnen zusammenarbeitete. Die Intervention zeigte die *Grenzen der Reformfähigkeit* der monopolsozialistischen Systeme auf und förderte in fast allen ostmitteleuropäischen Ländern die Abwendung von Teilen der *kritischen Intelligenz* von der kommunistischen Bewegung.

Japan

Japan ist das einzige Land unter den modernen Industriegesellschaften, das eindeutig *nicht* aus dem *christlich-westlichen Kulturbereich* stammt. Vieles von seinem heutigen Erfolg als **drittem kapitalistischem Zentrum** nach USA und EG geht auf seine besondere *Tradition* und auf die Umstände seiner *Konfrontation mit dem Westen* zurück. Für das Verständnis der heutigen Situation ist die Kenntnis dieses Hintergrunds wichtig, nicht zuletzt auch, weil inzwischen eine Reihe von „Schwellenländern" einen ähnlichen Weg gehen.

Die beiden stärksten **Anstöße** gingen von den *USA* als *pazifischer Großmacht* aus: 1853/54 und 1945. Mit militärischer Drohung wurde die *„Öffnung" Japans* für den freien Handel durchgesetzt; die *ungleichen Verträge* mit westlichen Mächten schränkten die Souveränität des Landes stark ein, so durch Verzicht auf die Zollhoheit, mit schweren Folgen für die einheimische Wirtschaft. Japan war damit auf den *Weg zu einem unterentwickelten Land* gestoßen; daß es trotzdem den *„Entwicklungspfad"* einschlug und nicht Kolonie wurde, lag zunächst an einigen *günstigen Bedingungen:* weltpolitische Randlage, kulturell-geschichtliche Geschlossenheit, Existenz eines hochentwickelten Handelskapitals, hohe Qualifikation und Arbeitsfähigkeit der Bevölkerung und dergleichen. Besonders wichtig war die *Entschlossenheit einer herrschenden Klasse* mit hochkulturellem Hintergrund und langer Herrschaftserfahrung; seit 1868, dem Beginn der **Meiji-Reformen,** errichtete sie einen *modernen Staat,* d.h. vor allem eine mächtige, qualifizierte und politisch zielbewußte *Bürokratie,* welche die politische und ökonomische Entwicklung im einzelnen lenkte. Um 1900 konnten die ungleichen Verträge abgelöst werden, konnte Japan als *imperialistische Macht* auftreten (Sieg über Rußland 1905).

Eine grundlegende Maßnahme der neuen Führung bildete die **Beseitigung der feudalen Privilegien.** Die *Territorialfürsten* (Daimyo) wie deren zahlreiche Kriegergefolgschaft (Samurai; etwa 5% der Bevölkerung) wurden als Feudalklassen entmachtet; durch Entschädigungen wurde ihnen der Übergang in *neue Funktionen* nahegelegt: sie wurden zu Finanzmagnaten, Unternehmern und vor allem zu Beamten, Militärs, Lehrern und Professoren, die sich oft mit großem Einsatz ihren neuen Aufgaben widmeten. Die Beseitigung der Feudalprivilegien war keine wirkliche Befreiung der Bauern (bis 1945): ihre sehr hohen Pachtabgaben gingen nun an die Grundbesitzer, die davon die neu eingeführte, hohe Grundsteuer bezahlten. Deren Anteil an den gesamten Steuereinnahmen betrug bis zum Ende des 19. Jahrhunderts zwischen 50 und 90% – Japan hat sich *„aus eigener Kraft" industrialisiert,* d.h. vor allem auf Kosten der Bauern.

Der Niederkämpfung von Aufständen (Bauern; benachteiligte Samurai), der Einbindung von liberalen Tendenzen, überhaupt: der Schaffung einer **geschlossenen, konservativen Nation** dienten einige wichtige Institutionen. Es wurde eine moderne *Armee* mit allgemeiner *Wehrpflicht* (also auch der Bauern) eingerichtet. Das *Erziehungswesen* wurde effektiv ausgebaut (Japan ist heute das Land mit dem höchsten Alphabetisierungsgrad) – außer an der Spitze auf reproduktives Lernen und obrigkeitliche Ergebenheit orientiert, bis 1945 mit einem speziellen *Moralunterricht.* Dessen oberstes Ziel stellte die Verankerung des *Kaisers* als oberstem, göttlichem *Vater jedes Japaners* dar, in einer mythischen Überhöhung, welche die naturreligiösen Traditionen des *Shintoismus* und die obrigkeitliche Tradition des *Konfuzianismus* bewußt zum Mittel konservativer Nationbildung machte. Als letzter Schritt wurde eine *Verfassung* nach *preußisch-deutschem Vorbild* verkündet – ohne verfassunggebende Versammlung, vom Tenno höchstselbst; Kritik daran war quasi Verrat. Eine Verantwortlichkeit der Regierung gegenüber dem Parlament gab es bis 1945 nicht.

Trotz der Benachteiligung durch die ungleichen Verträge wurde von der *Oligarchie* an der Spitze des neuen Staates die **Industrialisierung** vorangetrieben. Technisches und wissenschaftliches *Wissen* wurde massiv *importiert* (v.a. durch Einstellung westlicher Experten); ausländisches *Geldkapital* wurde bewußt so weit möglich *draußengehalten;* technologisch hochwertige *Kapitalgüter* wurden *selektiv* zum Aufbau bestimmter industrieller Sektoren *importiert*

(Konsumgüter dagegen rigoros ausgeschlossen). Die Geldkapitalversorgung geschah durch den Aufbau eines *Bankensystems* und einer Zentralbank; Quellen waren die Gewinne der äußerst gering besteuerten Geschäftsleute und die – wegen fehlender sozialpolitischer Sicherungen relativ hohen – Ersparnisse der kleinen Leute; weiter wichtig: direkte staatliche Schenkungen und Subventionen sowie die staatlich bestätigten Niedrigstlöhne (Gewerkschaftsverbot).

Für viele Jahrzehnte wurden aus militärischen Gründen Teile der **Schwerindustrie** gefördert (Werften, Munitionsfabriken), teilweise durch Aufbau ganzer Werke, die man vielfach an Private verschenkte (auch zur Herstellung innenpolitischer Allianzen); in diesem Zusammenhang entstanden die für Japan charakteristischen *„Zaibatsu"* (große *Mischkonzerne* im Besitz einzelner Familien, mit engen Beziehungen zum Staat, 1945 von den USA verboten). Hier gab es eine moderne Industrie, die den Namen verdiente – aber quantitativ blieb sie bis in die zwanziger, ja bis in die fünfziger Jahre unzureichend, und qualitativ fehlten wichtige Zweige fast ganz (daher ist Japan bis heute ein wichtiger Abnehmer der deutschen Großchemie). Weit wichtiger, noch bis nach dem Zweiten Weltkrieg, war die **Leicht-**, vor allem die **Textilindustrie** (Exportanteil 1870 etwa 50%, im Jahrzehnt 1920 bis 1930 etwa 60%; Leichtindustrie insgesamt noch 1960: 49%; 1981: 12%). Bedeutend war sie nicht zuletzt deswegen, weil dort die Töchter armer Bauern arbeiteten, quasi leibeigen und zu Niedrigstlöhnen.

„Industrie" ist allerdings etwas irreführend – gerade in diesem Sektor dominieren *vorindustrielle Verhältnisse*. Zu diesem in Europa wenig bekannten Sektor einige Angaben: 1909 gab es etwa 800000 Fabrikarbeiter in Betrieben mit mehr als vier Beschäftigten; der große Rest der Beschäftigten, etwa *drei Viertel* der Gesamtzahl, arbeiteten in *kleinen Werkstätten*. 1930 war das Verhältnis *zwei Drittel,* und noch heute (1980) ist gut *die Hälfte* aller Beschäftigten in der Industrie in Betrieben mit maximal fünf Beschäftigten tätig (und mehr als zwei Drittel *aller* 48 Millionen Arbeitnehmer arbeiten in Betrieben mit höchstens *vier Beschäftigten).* Hier war und ist der Ort der traditionellen, letztlich in der dörflichen Landwirtschaft verwurzelten, *gruppenorientierten Sozialorganisation,* während sie in den großen Unternehmen erst wieder neu aufgegriffen wurde, angeregt auch durch den deutschen industriellen Patriarchalismus à la Krupp.

Der **Dualismus** dieser beiden Sektoren ist jedenfalls ein bis heute hervorstechendes Merkmal der japanischen industriellen Entwicklung. Das andere, wohl wichtigste Merkmal ist das besondere Verhältnis von **Wirtschaft und Staat:** Es gibt keinen Liberalismus wie im Westen (besonders dem angelsächsischen). Aber eine eng mit der *wirtschaftlichen Führungsschicht* verbundene *Ministerialbürokratie* ohne sozialstaatliche Ambitionen (diese Aufgabe bleibt auch heute noch überwiegend privater Vorsorge und der Fürsorge des Unternehmens überlassen), jedoch mit erheblicher Fähigkeit zu lenkenden Vorgaben übernimmt oft die Initiative. Beide Merkmale sind bis heute wichtig geblieben; und das gegenwärtige Japan liebt es zunehmend, aufgrund solcher und anderer Merkmale (etwa der *produktivitätsfördernden Loyalität* von Management *und* Belegschaft gegenüber dem Unternehmen) die **Einzigartigkeit** seines Wirtschaftssystems auch gegenüber dem krisengeplagten Kapitalismus im Westen herauszustellen.

Japans herrschende Schicht wollte das Land „modernisieren" – und dazu gehörten nicht nur Industrialisierung und moderne Staatsinstitutionen, sondern auch **militärische Machtapparate**, um mit den imperialistischen Mächten gleichziehen zu können: Heer und Marine. *Taiwan,* zu China gehörig, dann *Korea* wurden um 1900 erobert und rücksichtslos kolonisiert; nach dem Sieg über Rußland – in ganz Asien als Fanal erlebt – kamen *Süd-Sachalin* und russische Eisenbahnrechte in der zu China gehörenden *Mandschurei* hinzu. Japan war ins *„Konzert der Mächte"* eingetreten, freilich doch nur als „gelber" *Juniorpartner,* immer wieder in die Schranken gewiesen, auch nach dem Ersten Weltkrieg, wo es nur einige deutsche Kolonien erhielt. Das eigentliche Ziel war *China* und *Südostasien.* Während die USA, Hauptkonkurrenzmacht im Pazifik, für eine Politik der „Offenen Tür" gegenüber China eintraten (also Zugang für den Handel *aller* industriellen Staaten), wollte Japan hier ein quasikoloniales *Monopol,* und das verfassungsmäßig von der Regierung unabhängige Heer unternahm „militärische Schritte". Nach einem „Zwischenfall" besetzte es die *Mandschurei;* 1932 ließ man das „Kaiserreich Mandschukuo" ausrufen. Zunehmende Annäherung an die „Achse" Berlin – Rom ließen den *Austritt aus dem Völkerbund* zu; nach innen gab es eine *quasifaschistische Militarisierung.*

1937 wurde *China angegriffen,* wichtige Teile des großen Reiches in menschenverachtender Kriegführung erobert – bei zunehmend schweren Spannungen mit den USA. Nach dem deutschen Überfall auf die Sowjetunion und unter dem Druck eines Embargos der Westmächte hoffte man die US-Flotte durch den *Überfall auf Pearl Harbor (7. Dezember 1941)* bis zur Errichtung eines Imperiums in Südostasien („Großostasiatischer Raum Gemeinsamer Prosperität") lahmlegen zu können. In wenigen Monaten wurden die Europäer aus ihren Kolonien vertrieben (für immer), aber vor der technologisch wie quantitativ weit überlegenen Wirtschafts- und Militärmacht der Vereinigten Staaten mußte Japan schließlich *kapitulieren* (2. September 1945). Seither ist es ein *abhängiger Partner der USA* (ständige Stationierungsrechte) mit politisch eng begrenztem Spielraum.

Gegen den japanischen Militarismus setzten die Vereinigten Staaten als – ein Vorteil für Japan – einzige Besatzungsmacht einige **Reformmaßnahmen** durch. Die *Landreform* schaffte den Großgrundbesitz an den Zwergpachthöfen ab (mit der Folge einer enormen Steigerung der Binnennachfrage; etwa die Hälfte der Erwerbstätigen war in der Landwirtschaft tätig). Die *Reform des Schulwesens* beseitigte ständische und nationalistische Formen und Inhalte, förderte die Aufstiegsmöglichkeiten (Einheitsschule); dazu trug auch die

Schrift- und Sprachreform bei. Der Kaiser wurde zum bloßen Symbol der Einheit der Nation erklärt, die *neue Verfassung* machte die Regierung dem Parlament verantwortlich und verbot jede Rüstung. Diesen Punkt sowie die anfängliche Förderung von Gewerkschaften und Arbeiterparteien suchte die Besatzungsmacht bald rückgängig zu machen (nur letzteres im Einvernehmen mit der bis heute herrschenden konservativen Regierungspartei). Doch die *Lektion* des vorher nie erlebten *Kriegselends* sitzt in Japan bis heute tief; weit stärker als in Deutschland ist ein stark gefühlsmäßig-pazifistischer *Widerstand gegen Aufrüstung* verbreitet. So gibt es nur eine relativ geringe Rüstung (schamhaft als *„Selbstverteidigung"* verhüllt), keine allgemeine Wehrpflicht, und drei Prinzipien gegen Lagerung, Herstellung und Anwendung von *Atomwaffen.*

Hier liegt bis heute eine *Konfliktlinie zu den USA:* bis in die sechziger Jahre gab es heftige Proteste gegen die Bindung an die Vereinigten Staaten durch den Friedensvertrag von 1951, und neuerdings geht es um die Forderung Washingtons, die Rüstungsausgaben über die Schwelle von 1% des Bruttosozialprodukts anzuheben (was auch auf Widerstand in der Industrie stößt, weil dadurch weniger Mittel für Investitionen zur Verfügung stehen: der Anteil der Bruttoanlageinvestitionen am Bruttosozialprodukt bewegen sich in Japan zwischen einem Viertel und einem Drittel, in USA liegt er unter einem Fünftel – mit entsprechenden Folgen fürs Wirtschaftswachstum). Abgesehen von der Rüstungsfrage ist aber das *US-amerikanische Vorbild* in vieler Hinsicht sehr prägend, stärker als in Europa und selbst in der Bundesrepublik. Die genannten Reformen wurden im Ganzen von der Mehrheit der Japaner begrüßt, und die materielle Überlegenheit wie das zivile Verhalten der Besatzungstruppen hinterließen einen nachhaltigen Eindruck.

Die wichtigste andere Konfliktlinie mit den USA liegt im **Außenhandel.** Nach eher planwirtschaftlichen Anfängen der japanischen Wirtschaftspolitik nach 1945 förderten die USA die Herstellung einer *freien Marktwirtschaft* und die Eingliederung in den *Weltmarkt* durch Kredite; Reparationen wurden nicht verlangt. Die US-Kriegführung in Korea und später in Vietnam brachte massive *Nachfrageimpulse.* Ende 1950 bereits hatte die Industrieproduktion den Vorkriegsstand erreicht – die Reallöhne erst 1953: die Brandbomben der US Air Force hatten nicht so sehr die stabileren Industrieanlagen als vielmehr die Wohnstätten der Japaner vernichtet; der Verlust von Hab und Gut führte ebenso wie die enorme Disziplinierung durch die Kriegsarbeit zu einem fast fanatischen und zugleich sozial anspruchslosen *Wiederaufbau-Arbeitseifer.* So begann später als in der Bundesrepublik, aber dann stärker und anhaltender die Zeit des **Hochwachstums** (sechziger Jahre durchschnittlich 11,3%, siebziger Jahre 4,8%; BR Deutschland: 4,6 bzw. 2,8%). Heute (1982) werden 11% der Industrieproduktion der kapitalistischen Welt in Japan erzeugt, 1960 waren es 4,8 und 1950 nur 1,6% (zum Vergleich USA: 34/42/49%, und Bundesrepublik: 9/11/6%). Wegen der *Rohstoffarmut* (Importquote von Rohstoffen einschl. Kohle und Öl: 1960: 66%, 1981: 65%) ist Japan stark auf den *Export* *von Industrieprodukten* (Export je Einwohner: 1983: 3100 DM, Bundesrepublik 7000 DM) verwiesen. Daher wurden nacheinander bestimmte *Märkte auf dem Weltmarkt* erobert (und z.T. wieder aufgegeben): Textilien, Kameras, Schiffbau und Stahl, Werkzeugmaschinen, Autos usw. Besonders die USA war davon betroffen – und wenig bereit, diese Attacken des Juniorpartners hinzunehmen. Die Forderung nach *Öffnung der Märkte* bezog sich besonders auf den *Agrarsektor* (bei völliger Berücksichtigung würde sie zum Ruin der Zwerglandwirtschaft Japans führen) und auf den *Finanzmarkt* (niedrige, nicht von außen bestimmte Zinssätze als wichtige Bedingung der Prosperität). Nur verhalten gibt die japanische Regierung und besonders ihre Bürokratie, seit über 100 Jahren auf vielfältige Praktiken zum Schutz der einheimischen Wirtschaft eingeübt, solchen Forderungen nach, und teilweise kann sie es nicht einmal (japanische Konsumgewohnheiten und überhaupt Verhaltensweisen, die eben nicht okzidental sind). Immer noch ein wenig fühlt sich Japan als **Außenseiter** unter den kapitalistischen Industrienationen, und immer noch haben diese ihrerseits Schwierigkeiten, Japan als gleichwertigen Partner und Konkurrenten hinzunehmen. Mit den Japan *nachfolgenden Schwellenländern* wird sich das Problem verschärfen, werden die führenden Industrieländer ökonomisch noch stärker in die Defensive gedrängt (vgl. oben den abnehmenden Anteil der USA an der Weltindustrieproduktion). Wie werden sie politisch reagieren?

„Dritte“ Industrielle Revolution

Die „Numerierung“ der industriellen Revolutionen ist nur ein Hilfsmittel zur Orientierung mit begrenzter Aussagekraft, aber ohne Zweifel bildet der Übergang zur **computergesteuerten Produktion** von Massengütern einen tiefgreifenden *Einschnitt.* Nach marktwirtschaftlichem Verständnis müßte die neue Produktionsweise zu einer Senkung der Arbeitsstunden oder einer Vermehrung der Arbeitslosenzahlen führen – je nachdem, ob eine *„Demokratisierung des Konsums“* auf einer neuen Ebene mit noch höheren Masseneinkommen gelingt oder nicht. Die Dritte Industrielle Revolution fällt jedoch mit einer tiefgreifenden *Krise der Weltwirtschaft* seit den siebziger Jahren zusammen, welche eine Neuformulierung der klassischen Lösungsvorschläge als wenig aussichtsreich erscheinen läßt.

Die zwanzigjährige **Konjunktur der Weltwirtschaft** unter amerikanischer Hegemonie beruhte auch darauf, daß der *Kompetenz-Vorsprung der Kernländer* immer deutlicher zur Geltung gebracht werden konnte – der Anteil der *peripheren Staaten* am Welthandel sank, und ihre Ausfuhren wurden immer stärker auf Rohstoffe beschränkt.

Die *halbperipheren Staaten* partizipierten vor allem durch die Arbeitsemigration an der Konjunktur der Kernländer, in deren Forschungsinstitutionen

Jährliche Wachstumsrate des Bruttosozialproduktes in Prozenten

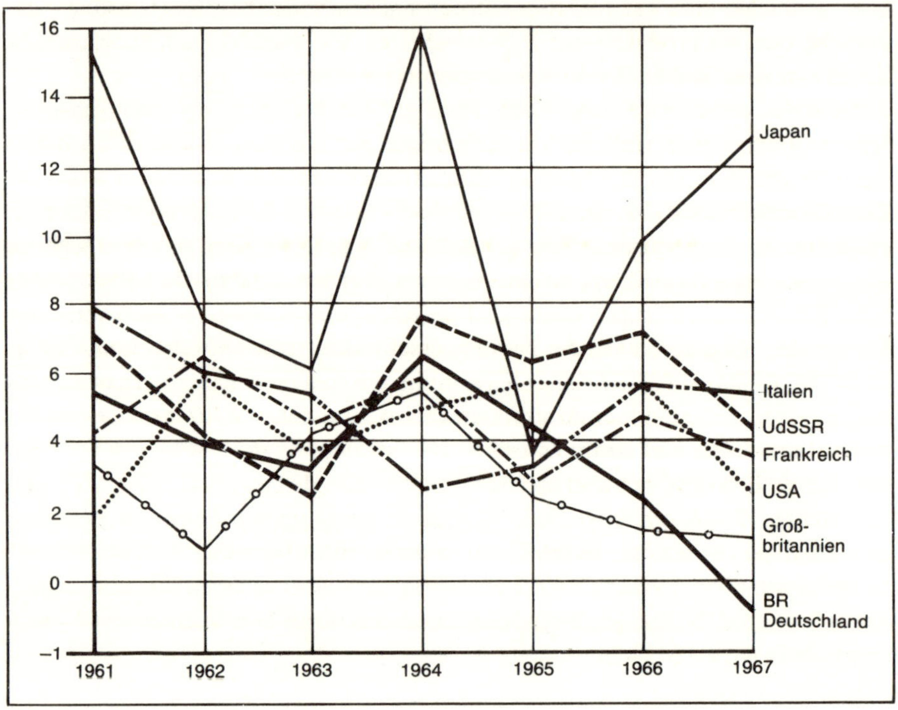

Die Graphik verdeutlicht die hohen Wachstumsraten *Japans* in den sechziger Jahren und die Abschwächung der Wachstumsraten der *UdSSR* auf das Niveau des Durchschnitts der Industriegesellschaften. In der *Bundesrepublik* ist der Nachkriegsboom vorüber, und das Scheitern der konservativen Regierungen bei den Versuchen, wieder höhere Wachstumsraten zu erreichen, bereitet den Übergang zu der stärker staatsinterventionistischen sozial-liberalen Koalition vor. Quelle: Michael Kaser: Wirtschaftspolitik der Sowjetunion, Ideologie und Praxis, dt. München 1970 (Kindler), S. 184.

die Hochqualifizierten aus aller Welt zusammengeholt wurden („Brain-Drain"). Die industrielle, qualitative *Expansion der Kernländer* (welche die alte, weithin quantitative Expansion der Kolonialzeit abgelöst hat) stieß in den siebziger Jahren jedoch zunehmend an *Grenzen* der insgesamt auf der Erde verfügbaren, für das Leben nötigen *Rohstoffe* wie reine Luft, sauberes Wasser oder unverseuchter Boden.

Deutlich gemacht wurde die Veränderung der Gesamtbedingungen in den Kernländern durch das erste, seit langer Zeit erfolgreiche *Rohstoffkartell* auf staatlicher Ebene, die Organisation Erdöl exportierender Länder (OPEC), welche 1973 die Ölpreise vervielfachen konnte. Zwar gelang es den internationalen Konzernen und den Kernländern durch Einsparprogramme, durch Erdölförderung in Territorien unter eigener politischer Kontrolle und durch Ausweichen auf andere Energiequellen – insbesondere Atomkraft –, die Macht der OPEC wieder zu reduzieren, aber die grundlegendere Frage nach den

„Grenzen des Wachstums“ blieb auf der Tagesordnung und wurde aktualisiert, je stärker sich auf anderen Gebieten die Begrenztheit der Rohstoffausstattung der Welt zeigte – z.B. verwies das Waldsterben auf zunehmende Verschmutzung der Luft und Versäuerung der Böden.

Die **Krise** verschärfte sich in den achtziger Jahren, je mehr in den Kernländern deutlich wurde, daß die Veränderungen der ‚Dritten Industriellen Revolution‘ nicht zum Anstieg des durchschnittlichen Lebensstandards, sondern zu einer *Verschärfung der sozialen Polarisierung* mit konstant hoher Arbeitslosigkeit eingesetzt wurden. Vor allem jedoch wurde der *Kompetenzvorsprung* der Kernländer vergrößert, so daß – trotz Verlagerungen von arbeitsintensiven Produktionen in periphere und halbperiphere Gebiete – sich die Lage der meisten peripheren Länder rapide verschlechterte, bis hin zu Hungerkatastrophen, welche halbe Kontinente erfassen. Einige halbperiphere Staaten vermochten jedoch erheblich aufzuholen (Schwellenländer besonders im pazifischen Raum). Die verstärkte *Interventionsbereitschaft der beiden Weltmächte* (vgl. Afghanistan, Grenada) scheint darauf hinzudeuten, daß diese gegen eigenständige Bewegungen peripherer Länder (islamischer Fundamentalismus im südlichen Vorfeld der UdSSR, Marxismus und „Theologie der Befreiung“ im südlichen Vorfeld der USA) eher militärische als politische Mittel einzusetzen haben. Daß freilich eine *dauerhafte Lösung* der Probleme der Weltgesellschaft mit solchen Mitteln erreicht werden kann, darf wohl als *ausgeschlossen* bezeichnet werden.

Ergebnisse

In Industriegesellschaften sind die **Handlungsbedingungen** der Menschen gemeinsam dadurch gekennzeichnet, daß die Industrie *große Anlagen* erfordert, welche mit beträchtlichem *Aufwand an Energie und Rohstoffen* große Mengen von *Waren* erzeugen, die nur auf umfassenden *Märkten* abgesetzt werden können. Die *Arbeit* des einzelnen ist auf einen engen, *spezialisierten Bereich* begrenzt. Auch wo kleine Unternehmen sich als konkurrenzfähig erweisen, sind *Spezialisierungsgrad* und *Energieverbrauch* je Arbeitsplatz hoch. Der einzelne übersieht den Zusammenhang seiner Arbeiten oft nicht mehr, aber er spürt an seinem Lebensstandard, daß die Produktivität dieser Art von Arbeit groß ist und ihm ein materiell angenehmes Leben ermöglicht – jedenfalls im Vergleich zum Alltag seiner Großeltern, aber auch zu dem in Ländern der Dritten Welt.

Die Menschen in den aus der *europäischen Tradition* stammenden Industriegesellschaften bestimmen ihre **Ziele** nach denen der Aufklärung: *Freiheit, Gleichheit* und das *Streben nach Glück*. Sie fordern *gleiche Stimmen* in den politischen, vielfach aber auch den wirtschaftlichen Entscheidungen. Ihrer Forderung nach einer nicht nur rechtlichen und politischen Gleichheit entsprachen in den sechziger und siebziger Jahren umfassende *Bildungsprogramme,* durch welche das Kompetenzmonopol der alten Führungsschichten in Frage gestellt wurde. Die Wirkung der Bildungsreform stieß jedoch in den achtziger Jahren durchweg an ökonomische Grenzen: die Gesellschaften konnten so viele Führungskräfte nicht einsetzen, wie ausgebildet worden waren.

Untereinander und mit den Ländern der „Dritten Welt" sind besonders die kapitalistischen Industriegesellschaften nicht nur durch den *Weltmarkt,* sondern auch durch einen **weltweiten Austausch** von Vorstellungen, Informationen und nicht zuletzt Menschen verbunden. Der Weltmarkt ist durch eine *innere Hierarchie* strukturiert: Waren aus den Ländern an der Spitze dieser Hierarchie, am Ende langer Produktionsketten, ermöglichen eine *hohe Wertschöpfung.* Dies können Waren hochtechnisierter Fabriken, Produkte industrialisierter Landwirtschaft, aber auch Blaupausen für Produktion in Ländern der „Dritten Welt" am unteren Ende der Hierarchie, in der *Peripherie,* sein. Letztere bieten auf dem Weltmarkt Waren an, bei denen der Lohnanteil am Endprodukt hoch ist, oder Rohstoffe, deren Preise niedrig gehalten werden können – abgesehen von den wenigen Fällen, in denen Kartelle von Rohstoffexporteuren erfolgreich sind.

Alle Länder der Welt sind gezwungen, der in den häufigen „industriellen Revolutionen" zum Ausdruck kommenden **Dynamik der industriellen Entwicklung** des gesamten Systems zu entsprechen. Denn auch wenn in peripheren Ländern der Sektor industrieller Produktion bzw. industriell betriebenen Bergbaus in der Wirtschaft klein ist, ist er doch für das jeweilige politische System entscheidend. Nach dem Zweiten Weltkrieg haben die Industriegesellschaften die ‚Zweite Industrielle Revolution' des Übergangs zur *Fließbandproduktion* nachgeholt, bei der Amerika vorangegangen war. Dabei erforderte der Übergang zur Fließbandproduktion mit deren großen Serien auch eine *Vergrößerung der Käuferschichten* – wenn der „kleine Mann" zum Käufer dauerhafter Konsumgüter wie etwa des PKW werden sollte, mußten die Gewerkschaften bei ihren Bemühungen Erfolg haben, dessen Einkommen zu erhöhen.

Industrielle Revolutionen können also nur im Rahmen umfassender **sozialökonomischer Veränderungen** durchgesetzt werden, die man als Krisen empfindet. Brachte die mit der Zweiten Industriellen Revolution zusammengehende „Demokratisierung" des Konsums und der politischen Ansprüche eine *Krise der alten Elitenstruktur* mit sich, so förderte die ‚Dritte Industrielle Revolution', der Übergang zur computergesteuerten Produktion, mit dem Verlust von Arbeitsplätzen und der zunehmenden sozialen Differenzierung („neue Armut") *eine Krise* eben jener *Egalisierungspolitik* und die Rückwendung zu Vertretern der alten Führungsschichten.

Zunehmend wird deutlich, daß die **Ressourcen** der Weltgesellschaft *begrenzt* sind. Rohstoff- und Energieverbrauch der industriellen Produktion stoßen an steigende Kosten, vor allem aber führt der *Verbrauch von „Umwelt"* –

Wasser, Luft, Landschaft – zu immer schwerwiegenderen Beeinträchtigungen des alltäglichen Lebens.

Einige Industriegesellschaften sind durch zunehmende **Verregelung** der Entscheidungsbereiche gekennzeichnet, die einerseits zunehmende Rechtssicherheit bietet, andererseits die Bewegungsfreiheit des einzelnen eingrenzt. Verbreitet ist auch eine zunehmende *Bürokratisierung*. Zuständigkeiten – und Umfang – der öffentlichen Verwaltungen werden vermehrt, und nicht nur in den sozialistischen Ländern funktionieren auch Wirtschaftsunternehmen in bürokratischen Formen. Der Bürokratisierung entspricht, daß der Anteil der Industrie am Bruttosozialprodukt meist abnimmt und jener des *tertiären Sektors,* von Dienstleistungen aller Art, steigt. In Ost und West entziehen sich jedoch große Teile der gesellschaftlichen Tätigkeit in nicht kontrollierte Bereiche, zum Beispiel der *„Schattenwirtschaft“,* und in den USA wird versucht, Marktmechanismen umfangreich zu restaurieren.

Die **Unterschiede** zwischen den Gesellschaften, die mit dem Begriff „Industriegesellschaften“ zusammengefaßt werden sollen, sind tiefgreifend. Die Struktur des **Internationalen Systems** ist durch *Konkurrenz* und Kampf um *Kompetenzvorsprünge* bestimmt. Der Konkurrenzdruck beeinflußt nicht nur das *außenpolitische Verhalten von Staaten,* er setzt auch Grenzen für die *gesellschaftlichen Entwicklungen:* über Lohnniveau, Produktionsstandorte, politische Verfassung und sogar kulturelle Trends wird nicht allein und oft nicht einmal überwiegend innerhalb von Nationen entschieden, sondern auf *internationaler Ebene* – sei es, weil die Entscheidungen auf dem anonymen Weltmarkt fallen, sei es, weil eine Gesellschaft sich aus eigenem Entschluß Bedingungen des Weltmarkts anpaßt. Eine Gesellschaft, welche diese *Anpassung* versäumt, riskiert ihren Status in der Hierarchie des Systems – dies wird am *englischen Beispiel* deutlich. Umgekehrt gibt es auch Gesellschaften, die aus einer halbperipheren Position in das Zentrum des Weltsystems aufgestiegen sind wie vor allem *Japan.*

Die *wirtschaftliche und soziale Realität* in Ländern wie den USA, die zum Zentrum des kapitalistischen Systems gehören, ist ganz anders als die in halbperipheren Staaten wie *Spanien* (oder gar in der Peripherie der „Dritten Welt“). Die Ansprüche – so auf ausreichende Lebenshaltung, Rechtssicherheit und Informationsfreiheit, wie sie in den Ländern des Zentrums erkämpft worden sind – sind jedoch allgegenwärtig und werden auch in den halbperipheren und peripheren Staaten erhoben. Allerdings macht die Knappheit der Mittel ihre Realisierung dort viel schwieriger. In der *politischen Realität* wurde und wird diese Kluft oft durch militärische und/oder faschistische Diktaturen verkleistert.

Im **Kapitalismus** ist *Konkurrenz* jedoch nicht nur auf der Ebene des Weltsystems, sondern auch auf der Ebene der Nationen *Strukturmerkmal.* Sobald die industrielle Entwicklung eine bestimmte Höhe erreicht hat, werden vielfach die Tendenzen zur Durchsetzung der parlamentarischen Demokratie gestärkt, in welcher Konkurrenz als Element des politischen Entscheidungsprozesses offiziell institutionalisiert ist. Das Beispiel *Spaniens* zeigt den Übergang von einer rechtsautoritären *Diktatur* zu einem *parlamentarischen System* im Verlauf eines ökonomischen Aufstiegs.

Auch der Gegensatz zwischen **Kapitalismus** und **Sozialismus** unterscheidet Industriegesellschaften scharf. Nach kapitalistischer Theorie wird der Anspruch auf Freiheit, Gleichheit und Glück am ehesten bei weltweiter freier Beweglichkeit von Menschen, Gütern und Kapital eingelöst. Die *soziale Ungleichheit* der in kapitalistischen Demokratien politisch Gleichberechtigten wird allerdings dann besonders deutlich, wenn große Gruppen *arbeitslos* werden oder wenn *ökonomische Stärke* unmittelbar in *politische Macht* umgesetzt wird, wie etwa in den Bestechungsskandalen Lockheed (USA, Italien, Japan) oder Flick (Bundesrepublik Deutschland).

Die sozialistische **Kritik** hat grundsätzlich eingewendet, daß die *politische Gleichheit* der parlamentarischen Demokratie bloß *formalen Charakter* habe, da die ökonomischen Grundentscheidungen außerhalb des Bereichs von Politik im „privaten" Raum von „Kapitalisten" getroffen würden. Die *„Vergesellschaftung der Produktionsmittel"* ermögliche dagegen eine real größere Gleichheit. Konkret hieß Vergesellschaftung bisher jedoch fast immer *Verstaatlichung*. Der zentralen Lenkung der staatlichen Produktion entsprach das *politische Monopol* der kommunistischen Parteien, so daß dem pluralistisch-kapitalistischen Zentrum des Weltsystems ein **monopolsozialistisches Gegenzentrum** entgegengesetzt wurde. Mit dieser sozialökonomischen Verfassung waren sozialistische Gesellschaften vor allem dann erfolgreich, wenn es darum ging, im Westen schon angelaufene industrielle Entwicklungen *nachzuholen* – der *Aufstieg der UdSSR* zur zweiten Weltmacht bietet hierfür ein Beispiel. Bisher gelang es mit diesem System jedoch nicht, die Kernländer des Kapitalismus in Pro-Kopf-Produktion oder Lebensstandard einzuholen. Versuche, Anpassungsfähigkeit und Beweglichkeit – freilich auch inneren Konkurrenzdruck – der marktwirtschaftlichen Systeme wenigstens in bestimmten Sektoren in die Zentralwirtschaften zu integrieren, scheiterten bislang an der *Unbeweglichkeit des politischen Systems* – Prager Frühling und Prager Winter 1968 bieten hierfür ein eindringliches Beispiel.

Gemeinsam ist fast allen kapitalistischen und sozialistischen Staaten die aktive Teilnahme am *Rüstungswettlauf,* der allen ein bestimmtes Niveau von Rüstung aufzwingt. Die Struktur des Rüstungswettlaufes wird noch immer vom **Ost-West-Konflikt** dominiert. Nach der Festlegung der *Einflußbereiche in Europa* mit der deutschen Teilung 1947/49 und in Korea mit der Teilung jenes Landes 1953 geht es in der strategischen Auseinandersetzung jedoch vornehmlich um die Festlegung von *Einflußgebieten in der Dritten Welt*. Die Niederlage der USA in Vietnam 1973 und der anhaltende afghanische Widerstand gegen das sowjetische Eingreifen 1979 deuten jedoch auf Grenzen der Interventionskapazität der zwei Weltmächte.

Teilbereiche des Rüstungswettlaufs zwischen USA und UdSSR

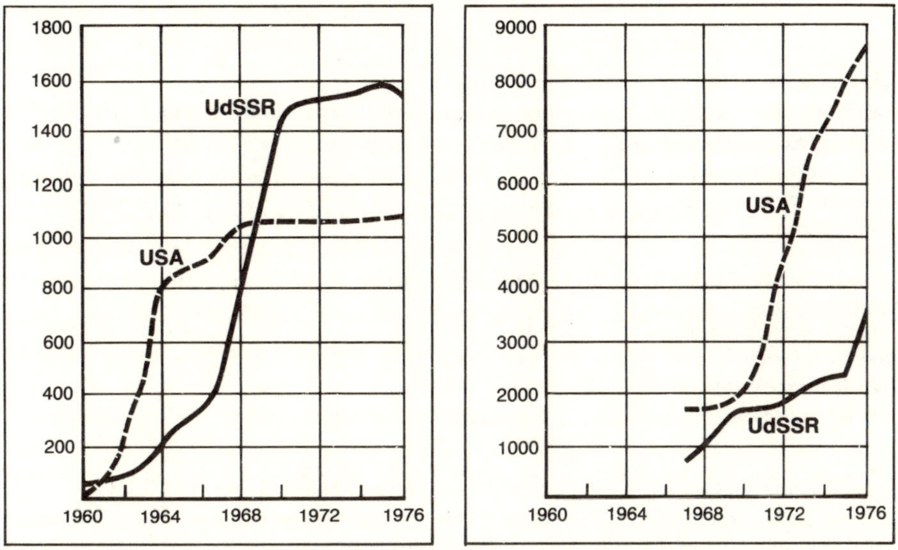

Die linke Tabelle zeigt die Zahl der *Interkontinentalraketen,* die rechte die Zahl der *nuklearen Sprengköpfe.* Quelle: Dieter S. Lutz, Hg.: Die Rüstung der Sowjetunion, Baden-Baden 1979, S. 31 und S. 35 (Nomos).

In der Regel hat der *Westen* in dem Rüstungswettlauf die *technologischen Maßstäbe* gesetzt, denen der Osten nachzufolgen hatte, so weit er nicht versuchte, den qualitativen Vorsprung durch Quantität auszugleichen.

Im Westen entstand jedoch auch eine breite Bewegung, die sich für *alternative Verteidigungsformen* einsetzt, insbesondere für zivilen Widerstand, der im indischen Unabhängigkeitskrieg vor 1947, aber auch im Kampf der Tschechen und Slowaken gegen die Intervention des Warschauer Paktes 1968, teilweise mit Erfolg, eingesetzt wurde.

Das gegenwärtige **internationale System der Politik** wird durch die Konkurrenz zwischen den zwei Welt- sowie verschiedenen Groß- und Mittelmächten bestimmt, und die UNO ist weithin machtlos. Es ist deutlich geworden, daß viele als dringend erkannte **Probleme der Weltgesellschaft** im Rahmen dieses Systems *nicht* gelöst wurden. Jahrzehntelange Abrüstungsverhandlungen haben die Zunahme von Rüstungskosten und von Bedrohung durch immer effektivere Waffen nicht verhindern können.

Der *Abstand zwischen „Erster“ und „Dritter“ Welt* hat sich insgesamt eher erweitert, und die *Katastrophen* im Süden der Industriegesellschaften wurden zum „alltäglichen Brot“ der Medien. Daß viele *ökologische Probleme* sich nur auf internationaler Ebene angehen lassen, ist unumstritten – aber selbst in der räumlich kleinen EG sind effektive internationale Maßnahmen kaum

Daten zur Struktur des Internationalen Systems 1980

	USA[1]	Bundes-publik[1]	Mexiko[2]	Türkei[2]	Ägypten[3]	Indien[3]	UdSSR[4]	DDR[4]
Fläche Mio km^2	9,3	0,2	2,0	0,8	1,0	3,3	22,3	0,1
Mio Einwohner	226,5	61,7	68	42,2	42	683,8	265,4	16,7
Bruttosozialprodukt je Einw. in $	10820	11703	1590	1330	460	190	4110	6430
jährl. Bevölkerungswachstum in %	1	0,1	2,9	2,5	2,0	2,1	0,9	0,1
Getreide, alle Arten, Mio to	269,9	23,0	19,4	25,6	7,9	144,9	182,8	9,0
Export/Import z. T. 1979, Mio to	+102,9	+ 1,9 – 5,2	– 6,5	– 0,5	– 3,7	– 0,2	+ 3,9 – 26,9	– 3,8
Kohle, Produktion Mio to	758	217	6,6	14,9	–	103	653	260
Erdöl, Produktion Mio to	485	4,7	110	2,6	30,0	10	603	–
Erdöl, Verbrauch Mio to	800	131	47	15,5	19,5	26,9	438	19
Stahl, Produktion Mio to	104	43,8	7,0	2,4	ca. 1	9,3	148	7,3
Zementproduktion Mio to	65,1	34,4	15,1	13,8	3,0	17,8	124,8	12,6
Elektrizität Mrd kwh	2,356	369	64,2	22	13	115	1,284	97

Die Daten machen einige Aspekte *kapitalistischer Länder* aus *Zentrum*[1], *Halbperipherie*[2] und *Peripherie*[3] sowie zweier *monopolsozialistischer Länder*[4] vergleichbar. Die Aussagen sind nur beschränkt aussagekräftig, da z. T. Verschiedenes mit denselben Einheiten gezählt wird, z. B. ist Steinkohle nicht gleich Braunkohle. Die Angaben zum Bruttosozialprodukt sind durch die Schwankungen der Wechselkurse zum $ verzerrt. Mit aller Vorsicht kann man jedoch zusammenfassen, daß Länder des Zentrums etwa fünfzig Mal so wohlhabend sind wie Länder der Peripherie. Quelle: Hans-Heinrich Nolte, Die eine Welt, Hannover 1982, S. 126 (Fackelträger).

durchsetzbar. Während auch Länder gegensätzlicher Sozialverfassung durch die Eingliederung in die *internationale Arbeitsteilung* tiefgreifend bestimmt und von ihr abhängig sind, bleiben im *politischen Bereich* nationale Entscheidungsebenen letztlich ausschlaggebend. Die *Kluft zwischen ökonomischen und politischen Verfassungen* in der Weltgesellschaft läßt *weltpolitische Entscheidungen* als Resultante von *Machtanwendung* auf der Ebene verschiedener Staaten zustandekommen. Dies System ist nicht nur *wenig kompetent,* es ist auch *strukturell undemokratisch,* da die Betroffenen aus kleinen oder wirtschaftlich schwachen Ländern an Entscheidungen über ihre Lebensbedingungen nicht beteiligt – und oft bei solchen Entscheidungen nicht einmal repräsentiert sind.

Hans-Heinrich Nolte mit
Christiane Nolte (Spanien) und
Rudolf Wolfgang Müller (Japan)

Dritte Welt zwischen Hunger und Hoffnung. China – die aufstrebende Weltmacht

Zeittafel zu: Dritte Welt zwischen Hunger und Hoffnung

1945	Abkommen über Errichtung der Internationalen Bank für Wiederaufbau und Entwicklung (IBRD), kurz ‚Weltbank'
1947	Unabhängigkeit von Indien und Pakistan
	Asian Relations Conference in Neu-Delhi
1952	Erfolgreiche Revolution in Ägypten (Nagib, Nasser)
1955	Konferenz von 29 afro-asiatischen Staaten in Bandung
1960	Gründung der Organisation Erdöl exportierender Länder (OPEC)
1960 – 1966	Unabhängigkeit von 38 hauptsächlich in Afrika gelegenen Kolonien
1961	1. Konferenz von 25 Blockfreien in Belgrad
1962	Wirtschaftskonferenz der Entwicklungsländer in Kairo
1964	2. Gipfelkonferenz der Blockfreien in Kairo (46 Staaten)
	UNCTAD I: Konferenz der Vereinten Nationen (in Genf) für Handel und Entwicklung
1966	1. Solidaritätskonferenz der Völker Asiens, Afrikas und Lateinamerikas in Havanna (82 Staaten)
	UNIDO gegründet: 25 Entwicklungsstaaten und 15 westliche sowie 5 östliche Industriestaaten bilden eine UN-Sonderorganisation für die Dritte Welt
1967	Konferenz von 77 meist blockfreien Staaten in Algier
1970	3. Gipfelkonferenz der Blockfreien in Lusaka/Sambia (54 Staaten)
1973	4. Israelisch-arabischer Krieg; „Ölkrise"; 4. Gipfelkonferenz der Blockfreien in Algier (75 Staaten)
1975	Rohstoffkonferenz in Dakar (Senegal) mit 68 Staaten der Dritten Welt
	1. Abkommen von Lomé (Togo) mit 46 Entwicklungsländern: EG verpflichtet sich zur Erhöhung des Europäischen Entwicklungsfonds
1976	5. Gipfelkonferenz der Blockfreien in Colombo (Sri Lanka)
1977	Konstituierung der Nord-Süd-Kommission im Anschluß an die Konferenz über internationale wirtschaftliche Zusammenarbeit (KIWZ)
1979	6. Gipfelkonferenz der Blockfreien in Havanna; die „Gruppe der 77" ist auf 115 Mitglieder angewachsen
	2. Abkommen von Lomé mit 61 Entwicklungsländern
1981	Nord-Süd-Gipfelkonferenz in Cancún (Mexiko)
1983	7. Gipfelkonferenz der Blockfreien in Neu-Delhi

Zeittafel zu: China – die aufstrebende Weltmacht

1911	China wird Republik
1912	Entstehung der Guomindang
1921	Gründung der Kommunistischen Partei
1923	Zusammenarbeit der Guomindang mit den Kommunisten vereinbart
1927	Errichtung der Guomindang-Nationalregierung in Nanking Ende der Zusammenarbeit mit den Kommunisten
1930 – 1934	Feldzüge der Nationalregierung gegen die Kommunisten
1934 – 1935	„Langer Marsch" der Kommunisten auf dem Rückzug vor den Guomindang-Truppen
1946 – 1949	Bürgerkrieg zwischen Guomindang und Kommunisten
1947	Sieg der Kommunisten
1949	Gründung der Volksrepublik China
1950	Beistandspakt der VR China mit der UdSSR
1950 – 1956	Bodenreform
1953	Erster Fünfjahresplan (nach UdSSR-Vorbild)
1954	Neue Verfassung: Prinzip des „demokratischen Zentralismus"
1956	Ermunterung an die Intellektuellen: „Laßt hundert Blumen blühen"
1958	Politik der „Drei Roten Banner": „Volkskommunebewegung", „Großer Sprung nach vorn", „Generallinie des sozialistischen Aufbaus"
1959	Eigenständiges Atomprogramm; Liu Shaoqi Staatspräsident, Mao bleibt Parteivorsitzender
1960	Abzug sowjetischer Techniker
1960 – 1962	„Drei bittere Jahre": Hungersnöte, Unruhen, Seuchen
1963	Offener Bruch mit der KPdSU
1964	Erste chinesische Atombombe
1966	Beginn der „Großen Proletarischen Kulturrevolution" (bis 1969); Bildung der „Roten Garden"
1967	Machtkampf (vorläufig) zugunsten der Mao-Richtung entschieden
1968	Formelle Amtsenthebung Liu Shaoqis
1969	Auseinandersetzung mit der UdSSR am Ussuri
1971	Aufnahme der VR China in die UNO
1972	Besuch des US-Präsidenten Nixon in China
1973/74	Anti-Konfuzius-Kampagnen
1975	Neue Verfassung: Diktatur des Proletariats, Führungsrolle der Partei
1976	Nach dem Tode Zhou Enlais und Mao Zedongs Machtkämpfe; Ministerpräsident Hua Guofeng wird Parteivorsitzender (bis 1981)
1977	Deng Xiaoping erneut stellvertretender Ministerpräsident; Neue Grundsätze für Wirtschaft und Gesellschaft; Politik der „Vier Modernisierungen" wird begonnen
1978	Neue Verfassung „für eine neue Entwicklungsdekade"
seit 1978	Verstärkte diplomatische Tätigkeit der VR China in der ganzen Welt, vor allem Ausbau der Beziehungen zu westlich orientierten Staaten
1979	Chinesischer Truppeneinmarsch in Vietnam wegen dessen Aktion in Kambodscha
1980	Rehabilitierung Liu Shaoqis
1982	Bevölkerung über eine Milliarde Neue chinesische Verfassung; Richtung Deng bleibt bestimmend
1984	Verstärkte wirtschaftliche Kooperation mit den USA und anderen kapitalistischen Staaten; Hongkong-Abkommen mit Großbritannien paraphiert

Dritte Welt zwischen Hunger und Hoffnung

Was ist die „Dritte Welt"?

Fast **drei Viertel der Menschheit** leben heute in der „Dritten Welt". Woher kommt der *Name?* Als „Erste Welt" werden die westlichen Industrienationen, als „Zweite Welt" die Ostblockstaaten bezeichnet. Der Name *„Entwicklungsländer"* heftet der Dritten Welt ein bestimmtes Etikett aus der Perspektive der Industrienationen auf: Die „unterentwickelten" Gebilde, so meinte man nach den Anfängen der „Entwicklungshilfe" der Industriestaaten, müßten sich erst noch zum neuesten Stadium der „entwickelten" Nordhalbkugel erheben. Die *tatsächliche Lage* der Dritten Welt im Unterschied zu unseren, historisch durch die Industrielle Revolution geprägten Verhältnissen ist *weit vielschichtiger,* so daß eine Lösung der „Unterentwicklung" nicht mehr einheitlich gesehen werden kann. Bei allen Unterschieden gibt es aber eine Reihe von **Merkmalen,** die kennzeichnend für ein Entwicklungsland sind.

1. Niedriger Lebensstandard, gemessen durch das Pro-Kopf-Einkommen,
2. extrem ungleiche Einkommens- und Besitzverteilung,
3. unzureichende Nahrungsmittelversorgung,
4. niedrige Sparleistung und geringe Investitionen,
5. arbeitsintensive Produktionsverfahren,
6. unzureichende Infrastruktur,
7. unzureichende Erschließung von Rohstofflagern, Energiequellen etc.,
8. einseitige Produktionsstruktur, insbesondere Konzentration auf landwirtschaftliche Produktion weniger Güter (Monokultur),
9. niedriger Bildungsstand, hohe Quote von Analphabeten,
10. geringes Maß technischer Entwicklung,
11. sehr hohe Zahl von Arbeitslosen und Unterbeschäftigten.

Einige *ausgewählte Vergleichszahlen* mögen diese allgemeinen Merkmale veranschaulichen: Das tägliche Kalorienangebot beträgt in der Bundesrepublik Deutschland 3 561, in Indien 1 880 pro Kopf der Bevölkerung; die Lebenserwartung in Deutschland ca. 73 Jahre, in Afghanistan nur 37; der jährliche Energieverbrauch in der Bundesrepublik ca. 6,1 Tonnen Steinkohleeinheiten pro Kopf, in den USA sogar 11,6, in Nepal dagegen nur 0,01 oder in Ghana 0,3; der Prozentsatz der Analphabeten in Mitteleuropa 0,1, in Afghanistan 60, in Obervolta sogar 95; am eindrucksvollsten ist das Problem der Unterentwicklung an der Zahl der Hungertoten zu sehen: Nach vorsichtigen Schätzungen sterben in der Dritten Welt *täglich* 10 000 bis 40 000 Menschen, das sind pro Stunde etwa 400 bis 1 600.

Wirtschaftsdaten ausgewählter Nationen

	Populationsdichte E/km²	Jährl. Bevölkerungszuwachs %	Bruttosozialprodukt (1980) US-$	Anteil der Landwirtschaft an Bruttoinlandsproduktion (1980) %	Anteil der Industrie an Bruttoinlandsproduktion (1980) %	Wichtigste Exportprodukte
Afrika						
Elfenbeinküste	26	5,5	1150	34	22	Kaffee, Kakao, Holz
Nigeria	89	2,5	1010	20	42	Erdöl
Kenia	29	3,4	420	34	21	Kaffee
Zambia	8	3,0	560	15	39	Kupfer
Ruanda	197	2,8	200	48	22	Kaffee, Tee, Zinn
Asien						
Saudi-Arabien	4	4,5	11260	1	78	Erdöl
Pakistan	106	3,1	300	31	25	Baumwolle, Reis
Indien	200	2,1	240	37	26	Tee, Textilien
Malaysia	45	2,7	1670	24	37	Kautschuk, Zinn, Erdöl
Philippinen	169	2,6	720	23	37	Zucker, Kopra
Südamerika						
Venezuela	16	3,3	3630	6	47	Erdöl
Argentinien	10	1,6	2390	13	46	Weizen, Mais, Fleisch
Chile	15	1,7	2160	7	37	Kupfer
Peru	15	2,7	980	8	45	Kupfer, Metallerze
Bolivien	5	2,5	570	18	29	Zinn, Metallerze
Schwellenländer						
Brasilien	15	2,2	2050	10	37	Kaffee, Zucker
Taiwan	510	1,6	1869	12	46	Textilien
Korea	399	1,9	1506	16	41	Industrieprodukte
Industrieländer						
Japan	315	1,1	9890	4	41	Industrieprodukte
Australien	2	1,5	9820	12	37	Wolle, Kohle, Fleisch
Südafrika	26	2,7	2290	7	53	Gold, Diamanten, Kohle

(E = Einwohner) – Zusammengestellt von Stefan Seitz

Unterschiedliche Entwicklung

Auf die *ärmsten Länder* treffen *alle genannten Merkmale* zu, auf andere nur noch einige. Die Entwicklung ist in den verschiedenen Ländern der Dritten Welt so ungleichmäßig verlaufen, daß eine pauschale Definition nicht mehr zuverlässig ist. Die Abgrenzung der Vereinten Nationen unterscheidet *vier regionale Gruppen:* Lateinamerika, Afrika, Westasien, sowie Süd- und Ostasien. Diese Einteilung sagt aber nichts über die Schwierigkeiten und Unterschiede aus. So ist es – trotz aller Vorbehalte – doch sinnvoller, nach der Wirtschaftsleistung einzuteilen, wie die nebenstehende Grafik dies unternimmt. Freilich ist auch mit dieser Einteilung noch nichts über die Verhältnisse im Innern, über die Binnenstruktur der Dritten Welt, gesagt. Man müßte die oben genannten elf Merkmale jeweils bei jedem einzelnen Entwicklungsland untersuchen.

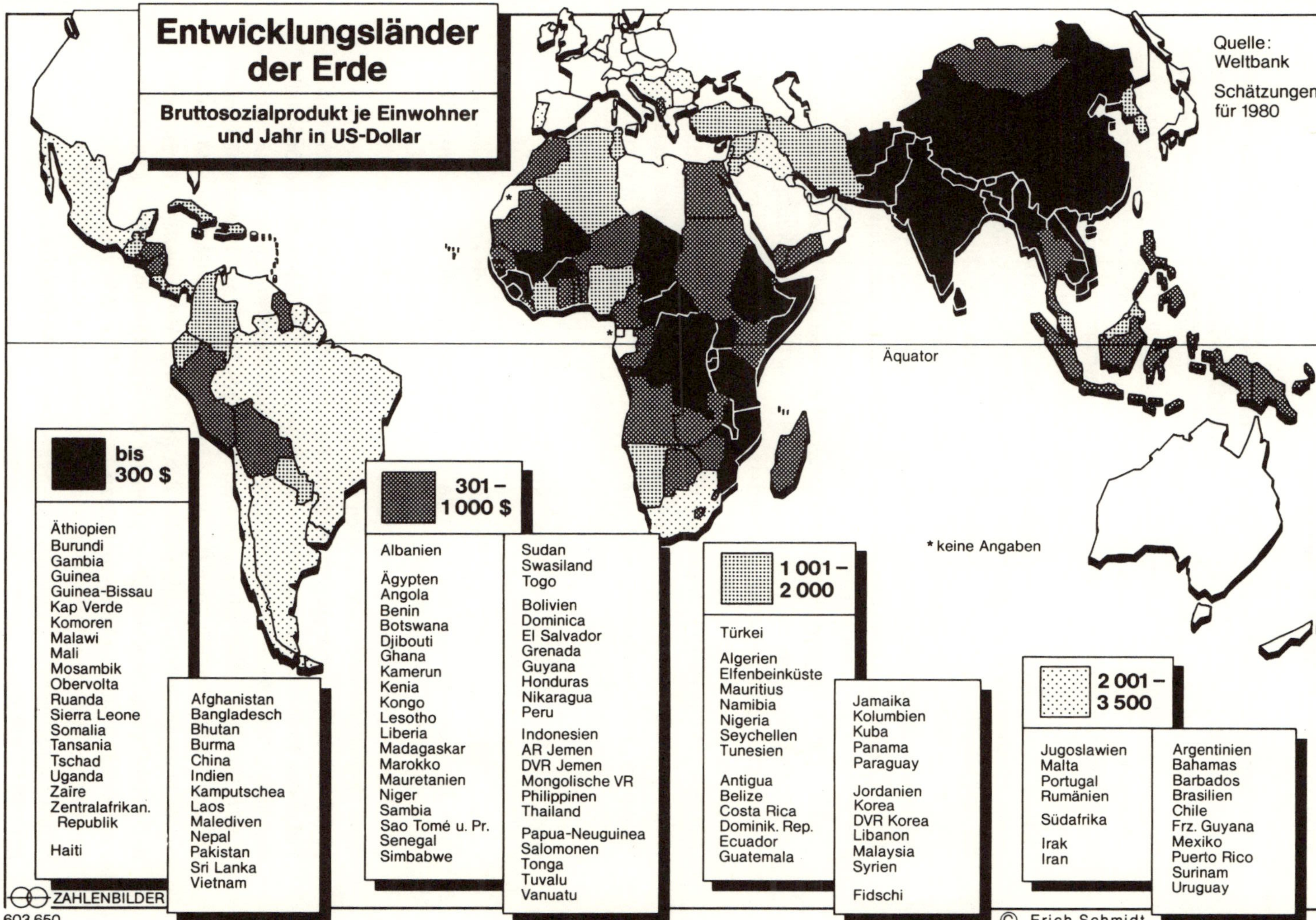
Entwicklungsländer der Erde
Bruttosozialprodukt je Einwohner und Jahr in US-Dollar
Quelle: Weltbank
Schätzungen für 1980
Äquator
* keine Angaben
bis 300 $
Äthiopien
Burundi
Gambia
Guinea
Guinea-Bissau
Kap Verde
Komoren
Malawi
Mali
Mosambik
Obervolta
Ruanda
Sierra Leone
Somalia
Tansania
Tschad
Uganda
Zaïre
Zentralafrikan. Republik
Haiti
Afghanistan
Bangladesch
Bhutan
Burma
China
Indien
Kamputschea
Laos
Malediven
Nepal
Pakistan
Sri Lanka
Vietnam
301 – 1 000 $
Albanien
Ägypten
Angola
Benin
Botswana
Djibouti
Ghana
Kamerun
Kenia
Kongo
Lesotho
Liberia
Madagaskar
Marokko
Mauretanien
Niger
Sambia
Sao Tomé u. Pr.
Senegal
Simbabwe
Sudan
Swasiland
Togo
Bolivien
Dominica
El Salvador
Grenada
Guyana
Honduras
Nikaragua
Peru
Indonesien
AR Jemen
DVR Jemen
Mongolische VR
Philippinen
Thailand
Papua-Neuguinea
Salomonen
Tonga
Tuvalu
Vanuatu
1 001 – 2 000
Türkei
Algerien
Elfenbeinküste
Mauritius
Namibia
Nigeria
Seychellen
Tunesien
Antigua
Belize
Costa Rica
Dominik. Rep.
Ecuador
Guatemala
Jamaika
Kolumbien
Kuba
Panama
Paraguay
Jordanien
Korea
DVR Korea
Libanon
Malaysia
Syrien
Fidschi
2 001 – 3 500
Jugoslawien
Malta
Portugal
Rumänien
Südafrika
Irak
Iran
Argentinien
Bahamas
Barbados
Brasilien
Chile
Frz. Guyana
Mexiko
Puerto Rico
Surinam
Uruguay
ZAHLENBILDER
603 650
© Erich Schmidt

Ansätze einer „Dritte-Welt-Bewegung"

Nach dem Zweiten Weltkrieg sahen die Entwicklungsländer die Notwendigkeit, sich in Fragen der Entwicklungspolitik gleichsam *„gewerkschaftlich"* gegenüber den Industrienationen zu *organisieren.* In der *Konferenz von Bandung* trafen sich 1955 sechs afrikanische und 23 asiatische Staaten, um eine „Philosophie" *der Blockfreiheit* zu entwickeln. Die Teilnehmer – unter ihnen so prominente wie Tito, Nehru und Nasser – protestierten gegen „Kolonialismus", „Imperialismus" und „Rassismus". Diese **„Dritte-Welt-Bewegung"** erlebte in den folgenden Jahrzehnten einen raschen Aufschwung. Zahlreiche junge Staaten schlossen sich an. Auf einer Reihe von Konferenzen ergriffen die Mitglieder Initiativen zur Abrüstung und zur Lösung ökonomischer Schwierigkeiten. Zu Beginn der 70er Jahre zeigte sich aber deutlich die *Zersplitterung der Blockfreien,* und es formierte sich eine Gruppe der „am wenigsten entwickelten Länder". Die Ölpreiserhöhung, die von den Erdöl fördernden Entwicklungsländern ausging, traf die Ärmsten besonders hart und vergrößerte die Kluft zwischen der Dritten Welt und den Industriestaaten. So wurde die Forderung nach einer *„Neuen Weltwirtschaftsordnung"* immer entschiedener vorgetragen. Mit ihr verbanden die Entwicklungsländer die Hoffnung, der politischen Unabhängigkeit endlich die ökonomische folgen zu lassen. Dieses Ziel erwies sich aber als sehr hochgesteckt, da sich weder die westlichen noch die sozialistischen Industriestaaten oder die Länder der Dritten Welt über die Ursachen der wirtschaftlichen Entwicklung einig waren.

Ursachen der „Unterentwicklung" und Vorschläge zur Überwindung

Es gibt eine große Zahl von Theorien, die den Anspruch erheben, die Ursachen der Unterentwicklung zu erklären und Lösungen für die gegenwärtigen Schwierigkeiten vorzuschlagen. Abgesehen von der chinesischen „Drei-Welten-Theorie", von der später noch die Rede sein wird, kann man etwas vereinfacht drei verschiedene Positionen unterscheiden:

1. Das westlich-liberale Modell (u. a. Peter Opitz). Die Unterentwicklung als Folge der Kolonialisierung wird nicht bestritten. Die Liberalen betonen aber die *endogenen Ursachen,* also solche Faktoren der Unterentwicklung, wie sie in den Ländern selbst zu finden sind: geringes Pro-Kopf-Einkommen, mangelnder Bildungsstand, Bevölkerungsexplosion, Vorherrschen von Monokulturen. Nach ihrer Ansicht befindet sich die Dritte Welt in einem „Teufelskreis der Armut", aus dem sie sich mit eigener Kraft nicht mehr befreien kann. Verstärkte Kapitalhilfe könne aber dazu beitragen, ihr Wirtschaftswachstum so zu fördern, daß eine Industrialisierung in ähnlicher Weise wie bei den westlichen Ländern möglich werde. Das Schlagwort „Aufholstrategie" kennzeichnet diese Position.

2. Das marxistische Erklärungsmodell (u.a. W. Hofmann) hebt die *„Verelendung" der Entwicklungsländer als Folge der „Ausbeutung"* durch die kapitalistischen Länder hervor. Nach der von Lenin aufgestellten *Imperialismustheorie* benötigen die Industrieländer nämlich die Überseegebiete als Absatzmärkte. Durch ihre Überproduktion seien die kapitalistischen Länder gezwungen, immer neue Abnehmer für Fertigwaren zu finden. Die „Entrechteten" in der Welt, also die Entwicklungsländer, seien im internationalen Klassenkampf die natürlichen Verbündeten der sozialistischen Länder. Damit gibt es für die Marxisten eine Lösung des Problems der Entwicklungsländer nur *im Bündnis mit den sozialistischen* Staaten gegen die „Ausbeutung" durch den Westen.

3. Das Abkoppelungsmodell (u.a. Senghaas). Einige Wissenschaftler, die weder dem liberalen noch dem marxistischen Lager zuzuordnen sind, schlagen vor, die Länder der Dritten Welt sollten sich *vom Weltmarkt abkoppeln.* Der bekannteste deutsche Vertreter dieser Richtung ist *Dieter Senghaas.* Er sieht in der Abkoppelung, die er *„Dissoziation"* nennt, die Chance für die Entwicklungsländer, ihre eigenen Hilfsquellen, ihre „Ressourcen", so weit zu entwikkeln, daß sie ihre Bedürfnisse aus eigenen Kräften befriedigen können. Die Eigenständigkeit soll dazu führen, eine eigene Investitions- und Konsumgüterindustrie aufzubauen und den Binnenmarkt der Entwicklungsländer zu entfalten. Verschiedene Theoretiker in der Dritten Welt ziehen ähnliche Schlußfolgerungen wie Senghaas. Sie befürchten, eine zu enge wirtschaftliche Zusammenarbeit mit den Industrieländern könne zu immer größerer Abhängigkeit führen.

Eine Einigung auf irgendeines der Globalkonzepte zwischen Nord und Süd bereitet aber große Schwierigkeiten, scheint für die Gegenwart jedenfalls unmöglich. Selbst bei einer Übereinstimmung zwischen den westlichen Staaten und einigen der Ärmsten könnte ohne eine Beteiligung der reichen Ölländer und der Staaten des Ostblocks die Lage nicht entscheidend verändert werden. Dies ist die *enttäuschende Bilanz* in der Mitte der achtziger Jahre nach über zwei Jahrzehnten Entwicklungspolitik.

Inzwischen geraten einige Dritte-Welt-Länder in eine *immer hoffnungslosere Lage:* Massenelend, Hungersnöte, Staatsverschuldung und Inflation riesigen Ausmaßes, innere Unruhen, Auflösung der sozialen Strukturen etc. Andere sind dabei, einen eigenen Weg aus der Krise zu finden. Welches Beispiel man auch beschreiben wollte, es könnte nicht als typisch für die Entwicklungsländer schlechthin angesehen werden. Die Unterschiede zwischen Nicaragua, Indien, Simbabwe, Iran oder Mexiko sind so groß, daß *jede Verallgemeinerung unzulässig* wäre. „Es gibt im Grunde kein Land, das repräsentativ für *alle* Entwicklungsländer wäre. Auch das ist eine wichtige Erkenntnis" (so im Studienbuch „Politik" von P. Ackermann u.a., Hamburg 1980, S. 243).

So gesehen kann die Wahl **Chinas** als **Beispiel** wie die eines anderen Beispieles nur mit Einschränkung angeboten werden. Sie ist aber aus einem besonderen Grund gerade für diesen Band *naheliegend,* handelt es sich doch bei China um ein Entwicklungsland, das gleichzeitig eine aufstrebende Großmacht ist. Eine Weltpolitik mit Ausklammerung Chinas ist heute und in Zukunft nicht vorstellbar.

China – die aufstrebende Weltmacht

Besonderheiten des chinesischen Weges

China als Ganzes ist als *Fallbeispiel* für ein Land der Dritten Welt zu sehen. Dazu eignet sich nicht so sehr die detaillierte Betrachtung eines einzelnen wirtschaftlichen Experimentes wie etwa der „Volkskommunen". Jedes Einzelbeispiel hat nach Jahrzehnten des Auf und Ab innerhalb des „Kampfes zweier Linien" allenfalls episodenhaften Charakter. Es kann zwar anschaulich sein, aber für die Entwicklung der Volksrepublik China insgesamt ist es nicht signifikant.

Chinas eigenständige Entwicklung gibt den Politikern und Wissenschaftlern recht, die in der wirtschaftlichen und politischen *Abkoppelung von Ost und West* einen gangbaren Weg für Länder der Dritten Welt sehen. Aus einer Reihe von Gründen ist China ein bisher einmaliges Beispiel, dessen Betrachtung sich für uns lohnt:

1. Als *Riesenreich* mit dem Anspruch, *sozialistische Ideen* in die Praxis umzusetzen, stellt China erfolgreich die sowjetische Führungsrolle in Frage. Die sogenannte „Drei-Welten-Theorie", die 1974 erstmals verkündet wurde, beschreibt diese chinesische *Position zwischen Ost und West.* Zur „Ersten Welt" zählt China die beiden Supermächte USA und UdSSR. Schon durch ihre Stellung stünden sie in direktem Gegensatz zur „Dritten Welt". Zu ihr gehören alle Entwicklungsländer, zu denen China sich selbst rechnet. Dazwischen stehen hiernach die Länder der „Zweiten Welt", d.h. sämtliche anderen Industriestaaten. Sie sind zwar nicht gerade ideologische Partner Chinas, aber durch die vielfältigen Konflikte mit den Supermächten können sie bei zahlreichen Fragen, vor allem im wirtschaftlichen Bereich, zu Partnern „herübergewonnen" werden.

2. Die *Besonderheit des chinesischen Weges,* weder die Kopie östlicher noch westlicher Modelle zu sein, wurde auch unter den Nachfolgern Mao Zedongs (Mao Tse-tungs) beibehalten. Die Neuerungen der chinesischen Führung unter Deng Xiaoping (Teng Hsiao-ping) auf wirtschaftlichem, politischem und sozialem Gebiet bildeten nicht etwa ein Einschwenken auf europäische Vorbilder. China will kein rein marktwirtschaftlich orientiertes System einführen. *Wohin soll die Reise gehen?* Die Beijing (Peking)-Rundschau beschreibt den einzuschlagenden Weg in einer Artikelserie des Jahres 1982 so: „Die chinesische Modernisierung ist eine Modernisierung unter der Voraussetzung des *Festhaltens am Sozialismus.* Uns auf die Überlegenheit des sozialistischen Systems stützend und von der Realität Chinas ausgehend, werden wir die Modernisierung mit chinesischer Prägung versehen".

3. China ist auf der einen Seite selbst noch ein unterentwickeltes Land, auf der anderen Seite ist es schon durch eigene Wirtschaftskraft in der Lage, anderen Staaten *Entwicklungshilfe zu leisten.* Als „große" Macht, die gleichwohl Teil der Dritten Welt ist, scheint der chinesische Anspruch, im Nord-Süd-Konflikt *Sprecherin der Dritten Welt* zu sein, nicht vermessen. Der Erfolg, den China bisher in der Verbesserung der allgemeinen Lebensbedingungen der Bevölkerung erzielt hat, stärkt sein besonderes Ansehen. Die Unabhängigkeit und Selbständigkeit innerhalb der kommunistischen Parteien der Welt verleiht China auch bei Entwicklungsländern größere Glaubwürdigkeit, als sie Staaten aus einem festgelegten politischen Lager besitzen.

Die Entstehung der Volksrepublik China

Da China im folgenden als Land der Dritten Welt beschrieben wird, stellen wir *wirtschaftliche Entwicklungen in den Vordergrund* unserer Betrachtung. Die politisch-sozialen, in diesem Falle auch die ideologischen Bereiche, sind allerdings so stark mit den wirtschaftlichen Faktoren verknüpft, daß sie stets mitberücksichtigt werden müssen.

2000 Jahre lang stand China in der Tradition des Kaisertums. Die zuletzt herrschende Mandschu-Dynastie wurde durch die revolutionäre Bewegung des südchinesischen Artzes *Sun-Yixian (Sun Yat-sen)* 1911 gestürzt. Die beherrschende Kraft der neuen Republik nannte sich *Guomindang* (Kuomintang, KMT) d.h. „Nationale Volkspartei". Nach dem Tode des sozialrevolutionär gesinnten Sun (1925) stieg *Jiang Jieshi (Chiang Kai-shek)* zum mächtigsten Führer der Partei auf. Er hatte sich das Ziel gesetzt, den Gesamtstaat von „sozialistischen Elementen zu reinigen".

1921 war die **Kommunistische Partei Chinas** gegründet worden. Der politisch-ideologische Führer wurde bald *Mao Zedong,* ein Sohn chinesischer Kleinbauern. Die Ideologie der Partei war etwa ab 1935 so stark von ihm geprägt, daß man im Westen von *„Maoismus",* in China von den *„Mao Zedong-Ideen"* sprach. Mao selbst bevorzugte die Formulierung von der *„Sinisierung des Marxismus".* Er wollte damit ausdrücken, daß der Marxismus-Leninismus für China kein Dogma darstelle, sondern eine „Anleitung zum Handeln". Für Mao gab es nämlich keinen „abstrakten", nur einen *„konkreten" Marxismus.* Da die Bedingungen in China sich klar von denen in Rußland unterschieden, mußten die Unterschiede auch im Ideologischen gravierend sein.

Im Bürgerkrieg, den die Kommunisten gegen die Guomindang-Regierung führten, zeigten sich einige der *ideologischen Gegensätze* zum Sowjetkommunismus. Im Unterschied zu Lenin hielt Mao nichts von einer Elitepartei. Er setzte auf die Massen von Kleinbauern, die auf dem Lande lebten und die

„Städte von den Dörfern her einkreisen“ sollten. In der *Bauernschaft* sah Mao die *„konsequenteste revolutionäre Kraft“*. Der Erfolg gab ihm recht. Das von ihm entwickelte Konzept eines Guerillakrieges und seine *„Politik der Massen“* auf der einen sowie Korruption und volksferne Politik der durch die japanische Eroberung geschwächten Nationalregierung auf der anderen Seite gaben den Ausschlag für den Sieg der Kommunisten im Bürgerkrieg (1946 – 1949).

Die Ära Mao Zedong

Das Land war 1949 durch Krieg, Bürgerkrieg und wirtschaftliche Verwüstungen in verheerendem Zustand.
Zunächst konnte sich die KP Chinas nicht auf ein langfristiges Konzept zur Überwindung der Unterentwicklung des Landes einigen. Mit einem *Notstandsprogramm* wollte man den Übergang zur sozialistischen Gesellschaft einleiten (1949 – 1953). Eine *Bodenreform* entzog der grundbesitzenden Elite

Die Staatsorgane in der VR China

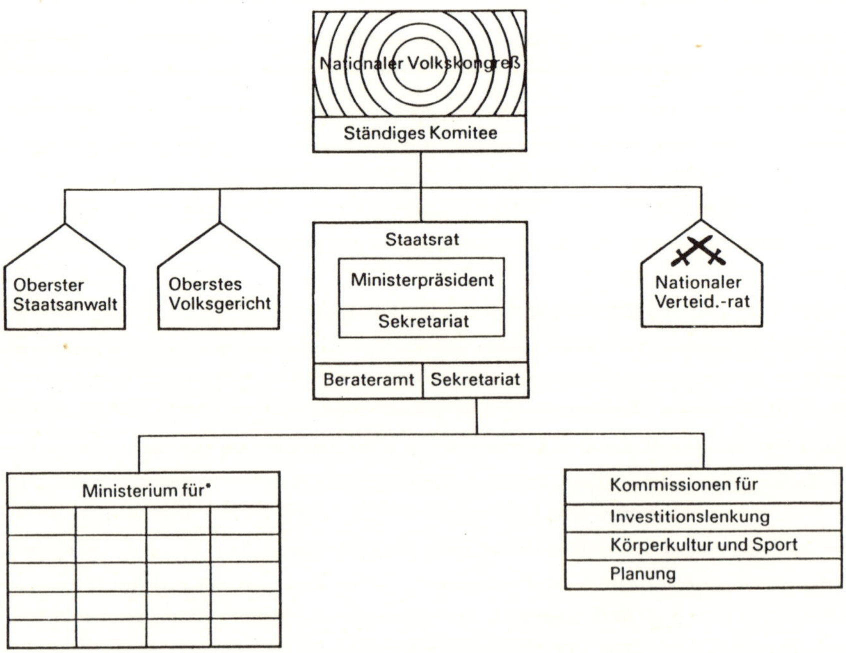

Öffentliche Sicherheit, Verteidigung, Erziehung, Gesundheit, Kultur, Finanzen, Handel, Verkehr, Eisenbahnen, Post und Fernmeldewesen, Wasser und Energiewirtschaft, Landwirtschaft- und Forsten, Kohleindustrie, Erdöl- und Chemie-Industrie, Metallverarbeitende Industrie, Maschinenbau, Leichtindustrie, Äußeres. Außenhandel, Wirtschaftsbeziehungen mit dem Ausland

Produktion ausgewählter Güter

	Einheit	1952	1957	1975	1978	1980	1981	1982
Elektrische Energie	Mio. kWh	7,2	19,3	121	159	300,6	309,3	327,7
Stahl	Mio. t	1,3	5,4	25	31	37,1	35,6	37,2
Kohle	Mio. t	66,5	130	480	600	620,0	622,0	666,0
Öl	Mio. t	0,4	1,3	74	100	105,9	101,2	102,1
Zement	Mio. t	2,9	6,9	40	60	79,9	84,0	95,2
Getreide	Mio. t	161	191	284	295	318,2	325,0	353,4

ihren Einfluß, die landwirtschaftlichen Produktionsmittel wurden auf die kleinen Bauern verteilt. In einigen Bereichen der Wirtschaft mußten die Kommunisten noch mit der „Nationalen Bourgeoisie" zusammenarbeiten, weil deren Kenntnisse zunächst noch unentbehrlich waren.

Welche **Entwicklungsstrategien** boten sich für die Zukunft an? Theoretisch waren es drei Konzepte: *1.* Vorrang der Landwirtschaft, *2.* Vorrang der Industrie, *3.* Gleichzeitige Entwicklung von Landwirtschaft und Industrie. Mit dem ersten *Fünfjahresplan* folgte die chinesische Führung dem sowjetischen Vorbild, also dem 2. Modell (1953 – 1957), und räumte dabei der *Schwerindustrie* den ersten Rang ein. Nachdem aber Erfolge mit dieser Strategie nicht in dem erwarteten Ausmaß eintraten, versuchte es China mit einem eigenen Weg (ab 1958/59). Hierfür waren die Erkenntnisse des Bauernsohnes Mao maßgebend, der die „Bauernmassen" für den Aufbau des Landes einsetzen wollte. Mit Hilfe der Massenbewegung sollte gleichzeitig ein allgemeiner *Bewußtseinswandel* erreicht werden wie schon bei der Bodenreformbewegung 1949/52. Mao hoffte, die gesamte Bevölkerung des Landes zu neuen Formen des Denkens und Lebens führen zu können. Die Massen sollten nicht nur an der Produktion und Verteilung, sondern auch an der Entscheidungsfindung mitwirken.

Diese „Massennähe" der Wirtschaft nannten die chinesischen Kommunisten die **Politik der „Drei Roten Banner"**. Dazu gehörten der *„Große Sprung nach vorn"*, die *„Volkskommunebewegung"* und die *„Generallinie des sozialistischen Aufbaus"*. Von diesen Maßnahmen erregten die Volkskommunen das größte Aufsehen, weit über China hinaus. Worum handelte es sich dabei? Sie bildeten Einheiten zwischen 15 000 und 20 000 Menschen mit eigenen Schulen, Kindergärten, Fabriken, Handwerksbetrieben und Hospitälern. Ähnlich den israelischen Kibbuz-Experimenten gab es unterschiedlich weitgehende Formen. Sie reichten von Gemeinschaftsbaracken bei Abschaffung der Löhne bis zu freiem Wohnen mit Halblohnsystem. 1958 waren angeblich 99% der Landbevölkerung in Volkskommunen organisiert.

Politisch gesehen mag die Politik der „Drei Roten Banner" ein Erfolg gewesen sein, *wirtschaftlich* dagegen kam es zur Krise der *„Drei bitteren Jahre"* 1960 bis 1962. In dem kontinuierlich ausgetragenen Streit um den richtigen Kurs, dem sogenannten „Kampf zweier Linien" innerhalb der Partei, setzte sich für eine kurze Zeit die Richtung der „Pragmatiker" um den damaligen Staatspräsidenten *Liu Shaoqui (Liu Shao-chi)* und *Deng Xiaoping (Teng*

Hsiao ping) gegen den *„ideologisch" orientierten Kurs Maos* durch. Ihre sogenannte Politik der *„Readjustierung"* trug ab 1963 zur Besserung der Wirtschaftslage bei. Sie hielten die Leistung für den entscheidenden Faktor, der entsprechend honoriert werden müsse. Ländliche Privatparzellen und bedingt freie Märkte boten die materiellen Anreize.

Die *unterschiedlichen Auffassungen* über den einzuschlagenden Weg bewirkten einen tiefen Riß in der Parteiführung. Die Gruppe um Mao fand sich nicht mit der Niederlage ab, die sie durch den Abbruch der Experimente mit den Volkskommunen erlitten hatte. Sie setzte mit dem Aufruf zur **„Großen Proletarischen Kulturrevolution"** eine großangelegte Massenbewegung in Gang, die zum Sturz Zehntausender von Parteifunktionären führte. Mao befürchtete einen Stillstand der Revolution, er wollte den Weg der Sowjetunion, also Bürokratie und Technokratie, vermeiden. Vielmehr ging es ihm darum, das *Bewußtsein der Massen* mit *revolutionärer Gesinnung* zu erfüllen: die *Revolution* müsse gleichsam *„permanent"* bleiben. Tatsächlich entwickelte sich jedoch die Kulturrevolution zu einem jahrzehntelangen *Machtkampf der Richtungen* (1966 – 1976), wodurch dem Land unermeßlicher Schaden zugefügt wurde.

Der während der Kulturrevolution zum designierten Nachfolger Maos aufgestiegene *Lin Biao (Lin Piao)* wurde im Herbst 1971 entmachtet. Damit ging auch der Einfluß von Mao selbst zurück. *Zhou-Enlai (Chou En-lai),* der Premierminister geblieben, dessen Stellung aber geschwächt war, bestimmte von jetzt an wieder den Kurs. Seit 1972 begann die chinesische Führung, *Tausende von Funktionären,* die während der Kulturrevolution verfolgt worden waren, zu *rehabilitieren* und wieder in ihre Ämter einzusetzen. Im Frühjahr 1973 wurde Deng Xiaoping erneut stelltvertretender Ministerpräsident. Er war 1966 seiner Ämter enthoben und sogar verhaftet worden. Seit 1975 verstärkte sich sein Einfluß.

China nach Maos Tod

Der „Kampf zweier Linien" war aber mit dem Sieg über die „Lin Biao-Clique", wie Zhou-Enlai auf dem 10. Parteitag 1973 ausführte, noch keineswegs beendet. Zum *offenen Zusammenstoß* kam es erneut nach Maos Tod (Sept. 1976). *Hua Guofeng (Hua Kuo-feng),* als *Kompromißkandidat* seit April 1976 Premierminister, ließ die sogenannte „Viererbande" verhaften, unter ihnen die Mao-Witwe Jiang Qing. Ende 1979 wurde ihnen und weiteren Anhängern Maos der Prozeß gemacht. Spätestens seit Sommer 1977 stieg nun *Deng Xiaoping,* der Hauptgegner der „Ideologen", zur *bestimmenden Persönlichkeit* auf, obwohl er offiziell nur den 3. Rang in der Hierarchie einnahm. Sein Einfluß auf den Kurs ist so groß, daß man die Zeit seit Maos Tod durchaus richtig als die *„Ära Deng Xiaoping"* bezeichnen kann.

Wachstum der Produktion in der VR China (jährliche Veränderung in %)

	1972–1975	Ist 1976	1977	1979	1980	1981	Plan 1976–1985
Bruttoproduktion, gesamt	6	3,7	6,9	8,4	7,2	4,0	8 – 9
Industrie	9,5	6	14	8,5	8,7	4,0	10 –12
Landwirtschaft	2,5	2	0,5	8,6	2,7	4,0	4 – 5
Sonstige Bereiche[1]	5	0	3	–	–	–	6,5– 8

[1] Verkehr, Bauwirtschaft und Dienstleistungen.

Außenhandel der VR China nach Ländergruppen[1]

Ländergruppen	1955	1965	1970	1975	1981	1982
Ausfuhr in Mio. US-Dollar						
Sozialistische Länder[2]	975	710	575	1370	1080	1076
Westliche Industrieländer[3]	200	545	650	2625	9448	9314
darunter: Japan	76	211	239	1440	5292	5352
EG	99	262	320	711	2494	2075
Asien, Afrika und Lateinamerika	230	735	865	2995	10107	11253
Einfuhr in Mio. US-Dollar						
Sozialistische Länder[2]	1010	520	405	1015	1310	1441
Westliche Industrieländer[3]	145	870	1380	5515	14954	13034
darunter: Japan	30	260	606	2425	5095	3511
EG	73	330	496	1590	2759	2057
Asien, Afrika und Lateinamerika	200	455	400	960	3140	3924
Ausfuhr- bzw. Einfuhrüberschuß (–) in Mio. US-Dollar						
Sozialistische Länder[2]	–35	190	170	355	– 230	– 365
Westliche Industrieländer[3]	55	–325	–730	–890	–5506	–3720
darunter: Japan	46	– 49	–367	–985	197	1841
EG	26	– 68	–176	–883	– 265	18
Asien, Afrika und Lateinamerika	30	280	410	2035	6967	7329
Ausfuhr, insgesamt = 100						
Sozialistische Länder[2]	69,4	35,7	27,5	19,6	5,2	4,9
Westliche Industrieländer[3]	14,2	27,4	31,1	37,6	45,8	42,5
darunter: Japan	5,4	10,6	11,4	20,6	25,6	24,4
EG	7,0	13,2	15,3	10,2	12,1	9,5
Asien, Afrika und Lateinamerika	16,4	36,9	41,4	41,6	49,0	51,4
Einfuhr, insgesamt = 100						
Sozialistische Länder[2]	75,7	28,2	18,1	13,6	6,8	7,8
Westliche Industrieländer[3]	10,9	47,2	61,1	74,7	77,1	70,8
darunter: Japan	2,2	14,1	27,1	32,8	26,2	19,1
EG	5,5	17,9	22,1	21,6	14,2	11,2
Asien, Afrika und Lateinamerika	14,4	24,6	20,3	12,8	16,2	21,3

[1] Berechnet anhand von Statistiken der Partnerländer. – Um Transport- und Versicherungskosten sowie um Doppelzählungen bereinigte Werte; unter Einbeziehung der asiatischen Volksdemokratien Mongolei, Nordkorea, Vietnam, Laos und Kambodscha. Für 1977 z. T. geschätzt auf der Basis von 6 bis 11 Monatsdaten. [2] RGW-Länder, einschließlich Kuba und Mongolei, außerdem Albanien, Jugoslawien und übrige asiatische Volksdemokratien. [3] OECD-Länder nach dem Stand vom 31. 12. 1973.

Außenhandel der VR China mit der BR Deutschland (in Mio. DM)

Jahr	Ausfuhr insgesamt Mio. DM	Anteil der BR. Dtl. Mio. DM	%	Einfuhr insgesamt Mio. DM	Anteil der BR Dtl. Mio. DM	%
1976	19773	681	3,4	14311	1578	11,0
1977	19898	666	3,3	15560	1159	7,4
1978	21523	734	3,4	19881	1990	10,4
1979	24742	978	4,0	28676	2729	9,5
1980	33013	1294	3,9	35499	2426	6,8
1981	48726	1774	3,6	48739	3478	7,1
1982	53159	1854	3,5	46189	2321	5,0

Was ist das Charakteristische an der chinesischen Entwicklung nach Mao? Offiziell gilt bis heute das Ziel der **„Vier Modernisierungen“** (Landwirtschaft, Industrie, Landesverteidigung, Technik und Wissenschaften), das auf dem 11. Parteikongreß 1977 definitiv verkündet wurde.

Mit ihnen soll die Volksrepublik China bis zum Jahre 2000 zur „modernen, sozialistischen Großmacht“ werden. Millionen Chinesen, die unter der Kulturrevolution gelitten hatten, profitierten von der *„neuen Freiheit“*. Unzählige wurden rehabilitiert und kehrten wieder in führende Positionen zurück. Teilweise selbständiges Management wurde eingesetzt, Schriftsteller erfreuten sich ungezwungener Tätigkeit, ein neues Kulturleben erblühte, das Schul- und Hochschulsystem arbeitete wieder leistungsorientiert. Die chinesische Regierung steckte aber einen Rahmen, damit die „neue Freiheit“ nicht zur „Zügellosigkeit“ ausarte. Man zeigte die Grenzen mit **„Vier Grundprinzipien“:** *Festhalten an der KP-Führung, am Sozialismus, an der „Diktatur des Proletariats“* und an den *Mao Zedong-Ideen.*

Trotz dieses verbalen Bekenntnisses zu dem verstorbenen „großen Steuermann“ stand die Praxis doch eher im Zeichen einer Entmaoisierung, die freilich behutsam durchgeführt werden mußte, damit die Massen nicht das Vertrauen in die Führung verloren. Deng fand dafür die Formel, *„Norm der Wahrheit“* sei „einzig und allein die Wirklichkeit“. Nachdem der Mann des Kompromisses von 1976, Hua Guofeng, seine Posten verloren hatte, war auch äußerlich eine neue Ära angebrochen. An die Stelle des „Spätmaoismus“ war der *„postmaoistische Reformkurs“* getreten. Im Kampf der zwei Linien haben die stärker modernisierungs- und wirtschaftsorientierten „Pragmatiker“ über die revolutionären „Ideologen“ gesiegt.

Allerdings sind die Machthaber seither realistischer geworden. Die 1977 verkündeten Ziele über die Geschwindigkeit des wirtschaftlichen Wachstums erwiesen sich als zu optimistisch. Zwar kann man in bezug auf die Begeisterung und die hochgesteckten Ziele die Jahre von Maos Tod bis 1980 mit Maos „Großem Sprung nach vorn“ vergleichen, aber die Reformer erkennen heute, daß die *Modernisierung* chinesischen Typs *längerfristig* angelegt sein muß. Wieweit es Deng und seinen Anhängern gelingt, diese „pragmatische“ Linie durchzuhalten, um die Probleme des Entwicklungslandes, das zugleich eine Großmacht ist, eigenständig zu lösen, läßt sich heute nicht mit Sicherheit voraussagen.

Die Rolle in der Welt

Die Volksrepublik China, heute auf vielen Gebieten noch Entwicklungsland, ist durchaus in der Lage, ihren wirtschaftlichen und ideologischen Weg *selbständig* zu bestimmen. China ist zwar noch davon entfernt, eine Weltmacht zu sein, doch ist *Weltpolitik ohne China* für die Supermächte *nicht mehr mög-*

lich. In Asien nimmt China gegenwärtig schon wieder die Rolle ein, die es jahrtausendelang innehatte, die des *Mahners und Aufklärers.* So wie früher lobt und tadelt es seine Nachbarn (z. B. „Straffeldzüge" gegen Vietnam). In sogenannten *„Regionalisierungsbestrebungen"* unterstützt China Gemeinschaften, die verhindern sollen, daß die Supermächte alles beherrschen: in Südostasien ASEAN (Malaysia, Philippinen, Thailand, Singapur und Indonesien), in Afrika die OAU (Organisation für afrikanische Einheit), in Europa die EG und sonstige ähnliche Gruppierungen.

In diesen Bestrebungen des *„Antihegemonismus"*, wie es China nennt, gewinnt das Land international zunehmend Glaubwürdigkeit und Ansehen. Die Volksrepublik China kann so auch im Nord-Süd-Konflikt Maßstäbe setzen, die für die Völkergemeinschaft zum Vorbild werden könnten.

Gerold Niemetz

VERZEICHNIS DER ÜBERSICHTEN

Zeittafel: Die Grundlegung der modernen Welt (15. – 18. Jahrhundert) 19/20
Karte: Die Umsegelung Afrikas 26
Graphik: Amerikanisches Edelmetall und Inflation in Europa (1500 – 1710) 29
Graphik: Bevölkerungsentwicklung 1600 – 1800 32
Graphik: Staatssteuern in Frankreich 1515 – 1683 35
Graphik: Die Gliederung des englischen Staates 1649 und 1653 42
Zeittafel: Das Zeitalter der Revolutionen (1750 – 1850) 51/52
Graphik: Bevölkerungsentwicklung in England und Wales (1750 – 1980) 57
Graphik: Veränderungen der Geburten- und Sterberaten im Bevölkerungsprozeß 57
Karte*: Regierungsformen in Europa 1815 – 1830 69
Karte*: Regierungsformen in Europa um 1851 72
Zeittafel: Nationalstaat und Klassengesellschaft (19. Jahrhundert) 73/74
Tabelle: Markante Daten zur wirtschafts- und sozialgeschichtlichen Entwicklung ausgewählter europäischer Länder 82/83
Zeittafel: Imperialismus, Krise, Zusammenbruch (1880 – 1945) 93-97
Tabelle: Flottenrüstung europäischer Mächte am Vorabend des Ersten Weltkriegs 100
Tabelle: Entwicklung der Anteile der Industrieländer an der Welt-Fabrikproduktion (1870 – 1938) 103
Tabelle: Fläche und Bevölkerung imperialistischer Staaten Europas (1881 – 1909) 105
Graphik: Die koloniale Aufteilung der Welt 1914 105
Karte*: Kolonialreiche der europäischen Mächte um 1900 106/107
Karte*: Regierungsformen in Europa 1914 110
Graphik: Europäische Bündnissysteme 1879 – 1912 113
Tabelle: Gesamtverluste im Ersten Weltkrieg 114
Karte*: Regierungsformen in Europa um 1926 123
Graphik: Weltwirtschaftskrise (1925 – 1934) 126
Tabelle: Index der deutschen Industrieproduktion 1913 – 1943 127
Tabelle: Menschenverluste im Zweiten Weltkrieg 128
Tabelle: Sozialstruktur der NSDAP-Mitgliedschaft vor 1933 130
Graphik: Der Aufbau des „Führerstaates“ 131

Graphik: Aufbau und Funktionen der SS 131
Karte*: Das nationalsozialistische Deutschland 132
Karte*: Regierungsformen in Europa um 1937 136
Tabelle: Rüstungsproduktion der wichtigsten Großmächte im Zweiten Weltkrieg 139
Zeittafel: Die Teilung Europas und Deutschlands. Das deutsche Problem — Zwei Staaten in Deutschland 145/146
Karte*: Mitteleuropa nach dem Zweiten Weltkrieg 148
Graphik: Der Alliierte Kontrollrat und die geplanten deutschen Zentralstellen 154
Graphik: Die Vierzonenverwaltung in Deutschland 1947 155
Graphik: Die Deutsche Wirtschaftskommission 1948/49 156
Graphik: Die Staatsorgane der Bundesrepublik Deutschland 158
Graphik: Der Staatsaufbau der DDR (seit 1968) 159
Graphik: DDR-Flüchtlinge pro Jahr 1950 – 1962 176
Tabellen: Umfragedaten zur Teilung Deutschlands (1956 – 1971) 177
Zeittafel: Moderne Industriegesellschaften. Europa – USA – Sowjetunion – Japan 180-183
Graphik: Pro-Kopf-Sozialprodukt in US-Dollar (von sieben Industriestaaten 1870 – 1965) 184
Graphik: Staatsaufbau der USA 187
Tabelle: Bruttoinlandsprodukt (der USA) zu Marktpreisen 1970 – 1982 190
Tabelle: Produktion ausgewählter Rohstoffe und Industrieerzeugnisse (in den USA) 1960 – 1982 190
Tabellen: Außenhandel (der USA) 1970 – 1982 191
Tabelle: Beschäftigung 1975 bis 1982 (in den USA) 192
Tabelle: Preisindex der Lebenshaltungskosten 1968 – 1983 (USA) 192
Tabelle: Entwicklung des Staatshaushaltes (der USA) 1945 – 1983 192
Tabelle: Daten zur abhängigen Industrialisierung Spaniens 196
Tabelle: Daten zur regionalen Differenzierung in Spanien 196
Tabelle: Verhältnis des Anteils der Republiken der UdSSR am Bruttosozialprodukt zum Anteil der Bevölkerung (1965) 201
Graphik: Staatsaufbau der UdSSR 202
Graphik: Jährliche Wachstumsrate des Bruttosozialproduktes (von sieben Industriestaaten 1961 – 1967) in Prozenten 210
Graphik: Teilbereiche des Rüstungswettlaufs zwischen USA und UdSSR (1960 – 1976) 215
Tabelle: Daten zur Struktur des Internationalen Systems 1980 216
Zeittafel: Dritte Welt zwischen Hunger und Hoffnung 217
Zeittafel: China — die aufstrebende Weltmacht 218
Tabelle: Wirtschaftsdaten ausgewählter Nationen (1980) 220
Karte: Entwicklungsländer der Erde (1980) 221

Graphik: Die Staatsorgane in der VR China ______ 226
Tabelle: Produktion ausgewählter Güter (in der VR China 1952 bis 1982) ______ 227
Tabelle: Wachstum der Produktion in der VR China (1972 – 1985) ______ 229
Tabelle: Außenhandel der VR China nach Ländergruppen (1955 – 1982) ______ 229
Tabelle: Außenhandel der VR China mit der BR Deutschland (1976 – 1982) ______ 229

* Diese Karten wurden mit freundlicher Genehmigung der Verlag Ullstein GmbH folgendem Werk entnommen: Propyläen Geschichte Europas, 6 Bände, Frankfurt am Main/Berlin/Wien (Propyläen Verlag) 1975 – 1978. Weitere Fremdquellen sind an Ort und Stelle vermerkt.

LITERATURÜBERSICHT

A. Allgemeines

1. Nachschlagewerke

DDR-Handbuch. Hrsg. vom Bundesministerium für innerdeutsche Beziehungen. 3., überarb. und erw. Aufl. Köln 1985.

Deutsche Geschichte. Epochen und Daten. Hrsg. von Werner Conze und Volker Hentschel. 3., aktual. Aufl. Freiburg/Würzburg 1983.

Der Große Ploetz. Auszug aus der Geschichte. 29., von 65 Fachwissenschaftlern völlig neu bearbeitete Aufl. Freiburg/Würzburg 1983.

Handbuch der deutschen Wirtschafts- und Sozialgeschichte. Hrsg. von Hermann Aubin und Wolfgang Zorn. 2 Bde. Stuttgart 1971 – 1976.

Staats-Lexikon. Recht, Wirtschaft, Gesellschaft. Hrsg. von der Görres-Gesellschaft. 5 Bde. 7., völlig neu bearb. Aufl. Freiburg/Basel/Wien 1985.

Wirtschaftsploetz. Die Wirtschaftsgeschichte zum Nachschlagen. Hrsg. von Hugo Ott und Hermann Schäfer. Freiburg/Würzburg ^{2}1985.

2. Umfassende Darstellungen

Buchner, Rudolf, Deutsche Geschichte im europäischen Rahmen. Darstellungen und Betrachtungen. Darmstadt 1975.

Craig, Gordon A., Geschichte Europas im 19. und 20. Jahrhundert. 2 Bde. München 1978/1979.

Deutsche Geschichte. Hrsg. von Joachim Leuschner. 10 Bde. Göttingen 1974 – 1984.

Deutsche Geschichte von den Anfängen bis zum Ende der Ära Adenauer. Von Wilhelm Treue. 5., durchges. und erw. Aufl. Stuttgart 1978.

Deutsche Geschichte im Überblick. Ein Handbuch. Hrsg. unter Mitwirkung zahlreicher Fachgelehrter von Peter Rassow. 3., überarb. und erg. Aufl. hrsg. von Theodor Schieffer. Stuttgart 1973.

Deutsche Geschichte. Ereignisse und Probleme. Hrsg. von Walther Hubatsch. 19 Bde. Frankfurt/M. 1966 ff.

Diwald, Helmut, Geschichte der Deutschen. Frankfurt/Berlin/Wien 1978.

dtv-Weltgeschichte des 20. Jahrhunderts. Hrsg. von Martin Broszat und Helmut Heiber. 14 Bde. München 1966 – 1977.

Fischer-Weltgeschichte. Wissenschaftliche Leitung: Jean Bollack. Frankfurt/M. 1965 ff.

Gaxotte, Pierre, Geschichte Deutschlands und der Deutschen. 2 Bde. Freiburg/Br. 1965 – 1967.

Gebhardt, Bruno, Handbuch der deutschen Geschichte. 9. Aufl. hrsg. von Herbert Grundmann. 4 Bde. Stuttgart 1970 – 1976.

Handbuch der deutschen Geschichte. Begründet von Otto Brandt, fortgeführt von Arnold Oskar Meyer, neu hrsg. von Leo Just. 6 Bde. Konstanz (später: Frankfurt/M.) 1956 – 1985.

Handbuch der europäischen Geschichte. Hrsg. von Theodor Schieder. 7 Bde. Stuttgart 1968 ff.

Historia Mundi. Ein Handbuch der Weltgeschichte in 10 Bänden. Begründet von Fritz Kern, hrsg. von Fritz Valjavec unter Mitwirkung des Instituts für Europäische Geschichte in Mainz. München usw. 1952 – 1961.

Mann, Golo, Deutsche Geschichte des 19. und 20. Jh.s Frankfurt/M. 1964.

Die neue deutsche Geschichte. Hrsg. von Peter Moraw, Volker Press und Wolfgang Schieder. München 1985 ff.

Propyläen-Geschichte Deutschlands. Hrsg. von Dieter Groh unter Mitwirkung von Hagen Keller. Berlin 1983 ff.

Propyläen-Geschichte Europas. 6 Bde. Berlin 1975 – 1978.

Propyläen-Weltgeschichte. Eine Universalgeschichte. 3. Aufl. hrsg. von Golo Mann und Alfred Heuß. 12 Bde. Berlin 1960 – 1965.

3. Einzeldarstellungen zur deutschen Geschichte

Boockmann, Hartmut; Schilling, Heinz; Schulze, Hagen; Stürmer, Michael. Mitten in Deutschland. Deutsche Geschichte. Berlin 1984.

Die Bundesrepublik Deutschland. Daten, Fakten, Analysen. Hrsg. von Thomas Ellwein und Wolfgang Bruder. Freiburg/Würzburg 1984.

Craig, Gordon A., Deutsche Geschichte 1866 – 1945. Vom Norddeutschen Bund bis zum Ende des Dritten Reiches. München 1980.

Craig, Gordon A., Das Ende Preußens. Acht Porträts. München 1985.

Deutsche Geschichte der neuesten Zeit vom 19. Jahrhundert bis zur Gegenwart. Hrsg. von Martin Broszat, Wolfgang Benz u. a. in Verbindung mit dem Institut für Zeitgeschichte, München. München 1984 ff.

Das Dritte Reich. Ursprünge, Ereignisse, Wirkungen. Hrsg. von Martin Broszat und Norbert Frei in Verbindung mit dem Institut für Zeitgeschichte München. Freiburg/Würzburg 1983.

Geschichte der Bundesrepublik Deutschland. Hrsg. von Karl Dietrich Bracher, Theodor Eschenburg u. a. Stuttgart/Wiesbaden 1981 ff.

Henning, Friedrich-Wilhelm, Das vorindustrielle Deutschland, 800 bis 1800. Paderborn 1974.

Henning, Friedrich-Wilhelm, Die Industrialisierung in Deutschland 1800 bis 1914. Paderborn [5]1979.

Henning, Friedrich-Wilhelm, Das industrialisierte Deutschland. 1914 bis 1978. Paderborn [5]1979.

Holborn, Hajo, Deutsche Geschichte in der Neuzeit. 3 Bde. München 1970/71.

Das deutsche Kaiserreich. Bilanz einer Epoche. Hrsg. von Dieter Langewiesche. Freiburg/Würzburg 1984.

Kuczynski, Jürgen, Geschichte des Alltags des deutschen Volkes (seit 1600). 5 Bde. Berlin (Ost) 1980 – 1982.

Nipperdey, Thomas, Deutsche Geschichte 1800 – 1866. Bürgerwelt und starker Staat. München 1983.

Preußen-Ploetz. Eine historische Bilanz in Daten und Deutungen. Hrsg. von Manfred Schlenke. Freiburg/Würzburg 1983.

Preußen. Versuch einer Bilanz. Eine Ausstellung der Berliner Festspiele GmbH, 15. August — 15. November 1981, Gropius-Bau (ehem. Kunstgewerbemuseum) Berlin. Katalog in 5 Bdn. Reinbek b. Hamburg 1981. (ro ro ro-Taschenbücher).

Schulze, Hagen, Der Weg zum Nationalstaat. Die deutsche Nationalbewegung vom 18. Jahrhundert bis zur Reichsgründung. München 1985 (dtv-Taschenbuch).

Sozialgeschichte der Bundesrepublik Deutschland. Beiträge zum Kontinuitätsproblem. Hrsg. von Werner Conze und Rainer M. Lepsius. Stuttgart 1983.

Stürmer, Michael, Das ruhelose Reich. Deutschland 1866 – 1918. Berlin 1983.

Weber, Hermann, Geschichte der DDR. München 1985. (dtv-Taschenbuch).

4. Atlanten

Atlas zur Universalgeschichte. Hrsg. von Jürgen Herrnhind, Helmut Kistler und Herbert Raisch. München [2]1980.

dtv-Atlas zur Weltgeschichte. Karten und chronologischer Abriß. Hrsg. von Hermann Kinder und Werner Hilgemann. 2 Bde. München [19]1984. (dtv-Taschenbuch).

Großer Historischer Weltatlas. Hrsg. und bearb. von Hans Erich Stier, Ernst Kisten u. a. Braunschweig [10]1978.

Karten und Stammtafeln zur deutschen Geschichte. Hrsg. von Aloys Heupel u. a. Frankfurt/Berlin/Wien 1972.

Putzger, Friedrich Wilhelm, Historischer Weltatlas. 100. Aufl. Berlin 1980.

Völker, Staaten und Kulturen. Ein Kartenwerk zur Geschichte. Mehrere Aufl. Braunschweig o. J.

Westermanns Geschichtsatlas. Politik, Wirtschaft, Kultur. Neubearb. Braunschweig 1982.

B. Zu den Kapiteln

Die Grundlegung der modernen Welt 15. – 18. Jahrhundert (Reese/Opgenoorth)

Anderson, Perry, Die Entstehung des absolutistischen Staates, übersetzt von Gerhard Fehn. Frankfurt/M. 1979.

Aretin, Karl Otmar Frhr. v. (Hrsg.), Der Aufgeklärte Absolutismus. Köln 1974.

Bitterli, Urs, Die „Wilden" und die „Zivilisierten". Grundzüge einer Geistes- und Kulturgeschichte der europäisch-überseeischen Begegnung. München 1976.

Blaich, Fritz, Die Epoche des Merkantilismus. Wiesbaden 1973.

Brunner, Otto, Neue Wege der Verfassungs- und Sozialgeschichte. Göttingen [2]1968.

Dennert, Jürgen, Ursprung und Begriff der Souveränität. Stuttgart 1964.

Elias, Norbert, Die höfische Gesellschaft. Untersuchungen zur Soziologie des Königtums und der höfischen Aristokratie. Neuwied/Berlin 1969. Taschenbuchausgabe Frankfurt/M. 1983.

Hamann, Günther, Der Eintritt der südlichen Hemisphäre in die europäische Geschichte. Die Erschließung des Afrikaweges nach Asien vom Zeitalter Heinrichs des Seefahrers bis zu Vasco da Gama. Wien 1968.

Hinrichs, Ernst, Einführung in die Geschichte der Frühen Neuzeit. München 1980.

Hubatsch, Walther (Hrsg.), Absolutismus. Wege der Forschung 314. Darmstadt 1973.

Mieck, Ilja, Europäische Geschichte der frühen Neuzeit. Eine Einführung. Stuttgart 1970.

Oestreich, Gerhard, Geist und Gestalt des frühmodernen Staates. Ausgewählte Aufsätze. Berlin 1969.

Rein, Adolf, Die europäische Ausbreitung über die Erde. Potsdam 1931.

Reinhard, Wolfgang, Geschichte der europäischen Expansion. Bd. 1: Die Alte Welt bis 1818. Stuttgart 1983; Bd. 2: Die Neue Welt 1492 – 1867. Stuttgart 1985.

Romano, Ruggiero/Tenenti, Alberto, Die Grundlegung der modernen Welt. Spätmittelalter, Renaissance, Reformation. Fischer Weltgeschichte 12. Frankfurt/M. 1967.

Schmitt, Eberhard (Hrsg.), Dokumente zur Geschichte der europäischen Expansion. Bd. 2: Die großen Entdeckungen. München 1984.

Das Zeitalter der Revolutionen 1750 bis 1850 (Langewiesche)

Abel, Wilhelm, Massenarmut und Hungerkrisen im vorindustriellen Europa. Versuch einer Synopsis. Hamburg/Berlin 1974.

Bergeron, Louis/Furet, François/Koselleck, Reinhart, Das Zeitalter der europäischen Revolution 1780–1848. Fischer Weltgeschichte 26. Frankfurt 1969.

Beyme, Klaus v., Die parlamentarischen Regierungssysteme in Europa. 2., durchges. u. erg. Aufl. München 1973.

Bussmann, Walter (Hrsg.), Europa von der Französischen Revolution zu den nationalstaatlichen Bewegungen des 19. Jahrhunderts. Handbuch der europäischen Geschichte 5. Stuttgart 1981.

Cipolla, Carlo M./Borchardt, Knut (Hrsg.), Europäische Wirtschaftsgeschichte. Bd. 3: Die industrielle Revolution; Bd. 4: Die Entwicklung der industriellen Gesellschaften, Stuttgart/New York 1976 u. 1977.

Conze, Werner/Kocka, Jürgen (Hrsg.), Bildungsbürgertum im 19. Jahrhundert. Teil 1: Bildungssystem und Professionalisierung in internationalen Vergleichen. Industrielle Welt 38. Stuttgart 1985.

Dippel, Horst, Die Amerikanische Revolution 1763–1787. Frankfurt/M. 1985.

Fehrenbach, Elisabeth, Vom Ancien Régime zum Wiener Kongreß. München/Wien 1981.

Greschat, Martin, Das Zeitalter der Industriellen Revolution. Das Christentum vor der Moderne. Stuttgart 1980.

Griewank, Karl, Der neuzeitliche Revolutionsbegriff. Entstehung und Entwicklung. 2., erw. Aufl. Frankfurt 1969.

Hobsbawm, Eric, Europäische Revolutionen 1789 bis 1848. Zürich 1962. Taschenbuchausgabe u. d. T. Kindlers Kulturgeschichte Europas, Bd. 15. München 1983.

Imhof, Arthur E., Die gewonnenen Jahre. Von der Zunahme unserer Lebensspanne seit dreihundert Jahren oder von der Notwendigkeit einer neuen Einstellung zu Leben und Sterben. Ein historischer Essay. München 1981.

Kocka, Jürgen (Hrsg.), Europäische Arbeiterbewegungen im 19. Jahrhundert. Deutschland, Österreich, England und Frankreich im Vergleich. Göttingen 1983.

Koselleck, Reinhart (Hrsg.), Studien zum Beginn der modernen Welt. Industrielle Welt 20. Stuttgart 1977.

Landes, David S., Der entfesselte Prometheus. Technologischer Wandel und industrielle Entwicklung in Westeuropa von 1750 bis zur Gegenwart. Köln 1973. Taschenbuchausgabe München 1983. (dtv 4418).

Langewiesche, Dieter, Europa zwischen Restauration und Revolution 1815–1849. München/Wien 1985.

Mackenroth, Gerhard, Bevölkerungslehre. Theorie, Soziologie und Statistik der Bevölkerung. Berlin 1953.

Mitterauer, Michael/Sieder, Reinhard, Vom Patriarchat zur Partnerschaft. Zum Strukturwandel der Familie. München [3]1984.

Palmer, R. R., Das Zeitalter der demokratischen Revolution. Eine vergleichende Geschichte Europas und Amerikas von 1760 bis zur französischen Revolution. Frankfurt/M. 1970.

Schmitt, Eberhard, Einführung in die Geschichte der Französischen Revolution. München 1976.

Wehler, Hans-Ulrich (Hrsg.), Klassen in der europäischen Sozialgeschichte. Göttingen 1979.

Weis, Eberhard, Der Durchbruch des Bürgertums 1776 – 1847. Propyläen Geschichte Europas 4. Frankfurt/Berlin/Wien [2]1982.

Nationalstaat und Klassengesellschaft (19. Jahrhundert) (Dipper)

Allgemein

Alter, Peter, Nationalismus. Frankfurt/M. 1985.

Bußmann, Walter (Hrsg.), Europa von der Französischen Revolution bis zu den nationalstaatlichen Bewegungen des 19. Jahrhunderts. Stuttgart 1981. (= Handbuch der europäischen Geschichte. Hrsg. von Theodor Schieder. Bd. 5).

Droz, Jacques, u. a., Die sozialistischen Parteien Europas. 4 Bde. Frankfurt/Berlin/Wien 1974. (= Geschichte des Sozialismus. Hrsg. von Jacques Droz. Bd. 4 – 7).

Fischer, Wolfram (Hrsg.), Europäische Wirtschafts- und Sozialgeschichte von der Mitte des 19. Jahrhunderts bis zum Ersten Weltkrieg. Stuttgart 1985. (= Handbuch der europäischen Wirtschafts- und Sozialgeschichte. Hrsg. von Wolfram Fischer u. a. Bd. 5).

Gall, Lothar, Europa auf dem Weg in die Moderne, 1850 – 1890. München 1984.

Langewiesche, Dieter, Europa zwischen Restauration und Revolution, 1815 – 1849. München 1985.

Schieder, Theodor (Hrsg.), Europa im Zeitalter der Nationalstaaten und europäische Weltpolitik bis zum Ersten Weltkrieg. Stuttgart 1968. (= Handbuch der europäischen Geschichte. Hrsg. von Theodor Schieder. Bd. 6).

Zu einzelnen Ländern

Conze, Werner/Groh, Dieter, Die Arbeiterbewegung in der nationalen Bewegung. Die deutsche Sozialdemokratie vor, während und nach der Reichsgründung. Stuttgart 1966.

Moore, Barrington, Ungerechtigkeit. Die sozialen Ursachen von Unterordnung und Widerstand. Frankfurt 1982.

Österreich und die deutsche Frage im 19. und 20. Jahrhundert. Probleme der politisch-staatlichen und soziokulturellen Differenzierung im deutschen Mitteleuropa. Hrsg. von Heinrich Lutz und Helmut Rumpler. Wien 1982.

Schulze, Hagen, Der Weg zum Nationalstaat. Die deutsche Nationalbewegung vom 18. Jahrhundert bis zur Reichsgründung. München 1985. (dtv-Taschenbuch)

Ullrich, Hartmut, Bürgertum und nationale Bewegung im Italien des Risorgimento, in: Nationalismus und sozialer Wandel. Hrsg. von Otto Dann. Hamburg 1978. S. 129 – 156.

Ziebura, Gilbert, Frankreich 1789 – 1870. Entstehung einer bürgerlichen Gesellschaftsformation. Frankfurt/New York 1979.

Imperialismus, Krise, Zusammenbruch (1880 – 1945) (Niedhart)

Bracher, Karl Dietrich, Die Krise Europas 1917 – 1975. Propyläen-Geschichte 6. Berlin 1976. Taschenbuchausgabe Frankfurt/M. 1982.

Craig, Gordon A., Geschichte Europas im 19. und 20. Jahrhundert. 2 Bde. München 1978 – 1979.

Gall, Lothar, Europa auf dem Weg in die Moderne 1850 – 1890. München 1984.

Graml, Hermann, Europa zwischen zwei Kriegen. dtv-Weltgeschichte des 20. Jahrhunderts 5. München 1969.

Graml, Hermann (Hrsg.), Widerstand im Dritten Reich. Probleme, Ereignisse, Gestalten. Frankfurt 1984.

Hildebrand, Klaus, Deutsche Außenpolitik 1933 – 1945. Kalkül oder Dogma? Stuttgart [4]1980.

Hildebrand, Klaus, Das Dritte Reich. München/Wien 1979.

Hillgruber, Andreas, Der Zweite Weltkrieg 1939 – 1945. Kriegsziele und Strategie der großen Mächte. Stuttgart [4]1985.

Kolb, Eberhard, Die Weimarer Republik. München/Wien 1984.

Krüger, Peter, Die Außenpolitik der Republik von Weimar. Darmstadt 1985.

Michalka, Wolfgang (Hrsg.), Nationalsozialistische Außenpolitik. Darmstadt 1978.

Michalka, Wolfgang (Hrsg.), Die nationalsozialistische Machtergreifung. Paderborn 1984.

Niedhart, Gottfried (Hrsg.), Der Westen und die Sowjetunion. Einstellungen und Politik gegenüber der UdSSR in Europa und in den USA seit 1917. Paderborn 1983.

Ploetz, Das deutsche Kaiserreich. Bilanz einer Epoche. Hrsg. von Dieter Langewiesche. Freiburg/Würzburg 1984.

Ploetz, Das Dritte Reich. Ursprünge, Ereignisse, Wirkungen. Hrsg. von Martin Broszat und Norbert Frei. Freiburg/Würzburg 1983.

Ploetz, Geschichte der Weltkriege. Mächte, Ereignisse, Entwicklungen. Hrsg. von Andreas Hillgruber und Jost Dülffer. Freiburg/Würzburg 1981.

Poidevin, Raymond, Die unruhige Großmacht. Deutschland und die Welt im 20. Jahrhundert. Freiburg 1985.

Schieder, Theodor, Staatensystem als Vormacht der Welt 1848 – 1918. Propyläen-Geschichte Europas 5. Frankfurt 1982.

Schmidt, Gustav, Der europäische Imperialismus. München 1985.

Schulz, Gerhard, Revolution und Friedensschlüsse 1917 – 1920. Weltgeschichte des 20. Jahrhunderts 2. München 1967.

Wehler, Hans-Ulrich, Das deutsche Kaiserreich 1871 – 1918. Deutsche Geschichte 9. 4., durchges. u. bibliogr. erg. Aufl. Göttingen 1980.

Die Teilung Europas und Deutschlands (Uffelmann)

Benz, Wolfgang/Graml, Hermann (Hrsg.), Das Zwanzigste Jahrhundert. Bd. 2: Europa nach dem Zweiten Weltkrieg 1945 – 1982. Fischer Weltgeschichte 35, Frankfurt/M. 1983.

Foschepoth, Josef (Hrsg.), Kalter Krieg und Deutsche Frage. Deutschland im Widerstreit der Mächte 1945 – 1952. Veröffentlichungen des Historischen Instituts London 16. Göttingen 1985.

Hillgruber, Andreas, Europa in der Weltpolitik der Nachkriegszeit (1945 bis 1963) 2., erg. Aufl. München/Wien 1981.

Loth, Wilfried, Die Teilung der Welt. Geschichte des Kalten Krieges 1941 – 1955. dtv-Weltgeschichte des 20. Jahrhunderts 12. München 1980.

Steininger, Rolf, Deutsche Geschichte 1945 – 1961. Darstellung und Dokumente in zwei Bänden. Frankfurt/M. 1983.

Das deutsche Problem – Zwei Staaten in Deutschland (Kleßmann)

Besson, Waldemar, Die Außenpolitik der Bundesrepublik. Erfahrungen und Maßstäbe. München 1970.

DDR-Handbuch. Hrsg. vom Bundesministerium für innerdeutsche Beziehungen. 3., überarb. und erw. Aufl. Köln 1985.

Gotto, Klaus, u. a., Konrad Adenauer. Seine Deutschland- und Außenpolitik, 1945 – 1963. Mit einem Vorwort von Hans Maier. München 1975. (dtv-Taschenbuch).

Hildebrand, Klaus, Von Erhard zur Großen Koalition, 1963 – 1969. Mit einem einleitenden Essay von Karl Dietrich Bracher. Stuttgart 1984 (= Geschichte der Bundesrepublik Deutschland. Hrsg. von Karl Dietrich Bracher. Bd. 4).

Kleßmann, Christoph, Die doppelte Staatsgründung. Deutsche Geschichte 1945 – 1955. Göttingen 1982.

Löwenthal, Richard, Vom kalten Krieg zur Ostpolitik, in: Die zweite Republik. 25 Jahre Bundesrepublik Deutschland – eine Bilanz. Hrsg. von Richard Löwenthal und Hans-Peter Schwarz. Stuttgart [2]1974. S. 604 – 699.

Schwarz, Hans-Peter, Die Ära Adenauer. Gründerjahre der Republik, 1949 – 1957. Mit einem einleitenden Essay von Theodor Eschenburg. Stuttgart 1981. (= Geschichte der Bundesrepublik Deutschland. Hrsg. von Karl Dietrich Bracher. Bd. 2).

Schwarz, Hans-Peter, Die Ära Adenauer. Epochenwechsel, 1957 – 1963. Mit einem einleitenden Essay von Johannes Gross. Stuttgart 1983. (= Geschichte der Bundesrepublik Deutschland. Hrsg. von Karl Dietrich Bracher. Bd. 3).

Schweigler, Gebhard, Nationalbewußtsein in der BRD und der DDR. Düsseldorf 1973.

Staritz, Dietrich, Geschichte der DDR, 1949 – 1985. Frankfurt/M. 1985. (Suhrkamp-Taschenbuch).

Weber, Hermann, Geschichte der DDR. München 1985. (dtv-Taschenbuch).

Moderne Industriegesellschaften, Europa – USA – Sowjetunion – Japan. (H. H. Nolte/Müller/Chr. Nolte)

Adams, Willi Paul (Hrsg.), Die Vereinigten Staaten von Amerika. Frankfurt/M. 1977. (Fischer-Taschenbuch).

Allen, G. C., A Short Economic History of Modern Japan, 1867 – 1937. With a supplement chapter on economic recovery and expansion, 1945 to 1970. 3., rev. ed. London 1972.

Bernecker, Walther L., Spaniens Geschichte seit dem Bürgerkrieg. München 1984. (Beck-Taschenbuch).

Beyme, Klaus v., Die Sowjetunion in der Weltpolitik. 2., überarb. Aufl. München/Zürich 1985. (Piper-Taschenbuch).

Blake, Robert (Hrsg.), Die englische Welt. Geschichte, Gesellschaft, Kultur. München 1983.

Blaschke, Jochen (Hrsg.), Perspektiven des Weltsystems. Materialien zu Immanuel Wallerstein „Das moderne Weltsystem“. Frankfurt/New York 1983.

Erlinghagen, Helmut, Ein deutscher Japaner über die Japaner. München 1976.

Haumann, Heiko, Geschichte und Gesellschaftssystem der Sowjetunion. Eine Einführung. Köln 1977.

Hejzlar, Zdenek, Reformkommunismus. Zur Geschichte der Kommunistischen Partei der Tschechoslowakei. Köln/Frankfurt 1976.

Hobsbawm, Eric J., Industrie und Empire. Bd. 2: Britische Wirtschaftsgeschichte seit 1750. Frankfurt/M. 1969.

Howard, Michael E., Der Krieg in der europäischen Geschichte. Vom Ritterheer zur Atomstreitmacht. München 1981. (Beck-Taschenbuch).

Japan-Handbuch. Hrsg. von Horst Hammitzsch u. a. Wiesbaden 1981.

Kosta, Jiři, Abriß der sozialökonomischen Entwicklung der Tschechoslowakei, 1945 – 1977. Frankfurt/M. 1978. (Suhrkamp-Taschenbuch).

Maier, Lothar, Spaniens Weg zur Demokratie. Meisenheim an der Glan 1977.

Nolte, Hans-Heinrich, Geschichte des zivilen Widerstands. In: Hans-Heinrich Nolte und Wilhelm Nolte (Hrsg.), Ziviler Widerstand und autonome Abwehr. Baden-Baden 1984.

Röhrich, Wilfried, Politik und Ökonomie der Weltgesellschaft. Das internationale System. Reinbek b. Hamburg 1978. (Rowohlt-Taschenbuch).

Stökl, Günther, Russische Geschichte. 4., erw. Aufl. Stuttgart 1983.

Wasser, Hartmut, Die Vereinigten Staaten von Amerika. Porträt einer Weltmacht. Stuttgart ^{2}1982.

Williams, William Appleman, Die Tragödie der amerikanischen Diplomatie. Frankfurt/M. 1973.

China und die Dritte Welt (Niemetz)

China: Gesellschaft, Politik, Staat, Wirtschaft. Handbuch, hrsg. von Wolfgang Franke. Reinbek b. Hamburg 1977.

Domes, Jürgen, Politische Landeskunde der Volksrepublik China. Beiträge zur Zeitgeschichte 9. Berlin 1982.

Informationen zur politischen Bildung, Nr. 198: Die Volksrepublik China. Bonn 1983.

Machetzki, Rüdiger, Entwicklungsmacht China. Stand, Potential und Grenzen der binnenwirtschaftlichen Leistung. Mitteilungen des Instituts für Asienkunde Hamburg, Nr. 116. 1980.

Nohlen, Dieter (Hrsg.), Lexikon Dritte Welt. Länder, Organisationen, Theorien, Begriffe, Personen. Reinbek b. Hamburg 1984.

Opitz, Peter J. (Hrsg.), Die Dritte Welt in der Krise. Grundprobleme der Entwicklungsländer. 2., aktual. Aufl. München 1985.

NAMEN- UND SACHREGISTER

Im Registeralphabet sind ä wie ae, ö wie oe, ü wie ue eingereiht.
Nach dem Stichwort stehen zunächst die Verweise auf Textstellen, nach [G] die Verweise auf Graphiken, nach [K] die Verweise auf Karten, nach [T] die Verweise auf Tabellen, nach [Z] die Verweise auf Zeittafeln.
Halbfette Seitenzahlen beziehen sich jeweils auf einen ganzen thematischen Block oder eine andere geschlossene Textpassage zu einem Stichwort.
Der Pfeil ↗ zeigt an, daß die gesuchte Information unter einem anderen Stichwort zu finden ist, der Hinweis s.a. (siehe auch) sagt aus, daß zusätzliche Informationen unter den dort angegebenen Stichwörtern nachgeschlagen werden können.
Herrscher erscheinen unter ihrem Vornamen. Bei anderen Persönlichkeiten wird der im deutschen Sprachraum stellvertretend für den ganzen Namen gebrauchte Namensbestandteil vorangestellt, Adelsprädikate werden nachgestellt.

[G] = Graphiken [K] = Karten [T] = Tabellen [Z] = Zeittafeln

Abkürzungen im Register

Abk.	= Abkommen	Kfz.	= Konferenz
BRDtld.	= Bundesrepublik Deutschland	Kg.	= König
brit.	= britisch	Kgr.	= Königreich
Btm.	= Bistum	Kol.	= Kolonie
dt.	= deutsch	Ks.	= Kaiser
Dtld.	= Deutschland	Pln.	= Polen
Eur.	= Europa	Pol.	= Politik
europ.	= europäisch(e)	Port.	= Portugal
Frd.	= Frieden	Pp.	= Papst
Frkr.	= Frankreich	Pr.	= Prinz
frz.	= französisch	Rep.	= Republik
Ft.	= Fürst	Schl.	= Schlacht
Ftm.	= Fürstentum	sowj.	= sowjetisch
GB	= Großbritannien	soz.	= sozialistisch
Gfn.	= Gräfin	Span.	= Spanien
Hzm.	= Herzogtum	span.	= spanisch
It.	= Italien	Vtg.	= Vertrag

A

Abel, Wilhelm 50
Abgrenzung der DDR **170**
Abgrenzungspolitik, Sowj. 143
Abkoppelungsmodell ↗ Dissoziation
Abrüstung (nach 1945) 201 222; s.a. SALT-Abkommen
Absatzmärkte 223
Absolute Monarchien 72 [K] 69
Absolutismus 40 41 45 46 47 48 50
–, Frkr. **43** 44 50
Achse Berlin – Rom 207 [Z] 96
Ackermann, Paul 223
Adel 23 **38** 39 40 46 47 48
–, Frkr. 69; s.a. Fronde
–, GB 111
Adenauer, Konrad 98 158 159 160 163 164 165 166 171 176 [Z] 146
Ägypten 104 [G] 216 [K] 106 107 221 [Z] 93 181 217
Ämterkauf 39 49
Äthiopien 127 135 201 [K] 221 [Z] 96
Afghanistan 105 201 219 [K] 221 [Z] 182
Afrika 24 25 104 109 [G] 57 [K] 26 [T] 191 220
–, Umschiffung 21 24 25 [K] 26
Afroamerikaner **189**
Agrarreform 72
Agrarrevolution **37 55 56** 60 [Z] 19
Akzise 47
Albanien [K] 221
Algerien [K] 221
Algier, Blockfreien-Kfz. (1973) [Z] 217
–, Kfz. der 77 (1967) [Z] 217
Alldeutscher Verband [Z] 74
Alleinvertretungsanspruch 163 164
Allgemeiner Deutscher Arbeiterverein 81 [Z] 73
Allgemeiner Schweizerischer Gewerkschaftsbund [T] 82
Allgemeines Landrecht ↗ Preußisches Allgemeines Landrecht
Allgemeines Wahlrecht 79 88
Alliierter Industrieplan, Dtld. [Z] 145
Alliierter Kontrollrat [G] **154**
Amerika 104
–, Entdeckung 21 27 [Z] 19
Amerikanische Revolution **65 66**
Amerikanischer Unabhängigkeitskrieg 61 **66** [Z] 51
Amtsadel 48 **49** 69
Analphabetenrate 219
Anarchismus, europ. 110
–, It. 87
Ancien Régime 67
Angestellte 54
Anglo-Iranian Oil Company 194 [Z] 181
Angola 201 [K] 221 [Z] 182
Anstaltsstaat 41
Anti Corn Law League **91** [Z] 73
Antigua [K] 221
Antikominternpakt (1936) [Z] 96
Antikommunismus, BR Dtld. 174
Anti-Konfuzius-Kampagnen [Z] 218
Antisemitismus 84 111; s.a. Judenverfolgung
–, Dtld. 111 130
–, Frkr. 111
Apollo-Raumfahrtprogramm [Z] 182
Appeasement-Politik **134 135 136**
Araber 23 24
Arbeit 54 55 56
Arbeiter 54 77 90 174 175 [85
Arbeiterbewegung 59 72 77 79 83 84
Arbeiterparteien [T] 83
Argentinien [G] 57 [K] 221 [T] 220
Armenfürsorge 49
Armut 60; s.a. Pauperismus

Arndt, Ernst Moritz 63
ASEAN (Association of South-East Asian Nations) 231
Asian Relation Conference (1947) [Z] 217
Asien 104 231 [T] 191 220
Association of South-East Asian Nations ↗ ASEAN
Atlantik-Charta (1941) 142 [Z] 97
Atomteststopabkommen 188 [Z] 181
Atomtheorie 104
Auerstedt, Schl. (1806) [Z] 51
Aufholstrategie 222
Aufstände, Bayern (1633/34) 40
–, Berlin-Ost **174** **175** [Z] 145
–, England/GB (1780 – 1783) [Z] 51 (1842) [Z] 52
–, Frankfurt (1614) 40
–, Galizien [Z] 52
–, Krakau [Z] 52
–, Ft.-Btm. Lüttich [Z] 51
–, Neapel (1647/48) 40
–, Niederlande (1786/1787) [Z] 51
–, Oberösterreich (1595/97, 1626, 1632) 40
–, Sizilien (1647/48) 40
–, Ungarn (1956) [Z] 181;
s.a. Hungerunruhen
Augsburger Konfession [Z] 19
Augsburger Religions- und Landfriede (1555) [Z] 19
Ausbeutung 223
Außenministerkonferenz, Moskau 149 153 [Z] 145
Austeritätspolitik [Z] 182 195
Australien 108 [G] 57 [T] 220
Auswanderungen (19. Jh.) 56
– (20. Jh.)
Außenpolitik ↗ Europa, Bündnissysteme, ↗ Großmachtpolitik, ↗ Imperialismus
Aztekenreich, Mexiko [Z] 19

B

Bagdad-Bahn 102
– -Pakt 186 [Z] 181; s.a. CENTO
Bahamas [K] 221
Bahr, Egon 168
Bakunin, Michail A. 87
Balbo, Cesare 86
Balkankrieg, Erster (1912/13) [Z] 94
–, Zweiter (1913) [Z] 94
Bandung, Kfz. (1955) 222 [Z] 217
Bangladesch [K] 221
Barbados [K] 221
Bauern **36** 40 46 47 67 226
– krieg [Z] 19
Bebel, August 81
Baumgarten, Hermann 82
Bayern, Räterepublik 118
Befreiungskriege 77 79
Belgien 70 122 [K] 148 [Z] 97
–, Kolonialmacht [K] 106 107
–, Unabhängigkeit 62 [Z] 52
Belgrad, Blockfreien-Kfz. (1961) [Z] 217
Bender, Peter 176
Belize [K] 221
Benin [K] 221
Bergarbeiterstreik, GB (1984) [Z] 183
Bergier, Jean-François 54
Berlin 82 [K] 148
– -Ost 170 175
– -West 166 170
– -Abkommen 171 172
– -Blockade 157 165 [Z] 145
– er Kongreß (1878) [Z] 93
– er Vertrag (1926) 125 [Z] 95
– -Frage 199
– -Krise 166 167 175
–, Mauerbau 167 **175** 177
– -Ultimatum 167 [Z] 145
Bernstein, Eduard [Z] 94
Besatzungsmächte 153

Besatzungszonen 141 147 157 158 K 148
Bethmann-Hollweg, Theobald v. 101 Z 94
Bevölkerungsdichte T 220
Bevölkerungsentwicklung 31 32 G 30 T 32 57
Bevölkerungsexplosion **55** 56
Bevölkerungsvermehrung 10 33 36 54
– (20. Jh.) 104 T 220
Bhutan K 221
Bildungsreform 212
Bildungs- und Unterstützungsvereine 78
Bildungswesen 54
– SBZ 173; – BR Dtld. 173
Birmingham (Alabama) 189 Z 181
Birmingham Political Union 90
Bismarck, Otto v. 81 82 101 110 111 Z 73 93
Bizone **153** 157 G 155 Z 145
Blankovollmacht Z 94
Blanqui, Louis-Auguste 88
Blitzkrieg 138 139 140
Blockbildung 142 159 161; s.a. Kalter Krieg; s.a. Ost-West-Konflikt
Blockfreie Staaten **222**
–, Kfz. (1961) Z 217
–, Kfz. (1964) Z 217
–, Kfz. (1970) Z 217
–, Kfz. (1973) Z 217
–, Kfz. (1976) Z 217
–, Kfz. (1979) Z 217
–, Kfz. (1983) Z 217
Blum, Léon 137
Bodenreform, SBZ 173 Z 145
Bodin, Jean **44** 49 Z 19
Böhmen 203
Bolivien K 221 T 220
Bolschewiki 110 Z 94
Bolschewismus 119
Bonaparte, Napoléon ↗ Napoleon, Ks., Frkr.
Bosnien 114 Z 94
Botswana K 221
Brain-Drain 210
Brandenburg-Preußen ↗ Preußen
Brandt, Willy 147 162 168 171 179 Z 145
Brasilien K 221 T 220
Braunschweig 63 76
BRD ↗ Bundesrepublik Deutschland
Bremen K 69
Breschnew, Leonid I. 200 Z 181
Breschnew-Ära 201
– -Doktrin Z 182
Brest-Litowsk, Frd. (1918) Z 94
Bretton Woods, Kfz. (1944) 185 194 Z 180
Briand, Aristide 123
Briand-Kellogg-Pakt (1928) Z 95
Brinkmanship 188
Britisch-Amerikanischer Krieg (1812–1814) Z 51
Britisch-amerikanisches Abkommen (1947) 153
Britisch-deutsche Bündnissondierungen (1898) Z 93
– -deutscher Antagonismus ↗ deutsch-britischer Antagonismus
– -französische Garantieerklärung für Polen (1939) 139 Z 96
Britisch-Französischer Krieg (ab 1803) Z 51
Britische Ostindienkompanie Z 19
Britisch-Guayana 105
Britisch-japanisches Bündnis (1902) Z 93
– -polnisches Bündnis Z 96
– -russische Marinekonvention (1914) Z 94
– -russischer Vertrag (1907) 105 Z 94

Brüning, Heinrich [Z] 96
Brunner, Otto 59
Bruttoinlandsproduktion [T] 220
Bruttosozialprodukt [G] 184 210 [K] 221 [T] 220
Bülow, Bernhard v. 100
Bündnissystem, europ. ↗ Europa, Bündnissysteme
Bürgerliche Bewegung 76 82 83 90
– Eigentumsordnung 68
– Familie 60 61
– Internationale 116
– Nation 178
– Parteien 84
– Revolution 81; s. a. Französische Revolution
Bürgerrechtsgesetz, USA 189 [Z] 181
Bürgertum 23 38 40 47 48 54 63 72 74 75
Bürokratie 9 213
Bulgarien 203 [Z] 180
Bund der Landwirte 84 [Z] 74
Bundesrepublik Deutschland 201 203 214 [G] 216 [Z] 183
–, Gründung 174
–, Verfassung 157
–, Wirtschaft 193 208 209 219 [G] 210 [T] 191 229 [Z] 183
Bundesverfassungsgerichtsurteil (1973) 162 171
Burenkrieg 108 [Z] 93
Burgfriedensangebot (1962) **165**
Burma [K] 221
Burschenschaft **76** [Z] 73
Burundi [K] 221

C

Calvinisten 49
Cancun, Nord-Süd-Kfz. [Z] 217
Casablanca, Kfz. (1943) [Z] 97
Castro, Fidel 187 [Z] 181
Catholic Association 89
Cavour, Camillo 86
CDU (Christlich-Demokratische Union) 149 157 [Z] 183
CENTO (Central Treaty Organization) 186 [Z] 181
Ceuta [Z] 19 22
Chamberlain, Austen 123
Chartisten 59 90 91 [Z] 52
Chiang Kai-shek ↗ Jiang Jieshi
Chicanos 188
Chile [K] 221 [T] 220
China 108 207
China, Bürgerkrieg 225 226 [Z] 218
China, Republik 225 [Z] 218; s. a. Taiwan
China, VR 186 187 200 223 **224** 231 [Z] 181 182 218
–, –, Atompolitik [Z] 218
–, –, Außenhandel [T] 229
–, –, Außenpolitik 171 231 [Z] 218
–, –, Bevölkerungspolitik [Z] 218
–, –, Bodenreform 226 [Z] 218
–, –, Großmacht 224 225 230
–, –, Hungersnöte 227 [Z] 218
–, –, Innenpolitik **227 228 230** [Z] 218
–, –, Intellektuelle [Z] 218
–, –, Kultur 230
–, –, Modernisierungen 224 **230**
–, –, Verfassung [Z] 218
–, –, Wirtschaft 226 **227 228** 229 [K] 221 [T] 227 [Z] 218
Chinesischer Weg 224
Chinesisch-japanischer Krieg [Z] 180
– -vietnamesischer Krieg 231 [Z] 218
Chou En-lai ↗ Zhou-Enlai
Christlich-Demokratische Union ↗ CDU
Christliche Rechtsordnung 45
Christlicher Obrigkeitsstaat 49
Christusorden 22 24

Chruschtschow, Nikita S. 166 198 **199** 200 Ⓩ 146 181
Churchill, Winston 140
Cipolla, Carlo M. 52
Code Napoléon **69**
Colombo, Blockfreien Kfz. Ⓩ 217
Combination Acts 90
COMECON (Council for Mutual Economics Assistance) ↗ RGW
Commission Syndicale Section du Conseil Général du Parti Ouvrier Ⓣ 82
Committee on the Present Danger Ⓩ 182
Commonwealth 194
Confédération Générale du Travail Ⓣ 82
Containment 149
Corn Laws Ⓩ 73
Cortés, Hernán Ⓩ 19
Costa Rica Ⓚ 221
Cromwell, Oliver 42 Ⓖ 42
ČSR, Tschechoslowakische Republik ↗ Tschechoslowakei
ČSSR, Tschechoslowakische Sozialistische Republik ↗ Tschechoslowakei

D

Dänemark 37 81 104 193 Ⓚ 106 107 148 Ⓩ 73 97 182
Daily-Telegraph-Affäre (1908) Ⓩ 94
Daimyo 205
Dakar, Rohstoffkonferenz (1975)
Daluege, Kurt Ⓖ 131
Dawes-Plan Ⓩ 95
DDP (Deutsche Demokratische Partei) 120
DDR (Deutsche Demokratische Republik) 160 166 170 Ⓖ 216
–, Boden- und Industriereform 153
–, Flüchtlinge 175 Ⓖ 176
–, Gründung 173 Ⓩ 145
–, Isolierung 164
–, Staatsaufbau Ⓖ 159
–, Verfassung (1949) 157
–, – (1968) Ⓩ 146
Dekabristenaufstand Ⓩ 51
Delbrück, Hans 102
Demographische Revolution ↗ Bevölkerungsexplosion
Demokraten 71 79
–, USA 189
Demokratie 80
Demokratiebegriff 172 173
Demokratie, kirchliche 49
Demokratischer Zentralismus, China Ⓩ 218
Demokratisierung 63 70
Demokratisierung des Konsums 185 186 209 212
Deng Xiaoping 224 227 **228** 230 Ⓩ 218
Deutsch-britischer Antagonismus **99 100 101 102 133 134** 136
– -deutsche Beziehungen **170** 172 178
– -deutsche Normalisierung **171** 172
Deutsche Demokratische Partei ↗ DDP
Deutsche Einheit (nach 1949) 162 163 Ⓣ 177
Deutsche Fortschrittspartei Ⓩ 73
Deutsche Frage 149 152 163 167 169 176 178 179
Deutsche Freiheitskriege (1813/14) Ⓩ 51
Deutscher Bund 63 76 77 81 Ⓚ 69 Ⓩ 51
– Krieg (1866) Ⓩ 73
– Nationalverein 80 Ⓩ 73
– Reformverein Ⓩ 73

– Sängerbund Z 73
– Schützenbund Z 73
– Volkskongreß (1947) Z 145
– Zollverein Z 52
Deutsches Reich (1871 – 1918) 99 102 104 108 109 113 114 115 G 113 T 105 114 Z 95
– –, Flottenpolitik **100 101** T 100 Z 93 94
– –, Kolonialmacht K 106 107 Z 93
– –, Militär 98
– –, Oberste Heeresleitung 119 Z 95
– –, politisches System 120
– –, Waffenstillstand (1918) Z 95
– –, Wirtschaft 102 103 G 184 T 103
– – (1918 – 1919) 118 **119 120**
– – (1919 – 1933) Z 95 96
– –, Auflösung 118 **129 130** 173
– –, Außenpolitik 120 121
– –, Reichstagswahlen (1920) Z 95
– –, – (1930) 129 Z 96
– –, – (1932) 129 Z 96
– –, Reichsverfassung Z 95
– –, Revisionspolitik **124 125**
– –, Wirtschaft 103 **127** G 184 T 103 127
– – (1933 – 1945) 98 K 132 T 139 Z 96 97
– – Außenpolitik 133 134 135
– – Kapitulation (1945) 141 Z 97
– – Kolonialfrage 133 134
– – Revisionspolitik 133
– – Staatsaufbau G 131
– – Wirtschaft G 184 T 103; s. a. Nationalsozialismus
Deutsche Turnerschaft Z 73
Deutsche Wirtschaftskommission ↗ DWK
Deutsch-Französischer Krieg Z 93
Deutsch-italienischer Vtg. (1936) Z 96
Deutschland 37 39 70 T 82; s. a. Deutsches Reich
Deutschland (nach 1945) ↗ Bundesrepublik Deutschland, ↗ DDR
Deutschlanddiskussion **176**
Deutschlandlied 78
Deutschlandpolitik, BR Dtld. 153 162 164 168 **169** 171 176 177 178
–, DDR 167 170 171
–, UdSSR 164; s. a. Ostpolitik; s. a. Besatzungsmächte
Deutschland, Reichsgründung (1871) Z 93
Deutschordensstaat Z 19
Deutsch-russischer Handelskrieg (1893) Z 93
Deutsch-russischer Handelsvertrag (1894) Z 93
– -sowjetischer Nichtangriffspakt (1939) ↗ Hitler-Stalin-Pakt
Diaz, Bartolomeu K 26
Diplomatie (17./18. Jh.) 45
Direktoriatsverfassung 68 [Z 51
Direktorium (1795 – 1799), Frkr.
Dissenters 91
Dissoziation **223**
Dixieland-Flügel 189
Djibouti K 221
DNVP (Deutschnationale Volkspartei) 124
Dönhoff, Marion Gfn. 164
Dolchstoßlegende 121
Dominica K 221
Dominikanische Republik K 221
Dominion-Staaten 137 K 106 107
Dreadnoughts 101 T 100 Z 94; s. a. Großbritannien, Flottenpolitik; s. a. Flottenpolitik, europ.
Drei bittere Jahre, China 227 Z 218

Dreimächtepakt (1940) 140 Z 97
Drei Rote Banner, China **227** Z 218
Dreißigjähriger Krieg 39 Z 19
Drei-Welten-Theorie 222 **224**
Dreyfus-Affäre (1898/99) 89 111 Z 93
Dritter Stand 67
Drittes Reich ↗ Deutsches Reich (1933 – 1945)
Dritte Welt 211 212 213 214 215 **219** 220 **222 223** 224 225
Dritte-Welt-Bewegung **222**
Dubček, Alexander 204
Düding, Dieter 80
Duma 110
Dupleix, Joseph François Z 20
DWK (Deutsche Wirtschaftskommission) **153** G 156 Z 145

E

Eannes, Gil 25
East of Sues 195
Ebert, Friedrich **119** 120
Ecuador K 221
Edelmetall G 29
Edikt von Nantes (1598) Z 19
EFTA (European Free Trade Association) 193 Z 181
EG (Europäische Gemeinschaft) **193** 194 195 204 Z 181 182 183
EGKS (Europäische Gemeinschaft für Kohle und Stahl) 193 Z 181 145
Ehe ↗ Familienstrukturen
Einkommensverteilung 219
Eisenbahnbau 53
Eisenhower, Dwight D. 187 191
Eiserner Vorhang K 148
Elfenbeinküste K 221 T 220
El Idrisi 24 25 K 26
Eliten 66 84 111 129
Elsaß-Lothringen 124
El Salvador K 221
Emilia Romagna 87
Endlösung der Judenfrage Z 97
Endogene Ursachen 222
Energieverbrauch 219
England 28 37 39 46 47 48 75 92 G 57
– Aufstände 70 Z 51
– Großmacht 150
– Staatsaufbau (1649/53) G 42
– Wirtschaftsmacht 62 64
Englisch-amerikanischer Vertrag (1783) 66
Englischer Bürgerkrieg 42
Entdeckungsfahrten **22 23 24 25** 26 **27** 28 K 26 Z 19
Entente cordiale, Großbritannien – Frankreich (1904) 105 Z 94
Entkolonialisierung 66 151
Entnazifizierung 173
Entspannungspolitik 168 169 171 188 201
Entwicklung 220
Entwicklungshilfe 225
Entwicklungsländer **219 220 222 223** 225 K 221 Z 183
Entwicklungspolitik 222 223 227 228 230
Epochenjahr (1917) **115 116**
Erdmann, Karl Dietrich 163
Erfurt 171
Erhard, Ludwig 157 169
Ermächtigungsgesetz (1933) Z 96
Ernährung 56
Erste Welt 219 224
Erster Weltkrieg ↗ Weltkrieg, Erster
Etat Français Z 97; s. a. Vichy-Regierung
Euratom (Europäische Atomgemeinschaft) 193 Z 181

Europa 98 🅃 191
–, Bündnissysteme (1879–1912) **113** 🄶 113
–, Niedergang 11 98 141
–, Regierungsformen (1914) 🄺 110
–, Regierungsformen (um 1926) 🄺 123
–, Regierungsformen (um 1937) 🄺 136
–, Spaltung 98 117 160 161 166 🅉 180
Europäische Atomgemeinschaft ↗ Euratom
Europäische Expansion 8 11 **21** **22** **23** **24** **27** **28** 29 **30** 56 109
Europäische Freihandelszone ↗ EFTA
– Gemeinschaft ↗ EG
– Gemeinschaft für Kohle und Stahl ↗ EGKS
– Verteidigungsgemeinschaft ↗ EVG
– Wirtschaftsgemeinschaft ↗ EWG; s.a. EG
EVG (Europäische Verteidigungsgemeinschaft) 160 🅉 145
EWG (Europäische Wirtschaftsgemeinschaft) 193 🅉 181; s.a. EG
Evangelische Kirche 49
„ewiger Soldat“ ↗ Stehendes Heer
Export ↗ Handel u. Verkehr
Exportprodukte 🅃 220

F

Fabrik **53**
Falange, Spanien 197
Falklandinseln 194
Familie **59** 60
Faschoda-Krise (1898) 104 🅉 93
FDP (Freie Demokratische Partei) 🅉 183
Februarrevolution ↗ Russische Revolution (1917)
Fehrenbach, Elisabeth 69
Feudalabsolutismus 48
Feudalismus 37 40
Fidschi 🄺 221
Finnland 🅉 180
Fischer, Wolfram 53
Flick-Skandal 214
Flottenabkommen, dt.-brit. (1935) 🅉 96
– politik, europ. 🅃 100
– rüstung 94 199 200 🅉 93
Föderalismus 66 148 173
Ford, Henry 185
Fortbildung 80
Fortschritt 63
Fortschrittspartei 80
Fraenkel, Ernst 132
Franco, Francisco 197 🅉 182
Frankfurt 🄺 69
Frankfurt, Stadt des Handwerks 🄺 132
Frankfurter Dokumente (1948) 158
Frankfurter Kompromiß (1849) 80
Frankfurter Nationalversammlung 🅉 52
– Wirtschaftsrat 153 157 🅉 145
Frankreich, Spät-MA 28
–, (1494–1789) 34 🅃 35
–, (1789–1945) 75 92 102 110 113 115 118 122 125 **137** 138 139 🅉 73 93 94 96 97; –, Flottenpolitik 🅃 100; –, Kolonialmacht 104 🅃 105 🅉 94; –, Kriegserklärung (1939) 🅉 97; –, Wirtschaft 103 🅃 103;
–, (seit 1945) 150 187 🄶 184 210 🅃 191 🅉 180
Französische Revolution 62 66 **67** 86 90 116 🅉 51

Französisch-Guyana [K] 221
Französisch-Italienisches
Abkommen (1902) [Z] 93
Französisch-russische
Militärkonvention (1892) [Z] 93
Französisch-russischer
Handelsvertrag (1893) [Z] 93
– -Sowjetischer Beistandspakt
(1935) 137
Frauenbewegung 61
Freie Demokratische Partei ↗ FDP
Freihandel 115; s.a. Welthandel
Fremdenfeindlichkeit 84
Fremdnationale Bewegung 78
Friedensbewegung [Z] 182
Friedensresolution (1917) [Z] 94
Friedenssicherung, liberales Modell
115 **116** 122 142 143
Friedenssicherung, soz. Modell **117**
122
Friedliche Koexistenz 168; s.a.
Entspannungspolitik
Fronde **43** [Z] 19
Frondienst 36 37
Frühsozialismus 59
Führerstaat ↗ Deutsches Reich
(1933–1945), Staatsaufbau
Fünfjahrespläne, China **227**
[Z] 218
–, UdSSR 138
Furet, François 67
Fusion SPD/KPD 173

G

Galileo, Galilei 21
Gall, Lothar 81
Gama, Vasco da [K] 26 [Z] 19
Gambetta, Léon 88
Gambia [K] 221
Garibaldi, Guiseppe 86
Gaulle, Charles de 167
Geburtenrate [G] 57
Geburtenüberschuß 32
Geburtsfehlertheorie 169
Geheime Staatspolizei ↗ Gestapo
Generaldirektorium [Z] 20
Generalkommission der
Gewerkschaften Deutschlands [T]
82
Generalstaaten ↗ Niederlande
Generalstände ↗ Dritter Stand
Genossenschaften 59 80 87
Gent 36
Gesamtdeutsche Lösungen 149
Gesamtdeutschland 178
Geschichtswissenschaft 41
Geschlechterrollen **61**
Gesellschaft 54 55 s.a. Familie
Gesellschaft, bürgerliche 48
Gesellschaft, 19. Jhd. 54 74
Gestapo (Geheime Staatspolizei)
[G] 131
Getreideembargo, USA [Z] 182
Gewerbe 36
Gewerbefreiheit [T] 82
Gewerkschaften 59
–, Dtld. 174 175 [T] 82 [Z] 74
–, Frkr. 88 [T] 82
–, GB 91 [T] 82
–, Polen [Z] 182
–, USA [Z] 180
Gewerkschaftlicher Zentralverband
[T] 82
Ghana 219 [K] 221
Ghettos, USA [Z] 181
Gioberti, Vincenzo **85**
Giovine Europa 85 [Z] 73
– Italia 84 [Z] 73
Girondisten 68
Gleichgewicht der Mächte 46
Gleichschaltung [Z] 96 133
Globke-Plan **165** 166 [[Z] 20
Glorreiche Revolution (1688/89) 42
Goebbels, Joseph 133

Gold-Dollar-Konvertibilität Z 182
Goldene Zwanziger Jahre 123
Gonzáles, Felipe Z 183
Gorbatschow, Michail Z 183
Goslar, Reichsbauernstadt K 132
Gosplan 200
Gottesgnadentum 43 **44**
Gotto, Klaus 166
Grand National Consolidated Trades Union 90
Graz, Stadt der Volkserhebung K 132
Grenada K 221 Z 183
Grenzen des Wachstums **211**
Grewe, Wilhelm 164
Grey, Edward 101 111 113
Griechenland 62 70 152 193 K 69 Z 52 183
Großbritannien (1789–1914) **89** 98 102 111 113 114 G 113 T 82 105 Z 93 94; –, Flottenpolitik 99 **100** 101 T 100 Z 94; –, Kolonialmacht 104 105 K 106 107 Z 94; –, Wahlrecht ↗ Wahlrecht, GB; –, Wirtschaft 102 103 104 T 103
– (1914–1945) 115 116 118 122 124 126 133 134 136 138 139 140 T 114 Z 95 96 97; –, Militär Z 96; –, Nationale Koalition 134 Z 96; –, Wirtschaft **135**
– (seit 1945) **194 195**; –, Innenpolitik **194**; –, Militär 188; –, Wirtschaft G 184 T 191 Z 183
Großdeutsche Lösung 80
Große Depression 104 Z 93
Große Koalition (1966–1969) 169 170 Z 146
Großer Sprung nach vorn 227
Großmachtpolitik **101** 102 125
Großmächte, USA 149 150 **151** 152 224
–, UdSSR 149 150 **151** 152 224
Großostasiatischer Raum Gemeinsamer Prosperität 207
Grotewohl, Otto 158
Grotius, Hugo 46 Z 19
Grundgesetz 158 162 172 173 **174** Z 145
Grundherrschaft **36 37** 87
Grundlagenvertrag (1972) 162 **171** 172 Z 146
Guatemala K 221
Guerillakrieg 226
Guinea K 220
Guinea-Bissau K 220
Guomindang Z 218
Guomindang-Nationalregierung 225 Z 218
Gutsherrschaft 36
Guyana K 221

H

Haager Friedenskfz., Erste (1899) 112 Z 93
Haager Friedenskfz., Zweite (1907) 112 Z 94
Haager Kfz., Zweite (1930) Z 96
Haager Landkriegsordnung (1907) 112
Habsburgerreich 70
Haffner, Sebastian 167
Haiti K 221
Haldane, Richard Burdon Lord 99 101 102 136
Halifax, Lord ↗ Wood
Hallstein, Walter 164
Hallstein-Doktrin 163 **164** 169 171 Z 146
Hambacher Fest 63 77 Z 73
Hamburg K 69
Handel und Verkehr, Europa 23 24 29 36 39 47

Handel und Verkehr, Welt 21 22 23 27 28 29 **30** 104 [T] 29; s.a. Welthandel (19./20. Jh.)
Handwerk **58**
Handwerker-Gesellen 77
Hannover 63
Harvard 149
Hausen, Karin 61 [[Z] 217
Havanna, Blockfreien Kfz. (1979)
–, Solidaritätskfz. (1966) [Z] 217
Heeresverwaltung 47
Heinemann, Gustav 165
Heinrich der Seefahrer, Pr., Port. **22** 23 25 26 27
Heißmeyer, August [G] 131
Helgoland-Sansibar-Vertrag (1890) [Z] 93
Herz, John 152
Herzegowina 114 [Z] 94
Heydrich, Reinhard [G] 131
Himmler, Heinrich [G] 131
Hindenburg, Paul v. [Z] 95
Hiroshima [Z] 97 180
Hitler, Adolf 98 129 133 134 137 138 [Z] 96
Hitler-Attentat (1944) 141 [Z] 97
Hitler-Putsch (1923) 120 [Z] 95
Hitler-Stalin-Pakt (1939) 138 [Z] 96
Hobbes, Thomas **45** [Z] 19
Hobson, John A. 108
Hofmann, Werner 223
Holland ↗ Niederlande
Holzdiebstahl 58
Home Rule, Bewegung 89
Home-Rule-Gesetz (1914) [Z] 94
Honduras [K] 221
Honecker, Erich 171 178 [Z] 146
Hongkong Abkommen (1984) [Z] 218
Hua Guofeng 228 230 [Z] 218
Hugenotten 49
Hugenottenkriege 49 [Z] 19
Hundert-Blumen-Bewegung 218
Hungersnot, Europa (1846) 56 [Z] 52
Hungertod 219
Hungerunruhen 58
–, dt. Staaten [Z] 52
Husák, Gustáv 204

I

Imhof, Arthur E. 58
Impeachment [G] 187 [Z] 182
Imperialismus **102 108 109** 222; s.a. Sozialimperialismus
–, europ. Staaten 104 [T] 105
–, Japan 104 205 207
–, USA 104 151 159
– theorien **108 223**
Imperialistische Expansion, Eur. ↗ Imperialismus, europ. Staaten
Indemnitätsvorlage (1866) 82 [Z] 73
Indien 104 [G] 216 [K] 221 [T] 220
Indirekte Herrschaft ↗ Imperialismus
Indonesien [K] 221
Industrialisierung 10 53 54 60
–, England 53 56
–, Entwicklungsländer 222
–, Japan 205
–, UdSSR 200
Industrie 227 [T] 220
– bürgertum 91
– gesellschaften 55 58 **211** 219
– länder 222 223 224 [T] 220
Industrielle Revolution 10 30 37 53 55 102 219
– –, Dritte 193 **209 210 211 212**
– – en 212
– –, England [Z] 51
– –, Zweite 185 193 195 203 212
Inflation 29 [T] 29
Informelle Herrschaft ↗ Imperialismus

Institutioneller Flächenstaat ↗ Staat
Internationaler Gewerkschaftsbund Z 94
Internationales Konkurrenzsystem **102 109 213** 215
– System (1914) **111 112**
Irak K 221
Iran K 221
Irland 56 62 70 89 111 Z 51 94 95
–, Rep. 193 201 Z 182
Israel G 57
Israelisch-arabischer Krieg (1973) Z 217
Istrien K 148
Italien 37 39 62 71 92 102 104 113 119 127 135 G 113 K 148 T 114 Z 96 180
–, Faschismus 118 Z 95
–, Flottenpolitik T 100
–, Kolonialmacht K 106 107
–, Wirtschaft G 184 210 T 191
–, 2. Weltkrieg Z 97
Italienische Einheit 70 85 86
Italienischer Einigungskrieg Z 73

J

Jackson, Andrew 63
Jahn, Friedrich Ludwig Z 73
Jakob I., Kg., England 41
Jakobinerdiktatur 68
– prozesse, Habsburg Z 51
Jalta, Kfz. (1945) 141 142 Z 97
Jamaika K 221
Japan **204 205 206 207 208 209** 213
–, Gesellschaft **205 206**
–, Wirtschaft 193 G 184 210 T 191 220
– (bis 1945) 102 118 135 140 G 57 T 139 Z 96 97 180
– – Kapitulation Z 97 180
– (nach 1945) 214 Z 181
Japanisch-chinesischer Krieg (1937 – 1945) 127 135 Z 96 180
Jourès, Jean 88 Z 74
IBRO ↗ Weltbank
Jefferson, Thomas 66
Jemen, Arabische Republik K 221
Jemen, Demokratische Volksrepublik K 221
Jena, Schl. (1806) Z 51
Jessup-Malik-Abkommen (1949) Z 145
Jiang Jieshi 225
Jiang Qing 228
Johann I., Kg. Portugal 22
Johnson, Lyndon B. 190
Jordanien K 221
Judenverfolgung Z 96; s.a. Antisemitismus
Judenvernichtung **140** Z 97
Jugoslawien K 148 221 Z 180
Julimonarchie 62
– revolution 62 76 Z 52

K

Kairo, Blockfreien Kfz. (1964) Z 217
–, Wirtschaftskfz. (1962) Z 217
Kaiser, Jacob 157
Kalter Krieg 143 150 152 158 159 166 168 172
Kamerun K 221
Kamputschea K 221
Kanada 108 G 57 T 191
Kanagawa, Vtg. (1854) Z 180
Kap Blanco 26
Kap Bojador 25 K 26 Z 19
Kap der Guten Hoffnung K 26 Z 19
Kapitalhilfe 222
Kapitalismus 9 150 108 185 **213 214**
Kapitalistische Länder 223

Kapitalistisches Wirtschaftssystem 173
Kap-Kairo-Linie 104
Kapp-Putsch (1920) Z 95
Kap Verde 27 K 26 220
Karl, Kg.e, England: – I. **41 42** Z 19; – II. 42
Karlsbader Beschlüsse 76 Z 51
Karlsruhe 82
Kassel 171
Katholiken 83 84 89
Katholikenemanzipation Z 73
Katholische Kirche 49 69
Kenia K 221 T 220
Kennedy, John F. 166 168 187 **189** Z 146 181
Keynes, John Maynard 186
Kiesinger, Kurt Georg 170 Z 146
Kindererziehung 60
King, Martin Luther 190 Z 181 182
Kipper und Wipper 40
Kirche 9 10 11 44 49
Kirchenfrieden 50
Klassenbildung 54
Klassengesellschaft 54
Klassenkampf 40; –, international 223
Kleinbürger 40
Kleßmann, Christoph 157
KMT ↗ Guomindang
Koalitionskrieg, Vierter Z 51
Koalitionsrecht T 82
Koexistenz ↗ friedliche Koexistenz
Köln 31
Kölner Dombaufest Z 52
Kohl, Helmut Z 183
Kollaboration 137
Kollektivierung: – DDR 175 Z 146 – UdSSR 138 198
Kolonialisierung 222
Kolonialismus 27 **28 29 30** 222 G 105 K 106–107
Kolonialsystem 61
Kolonien 62 65
–, Unabhängigkeit Z 217
– frz. Z 51
Kolumbien K 221
Kolumbus, Christoph Z 19 24
Kominform Z 145
Kommunikationssysteme 53 54 151
Kommunismus 63 198
Kommunistische Partei Chinas ↗ KPCh
– – Deutschlands ↗ KPD
– – der Sowjetunion ↗ KPdSU
Komoren K 221
Konfuzianismus 205
Kongo K 221
– konferenz (1884/85) 105 Z 93
Konkordat (1801) 69
konkreter Marxismus ↗ Maoismus
Konservative 83 84 88
Konstitutionelle Monarchien 72 K 69
Kontinentalkongreß, Erster 65 Z 51
–, Zweiter 65 Z 51
Konvenienz 46
Konventsherrschaft 68
Konzentrationslager 132 141 G 131 K 132 Z 96
„Konzert der freien Völker" 115
Korea 207 K 221 T 220 Z 180
– -Krieg (1950–53) 159 186 187 Z 145 181
KPČ (Kommunistische Partei der Tschechoslowakei) 203 204 Z 180
KPCh (Kommunistische Partei Chinas) **225 226** Z 218
KPD (Kommunistische Partei Deutschlands) 120 129 148 Z 145
KPdSU (Kommunistische Partei der Sowjetunion) 199 201 202
–, Parteitage 198 Z 181
Krakau 62

Kreuzzugsgedanke 22 23 24
Kriegführung 138
Kriegsrecht 46
Kriegsschuldartikel ↗ Versailles, Vtg (1919)
Krimkrieg 80 [Z] 73
Krise des Kapitalismus 194
– 17. Jahrhunderts **32** **33** **34** [Z] 19
Krone, Heinrich 166
KSZE (Konferenz für Sicherheit und Zusammenarbeit in Europa) (1975) 171 172 [Z] 146
Kuba 187 [K] 221 [Z] 181 182
– -Krise 167 **188** 199 [Z] 181
Kulturrevolution, China [Z] 218
Kun, Béla 118
Kurhessen 63
Kuomintang ↗ Guomindang
KZ ↗ Konzentrationslager

L

Labour Party 110 112 118 134 184 194 195 [T] 83 [Z] 180
Labour Representation Committee [Z] 74
Landbevölkerung ↗ Bauern
Landes, David S. 53
Landesfürsten 40
Landreform, Irland 89
Landry, A. 56
Landsorganisation i Sverige [T] 82
Landwirtschaft **31** **32** **33** **35** **36** **37** **39** 54 227 [G] 29 [T] 220
Landwirtschaft, UdSSR 200
–, Modernisierung **56**
Langer Marsch [Z] 218
Laos [K] 221
Lasalle, Ferdinand 81
Lateinamerika 108 220 [T] 191
Lausanne, Kfz. (1922/23) [Z] 95
–, – (1932) [Z] 96
Lebenserwartung 58 219
Lebensstandard 58 219
Leipzig, Reichsmessestadt [K] 132
Lemmer, Ernst 157
Lenin, Wladimir Iljitsch 108 **117** 122 223 [Z] 95
Leonardo da Vinci 21
Lesotho [K] 221
Lex regia (1665) [Z] 19
Libanon [K] 221
Liberale 71 78 79; s. a. Linksliberale
Liberales Modell der Friedenssicherung ↗ Friedenssicherung, liberales Modell
Liberalisierung 70
Liberalismus 118
–, Dtld. 76 77
–, Eur. 63 193
–, Frkr. 88
–, It. 85
Liberia [K] 221
Liebknecht, Karl 120
Lin Biao 228
Lin Piao ↗ Lin Biao
Linksliberale 84
Liu Shaoqi 227 [Z] 218
Lloyd George, David 118 119
Locarno-Ära 124 127
–, Kfz. (1925) **123** [Z] 95
–, Vtg. (1925) **123** 124 **125** 126 134 136
Locke, John 44 [Z] 19
Lockheed-Affäre 191 214
Löhne 34
Löwenthal, Richard 168
Lohnarbeit 54
Lohnarbeiter 40
Lombardei 70 80
Lomé, Abk. (1975) [Z] 217
–, – (1979) [Z] 217
London 33 41
London Corresponding Society 90

Londoner Konferenz (1924) Z 95
– Sechsmächtekonferenz (1948) 157 Z 145
Lord-Protector G 42
Ludwig XIV., Kg., Frkr. 28 **43** 50 Z 19
Lübeck K 69
Lüttich, Ft.-Btm. Z 51
Luftschlacht um England 139 Z 97
Lunéville, Frd. (1801) Z 51
Lusaka, Blockfreien-Kfz. (1970) Z 217
Luther, Martin 49
Luxemburg Z 97
Luxemburg, Rosa 120

M

Machiavelli, Niccoló **45** 46 Z 19
Machtergreifung ↗ NSDAP, Machtergreifung
Madagaskar K 221
Madeira 25
Madrid 33
Mähren 39
Maginot-Linie 137
Magnettheorie 176
Mainzer Republik Z 51
Malawi K 221
Malaysia K 221 T 220
Malediven K 221
Malenkow, Georgi M. 198
Mali K 221
Malta K 221
Malthus, Thomas Robert 56
Manchester-Liberalismus 115
Mandschu-Dynastie 225
Mandschukuo 207 Z 180
Mandschurei 127 207 Z 96 180
Mann, Thomas 121
Maoismus **225** 230
Mao Zedong 224 **225** 226 227 228 230 Z 218
Marokko 22 K 221
Marokkokrise, Erste (1905/06) 105 Z 94
–, Zweite (1911) 105 Z 94
Marsch auf Rom (1922) Z 95
Marseille 34
Marshall, George C. 186
Marshall-Plan 149 186 196 198 Z 180
– -Rede 149 150 Z 145
Marxismus-Leninismus 225
Massenpolitik, China 226 227
Massenmedien 104
Massenmobilisierung 80
Massenpresse ↗ Massenmedien
Maßnahmestaat 132
Matrosenaufstand Z 95
Mauerbau, Berlin 169 Z 146
Mauretanien K 221
Mauritius K 221
Mazzini, Giuseppe 84 85 Z 73
Mc Carthy, Joseph Raymond 186 Z 181
Mecklenburg K 72
Meiji-Reformen **205** Z 180
Menschenrechte 66 67 88
Menschewiki Z 94
Merkantilismus 28 **47** **48** 49 Z 19
Metternich, Clemens v. 84
Mexiko G 216 K 221
Militär 9 10 **46** **47**
Militärisch-industrieller Komplex, USA 187 191
Millerand, Alexandre 110
Mindestumtauschsatz 172
Ministerpräsidentenkonferenz (1947) München **147** **149** 150 Z 145
Mittelalter 41
Mittelklassen 65
Moderati 86

Moderne 11 52 58 72
Moderner Interventionsstaat 104
Moldau, Ftm. 69
Mommsen, Wolfgang J. 90
Mondlandung Z 182
Mongolische Volksrepublik K 221
Monopolsozialismus 185 198 199 200 201 203 **214**
Montanunion ↗ EGKS
Mosambik K 221
Moskau 159 169 170 Z 97
Moskauer Vertrag (1970) 171 Z 146
MSPD (Mehrheits-sozialdemokraten) ↗ SPD
Müller, Heinrich G 131
München, Ministerpräsidenten-konferenz (1947) ↗ Ministerpräsidentenkonferenz
München, Hauptstadt der Bewegung K 132
Münchner Konferenz (1938) Z 96
Münster, Frd. (1648) ↗ Westfälischer Friede
Mussolini, Benito 118 Z 95

N

Nagasaki 180 Z 97
Nagib, Mohammed Z 217
Namibia K 221
Nanking Z 218
Napoleon, Ks., Frkr.: – I. 64 68 84 Z 51
Napoleonische Ära 66 **68** 69 104
Napoleonische Vasallenstaaten Z 51
Nasser, Gamal Abdel 222 Z 181 217
Nationalbewegungen 64 70 80 81
Nationale Autonomie 70
Nationale Bewegung, Dtld. 75 78 79 80 81 82
– –, Frkr. 87
– –, It. 85 86
Nationale Einheit, Dtld. 75
Nationaler Verein 79
Nationalisierung, Dtld. 83
–, Frkr. 87
Nationalismus **76** 77 79 80 177
Nationalkult 85
Nationalliberale Partei 82 Z 73
National Reform Union 91
Nationalsozialer Verein 84
Nationalsozialismus 98 141 197
–, Rassenideologie 130
Nationalsozialistische Deutsche Arbeiterpartei ↗ NSDAP
Nationalsozialistische Diktatur ↗ NS-Diktatur
Nationalsozialistische Propaganda 133
Nationalstaat 46 62 **70**
–, dt. 121
Nationalversammlung, Dtld. (1919) 120 Z 95
NATO (North Atlantic Treaty Organization) 161 164 165 166 168 181 Z 146
NATO-Doppelbeschluß (1979) 183 201 Z 182
Naturrecht **44** 65
Naumann, Friedrich 84
Navigation Act (1651) 47 Z 19
Neapel 86
Nebe, Arthur G 131
Neger, USA ↗ Afroamerikaner
Nehru, Jawaharlal Pandit 222
Neoguelfen 85
Nepal 219 K 221
NEP (Neue Ökonomische Politik) Z 95
Neu-Delhi, Blockfreien-Kfz. Z 217
Neue Ära 80 Z 73
Neue Armut 212
Neuer Adel **38**

Neuer Kurs (1953) 198 Z 181
Neue Weltwirtschaftsordnung 222
Neustadt 77
Neuzeit 7 8 41
New Deal 137 185 Z 96 180
New Frontier 188 Z 181
Niedbalski, B. 153
Niederlande 28 37 39 40 46 47 48 62 70 104 K 148 Z 51 97 180
–, Freiheitskampf 19 30 39 40 Z 19
–, Kolonialmacht K 106 107
Niederländisch-ostindische Kompanie Z 19
Niger K 221
Nigeria K 221 T 220
Nikaragua K 221
Nipperdey, Thomas 61 80
Nixon, Richard M. 218 191 Z 182
Noblesse de robe ↗ Amtsadel
Nordatlantikpakt ↗ NATO
Norddeutscher Bund Z 73
Nordkorea 159 186 K 221
Nordsee, Ölförderung 195
Nord-Süd-Kommission Z 217 [231
Nord-Süd-Konflikt 151 211 223 225
Normenstaat 132
North Atlantic Treaty Organization ↗ NATO
Norwegen Z 97
Novemberrevolution **119** Z 95
NSDAP (Nationalsozialistische Deutsche Arbeiterpartei) **129 130** Z 96
–, Aufstieg **129**
–, Machtergreifung **129 132 133**
–, Wähler- und Mitgliederstruktur **129 130** T 130
NS-Diktatur 133
Nürnberg, Stadt der Reichsparteitage K 132
Nürnberger Gesetze (1935) Z 96

O

OAS (Organization of American States) 186 Z 180
OAU (Organization of African Unity) 231
Obervolta 219 K 221
Obrigkeitsstaat 111
Offene Tür 207
Oder-Neiße-Linie 150 160 169
OEEC (Organization of European Economic Co-operation) 186 Z 180
Öffnung Japans (1853/54) 204 Z 180
Ölkrise (1973) 197 222 Z 182 217
Österreich (bis 1867) 37 80 81 84 Z 73
– (seit 1918) 121 K 148
– (seit 1918), Anschluß 133 134
Österreichisch-französischer Friedensvertrag (1859) 80
Österreich-Lösung **165** 166
Österreich-Ungarn 69 102 104 108 113 114 G 113 T 82 114 Z 93 94
–, Flottenpolitik T 100
Oktoberrevolution (1917) 116 118 Z 94
One World 142 151
OPEC (Organization of Petroleum Exporting Countries) 210 Z 182 183 217
Opitz, Peter J. 222
Opus Dei 197
Organisation Amerikanischer Staaten ↗ OAS
Organization of African Unity ↗ OAU
Organization of European Economic Co-operation ↗ OEEC
Orientkrise Z 52

Osmanisches Reich 23 69 108 114 T 114
Osnabrück, Frd. (1648) ↗ Westfälischer Friede
Ostasien 220
Ostblock ↗ Sozialistische Länder
Ostpolitik 166 168 **169** 171 172 176 178; s. a. Deutschlandpolitik
Ostsee 39
Ost-West-Konflikt 117 143 151 **152** 160 161 163 168 191 201 **214** 215
Ost-westliche Arbeitsteilung **39**
Owen, Robert 90
Ozeanien T 191

P

Pacht- und Leihgesetz (1941) Z 97
Paine, Thomas 90
Pakistan K 221 T 220 Z 217
Palmer, R. R. 65
Panama K 221
Papua-Neuguinea K 221
Paraguay K 221
Paris, Frd. (1763) Z 51
–, – (1947) Z 180
Pariser Friedenskonferenz (1919) Z 95
– Junischlacht 88
– Kommune 88 Z 74
– Verträge (1954) Z 145
Parlamentarische Demokratie 173 213 214
Parlamentarische Monarchien 72 K 69
Parlamentarischer Rat 158 173 Z 145
Parlamentarismus 71 118
–, Dtld. (1848/49) 79
–, – (1918) Z 95
Parlamentswahlen, Frkr. 62
Parlement 43
Parteien 71 74 **79** 173
Parteienauflösung, Dtld. (1933) 132 Z 96
Parti Ouvrier Français T 83
Parti Ouvrier Socialiste Belge T 83
Partitio Socialista Italiano Z 74
Passierschein-Abkommen (1963), Westberlin 169 Z 146
Patentrecht, Venedig 21 Z 19
Patriarchalismus 61
Pauperismus **55** 65 77
Pazifik 104
Pearl Harbor 207 Z 97 180
Peking Rundschau 224
People's Charter 90 Z 73
Persien 105
Personenkult ↗ Stalinismus
Peru K 221 T 220
Pétain-Regierung ↗ Vichy-Regierung
Peuplierung 47
Philadelphia 65
Philipp II., Kg., Spanien Z 19
Philippinen K 221 T 220
Piemont 86 Z 73
Pius, Pp.: – IX. 85
Platz an der Sonne 100
Polen 39 48 62 125 134 139 140 171 198 200 202 K 148 Z 182 183
Polenfeldzug, dt. (1939) Z 97
Politik der Bewegung 169
Politische Gleichberechtigung 71
Politische Kultur 176 177
Politische Vereine 77 78 80 83
Politisierung 83
Polo, Marco 23
Populationsdichte ↗ Bevölkerungsdichte
Portugal 22 23 25 27 62 193 K 221 Z 183
–, Kolonialmacht K 106 – 107
Post und Telegraph 54
Potsdamer Abkommen 166

Potsdamer Konferenz (1945) 141 [Z] 97 145 180
Präsidialkabinett [Z] 96
Prager Frühling 204 [Z] 182
Preß- und Vaterlandsverein 63 78 [Z] 73
Preußen, Hzm. [Z] 19
–, Kgr. [Z] 73 180
–, Reformen [Z] 51
Preußische Nationalversammlung [Z] 52
Preußisches Allgemeines Landrecht [Z] 51
Preußische Verfassung (1849) [Z] 52
Priesterkönig Johannes 23 24
Produkten- und Geldrente 37
Produktionsgemeinschaften 59
Programm von Belleville 88
Pro-Kopf-Einkommen 219 [K] 221
Proletariat 75
Propaganda, DDR 175
Proto-Industrialisierung **36**
Proudhon, Pierre-Joseph 88
PSOE (Spanische Sozialistische Arbeiterpartei) 196 [Z] 183
Ptolemäus, Claudius 27 [Z] 19
Puerto Rico [K] 221
Pufendorf, Samuel v. **50**
Pula [K] 148
Pyrenäenfrieden (1659) [Z] 19

Q

Quantentheorie 104

R

Radikale, England 90 91
Radikalsozialisten 89
Rätebewegung, Dtld. 119
Raketenlücke 187
Rapallo, Vtg. (1922) 124 [Z] 95
Rassismus 222
Rassenproblem, USA **189** **190** [Z] 181
Rat der Volksbeauftragten 119 120 [Z] 95
Rationalisierung, Pol. 43 **45**
Ratio status ↗ Staatsräson
Readjustierung, China, VR 228
Reagan, Ronald 192 [Z] 183
Reaktionsbeschlüsse, England [Z] 51
Rechtsstaat 50 68 71
Reconquista 22
Refeudalisierung 39 48
Reformära, Habsburger Monarchie [Z] 51
Reformation 9 49 [Z] 19
Reformbewegung, England 90
Reform des Kapitalismus 194
Reformen 71 207
Reformpolitik 64
Regierung Pétain ↗ Vichy-Regierung
Regierungsformen [K] 69
Regierungsverantwortung [T] 83
Reichsdeputationshauptschluß (1803) [Z] 51
Reichskristallnacht [Z] 96
Reichsverband der Gewerkschaften [T] 82
Reichsverfassung (1849) [Z] 52
Relativitätstheorie 104
Religiöse Toleranz 50
Religion 39
Religionsfreiheit 44
Reparationen (1919–1933) [Z] 95
Reprivatisierungen, GB 195 [Z] 181
Republikanische Partei 187
Republikanismus 63 **87** 88
Restauration 64
– (nach 1945) 173
Revisionismus [Z] 94
Revolution **52** 63 64

Revolutionen 59 62 64 69 70 **71** 72
85 Z 52 73
Révolution de la Liberté 67
Révolution de l'Egalité 68
Rezession ↗ Wirtschaftskrisen
RGW (Rat für gegenseitige Wirtschaftshilfe) Z 145
Rheinbundstaaten, Reformen Z 51
Rheinkrise (1840) 78
Rheinland Z 96
Rio de Oro 26
Ritter 38
Ritterakademien 39
Ritterkrieg Z 19
Robespierre, Maximilien de 68 88
Röhm, Ernst Z 96
Römische Verträge (1957) Z 181
Rom Z 74
Roosevelt, Franklin D. 137 142 185 186 Z 96 180
Rote Armee 137 Z 97
Rote Garden ↗ China, VR
RSFSR (Russische Sozialistische Föderative Sowjetrepublik) Z 95
Ruanda K 221 T 220
Rückversicherungsvertrag (1887) Z 93
Rüstung 38 102 **112** 187
Rüstungsproduktion, Zweiter Weltkrieg T 139
Rüstungswettlauf 201 214 215 G 215
Ruhrbesetzung (1923) 122 Z 95
Ruhrgebiet K 148
Ruhrkampf (1923) Z 95
Rumänien 170 K 221 Z 180
Russische Revolution (1905) 109 Z 94
– – (1917) 116 Z 94; s.a. Oktoberrevolution
Russischer Bürgerkrieg ↗ UdSSR, Bürgerkrieg
Russisch-japanischer Krieg (1904/05) 106 205 207 Z 94 180
Russisch-türkischer Krieg (1877) Z 93
Rußland 37 64 102 104 108 113 114 G 113 T 114 Z 73 180
–, Flottenpolitik T 100
–, Wirtschaft G 104 T 103

S

SA (Sturmabteilung) Z 96
Saargebiet K 148
Sachsen 34 63 79
Säkularisation **49**
Säkularisierung **43** 67 68
Säuberungen, Stalinistische 137 138 Z 96
Sagres 22 24
Salomonen K 221
SALT (Strategic Arms Limitation Talks) -I- Abk. (1972) Z 182
SALT-II-Abk. (1979) Z 182
Samizdat 200
Samoa-Frage 102
Samurai 205
San Francisco, Frd. (1951) 208 Z 181
Sansculotten 68
Sao Tomé K 221
Sarajewo, Attentat (1914) 114 Z 94
Saudi-Arabien T 220
Savoyen 84 86
SBZ (Sowjetische Besatzungszone) 153 157 165 172 173
Schacht, Hjalmar Z 96
Schauprozesse, UdSSR Z 96
Schieder, Theodor 71
Schiffsbau 34
Schillerfeiern 76 80 Z 73
Schlesien 79
Schleswig-Holstein 81

Schröder, Gerhard 169
Schützen 80
Schulunterricht 60
Schulz, Wilhelm 77
Schumacher, Kurt 176
Schutzstaffeln ↗ SS
Schutzzollpolitik 104
Schweden 37 46 48 K 148 T 82
Schweiz 37 62 K 69 148 T 82
–, Aufstände (1780–1783) 62 Z 51
–, Reformen 70
Schwellenländer T 220
Schwerindustrie, China, VR 227
Schwertadel 49
SD (Sicherheitsdienst) G 131
SDI (Space Defense Initiative) Z 183
SEATO (South East Asia Treaty Organization) Z 181
Sebta ↗ Ceuta
Section Française de l'Internationale Ouvrière ↗ SFIO
SED (Sozialistische Einheitspartei Deutschlands) 148 149 170 171 174 175 178 Z 145
Selbsthilfeorganisationen 59
Selbstverständnis der DDR **178**
Senegal K 221
Senghaas, Dieter 223
Serbien 114 Z 94
Sexuelle Revolution **60**
Seychellen K 221
SFIO (Section Française de l'Internationale Ouvrière) Z 74
Shintoismus 205
Shorter, Edward 60
Sicherheitsdienst ↗ SD
Sicherheitsdilemma ↗ Weltkrieg, Erster, Ursachen
Sicherheitspolizei ↗ Sipo
Sickingen, Franz v. 38
Siebenjähriger Krieg 104 Z 20
Sierra Leone K 221
Sinn Fein 89
Sipo G 131
Sitzkrieg 139
Six Acts ↗ Reaktionsbeschlüsse
Skandinavien 70
Sklaven 65
Sklavenhandel 25
Sklavenjagd 26 Z 19
Slawische Nationen 70
Slowakei 39
Slowaken 204
SMAD (Sowjetische Militäradministration) 153
Smirnow, Andrei 165
Smith, Adam 115
Società Agraria 86
Società Nazionale 86 Z 73
Söldnerheer 46
Solidarnosc Z 182
Somalia K 221
Sonderbundskrieg Z 52
Sonnemann, Leopold 81
South East Asia Treaty Organization ↗ SEATO
Souverän 44
Souveränität, USA Z 51
Sowjetische Deutschland-Initiative (1952) 160 Z 145
Sowjetisches Memorandum (4. Juni 1961) 167
Sowjetisierung, Osteuropa 143 152
Sowjetrepublik Z 94
Sowjetunion ↗ UdSSR
Sozialdemokratie 84
Sozialdemokratische Arbeiterpartei Deutschlands T 83 Z 74; s.a. SPD; s.a. USPD
– Arbeiterpartei Rußlands 110 112 Z 94
– Arbeiterverbrüderung 79
– Partei Österreichs T 83
– Partei der Schweiz T 83

Sozialdisziplinierung (17. Jh.) 48
Soziale Bewegung 75 78 80 82 86
Soziale Frage 65
–, Dtld. 79 85
–, It. 85 86
Soziale Marktwirtschaft 157
Sozialer Wandel 68 69
Sozialreform „ganzes Haus“ 59 60
Sozialimperialismus **108;** s. a. Imperialismus
Sozialismus 63 110 118 **214** 224
Sozialisten, Frkr. ↗ SFIO
Sozialistengesetz (1878) 110 111 Z 74
Sozialistische Arbeiterpartei Z 74
– Internationale 112 116 **117** Z 93 94
– Länder 223
– Nation 178
– Partei Italiens 87
Sozialistischer Aufbau, China 227 Z 218
Sozialistisches Modell der Friedenssicherung ↗ Friedenssicherung, soz. Modell
Sozialistische Weltrevolution 151
Sozialverfassung 70
Space Defence Initiative ↗ SDI
Spanien 27 37 40 61 62 104 193 **195** **196** **197** 213 214 K 72 Z 182 183
– (nach 1945), Außenpolitik 197
– (nach 1945), Innenpolitik **197**
– (nach 1945), Wirtschaft 197 201 T 196
–, Kolonialmacht K 106 107
Spanisch-amerikanischer Krieg (1898) Z 93
Spanische Armada Z 19
Spanischer Bürgerkrieg 127 135 195 196 Z 96 180
Spanischer Erbfolgekrieg Z 19
Spanische Sozialistische Arbeiterpartei ↗ PSOE
Spanisches Wirtschaftswunder 197
Spartakus-Aufstand 120
SPD 110 119 120 129 149 157 173 Z 94
Sputnik 199 Z 181
Sri Lanka K 221
SS (Schutzstaffeln) 141 G 131
Staat 9 10 11 34
– licher Dirigismus 68
– sform 79
– shilfe 80
– sinterventionismus 186 193
– sorgane, Bundesrepublik Dtld. G 158
– sorgane, VR, China 226
– sräson 45
– srecht **44**
– ssteuern 34 47 T 35
– sstreich, ČSR (1948) 203 Z 180
– svertrag 44 45
Stadt **33** **34** 35 38
Städtebau **33**
Stände 49 54
Ständestaat 40 41
Ständisches Bewilligungsrecht 47
Ständisch-libertäre Verfassung 48
Ständische Verfassung K 72
Stahlpakt (1939) Z 96
Stalin, Joseph 128 138 142 160 198 Z 95 181
Stalingrad, Schl. (1942/43) Z 97
Stalinismus 198
Statistische Ämter T 83
Stearns, Peter 59
Stehendes Heer **46** **47**
Sterberate G 57
Steuern ↗ Staatssteuern
Stoph, Willi 147 170 171 Z 146
Strategic Arms Limitation Talks ↗ SALT
Stresemann, Gustav **123** **124** **125** Z 95
Stützle, Walther 165

Stuttgart, Stadt der Auslandsdeutschen K 132
Stuttgarter Liederkranz Z 73
Sudan K 221
Sudetendeutsche 203
Sudetenkrise Z 96
Südafrika 108 K 221 T 220
Südamerika 103 G 57 T 220
Südasien 220
Südkorea 159
Süd-Sachalin 207
Südvietnam 187
Südwestdeutschland 79
Sueskanal Z 181
Sueskanalgesellschaft 194
Sueskrieg (1956) 194 Z 181
Sun Yat-sen ↗ Sun-Yixian
Sun-Yixian 225
Supermächte ↗ Großmächte
Surinam K 221
Sveriges Socialdemokratiska Arbetarpartiet T 83
Swasiland K 221
Syrien K 221
Systemkonflikt ↗ Ost-West-Konflikt

T

Taft-Hartley-Gesetz (1947) 186 Z 180
Taiwan 207 T 220
Tansania K 221
Technik 9 53
Technologie 185
Teheran, Kfz. (1943) 141 Z 97
Teilung Deutschlands 149 152 158 160 165 166 172 177;
–, Umfragedaten T 177
Teng Hsiao-ping ↗ Deng Xiaoping
Tenno 205
Testes, Charles 88
Teufelskreis der Armut 222
Textilwirtschaft ↗ Wirtschaft
Thailand K 221
Thatcher, Margaret Z 182
Tibet 105
Tirpitz, Alfred v. 101
Tito, Jozip (Broz) 198 222
Tocqueville, Alexis de 63
Togo K 221
Tonga K 221
Tonking-Resolution Z 181
Tordesillas, Vtg. (1494) Z 19
Totaler Krieg 112
Trades Union Congress T 82 Z 73
Transkaukasische SSR Z 95
Transsibirische Eisenbahn 104
Triest K 148
Trockener Krieg 102
Truman-Doktrin 149 **152** Z 145
Truman-Regierung 186
Tschad K 221
Tschechen 204
Tschechoslowakei 134 198 **203** 204 K 148 Z 180
–, Innenpolitik Z 182
Türkei 152 G 216 K 221 Z 73
Tunesien K 221
Turnvereine 77 Z 73
Turnbewegung 75 77 Z 73
Tutzing 168
Tuvalu K 221
Two-Power-Standard ↗ Großbritannien, Flottenpolitik

U

U-Boot-Krieg (1917) ↗ Weltkrieg, Erster, U-Boot-Krieg
UdSSR (1918 – 1939) 121 124 125 135 G 57 Z 95 96
– (1939 – 1945) 127 137 **138** 139 **140** 197 198 T 139

– (nach 1945) 98 142 150 151 160 164 166 **197 198 199 200 201 203** G 57 216 K 148 Z 180 181 182 183
–, Außenpolitik 171 188 198 204 Z 218
–, Innenpolitik **198 200 202;** s. a. KPdSU
–, Militär 188 **199** 200 G 215 Z 182 183
–, Staatsaufbau G 202
–, Wirtschaft 198 **199 200** 203 G 104 210 T 103 201
UdSSR, Bürgerkrieg 118 Z 95
Überproduktion 223
Uganda K 221
Ukrainische SSR Z 95
Ulbricht, Walter 166 168 169 170 171 178 Z 146
Ulbricht-Doktrin 169
UN ↗ UNO
Unabhängigkeitsbewegungen 62 65
Unabhängigkeitserklärung, USA (1776) 65 **66** Z 51
Unabhängigkeit, span. Kol. Z 51
UNCTAD (United Nations Conference on Trade and Development) I (1964) Z 217
Ungarn 39 70 71 121 152 K 148 Z 180
–, Räterepublik 118
UNIDO (United Nations Industrial Development Organization) Z 217
United Nations Organization ↗ UNO
UNO 186
UNO-Charta Z 97
Unruhen ↗ Aufstände
Unterentwicklung 219 **222**
Unterentwicklungstheorien **222 223**
Urbanisierung 10 32 104
Uruguay K 221
USA (bis 1917) 63 97 100 102 105 108 180 204 G 57 Z 51 96
– –, Kriegseintritt (1917) 114 **115** Z 94
– –, Wirtschaft **103** G 184 T 103
– (1918 – 1945) 140 T 114 139
– –, Außenpolitik 118 122 **123** 124 207
– –, Militär 207
– –, Wirtschaft 123 125 **126** 127 137 **185** G 184;
– (nach 1945) 98 142 150 151 159 168 G 216 Z 180 181 182 183
– –, Außenpolitik 186 187 208 Z 218
– –, Beschäftigung T 192
– –, Innenpolitik 186 187 **188 189** 190 191 214
– –, Militär 187 188 199 G 215 Z 182 183
– –, Staatshaushalt T 192
– –, Wirtschaft **185 186** 187 **190** 192 193 204 208 219 G 210 T 190 191 192
–, Staatsaufbau 66 G 187
USPD 119 120 Z 94
Ussuri-Konflikt 218 Z 182
Utrecht, Frd. (1713) Z 19

V

Vanuatu K 221
Venedig 45
Venetien 70
Venezuela 105 220 T 191
Verantwortungsgemeinschaft 179
Verband der deutschen Gewerkvereine T 82
Vereinigte Staaten von Amerika ↗ USA
Vereinigungsparteitag (KPD, SPD) Z 145

Vereinstag deutscher Arbeitervereine 81 Z 73
Verelendung 223
Verfassung, deutsche Staaten Z 51 52
Verfassung, SBZ Z 145
Verfassung, Schweiz Z 52
Verfassungsfrage 82
Verfassungskonflikt (17. Jh.) 40
–, Preußen 81
Verfassungsstaat ↗ Rechtsstaat
Verhaltensnormen 58
Versailles 82
–, Vtg. (1919) **121** **122** 123 125 133 137 177 Z 95
Verstaatlichungen 173 Z 145
–, GB 194 Z 180
Verstädterung ↗ Urbanisierung
Vertrag über die Nichtverbreitung von Atomwaffen (1968) Z 182
Verwaltung, SBZ 173
–, BR Dtld. 173; s.a. Bürokratie
Vichy-Regierung Z 97
Viermächte-Abkommen, Berlin (1971) 167 Z 146
Viererbande 228
Vier Modernisierungen ↗ China, VR, Wirtschaft
Vierzehn Punkte Wilsons 122 Z 94
Vierzonenverwaltung G **155**
Vietnam K 221 Z 218
– -Abkommen (1973) Z 182
– krieg 187 201
Viktor Emanuel II., Kg., It. Z 73
Vinci ↗ Leonardo da Vinci
Völkerbund 123 135 207 Z 95 96 180
Völkermord **140**
Völkerrecht 46
Volk 62
– sdemokratischer Staat 173
– sfront, Frkr. 137 Z 96
– sgemeinschaft 133
– skammer, DDR 158
– skommunebewegung, China, VR **227** Z 218
– skongreß, erster (1947) 157
– – zweiter (1948) 157
– – dritter (1949) 157 158
– ssouveränität 44 65 70 85
Vovelle, Michel 68
VVB (Vereinigung Volkseigener Betriebe) 153

W

Währungsreform (1948) 147 Z 145
Waffen-SS ↗ SS
Wahlberechtigung 62
Wahlrecht 71
–, Dtld. **79** T 83
–, Frkr. 62
–, GB 62 90 91 Z 52 73 74 94
Walachei, Ftm. 69
Waldsterben Z 183
Wales G 57
Wallenstein, Albrecht v. 39
Wannsee-Konferenz (1942) Z 97
Warschauer Pakt 161 165 170 Z 146 181 182
– Vertrag (1970) 171 Z 146
Wartburgfest 76 Z 73
Washington, George Z 51
Washingtoner Konferenz (1921) Z 95
WASPS (White-Anglo-Saxon-Protestants) 188
Watergate-Affäre 191 Z 182
Wehrmacht, dt. Z 96
Wehrverfassung 68
Weimarer Koalition 120 129 Z 95
Weis, Eberhard 67
Weißrussische SSR Z 95
Weizsäcker, Ernst v. 139
Weltbank, Gründung Z 217

Welthandel (19./20. Jh.) 104 185 186 195 209 T 191
Weltkrieg, Erster 84 98 111 Z 94 95
–, –, Kriegstote 114
–, –, U-Boot-Krieg (1917) 115
–, –, Ursachen **109** **114**
–, Zweiter 98 138 **139** **140** 141 142 Z 96 97
–, –, Kriegstote 127 T 128
–, –, Kriegswende 140
–, –, Ursachen **127**
Weltmarkt 212 223
Weltpolitik 230
Weltrevolution 198
Weltwirtschaft 102 **103** 104 **209** **210** **211** 212 G 126 210 Z 183
– skrisen **126** **127** 185 195 209 222 G 126 Z 95 182
Westafrika 21 23
West-Alliierte Z 97
Westalliierte Bomberoffensive Z 97
Westasien 220
Westfälischer Friede (1648) 40 Z 19
Westintegration, Dtld. 160 161 163 166 176; s.a. Wiedervereinigung
Westoffensive, dt. Z 97
White-Anglo-Saxon-Protestants ↗ WASPS
Widerstand, dt. 139 **141**
Widerstand, ziviler ↗ Ziviler Widerstand
Widerstandsrecht 43
Wiedervereinigung, Dtld. 160 **165** 166 172 174 176 177
Wien K 148
Wiener Kongreß 62 Z 51
Wilhelm I. v. Preußen, Dt. Ks. Z 93
– II., Dt. Ks. 99 Z 93 [Z 20
– III. v. Oranien, Kg., England 42
Wilhelminisches Deutschland ↗ Deutsches Reich (1871 – 1918)
Wilson, Woodrow 115 116 117 118 122 Z 94
Wirtschaft **32** **33** **34** **39** T 220
– skrisen (17. Jh.) 39 40
– – (19. Jh.) 54 76; s.a. Große Depression
– spolitik 34 **47** 169 214
– swachstum 53
– swunder 177
Wissenschaften 9 10 11 **21** 54
Wohlfahrtsausschuß 68
Wohlfahrtsstaat 111 T 82
Wood, Edward F. L. 133 134 136
Working Men's Association Z 73

Y

Young-Plan Z 96

Z

Zaibatsu 206
Zaire K 221
Zambia K 221 T 220
Zeitalter der Nuklearwaffen 142
Zentralafrikanische Republik K 221
Zentralmärzverein 79 80
Zentrum 119 120 129
Zhou Enlai 228 Z 218
Zimbabwe K 221
Ziviler Widerstand **189** 204 215
Zürich 49 80
Zweibrücken 77
Zweibund (1879), Dt. Reich-Österreich-Ungarn 113 Z 93
Zwei-Lager-Lehre 143
Zwei-Zangen-Theorie 170
Zweite Republik, Frkr. Z 52
Zweite Welt 219 224
Zwingli, Ulrich 49

Die unruhige Großmacht

Deutschland und die Welt im 20. Jahrhundert

Von Raymond Poidevin. Mit einer Einführung von Andreas Hillgruber. 448 Seiten. Geb. (Nr. 40251)

Der Autor unternimmt es, eine der wichtigsten und folgenreichsten Epochen der neueren deutschen Geschichte aus französischer Sicht darzustellen. Das Ergebnis ist eine fundierte, von Sachkenntnis wie von hohem Einfühlungsvermögen zeugende Arbeit. Der flüssige Stil, die gut verständliche Sprache, die Fähigkeit zu zusammenfassender Darstellung und die wissenschaftliche Objektivität des Autors, dessen Urteil auch dort, wo es kritische Wertungen erkennen läßt, diskussionswürdig bleibt, fügen sich zu einer eindrucksvollen Analyse eines Jahrhunderts unserer Geschichte. Ein Beitrag zugleich zum Problem der deutschen Frage aus der Sicht eines angesehenen französischen Historikers.

Das Abendland

Ursprung und Gegenbild unserer Zeit

Von Dietrich Gerhard. 231 Seiten mit 16 Tafeln. Geb. (Nr. 40252)

„Das Buch, ein groß angelegter, souverän konzipierter und spannend geschriebener Essay, geht davon aus, daß die Geschichte Europas bislang zu einseitig aus der Perspektive des 19. und 20. Jahrhunderts geschrieben wurde. Den Zugang sucht G. über die Institutionengeschichte, womit er konkret den strukturellen Zusammenhang von der Familie bis zum König versteht. Die ‚Autoritäten' (Adel, Fürst, König) respektieren die ‚assoziativen' Formationen (Stände, Stadt, Dorf). Daraus entsteht eine spannungsreiche Struktur, die sich in den Kirchen- und Bildungsorganisationen fortsetzt. Das mag auf den ersten Blick wenig originell erscheinen, ist es aber durch die Vielzahl kluger Bemerkungen und origineller Zuordnungen von Einzelbeobachtungen doch. G. liefert eine mögliche Interpretation Alteuropas, die durch die Kohärenz des Gesamtbildes und die Stringenz der Argumentationsschritte überzeugt."

(Historische Zeitschrift)